W0374623

L'Editrice Shalom per la cura della nostra casa comune

Siamo in cammino per:

- Aumentare progressivamente l'uso di carta certificata.
- Scegliere fornitori che:
  - utilizzano energia elettrica proveniente da fonti rinnovabili;
  - investono in impianti che utilizzano forni a basso consumo in grado di recuperare i vapori esausti per alimentarsi;
  - investono in impianti di stampa di ultimissima generazione che consentono di eliminare le polveri normalmente utilizzate per l'essiccazione e riducono i consumi di energia.

STAMPATO IN ITALIA

Indice

INDICAZIONI

Nell'anno liturgico 2023 il **Lezionario** segue:
- **Anno A** per le domeniche e le solennità.
- **Anno I** (o **dispari**) per il ciclo feriale.

Nell'anno liturgico 2024 il **Lezionario** segue:
- **Anno B** per le domeniche e le solennità.
- **Anno II** (o **pari**) per il ciclo feriale.

Per le celebrazioni dei santi:
s = solennità; **f** = festa; **m** = memoria;
mf = memoria facoltativa; **comm** = commemorazione.

RITO DELLA MESSA CON IL POPOLO

RITI DI INTRODUZIONE

(in piedi)

Quando il popolo è radunato, il sacerdote con i ministri si reca all'altare, mentre si esegue il Canto d'ingresso.
Giunto all'altare, il sacerdote fa con i ministri un profondo inchino, bacia l'altare in segno di venerazione e, secondo l'opportunità, incensa la croce e l'altare. Poi, con i ministri, si reca alla sede.
Terminato il canto d'ingresso, il sacerdote e i fedeli, in piedi, si fanno il Segno della Croce.

Nel nome del Padre e del Figlio e dello Spirito Santo.
Il popolo risponde: **Amen.**

Quindi il sacerdote rivolge il Saluto *al popolo, allargando le braccia e dicendo:*
La grazia del Signore nostro Gesù Cristo,
l'amore di Dio Padre
e la comunione dello Spirito Santo
siano con tutti voi *(Cfr. 2Cor 13,13).*
Il popolo risponde: **E con il tuo spirito.**

*Il sacerdote, o il diacono o un altro ministro, può introdurre brevemente i fedeli alla Messa del giorno. Segue l'*Atto

PENITENZIALE, introdotto dal sacerdote con queste parole.

I formulario:
Fratelli e sorelle,
per celebrare degnamente i santi misteri,
riconosciamo i nostri peccati.
Oppure:
Il Signore Gesù,
che ci invita alla mensa della Parola e dell'Eucaristia,
ci chiama alla conversione.
Riconosciamo di essere peccatori
e invochiamo con fiducia la misericordia di Dio.
Oppure, specialmente nelle domeniche e nel Tempo Pasquale:
Oggi, celebrando la vittoria di Cristo
sul peccato e sulla morte,
siamo chiamati a morire al peccato
per risorgere alla vita nuova.
Riconosciamoci bisognosi della misericordia del Padre.

Segue una breve pausa di silenzio. Poi tutti insieme pronunciano la formula della confessione generale:
Confesso a Dio onnipotente e a voi, fratelli e sorelle,
che ho molto peccato
in pensieri, parole, opere e omissioni,
e, battendosi il petto, dicono:
per mia colpa, mia colpa, mia grandissima colpa.

E proseguono:

**E supplico la beata sempre Vergine Maria,
gli angeli, i santi e voi, fratelli e sorelle,
di pregare per me il Signore Dio nostro.**

Segue l'assoluzione del sacerdote:

Dio onnipotente abbia misericordia di noi, perdoni i nostri peccati e ci conduca alla vita eterna.

Il popolo risponde: **Amen.**

II formulario:

Fratelli e sorelle,
all'inizio di questa celebrazione eucaristica,
invochiamo la misericordia di Dio,
fonte di riconciliazione e di comunione.

Oppure:

Umili e pentiti come il pubblicano al tempio,
accostiamoci al Dio giusto e santo,
perché abbia pietà anche di noi peccatori.

Segue una breve pausa di silenzio.

Poi il sacerdote dice:

Pietà di noi, Signore.

Il popolo risponde: **Contro di te abbiamo peccato.**

Il sacerdote prosegue:

Mostraci, Signore, la tua misericordia.

Il popolo risponde: **E donaci la tua salvezza.**

Segue l'assoluzione del sacerdote (come indicato a pag. 8).

III formulario:
Gesù Cristo, il giusto, intercede per noi
e ci riconcilia con il Padre:
per accostarci degnamente
alla mensa del Signore,
invochiamolo con cuore pentito.
Oppure:
Riconosciamoci tutti peccatori,
invochiamo la misericordia del Signore
e perdoniamoci a vicenda dal profondo del cuore.

Segue una breve pausa di silenzio. Poi il sacerdote, o il diacono o un altro ministro, dice o canta le seguenti invocazioni o altre con il Kýrie, eléison.
Signore, mandato dal Padre a salvare i contriti di cuore, Kýrie, eléison.
Il popolo risponde: **Kýrie, eléison.**

Il sacerdote:
Cristo, che sei venuto a chiamare i peccatori,
Christe, eléison.
Il popolo: **Christe, eléison.**

Il sacerdote:
Signore, che siedi alla destra del Padre e intercedi per noi, Kýrie, eléison.

Il popolo: **Kýrie, eléison.**

Segue l'assoluzione del sacerdote (come indicato a pag. 8).

Seguono le Invocazioni *Kýrie, eléison, se non sono state già proclamate o cantate con l'atto penitenziale:*

℣ Kýrie, eléison.
℟ Kýrie, eléison.

℣ Christe, eléison.
℟ Christe, eléison.

℣ Kýrie, eléison.
℟ Kýrie, eléison.

Oppure:

℣ Signore, pietà.
℟ Signore, pietà.

℣ Cristo, pietà.
℟ Cristo, pietà.

℣ Signore, pietà.
℟ Signore, pietà.

*Poi, quando è prescritto, si canta o si proclama l'*Inno*:*

Gloria a Dio nell'alto dei cieli e pace in terra agli uomini, amati dal Signore.
Noi ti lodiamo, ti benediciamo, ti adoriamo, ti glorifichiamo, ti rendiamo grazie per la tua gloria immensa, Signore Dio, Re del cielo, Dio Padre onnipotente.
Signore, Figlio unigenito, Gesù Cristo, Signore Dio, Agnello di Dio, Figlio del Padre, tu che togli i peccati del mondo, abbi pietà di noi; tu che togli i peccati del mondo, accogli la nostra supplica; tu che siedi alla destra del Padre, abbi pietà di noi.
Perché tu solo il Santo, tu solo il Signore, tu solo

l'Altissimo, Gesù Cristo, con lo Spirito Santo: nella gloria di Dio Padre. Amen.

Terminato l'inno, il sacerdote, a mani giunte, dice:
Preghiamo.

E tutti, insieme con il sacerdote, pregano in silenzio per qualche momento. Quindi il sacerdote, con le braccia allargate, dice o canta la COLLETTA.

LITURGIA DELLA PAROLA

(seduti)

Il lettore si reca all'ambone e proclama la PRIMA LETTURA. *Tutti ascoltano seduti.*
Il salmista, o il cantore, canta o proclama il SALMO; *il popolo risponde con il ritornello.*
Quando è prevista, il lettore proclama dall'ambone la SECONDA LETTURA.

(in piedi)

*Segue l'*Alleluia *o altro canto stabilito dalle rubriche, secondo il Tempo liturgico.*

Il sacerdote, inchinandosi davanti all'altare, dice sottovoce:
Purifica il mio cuore e le mie labbra,
Dio onnipotente,
perché possa annunciare degnamente
il tuo santo Vangelo.

Poi il sacerdote si reca all'ambone, accompagnato, secon-

do l'opportunità, dai ministri con l'incenso e i candelieri. Giunto all'ambone, canta o dice, a mani giunte:

Il Signore sia con voi.

Il popolo risponde: **E con il tuo spirito.**

Il diacono o il sacerdote:

Dal Vangelo secondo N.,

e intanto segna il libro e se stesso sulla fronte, sulla bocca e sul petto. Il popolo acclama: **Gloria a te, o Signore.**

Il diacono o il sacerdote, se si usa l'incenso, incensa il libro e proclama o canta il VANGELO.

*Segue l'*OMELIA *al termine della quale è opportuno fare un momento di silenzio.*

(in piedi)

Quando è prescritto, si proclama o si canta il SIMBOLO *o* PROFESSIONE DI FEDE:

Credo in un solo Dio Padre onnipotente, creatore del cielo e della terra, di tutte le cose visibili e invisibili.

Credo in un solo Signore, Gesù Cristo, unigenito Figlio di Dio, nato dal Padre prima di tutti i secoli: Dio da Dio, Luce da Luce, Dio vero da Dio vero; generato, non creato, della stessa sostanza del Padre; per mezzo di lui tutte le cose sono state create. Per noi uomini e per la nostra salvezza discese dal cielo,

Alle parole: e per opera dello Spirito Santo… *fino a* si è fatto uomo, *tutti si inchinano.*

e per opera dello Spirito Santo si è incarnato nel seno della Vergine Maria e si è fatto uomo. Fu crocifisso per noi sotto Ponzio Pilato, morì e fu sepolto. Il terzo giorno è risuscitato, secondo le Scritture, è salito al cielo, siede alla destra del Padre. E di nuovo verrà, nella gloria, per giudicare i vivi e i morti, e il suo regno non avrà fine.
Credo nello Spirito Santo, che è Signore e dà la vita, e procede dal Padre e dal Figlio. Con il Padre e il Figlio è adorato e glorificato, e ha parlato per mezzo dei profeti.
Credo la Chiesa, una, santa, cattolica e apostolica. Professo un solo Battesimo per il perdono dei peccati. Aspetto la risurrezione dei morti e la vita del mondo che verrà. Amen.

In luogo del Simbolo niceno-costantinopolitano, si può utilizzare, specialmente nel Tempo di Quaresima e nel Tempo Pasquale, il Simbolo battesimale della Chiesa romana, detto «degli apostoli» (pag. 668).

Segue la PREGHIERA UNIVERSALE *o* PREGHIERA DEI FEDELI.

LITURGIA EUCARISTICA

(seduti)

Terminata la Liturgia della Parola, i ministri preparano

sull'altare il corporale, il purificatoio, il calice, la palla e il Messale, mentre si può eseguire il Canto di offertorio.
È bene che i fedeli esprimano la loro partecipazione all'offerta, portando sia il pane e il vino per la celebrazione dell'Eucaristia, sia altri doni per le necessità della Chiesa e dei poveri.
Il sacerdote, stando all'altare, prende la patena con il pane e, tenendola con entrambe le mani un po' sollevata sull'altare, dice sottovoce:
Benedetto sei tu, Signore, Dio dell'universo:
dalla tua bontà abbiamo ricevuto questo pane,
frutto della terra e del lavoro dell'uomo;
lo presentiamo a te,
perché diventi per noi cibo di vita eterna.
Quindi depone sul corporale la patena con il pane.
Se non si esegue il canto di offertorio, il sacerdote può dire questa formula ad alta voce; al termine il popolo può acclamare: **Benedetto nei secoli il Signore.**

Il diacono, o il sacerdote, versa nel calice il vino, con un po' d'acqua, dicendo sottovoce:
L'acqua unita al vino
sia segno della nostra unione
con la vita divina di colui che ha voluto assumere
la nostra natura umana.

Il sacerdote prende il calice e, tenendolo con entrambe le

mani un po' sollevato sull'altare, dice sottovoce:
Benedetto sei tu, Signore, Dio dell'universo:
dalla tua bontà abbiamo ricevuto questo vino,
frutto della vite e del lavoro dell'uomo;
lo presentiamo a te,
perché diventi per noi bevanda di salvezza.
Quindi depone il calice sul corporale.
Se non si esegue il canto di offertorio, il sacerdote può dire questa formula ad alta voce; al termine il popolo può acclamare: **Benedetto nei secoli il Signore.**

Il sacerdote, inchinandosi profondamente, dice sottovoce:
Umili e pentiti accoglici, o Signore:
ti sia gradito il nostro sacrificio
che oggi si compie dinanzi a te.

Si possono incensare le offerte, la croce e l'altare. Poi il diacono, o un ministro, incensa il sacerdote e il popolo.
Il sacerdote, stando a lato dell'altare, si lava le mani dicendo sottovoce:
Lavami, o Signore, dalla mia colpa,
dal mio peccato rendimi puro.

Il sacerdote, ritornato al centro dell'altare, allargando e ricongiungendo le mani, rivolto al popolo dice:
Pregate, fratelli e sorelle,
perché il mio e vostro sacrificio

sia gradito a Dio, Padre onnipotente.

Oppure:

Pregate, fratelli e sorelle,
perché questa nostra famiglia,
radunata dallo Spirito Santo nel nome di Cristo,
possa offrire il sacrificio gradito
a Dio Padre onnipotente.

Il popolo risponde:

**Il Signore riceva dalle tue mani questo sacrificio
a lode e gloria del suo nome,
per il bene nostro e di tutta la sua santa Chiesa.**

*Il popolo si alza e il sacerdote, con le braccia allargate, dice l'*ORAZIONE SULLE OFFERTE.

L'orazione sulle offerte termina con la conclusione breve:

Per Cristo nostro Signore.

– se alla fine di essa si fa menzione del Figlio:

Egli vive e regna nei secoli dei secoli.

PREGHIERA EUCARISTICA

Il sacerdote può cantare tutta, o in parte, la Preghiera Eucaristica.

Il sacerdote inizia la Preghiera Eucaristica con il PREFAZIO.

Allargando le braccia, dice:

Il Signore sia con voi.

Il popolo risponde: **E con il tuo spirito.**

Alzando le mani, il sacerdote prosegue:
In alto i nostri cuori.
Il popolo: **Sono rivolti al Signore.**
Con le braccia allargate, il sacerdote soggiunge:
Rendiamo grazie al Signore nostro Dio.
Il popolo: **È cosa buona e giusta.**

Preghiera eucaristica II

Questa Preghiera Eucaristica ha un prefazio proprio, che fa parte della sua struttura. Si possono però usare anche altri prefazi, specialmente quelli che presentano in breve sintesi il mistero della salvezza, per esempio i prefazi comuni.

È veramente cosa buona e giusta, nostro dovere e fonte di salvezza, rendere grazie sempre e in ogni luogo a te, Padre santo, per Gesù Cristo, tuo amatissimo Figlio. Egli è la tua parola vivente: per mezzo di lui hai creato tutte le cose, lo hai mandato a noi salvatore e redentore, fatto uomo per opera dello Spirito Santo e nato dalla Vergine Maria. Per compiere la tua volontà e acquistarti un popolo santo egli, nell'ora della passione, stese le braccia sulla croce, morendo distrusse la morte e proclamò la risurrezione. Per questo mistero di salvezza, uniti agli angeli e ai santi, cantiamo a una sola voce la tua gloria: **Santo…**

(in ginocchio o in piedi)

Il sacerdote, con le braccia allargate, dice:

Veramente santo sei tu, o Padre, fonte di ogni santità.

Congiunge le mani e, tenendole stese sulle offerte, dice:

Ti preghiamo:

santifica questi doni con la rugiada del tuo Spirito
congiunge le mani e traccia un unico segno di croce sul pane e sul calice, dicendo:
perché diventino per noi
il Corpo e ✠ il Sangue del Signore nostro Gesù Cristo.
Congiunge le mani.

Nelle formule seguenti, le parole del Signore si pronuncino con voce chiara e distinta, come è richiesto dalla loro natura.
Egli, consegnandosi volontariamente alla passione,
prende il pane e, tenendolo leggermente sollevato sull'altare, prosegue:
prese il pane, rese grazie,
lo spezzò, lo diede ai suoi discepoli e disse:

si inchina leggermente,

PRENDETE, E MANGIATENE TUTTI:
QUESTO È IL MIO CORPO
OFFERTO IN SACRIFICIO PER VOI.

Presenta al popolo l'ostia consacrata, la depone sulla patena e genuflette in adorazione.

Poi prosegue:
Allo stesso modo, dopo aver cenato,
prende il calice e, tenendolo leggermente sollevato

sull'altare, prosegue:
prese il calice,
di nuovo ti rese grazie, lo diede ai suoi discepoli e disse:

si inchina leggermente,

PRENDETE, E BEVETENE TUTTI:
QUESTO È IL CALICE DEL MIO SANGUE,
PER LA NUOVA ED ETERNA ALLEANZA,
VERSATO PER VOI E PER TUTTI
IN REMISSIONE DEI PECCATI.

FATE QUESTO IN MEMORIA DI ME.

Presenta al popolo il calice, lo depone sul corporale e genuflette in adorazione.

Quindi, il sacerdote canta o dice:
Mistero della fede.

(in piedi)

Il popolo prosegue acclamando:
Annunciamo la tua morte, Signore,
proclamiamo la tua risurrezione,
nell'attesa della tua venuta.

Oppure:
Ogni volta che mangiamo di questo pane
e beviamo a questo calice,

annunciamo la tua morte, Signore,
nell'attesa della tua venuta.

Oppure:

Tu ci hai redenti con la tua croce
e la tua risurrezione:
salvaci, o Salvatore del mondo.

Quindi, con le braccia allargate, il sacerdote dice:

Celebrando il memoriale della morte e risurrezione del tuo Figlio, ti offriamo, Padre, il pane della vita e il calice della salvezza, e ti rendiamo grazie perché ci hai resi degni di stare alla tua presenza a compiere il servizio sacerdotale.
Ti preghiamo umilmente: per la comunione al Corpo e al Sangue di Cristo, lo Spirito Santo ci riunisca in un solo corpo.

Ricordati, Padre, della tua Chiesa diffusa su tutta la terra: †

DOMENICA

Si può dire in tutte le domeniche, a esclusione di quando c'è un altro ricordo proprio.

† e qui convocata nel giorno in cui Cristo ha vinto la morte e ci ha resi partecipi della sua vita immortale:

NATALE DEL SIGNORE E OTTAVA

† e qui convocata nel giorno santissimo [nella notte santissima] in cui la Vergine Maria diede al mondo il Salvatore:

---

rendila perfetta nell'amore in unione con il nostro papa N., il nostro vescovo N.*, i presbiteri e i diaconi. †

NELLE MESSE PER I DEFUNTI SI PUÒ AGGIUNGERE:

† Ricordati del nostro fratello [della nostra sorella] N., che [oggi] hai chiamato a te da questa vita; e come per il Battesimo l'hai unito[a] alla morte di Cristo, tuo Figlio, così rendilo[a] partecipe della sua risurrezione.

Ricordati anche dei nostri fratelli e sorelle, che si sono addormentati nella speranza della risurrezione e, nella tua misericordia, di tutti i defunti: ammettili alla luce del tuo volto.

Di noi tutti abbi misericordia, donaci di aver parte alla vita eterna, insieme con la beata Maria, Vergine e Madre di Dio, san Giuseppe, suo sposo, gli apostoli, [san N.: santo del giorno o patrono] e tutti i santi che in ogni tempo ti furono graditi,

* Qui è permesso nominare anche il vescovo coadiutore o gli ausiliari, come indicato al n. 149 dell'*Ordinamento Generale del Messale Romano.*

congiunge le mani,

e in Gesù Cristo tuo Figlio canteremo la tua lode e la tua gloria.

Prende sia la patena con l'ostia sia il calice ed elevandoli insieme canta o dice:

Per Cristo, con Cristo e in Cristo,
a te, Dio Padre onnipotente,
nell'unità dello Spirito Santo,
ogni onore e gloria, per tutti i secoli dei secoli.

Il popolo acclama: **Amen.**

RITI DI COMUNIONE

Il sacerdote, deposti il calice e la patena, a mani giunte, canta o dice:

Obbedienti alla parola del Salvatore e formati al suo divino insegnamento, osiamo dire:

Oppure:

Prima di partecipare al banchetto dell'Eucaristia, segno di riconciliazione e vincolo di comunione fraterna, preghiamo insieme come il Signore ci ha insegnato:

Allarga le braccia e canta o dice insieme al popolo:

Padre nostro che sei nei cieli,
sia santificato il tuo nome,

venga il tuo regno,
sia fatta la tua volontà,
come in cielo così in terra.
Dacci oggi il nostro pane quotidiano,
e rimetti a noi i nostri debiti
come anche noi li rimettiamo ai nostri debitori,
e non abbandonarci alla tentazione,
ma liberaci dal male.

Solo il sacerdote, con le braccia allargate, continua:
Liberaci, o Signore, da tutti i mali, concedi la pace ai nostri giorni, e con l'aiuto della tua misericordia vivremo sempre liberi dal peccato e sicuri da ogni turbamento, nell'attesa che si compia la beata speranza e venga il nostro salvatore Gesù Cristo.
Congiunge la mani.

Il popolo conclude la preghiera con l'acclamazione:
Tuo è il regno, tua la potenza e la gloria nei secoli.

Il sacerdote, con le braccia allargate, dice ad alta voce:
Signore Gesù Cristo, che hai detto ai tuoi apostoli: «Vi lascio la pace, vi do la mia pace», non guardare ai nostri peccati, ma alla fede della tua Chiesa, e donale unità e pace secondo la tua volontà.
Congiunge le mani.
Tu che vivi e regni nei secoli dei secoli.

Il popolo risponde: **Amen.**

Il sacerdote, rivolto al popolo allargando e ricongiungendo le mani, dice:
La pace del Signore sia sempre con voi.
Il popolo risponde: **E con il tuo spirito.**

Poi, secondo l'opportunità, il diacono, o il sacerdote, aggiunge:
Scambiatevi il dono della pace.
Oppure:
Come figli del Dio della pace,
scambiatevi un gesto di comunione fraterna.

E tutti si scambiano vicendevolmente un gesto di pace, di comunione e di carità secondo gli usi locali. Il sacerdote dà la pace al diacono o al ministro.

Il sacerdote quindi prende l'ostia, la spezza sopra la patena e ne mette un frammento nel calice, dicendo sottovoce:
Il Corpo e il Sangue del Signore nostro Gesù Cristo,
uniti in questo calice,
siano per noi cibo di vita eterna.

Intanto si canta o si dice:
Agnello di Dio, che togli i peccati del mondo,
abbi pietà di noi.

Agnello di Dio, che togli i peccati del mondo, abbi pietà di noi.

Agnello di Dio, che togli i peccati del mondo, dona a noi la pace.

Il sacerdote, con le mani giunte, dice sottovoce:
Signore Gesù Cristo, Figlio del Dio vivo, che per volontà del Padre e con l'opera dello Spirito Santo morendo hai dato la vita al mondo, per il santo mistero del tuo Corpo e del tuo Sangue liberami da ogni colpa e da ogni male, fa' che sia sempre fedele alla tua legge e non sia mai separato da te.

Il sacerdote genuflette, prende l'ostia e tenendola un po' sollevata sulla patena o sul calice, rivolto al popolo, dice ad alta voce:
Ecco l'Agnello di Dio,
ecco colui che toglie i peccati del mondo.
Beati gli invitati alla cena dell'Agnello.

E continua, dicendo insieme con il popolo:
O Signore, non sono degno di partecipare alla tua mensa, ma di' soltanto una parola e io sarò salvato.

Il sacerdote, rivolto all'altare, dice sottovoce:
Il Corpo di Cristo mi custodisca per la vita eterna.

E con riverenza si comunica al Corpo di Cristo. Poi prende il calice e dice sottovoce:

Il Sangue di Cristo mi custodisca per la vita eterna.

E con riverenza si comunica al Sangue di Cristo.

Mentre il sacerdote si comunica al Corpo di Cristo, si inizia il Canto di comunione. *Il sacerdote prende poi la patena o la pisside e si reca verso i comunicandi. Nel presentare a ognuno l'ostia, la tiene alquanto sollevata e dice:*

Il Corpo di Cristo.

Il comunicando risponde: **Amen.**

Terminata la distribuzione della comunione, il sacerdote, o il diacono, o l'accolito, alla credenza o a lato dell'altare, purifica la patena sul calice e quindi il calice.

Mentre purifica la patena e il calice, il sacerdote dice sottovoce:

Il sacramento ricevuto con la bocca sia accolto con purezza nel nostro spirito, o Signore, e il dono a noi fatto nel tempo ci sia rimedio per la vita eterna.

Poi il sacerdote può tornare alla sede. Secondo l'opportunità, si può osservare il sacro silenzio per un tempo conveniente, oppure cantare un salmo o un altro canto di lode o un inno.

Poi, stando alla sede o all'altare, il sacerdote, rivolto al popolo, dice a mani giunte:

Preghiamo.

*E tutti, insieme con il sacerdote, pregano per qualche momento in silenzio, a meno che sia già stato osservato subito dopo la comunione. Poi il sacerdote, con le braccia allargate, dice l'*ORAZIONE DOPO LA COMUNIONE.

RITI DI CONCLUSIONE

Dopo l'orazione e prima della BENEDIZIONE *si possono dare, quando occorre, brevi comunicazioni al popolo.*
Segue il congedo. Il sacerdote, allargando le braccia, rivolto verso il popolo, dice:
Il Signore sia con voi.
Il popolo risponde: **E con il tuo spirito.**

Il sacerdote benedice il popolo:
Vi benedica Dio onnipotente,
Padre e Figlio ✠ e Spirito Santo.
Il popolo risponde: **Amen.**

In certi giorni e in circostanze particolari si usa una forma più solenne di BENEDIZIONE *o l'*ORAZIONE SUL POPOLO.

Infine il diacono o il sacerdote stesso, rivolto al popolo, a mani giunte, dice:
Andate in pace.
Oppure:
La Messa è finita: andate in pace.

Oppure:
Andate e annunciate il Vangelo del Signore.
Oppure:
Glorificate il Signore con la vostra vita. Andate in pace.
Oppure:
La gioia del Signore sia la vostra forza. Andate in pace.
Oppure:
Nel nome del Signore, andate in pace.
Oppure, specialmente nelle domeniche di Pasqua:
Portate a tutti la gioia del Signore risorto. Andate in pace.

Il popolo risponde: **Rendiamo grazie a Dio.**

Il sacerdote bacia l'altare in segno di venerazione come all'inizio; fa quindi con i ministri un profondo inchino e torna in sacrestia.
Quando segue immediatamente un'altra azione liturgica, si tralasciano i riti di conclusione.

«Per favore, non dimenticarti
di pregare per me!
Grazie tante!».

PREGHIERE DI PREPARAZIONE ALLA SANTA MESSA

Recitiamo prima dell'inizio della Messa le preghiere che seguono. È bene che sia i sacerdoti sia i fedeli ***arrivino in chiesa mezz'ora prima dell'inizio della celebrazione*** *della santa Messa per prepararsi con il giusto raccoglimento.*

1

Dio onnipotente ed eterno, ecco che io mi accosto al Sacramento del Figlio tuo unigenito nostro Signore Gesù Cristo: mi accosto come infermo al medico della vita, come immondo al fonte della misericordia, come cieco al lume della chiarezza eterna, come povero e bisognoso al Signore del cielo e della terra.

Prego dunque la tua grande e immensa generosità, affinché ti degni di curare il mio male, lavare il mio vizio, illuminare la mia cecità, arricchire la mia povertà, vestire la mia nudità, affinché riceva il pane degli Angeli, il Re dei re, il Signore dei signori, con tanta riverenza e umiltà, con tanta contrizione e devozione, con tanta purezza e fede, acciocché, mediante tali propositi e buone intenzioni, possa conseguire la salvezza della mia anima.

Concedimi, ti prego, che io riceva non solo il Sacramento del Corpo e del Sangue del Signore, ma anche la grazia e la virtù di questo Sacramento.

O mitissimo Iddio, fa' ch'io riceva così il Corpo dell'unigenito Figlio tuo nostro Signore Gesù Cristo, che nacque da Maria Vergine, così che io meriti d'essere incorporato al suo mistico corpo e annoverato fra le sue mistiche membra.

O amantissimo Padre, concedimi finalmente di contemplare a faccia a faccia per l'eternità il tuo diletto Figlio, che intendo ricevere ora nel mio cammino terreno, sotto i veli del mistero.

Egli che è Dio, e vive e regna con te nell'unità dello Spirito Santo, per tutti i secoli dei secoli. **Amen.**

San Tommaso D'Aquino

2

O Signore, offro tutto me stesso a te, da cui proviene ogni mio bene.

Tuoi sono la mia anima e il mio corpo, e ora a te solo devono essere diretti i miei pensieri, le mie parole e le mie opere.

Degnati, mio Dio, di tenermi lontano dalle insidie del nemico infernale, affinché in questo santo sacrificio possa contemplare la tua amara passione e ricevere la tua santa grazia. **Amen.**

Santa Brigida

CORONA ANGELICA

Ogni giorno dobbiamo combattere contro le tentazioni, ma non siamo soli!
San Michele arcangelo è l'aiuto potente che Dio ci ha donato per respingere vittoriosi gli assalti di Satana.
E allora ci verrà sicuramente in soccorso la corona angelica, il pio esercizio rivelato dall'arcangelo san Michele stesso alla serva di Dio Antonia De Astonac in Portogallo. Attraverso di lei l'Arcangelo ha promesso una continua assistenza in vita e in Purgatorio per chi avesse pregato con la corona angelica. Promise anche un particolare accompagnamento degli angeli nel momento in cui si riceve la santa Eucaristia. Papa Pio IX, grande devoto di questa preghiera, associò a essa numerose indulgenze.

Nel nome del Padre e del Figlio e dello Spirito Santo. Amen.
O Dio vieni a salvarmi. Signore vieni presto in mio aiuto.
Gloria al Padre

Sequenza allo Spirito Santo *(pag. 666)*
Credo *(pag. 668)*

Si recita utilizzando la corona angelica, da far benedire (quelle acquistate presso l'Editrice Shalom sono state benedette - cod. 10996).

Prima invocazione

Per intercessione di san Michele arcangelo e del coro celeste dei Serafini, il Signore ci renda degni della fiamma di perfetta carità.

Padre nostro • 3 Ave Maria

(in comunione con il primo coro angelico)

Seconda invocazione

Per intercessione di san Michele arcangelo e del coro celeste dei Cherubini, il Signore voglia darci la grazia di abbandonare la via del peccato e correre in quella della perfezione cristiana.

Padre nostro • 3 Ave Maria

(in comunione con il secondo coro angelico)

Terza invocazione

Per intercessione di san Michele arcangelo e del sacro coro dei Troni, il Signore infonda nei nostri cuori lo spirito di vera e sincera umiltà.

Padre nostro • 3 Ave Maria

(in comunione con il terzo coro angelico)

Quarta invocazione

Per intercessione di san Michele arcangelo e del coro celeste delle Dominazioni, il Signore ci conceda la grazia di dominare i nostri sensi e correggere le nostre passioni corrotte.

Padre nostro • 3 Ave Maria

(in comunione con il quarto coro angelico)

Quinta invocazione

Per intercessione di san Michele arcangelo e del coro celeste delle Potestà, il Signore si degni di proteggere le anime nostre dalle insidie e dalle tentazioni del demonio.

Padre nostro • 3 Ave Maria

(in comunione con il quinto coro angelico)

Sesta invocazione

Per intercessione di san Michele arcangelo e del coro delle ammirabili Virtù celesti, il Signore non permetta che cadiamo nelle tentazioni, ma ci liberi dal male.

Padre nostro • 3 Ave Maria

(in comunione con il sesto coro angelico)

Settima invocazione

Per intercessione di san Michele arcangelo e del coro celeste dei Principati, Dio riempia le nostre anime dello spirito di vera e sincera obbedienza.

Padre nostro • 3 Ave Maria

(in comunione con il settimo coro angelico)

Ottava invocazione

Per intercessione di san Michele arcangelo e del coro celeste degli Arcangeli, il Signore ci conceda il dono della perseveranza nella fede e nelle opere buone, per arrivare alla gloria del Paradiso.

Padre nostro • 3 Ave Maria

(in comunione con l'ottavo coro angelico)

Nona invocazione

Per intercessione di san Michele arcangelo e del coro celeste di tutti gli Angeli, il Signore si degni di concederci di essere da loro custoditi nella vita presente, affinché ci conducano nella gloria eterna dei cieli.

Padre nostro • 3 Ave Maria

(in comunione con il nono coro angelico)

Padre nostro *(in comunione con san Michele)*
Padre nostro *(in comunione con san Gabriele)*
Padre nostro *(in comunione con san Raffaele)*
Padre nostro *(in comunione con l'angelo custode)*

Preghiera

Glorioso principe san Michele, capo e guida degli eserciti celesti, depositario delle anime, debellatore degli spiriti ribelli, nostro condottiero ammirabile dopo Gesù Cristo, degnati di liberare da ogni male tutti noi che, con fiducia, ricorriamo a te e concedici con la tua valida protezione di servire ogni giorno fedelmente il nostro Dio. **Amen.**

Prega per noi, arcangelo san Michele,
e saremo degni delle promesse di Cristo.

Preghiamo

Dio onnipotente ed eterno, che con prodigio di bontà e misericordia, per la salvezza degli uomini hai eletto a principe della tua Chiesa il glorioso san Michele, concedici, mediante la sua benefica protezione, di essere liberati da tutti i nostri nemici spirituali. Nell'ora della nostra morte non ci molesti l'antico avversario, ma sia il tuo arcangelo Michele a condurci alla presenza della tua divina Maestà. **Amen.**

Si suggerisce il libro dell'Editrice Shalom ***La Corona Angelica****, codice 8197, oppure la* ***confezione corona e libro La Corona Angelica****, codice 10983.*

PREGHIERA DOPO LA SANTA MESSA A SAN MICHELE ARCANGELO

Il mattino del 13 ottobre 1884 papa Leone XIII, dopo avere celebrato la santa Messa, assiste come al solito a un'altra Messa di ringraziamento. A un tratto alza energicamente la testa, poi fissa intensamente qualcosa al di sopra del capo del celebrante. Guarda fisso, senza battere le palpebre, con un senso di terrore e di meraviglia; il colorito del suo volto e i lineamenti cambiano. Finalmente, come ritornando in sé, si alza e si avvia verso il suo studio privato. Dopo una mezz'ora fa chiamare il segretario della Congregazione dei Riti e, porgendogli un foglio, gli ordina di farlo stampare e di farlo avere a tutti gli Ordinari del mondo. Che cosa contiene? L'invocazione a san Michele arcangelo da recitarsi al termine della santa Messa, in difesa della Chiesa contro i nemici diabolici all'interno e all'esterno di essa.

Prima della riforma liturgica, il celebrante e i ministri la ***recitavano inginocchiati davanti all'altare a voce alta****, insieme ai fedeli. Tale disposizione viene abolita nel 1964, ma Giovanni Paolo II, durante la recita del* Regina caeli *del 24 aprile 1994, così si esprime: «Anche se oggi questa preghiera non viene più recitata al termine della celebrazione eucaristica, invito tutti a non dimenticarla, ma a recitarla*

per ottenere di essere aiutati nella battaglia contro le forze delle tenebre e contro lo spirito di questo mondo».
Già nel 1987 lo stesso Giovanni Paolo II, in visita al santuario di San Michele Arcangelo, sul monte Gargano, aveva detto: «Questa lotta contro il Demonio, che contraddistingue la figura dell'arcangelo Michele, è attuale anche oggi, perché il Demonio è tuttora vivo e operante nel mondo. In questa lotta, l'arcangelo Michele è a fianco della Chiesa per difenderla contro le nequizie del secolo, per aiutare i credenti a resistere al Demonio che "come leone ruggente va in giro cercando chi divorare"».
Riprendiamo a recitare con fiducia l'invocazione di Leone XIII a san Michele arcangelo al termine della santa Messa e chiediamogli di essere aiutati nella lotta al Maligno.

San Michele arcangelo,
difendici nella lotta,
sii il nostro aiuto contro la malvagità
e le insidie del demonio.
Supplichevoli preghiamo che Dio lo domini
e tu, Principe della milizia celeste,
con il potere che ti viene da Dio,
incatena nell'Inferno Satana
e gli spiriti maligni,
che si aggirano per il mondo
per far perdere le anime. Amen.

NOVEMBRE

CALENDARIO LITURGICO NOVEMBRE 2023

●	**1**	**M**	**Tutti i santi**	**s**
●	2	G	Commemorazione di tutti i fedeli defunti	propria
●	3	V	S. Martino de Porres, religioso	mf
●	4	S	S. Carlo Borromeo, vescovo	m
●	**5**	**D**	**XXXI domenica del Tempo Ordinario (A)**	**III Salt**
●	6	L	S. Leonardo	
●	7	M	S. Fiorenzo	
●	8	M	S. Goffredo	
●	9	G	Dedicazione della basilica lateranense	f
●	10	V	S. Leone Magno, papa e dottore della Chiesa	m
●	11	S	S. Martino di Tours, vescovo	m
●	**12**	**D**	**XXXII domenica del Tempo Ordinario (A)**	**IV Salt**
●	13	L	S. Eugenio	
●	14	M	S. Teódoto	
●	15	M	S. Alberto Magno, vescovo e dottore della Chiesa	mf
●	16	G	S. Margherita di Scozia; S. Gertrude, vergine	mf
●	17	V	S. Elisabetta di Ungheria, religiosa	m
●	18	S	Dedicaz. basiliche SS. Pietro e Paolo, apostoli	mf
●	**19**	**D**	**XXXIII domenica del Tempo Ordinario (A)**	**I Salt**
●	20	L	S. Ottavio	
●	21	M	Presentazione della beata Vergine Maria	m
●	22	M	S. Cecilia, vergine e martire	m
●	23	G	S. Clemente I, papa e mart.; S. Colombano, ab.	mf
●	24	V	Ss. Andrea Dung-Lac, presb., e comp., martiri	m
●	25	S	S. Caterina di Alessandria, vergine e martire	mf
●	**26**	**D**	**Nostro Signore Gesù Cristo Re dell'universo (A)**	**s**
●	27	L	B. V. Maria della Medaglia Miracolosa	II Salt
●	28	M	S. Giacomo della Marca	
●	29	M	S. Saturnino	
●	30	G	S. Andrea, apostolo	f

I giorni indicati in rosso sono di precetto (obbligo di partecipare alla s. Messa)

CALENDARIO DEVOZIONALE NOVEMBRE 2023

1 - 2 novembre ▶ Indulgenza plenaria dei defunti *(pag. 48)*

1 - 8 novembre ▶ Ottavario dei defunti (cod. 8147)

1 - 9 novembre ▶ Novena a **san Leone Magno**

2 - 10 novembre ▶ Novena a **san Martino di Tours**

4 - 12 novembre ▶ Novena a **sant'Artemide Zatti**

7 - 15 novembre ▶ Novena a **san Giuseppe Moscati** (cod. 8327)

8 - 16 novembre ▶ Novena a **santa Elisabetta di Ungheria**

12 - 20 novembre ▶ Novena alla **Madonna della Salute**

13 - 21 novembre ▶ Novena a **santa Cecilia**

16 - 24 novembre	Novena ai **beati Luigi e Maria Beltrame Quattrocchi** (cod. 8041)
17 - 25 novembre	Novena a **Cristo Re** Novena al **beato Giacomo Alberione**
18 - 26 novembre	Novena alla **Vergine della Medaglia Miracolosa** (cod. 8001, 8332)
19 - 27 novembre	Novena ai **san Giacomo della Marca** (cod. 8552)
21 - 29 novembre	Novena a **sant'Andrea, apostolo**
24 novem. **2** dicembre	Novena a **san Francesco Saverio**
27 novem. **5** dicembre	Novena a **san Nicola**
28 novem. **6** dicembre	Novena a **sant'Ambrogio**
29 novem. **7** dicembre	Novena all'**Immacolata** (cod. 8176)

NOVEMBRE: I SANTI

Il mese di novembre si apre con la solennità di Tutti i Santi. È bello pertanto soffermarci a riflettere su questi nostri compagni di viaggio, fari sul nostro cammino, esempi luminosi che ci indicano la via da seguire.
Potremmo cogliere l'occasione per approfondirne la vita leggendo qualche bella biografia. Ci aiuteranno a fare delle scoperte molto interessanti e a renderci conto che tutti possiamo diventare santi e che tutti siamo chiamati alla santità. Con sant'Agostino diciamo: «Se questi e quelle perché non io?».
Leggendo le loro vite comprenderemo che la loro santità è ben lontana da una "santità da immaginetta" come direbbe papa Francesco. Dei santi, infatti, spesso abbiamo un'idea che non corrisponde alla realtà. A volte riteniamo che durante la vita siano stati perfetti, in realtà non è così. Anche i santi hanno vissuto difficoltà, momenti bui e fragilità. E proprio attraverso questi limiti Dio ha realizzato cose grandi e opere meravigliose. I santi sono uomini e donne delle cui vite, seppure abitate in certi passaggi da contraddizioni, da miserie, Dio ha saputo fare un capolavoro. Cosa accomuna queste vite? I santi sono persone che hanno incarnato le Beatitudini che, come ci ricorda papa Francesco, «ci mostrano la strada che conduce al Regno di Dio e alla felicità: la strada dell'umiltà, della compassione, della mitezza, della giustizia e della pace. Essere santi è camminare su questa strada».

NOVEMBRE: ANIME DEI DEFUNTI IN PURGATORIO

Il Purgatorio è un atto grande della Misericordia di Dio, è la serena e riconciliata anticamera del Paradiso. Sappiamo che la comunione piena con il Signore non ammette imperfezioni e ombre di peccato: quanti sono morti totalmente purificati dall'amore di Dio? Chi rilegge i Vangeli vi trova innanzitutto la buona notizia per eccellenza, l'annuncio consolante dell'amore senza fine e misura di Dio. Ma, accanto a questo, nei Vangeli troviamo anche la chiara indicazione che un nostro rifiuto dell'Amore non è impossibile. Il Purgatorio esiste perché esiste la tendenza dell'uomo alla mediocrità e alla tiepidezza, perché l'uomo in questa vita non è capace, in generale, di esprimere atti di amore così perfetti tali da abilitare la sua anima a entrare subito nella visione di Dio.

Ecco il senso del Purgatorio e della nostra preghiera: sebbene dopo la morte non ci siano né spazio né tempo, è data alla persona l'opportunità di rendere completa la propria adesione al Signore. Le nostre preghiere sono un sostegno ai nostri cari defunti che si espongono all'azione purificatrice dello Spirito di Dio perché tolga in loro ogni più piccola opposizione alla sua volontà: è quello che essi vogliono, la piena comunione con Dio ed è quello che noi chiediamo al Signore per il bene che ci hanno fatto e voluto (dall'Introduzione del *Meraviglioso segreto delle anime del Purgatorio*, codice libro 8110).

DA MEZZOGIORNO DEL 1° NOVEMBRE

Ogni nostro peccato ha una duplice conseguenza: genera una colpa e comporta una pena.

La colpa è rimessa dall'assoluzione sacramentale nella Confessione (attraverso la quale Dio cancella l'offesa ricevuta), mentre la pena permane anche oltre l'assoluzione, perché occorre riparare il disordine provocato dal peccato. La pena può essere riparata sulla terra con preghiere, penitenze e opere di pietà volontarie o in Purgatorio. L'indulgenza plenaria è uno dei mezzi per ottenere la remissione di tutta la pena.

DA MEZZOGIORNO DEL 1° NOVEMBRE

Si concede l'indulgenza plenaria, applicabile soltanto alle anime dei defunti, al fedele che:

1. Nei singoli giorni dal 1° all'8 novembre devotamente visita il cimitero e prega, anche solo mentalmente, per i defunti.
2. Da mezzogiorno del 1° a tutto il 2 novembre visita una chiesa o un oratorio e vi recita un *Padre nostro* e un *Credo*:

Il fedele, per ottenere l'indulgenza plenaria, deve:

- escludere qualsiasi affetto al peccato anche veniale;
- compiere l'opera ai numeri 1 e 2;
- adempiere le seguenti tre condizioni:

a. Accostarsi al sacramento della Riconciliazione. Con una Confessione si possono acquistare più indulgenze plenarie.

b. Ricevere la Comunione eucaristica. Con una Comunione si può acquistare una sola indulgenza plenaria. È meglio ricevere la Comunione partecipando alla santa Messa.

c. Pregare secondo le intenzioni del Santo Padre, come testimonianza di comunione con tutta la Chiesa. Si adempie la condizione pregando un *Padre nostro* e un'*Ave Maria*, o altre preghiere a scelta del fedele. Con una sola preghiera secondo le intenzioni del Sommo Pontefice si può acquisire una sola indulgenza plenaria.

Queste tre condizioni possono essere adempiute anche molti giorni prima o dopo aver compiuto l'opera prescritta (nn. 1 e 2); tuttavia è conveniente che la Comunione e la preghiera secondo le intenzioni del Sommo Pontefice siano fatte nello stesso giorno in cui si compie l'opera.

1 NOVEMBRE

MERCOLEDÌ

Tutti i Santi (s) *bianco* **propria**

I SANTI: PECCATORI PERDONATI

I santi sono uomini e donne, come noi, che si sono sentiti amati per primi, si sono sentiti **"peccatori perdonati"**. Oggi **ci spronano a una misura alta della vita, a puntare in alto, a guardare lontano**; ci invitano a non rassegnarci di fronte alle fatiche del quotidiano perché la nostra vita troverà compimento nella comunione eterna con Dio. Attraverso questa festa la Chiesa ci indica i santi come compagni di viaggio, che intercedono per noi e ci sono vicini.

Questi amici ci indirizzano verso la strada che loro stessi hanno accettato di percorrere, **la via delle Beatitudini** indicata da Gesù: «Beati i poveri in spirito, perché di essi è il regno dei cieli...». Il punto fondamentale delle beatitudini non è tanto nel "beati", quanto nel "perché" che illumina e dà senso alla beatitudine. Se ti concentri sul perché comprendi che non sei "beato" perché "povero", ma **sei beato perché, in forza della tua povertà, sei nella condizione privilegiata per ricevere il regno dei cieli**. E così è per tutte le altre beatitudini: siamo beati, perché, nelle nostre povertà, fragilità, sofferenze, troveremo consolazione, accoglienza, amore; beati perché, in fondo al buio, troveremo la luce di Dio. "Beati", allora, è **un augurio a rimettersi in piedi, a non scoraggiarsi, ad andare avanti**... perché abbiamo la consapevolezza che Dio è con noi.

ANTIFONA D'INGRESSO - Rallegriamoci tutti nel Signore, in questa solennità di tutti i Santi: con noi si allietano gli angeli e lodano il Figlio di Dio.

Si dice il Gloria *(pag. 10).*

COLLETTA - **Preghiamo:** Dio onnipotente ed eterno, che ci doni la gioia di celebrare in un'unica festa i meriti e la gloria di tutti i Santi, concedi al tuo popolo, per la comune intercessione di tanti fratelli, l'abbondanza della tua misericordia. Per il nostro Signore... **Amen.**

(seduti)

PRIMA LETTURA Ap 7,2-4.9-14

Dal libro dell'Apocalisse di san Giovanni apostolo

Io, Giovanni, vidi salire dall'oriente un altro angelo, con il sigillo del Dio vivente. E gridò a gran voce ai quattro angeli, ai quali era stato concesso di devastare la terra e il mare: «Non devastate la terra né il mare né le piante, finché non avremo impresso il sigillo sulla fronte dei servi del nostro Dio». E udii il numero di coloro che furono segnati con il sigillo: centoquarantaquattromila segnati, provenienti da ogni tribù dei figli d'Israele. Dopo queste cose vidi: ecco, una moltitudine immensa, che nessuno poteva contare, di ogni nazione, tribù, popolo e lingua. Tutti stavano in piedi davanti al trono e davanti all'Agnello, avvolti in vesti candide, e tenevano rami di palma nelle loro mani. E gridavano a gran voce: «La salvezza appartiene al nostro Dio, seduto sul trono, e all'Agnello». E tutti gli angeli stavano attorno al trono e agli anziani e ai quattro esseri viventi, e si inchinarono con la faccia a terra davanti al trono e adorarono Dio dicendo: «Amen! Lode, gloria, sapienza, azione di grazie, onore, potenza e forza al nostro Dio nei secoli dei secoli. Amen». Uno degli anziani allora si rivolse a me e disse: «Questi, che sono vestiti di bianco, chi sono e da dove vengono?». Gli risposi: «Signore mio, tu lo sai». E lui: «Sono quelli che vengono dalla grande tribolazione e che hanno lavato le loro vesti, rendendole candide nel sangue dell'Agnello». - Parola di Dio. ℟. **Rendiamo grazie a Dio.**

SALMO RESPONSORIALE Dal Salmo 23 (24)

℟. **Ecco la generazione**
che cerca il tuo volto, Signore.

Del Signore è la terra e quanto contiene:
il mondo, con i suoi abitanti.
È lui che l'ha fondato sui mari
e sui fiumi l'ha stabilito. ℟.

Chi potrà salire il monte del Signore?
Chi potrà stare nel suo luogo santo?
Chi ha mani innocenti e cuore puro,
chi non si rivolge agli idoli. ℟.

Egli otterrà benedizione dal Signore,
giustizia da Dio sua salvezza.
Ecco la generazione che lo cerca,
che cerca il tuo volto, Dio di Giacobbe. ℟.

SECONDA LETTURA 1Gv 3,1-3

Dalla prima lettera di san Giovanni apostolo

Carissimi, vedete quale grande amore ci ha dato il Padre per essere chiamati figli di Dio, e lo siamo realmente! Per questo il mondo non ci conosce: perché non ha conosciuto lui. Carissimi, noi fin d'ora siamo figli di Dio, ma ciò che saremo non è stato ancora rivelato. Sappiamo però che quando egli si sarà manifestato, noi saremo simili a lui, perché lo vedremo così come egli è. Chiunque ha questa speranza in lui, purifica se stesso, come egli è puro. - Parola di Dio. ℟. **Rendiamo grazie a Dio.**

(in piedi)

CANTO AL VANGELO Mt 11,28

Alleluia, alleluia.
Venite a me,
voi tutti che siete stanchi e oppressi,
e io vi darò ristoro.
Alleluia.

VANGELO Mt 5,1-12a

Il Signore sia con voi.
℟. **E con il tuo spirito.**
✠ *Dal Vangelo secondo Matteo*

℟. **Gloria a te, o Signore.**
In quel tempo, vedendo le folle, Gesù salì sul monte: si pose a sedere e si avvicinarono a lui i suoi discepoli. Si mise a parlare e insegnava loro dicendo: «Beati i poveri in spirito, perché di essi è il regno dei cieli. Beati quelli che sono nel pianto, perché saranno consolati. Beati i miti, perché avranno in eredità la terra. Beati quelli che hanno fame e sete della giustizia, perché saranno saziati. Beati i misericordiosi, perché troveranno misericordia. Beati i puri di cuore, perché vedranno Dio. Beati gli operatori di pace, perché saranno chiamati figli di Dio. Beati i perseguitati per la giustizia, perché di essi è il regno dei cieli. Beati voi quando vi insulteranno, vi perseguiteranno e, mentendo, diranno ogni sorta di male contro di voi per causa mia. Rallegratevi ed esultate, perché grande è la vostra ricompensa nei cieli». - Parola del Signore. ℟. **Lode a te o Cristo.**

Si dice il Credo *(pag. 12).*

(in piedi)

SULLE OFFERTE - Ti siano graditi, o Signore, i doni che ti offriamo in onore di tutti i Santi: essi, che già godono della tua vita immortale, ci proteggano nel cammino verso di te. Per Cristo nostro Signore. **Amen.**

PREFAZIO - *La gloria della Gerusalemme del cielo, nostra madre.* È veramente cosa buona e giusta, nostro dovere e fonte di salvezza, rendere grazie sempre e in ogni luogo a te, Signore, Padre santo, Dio onnipotente ed eterno. Oggi ci dai la gioia di celebrare la città santa, la Gerusalemme del cielo che è nostra madre, dove l'assemblea festosa dei nostri fratelli glorifica in eterno il tuo nome. Verso la patria comune, noi pellegrini sulla terra, sorretti dalla fede, affrettiamo il cammino, lieti per la sorte gloriosa di questi membri eletti della Chiesa, che nella nostra debolezza ci doni come sostegno e modello di vita. Per questo dono del tuo amore, uniti a loro e all'immensa schiera degli angeli, cantiamo con esultanza la tua lode: **Santo...**

COMUNIONE - Beati i puri di cuore: vedranno Dio. Beati gli operatori di pace: saranno chiamati figli di Dio. Beati i perseguitati per la giustizia: di essi è il regno dei cieli *(Mt 5,8-10).*

DOPO LA COMUNIONE - **Preghiamo:** O Dio, unica fonte di ogni santità, mirabile in tutti i tuoi Santi, fa' che raggiungiamo anche noi la pienezza del tuo amore, per passare da questa mensa, che ci sostiene nel pellegrinaggio terreno, al festoso banchetto del cielo. Per Cristo nostro Signore. **Amen.**

Commenti

1ª LETTURA - Scena grandiosa quella descritta dall'Apocalisse. Tutti sono rivolti all'Agnello immolato, che è Cristo Signore. Potranno essere di ogni lingua, tribù e nazione, ma se sono salvi lo sono grazie al Signore Gesù, che ha pagato per tutti e ha sofferto sulla croce per tutti. Il grido dei redenti è chiaro: «La salvezza appartiene a Dio e all'Agnello!». Non ad altri credi o presunte divinità. Chi dunque si troverà in quel luogo e in quella lode, avrà avuto in terra un rapporto, più o meno esplicito, con l'Agnello immolato. Vi è in cielo una grande comunità, unita nello stesso ringraziamento di lode e di adorazione. Il Paradiso ci viene descritto come "luogo" di moltitudine, dove saremo tutti fratelli, finalmente, e figli di un solo Padre. Importante è l'ultima annotazione: le vesti bianche (purezza) si ottengono lavandole nel rosso (sangue dell'Agnello), cosa che qui in terra è impossibile pensare per qualsiasi lavandaia. Questo significa che è proprio il sacrificio di Cristo che ci ottiene il passaporto per il cielo. Adoriamo, dunque, fin da ora quel sangue prezioso che ci apre le porte del cielo!

2ª LETTURA - Questo passo della prima lettera di Giovanni è importante perché ci dice che è vero che siamo già figli di Dio, con il Battesimo, ma non lo siamo ancora, diciamo, pienamente, se è vero che «ciò che saremo non è stato ancora rivelato». Ma allora, in Paradiso, saremo figli di Dio in modo diverso? Che cosa ci manca ora per essere come dovremo essere? Ci manca la morte, il passaggio fondamentale della nostra esistenza, dove potremo dare tutto a Dio, anche la nostra stessa vita, che è il dono più prezioso. In questa vita cerchiamo di crescere nella fede, nella speranza e nella carità, ma la piena maturità la raggiungeremo solo in Paradiso. Succede come ai bambini, che sono già uomini come natura, ma fino a vent'anni devono crescere di statura, di corporatura, di atteggiamento e di maturità. Contempliamo allora oggi, giorno di Tutti i Santi, quello che saremo un domani, quello che i santi in cielo sono già. Questo ci aiuterà a non perdere mai la speranza e l'obiettivo che siamo chiamati a raggiungere. La vita qui è ancora un divenire, un crescere sempre di più, un correre verso la perfezione del nostro essere.

Vangelo - Ogni anno, nel giorno di Tutti i Santi ci viene proposto il Vangelo delle Beatitudini. Per quale motivo? Perché per arrivare in cielo la via è quella tracciata da nostro Signore: essere poveri di spirito, miti, operatori di pace, perseguitati per la giustizia, ecc. I santi in Paradiso sono proprio coloro che in terra sono stati misericordiosi, puri di cuore, hanno sopportato le persecuzioni. È importante notare che queste attitudini sono legate già a una beatitudine che si realizza, almeno parzialmente, in questa vita terrena. Il Paradiso, infatti, è già iniziato anche in noi, se crediamo in Cristo e viviamo in grazia di Dio. Non siamo beati perché non ci manca nulla, perché abbiamo un buon lavoro o una buona salute, ma lo siamo in ordine a Dio. La povertà, infatti, è mezzo per essere ricchi di Dio; le prove che ci affliggono ci purificano dalle nostre idolatrie, in ordine a Dio; avere fame e sete di giustizia è cosa buona perché desideriamo una giustizia superiore, che è quella di Dio… e così per tutte le beatitudini. Alla fine possiamo dire che la beatitudine (la felicità) è

Dio stesso. Che cosa sarà allora il Paradiso? Una beatitudine immensa, che è la vita stessa di Dio, comunicata a noi.

PROPOSITO DEL GIORNO... Oggi mi impegno a conoscere meglio qualche aspetto della vita del mio santo protettore.

PRATICHE E FESTE DEL GIORNO...

- Pratiche e preghiere di ogni giorno consigliate per il mese di novembre *(pag. 698)*.
- Giorno dedicato alle anime del Purgatorio (cod. 8477).
- Primo mercoledì del mese dedicato a san Giuseppe: atto di riparazione e ringraziamento al suo cuore castissimo (cod. 8001, 8115).
- Giornata mondiale della santificazione universale.
- Indulgenza plenaria *(pag. 48)* e Ottavario dei defunti.
- Preghiera a tutti i santi *(pag. 701)*.
- Litanie dei santi (cod. 8139).
- Informiamoci e conosciamo i santi (cod. 8741).
- 1° giorno novena a san Leone Magno.

ALTRI SANTI E BEATI DEL GIORNO

S. Benigno di Digione • S. Giuliano di Terracina • S. Marcello di Parigi • B. Raniero di Arezzo

2 NOVEMBRE

GIOVEDÌ

Commemorazione di tutti i fedeli defunti

viola **propria**

SIAMO FATTI PER L'ETERNITÀ

«Chiunque vede il Figlio e crede in lui **abbia la vita eterna; e io lo risusciterò**» (Gv 6,40), questa è la volontà del Padre che ci ha rivelato Gesù, questa è la speranza sicura di tutti coloro che credono in lui. La morte non ha l'ultima parola, perché Gesù sulla croce l'ha vinta e, a partire da questa certezza, la morte stessa cambia faccia: **non è uno scomparire, ma un esserci in modo nuovo**. Le persone care che hanno già varcato la soglia dell'aldilà, quindi, sono soltanto un "passo oltre" nel cammino della vita, sono nella "stanza accanto", come scrive Henry Scott Holland: «La morte non è niente. Non conta. Io me ne sono solo andato nella stanza accanto. Sorridi, pensa a me e prega per me. Il mio nome sia sempre la parola familiare di prima». **La commemorazione dei defunti**, allora, oltre a essere un ricordo vivo di chi non è più fisicamente presente, è un richiamo a pensare che tutti **siamo fatti per l'eternità**: «Siamo tutti compagni di viaggio verso l'eternità» (padre Raniero Cantalamessa).

1ª MESSA

ANTIFONA D'INGRESSO - Come Gesù è morto e risorto, così anche Dio, per mezzo di Gesù, radunerà con lui coloro che sono morti. E come in Adamo tutti muoiono, così in Cristo tutti riceveranno la vita *(Cfr. 1Ts 4,14; 1Cor 15,22).*

COLLETTA - Nella tua bontà, o Padre, ascolta le preghiere che ti rivolgiamo, perché cresca la nostra fede nel Figlio tuo risorto dai morti e si rafforzi la speranza che i tuoi fedeli risorgeranno a vita nuova. Per il nostro Signore…

PRIMA LETTURA Gb 19,1.23-27a

Dal libro di Giobbe

Rispondendo Giobbe prese a dire: «Oh, se le mie parole si scrivessero, se si fissassero in un libro, fossero impresse con stilo di ferro e con piombo, per sempre s'incidessero sulla roccia! Io so che il mio redentore è vivo e che, ultimo, si ergerà sulla polvere! Dopo che questa mia pelle sarà strappata via, senza la mia carne, vedrò Dio. Io lo vedrò, io stesso, i miei occhi lo contempleranno e non un altro».

Parola di Dio.

SALMO RESPONSORIALE Dal Salmo 26 (27)

℟. **Sono certo di contemplare la bontà del Signore nella terra dei viventi.**

Oppure:

℟. **Il Signore è mia luce e mia salvezza.**

Il Signore è mia luce e mia salvezza:
di chi avrò timore?
Il Signore è difesa della mia vita:
di chi avrò paura? ℟.

Una cosa ho chiesto al Signore,
questa sola io cerco:
abitare nella casa del Signore
tutti i giorni della mia vita,
per contemplare la bellezza del Signore
e ammirare il suo santuario. ℟.

Ascolta, Signore, la mia voce.
Io grido: abbi pietà di me, rispondimi!
Il tuo volto, Signore, io cerco.
Non nascondermi il tuo volto. ℟.

Sono certo di contemplare la bontà del Signore
nella terra dei viventi.
Spera nel Signore, sii forte,
si rinsaldi il tuo cuore e spera nel Signore. ℟.

SECONDA LETTURA Rm 5,5-11

Dalla lettera di san Paolo apostolo ai Romani

Fratelli, la speranza non delude, perché l'amore di Dio è stato riversato nei nostri cuori per mezzo dello Spirito Santo che ci è stato dato. Infatti, quando eravamo ancora deboli, nel tempo stabilito Cristo morì per gli empi. Ora, a stento qualcuno è disposto a morire per un giusto; forse qualcuno oserebbe morire per una persona buona. Ma Dio dimostra il suo amore verso di noi nel fatto che, mentre eravamo ancora peccatori, Cristo è morto per noi. A maggior ragione ora, giustificati nel suo sangue, saremo salvati dall'ira per mezzo di lui. Se infatti, quand'eravamo nemici, siamo stati riconciliati con Dio per mezzo della morte del Figlio suo, molto più, ora che siamo riconciliati, saremo salvati mediante la sua vita. Non solo, ma ci gloriamo pure in Dio, per mezzo del Signore nostro Gesù Cristo, grazie al quale ora abbiamo ricevuto la riconciliazione.

Parola di Dio.

CANTO AL VANGELO Gv 6,40

Alleluia, alleluia.

Questa è la volontà del Padre mio:
che chiunque vede il Figlio e crede in lui

abbia la vita eterna;
e io lo risusciterò nell'ultimo giorno, dice il Signore.
Alleluia.

VANGELO Gv 6,37-40

✠ *Dal Vangelo secondo Giovanni*

In quel tempo, Gesù disse alla folla: «Tutto ciò che il Padre mi dà, verrà a me: colui che viene a me, io non lo caccerò fuori, perché sono disceso dal cielo non per fare la mia volontà, ma la volontà di colui che mi ha mandato. E questa è la volontà di colui che mi ha mandato: che io non perda nulla di quanto egli mi ha dato, ma che lo risusciti nell'ultimo giorno. Questa infatti è la volontà del Padre mio: che chiunque vede il Figlio e crede in lui abbia la vita eterna; e io lo risusciterò nell'ultimo giorno».
Parola del Signore.

SULLE OFFERTE - Guarda con benevolenza, o Padre, i nostri doni, perché i tuoi fedeli defunti siano associati alla gloria del tuo Figlio, che tutti ci unisce nel grande sacramento del suo amore. Egli vive e regna nei secoli dei secoli.

Prefazio dei defunti I o II (materiale multimediale: pag. 17).

COMUNIONE - «Io sono la risurrezione e la vita», dice il Signore. «Chi crede in me, anche se muore, vivrà; chiunque vive e crede in me, non morirà in eterno» *(Gv 11,25-26).*

DOPO LA COMUNIONE - Fa', o Signore, che i tuoi fedeli defunti, per i quali abbiamo celebrato il sacramento pasquale, entrino nella tua dimora di luce e di pace. Per Cristo nostro Signore.

2ª MESSA

ANTIFONA D'INGRESSO - L'eterno riposo dona loro, o Signore, e splenda ad essi la luce perpetua *(Cfr. 4Esd 2,34-35).*

COLLETTA - O Dio, gloria dei credenti e vita dei giusti, che ci hai salvati con la morte e la risurrezione del tuo Figlio, sii misericordioso con i tuoi fedeli defunti; a loro, che hanno creduto nel mistero della nostra risurrezione, dona la gioia della beatitudine eterna. Per il nostro Signore…

PRIMA LETTURA Is 25,6a.7-9

Dal libro del profeta Isaìa

In quel giorno, preparerà il Signore degli eserciti per tutti i popoli, su questo monte, un banchetto di grasse vivande. Egli strapperà su questo monte il velo che copriva la faccia di tutti i popoli e la coltre distesa su tutte le nazioni. Eliminerà la morte per sempre. Il Signore Dio asciugherà le lacrime su ogni volto, l'ignominia del suo popolo farà scomparire da tutta la terra, poiché il Signore ha parlato. E si dirà in quel giorno: «Ecco il nostro Dio; in lui abbiamo sperato perché ci salvasse. Questi è il Signore in cui abbiamo sperato; rallegriamoci, esultiamo per la sua salvezza». **Parola di Dio.**

SALMO RESPONSORIALE Dal Salmo 24 (25)

℟. **Chi spera in te, Signore, non resta deluso.**

Oppure:

℟. **A te, Signore, innalzo l'anima mia.**

Ricòrdati, Signore, della tua misericordia
e del tuo amore, che è da sempre.
Ricòrdati di me nella tua misericordia,
per la tua bontà, Signore. ℟.

Allarga il mio cuore angosciato,
liberami dagli affanni.
Vedi la mia povertà e la mia fatica
e perdona tutti i miei peccati. ℟.

Proteggimi, portami in salvo;
che io non resti deluso,
perché in te mi sono rifugiato.
Mi proteggano integrità e rettitudine,
perché in te ho sperato. ℟.

SECONDA LETTURA Rm 8, 14-23

Dalla lettera di san Paolo apostolo ai Romani

Fratelli, tutti quelli che sono guidati dallo Spirito di Dio, questi sono figli di Dio. E voi non avete ricevuto uno spirito da schiavi per ricadere nella paura, ma avete ricevuto lo Spirito che rende figli adottivi, per mezzo del quale gridiamo: «Abbà! Padre!». Lo Spirito stesso, insieme al nostro spirito, attesta che siamo figli di Dio. E se siamo figli, siamo anche eredi: eredi di Dio, coeredi di Cristo, se davvero prendiamo parte alle sue sofferenze per partecipare anche alla sua gloria. Ritengo infatti che le sofferenze del tempo presente non siano paragonabili alla gloria futura che sarà rivelata in noi. L'ardente aspettativa della creazione, infatti, è protesa verso la rivelazione dei figli di Dio. La creazione infatti è stata sottoposta alla caducità – non per sua volontà, ma per volontà di colui che l'ha sottoposta – nella speranza che anche la stessa creazione sarà liberata dalla schiavitù della corruzione per entrare nella libertà della gloria dei figli di Dio. Sappiamo infatti che tutta insieme la creazione geme e soffre le doglie del parto fino ad oggi. Non solo, ma anche noi, che possediamo le primizie dello Spirito, gemiamo interiormente aspettando l'adozione a figli, la redenzione del nostro corpo. **Parola di Dio.**

CANTO AL VANGELO — Mt 25,34

Alleluia, alleluia.
Venite, benedetti del Padre mio,
ricevete in eredità il regno preparato per voi
fin dalla creazione del mondo.
Alleluia.

VANGELO — Mt 25,31-46

✠ *Dal Vangelo secondo Matteo*

In quel tempo, Gesù disse ai suoi discepoli: «Quando il Figlio dell'uomo verrà nella sua gloria, e tutti gli angeli con lui, siederà sul trono della sua gloria. Davanti a lui verranno radunati tutti i popoli. Egli separerà gli uni dagli altri, come il pastore separa le pecore dalle capre, e porrà le pecore alla sua destra e le capre alla sinistra. Allora il re dirà a quelli che saranno alla sua destra: "Venite, benedetti del Padre mio, ricevete in eredità il regno preparato per voi fin dalla creazione del mondo, perché ho avuto fame e mi avete dato da mangiare, ho avuto sete e mi avete dato da bere, ero straniero e mi avete accolto, nudo e mi avete vestito, malato e mi avete visitato, ero in carcere e siete venuti a trovarmi". Allora i giusti gli risponderanno: "Signore, quando ti abbiamo visto affamato e ti abbiamo dato da mangiare, o assetato e ti abbiamo dato da bere? Quando mai ti abbiamo visto straniero e ti abbiamo accolto, o nudo e ti abbiamo vestito? Quando mai ti abbiamo visto malato o in carcere e siamo venuti a visitarti?". E il re risponderà loro: "In verità io vi dico: tutto quello che avete fatto a uno solo di questi miei fratelli più piccoli, l'avete fatto a me". Poi dirà anche a quelli che saranno alla sinistra: "Via, lontano da me, maledetti, nel fuoco eterno, preparato per il diavolo e per i suoi angeli, perché ho avuto fame e non mi avete dato da mangiare, ho avuto sete e non mi avete dato da bere, ero straniero e non mi avete accolto, nudo e non mi avete vestito, malato e in carcere e non mi avete visitato". Anch'essi allora risponderanno: "Signore, quando ti abbiamo visto affamato o assetato o straniero o nudo o malato o in carcere, e non ti abbiamo servito?". Allora egli risponderà loro: "In verità io vi dico: tutto quello che non avete fatto a uno solo di questi più piccoli, non l'avete fatto a me". E se ne andranno: questi al supplizio eterno, i giusti invece alla vita eterna». **Parola del Signore.**

SULLE OFFERTE - Dio onnipotente e misericordioso, per questo sacrificio lava le colpe dei tuoi fedeli defunti nel sangue di Cristo: tu, che li hai rinnovati nell'acqua del Battesimo, purificali sempre nella tua infinita misericordia. Per Cristo nostro Signore.

Prefazio dei defunti I o II (materiale multimediale: pag. 17).

COMUNIONE - Splenda ad essi, o Signore, la luce perpetua insieme ai tuoi santi in eterno, perché tu sei buono *(Cfr. 4Esd 2,35.34)*.

DOPO LA COMUNIONE - Nutriti dal sacramento del

tuo Figlio unigenito che, immolato per noi, è risorto nella gloria, ti preghiamo umilmente, o Padre, per i tuoi fedeli defunti, perché, purificati dai misteri pasquali, partecipino alla gloria della risurrezione futura. Per Cristo nostro Signore.

3ª MESSA

Antifona d'ingresso - Dio, che ha risuscitato Gesù dai morti, darà la vita anche ai nostri corpi mortali per mezzo dello Spirito che abita in noi *(Cfr. Rm 8,11)*.

Colletta - O Dio, che hai fatto passare alla gloria del cielo il tuo Figlio unigenito, vincitore della morte, concedi ai tuoi fedeli defunti che, vinta la condizione mortale, possano contemplarti in eterno creatore e redentore. Per il nostro Signore…

PRIMA LETTURA Sap 3,1-9

Dal libro della Sapienza

Le anime dei giusti sono nelle mani di Dio, nessun tormento li toccherà. Agli occhi degli stolti parve che morissero, la loro fine fu ritenuta una sciagura, la loro partenza da noi una rovina, ma essi sono nella pace. Anche se agli occhi degli uomini subiscono castighi, la loro speranza resta piena d'immortalità. In cambio di una breve pena riceveranno grandi benefici, perché Dio li ha provati e li ha trovati degni di sé; li ha saggiati come oro nel crogiuolo e li ha graditi come l'offerta di un olocausto. Nel giorno del loro giudizio risplenderanno, come scintille nella stoppia correranno qua e là. Governeranno le nazioni, avranno potere sui popoli e il Signore regnerà per sempre su di loro. Coloro che confidano in lui comprenderanno la verità, i fedeli nell'amore rimarranno presso di lui, perché grazia e misericordia sono per i suoi eletti. **Parola di Dio.**

SALMO RESPONSORIALE Dai Salmi 41-42 (42-43)

℟. **L'anima mia ha sete del Dio vivente.**

Come la cerva anela
ai corsi d'acqua,
così l'anima mia anela
a te, o Dio. ℟.

L'anima mia ha sete di Dio,
del Dio vivente:
quando verrò e vedrò
il volto di Dio? ℟.

Avanzavo tra la folla,
la precedevo fino alla casa di Dio,
fra canti di gioia e di lode
di una moltitudine in festa. ℟.

Manda la tua luce e la tua verità:
siano esse a guidarmi,
mi conducano alla tua santa montagna,
alla tua dimora. ℟.

Verrò all'altare di Dio,
a Dio, mia gioiosa esultanza.
A te canterò sulla cetra,
Dio, Dio mio. ℟.

Perché ti rattristi, anima mia,
perché ti agiti in me?
Spera in Dio: ancora potrò lodarlo,
lui, salvezza del mio volto e mio Dio. ℟.

SECONDA LETTURA Ap 21,1-5a.6b-7

Dal libro dell'Apocalisse di san Giovanni apostolo

Io, Giovanni, vidi un cielo nuovo e una terra nuova: il cielo e la terra di prima infatti erano scomparsi e il mare non c'era più. E vidi anche la città santa, la Gerusalemme nuova, scendere dal cielo, da Dio, pronta come una sposa adorna per il suo sposo. Udii allora una voce potente, che veniva dal trono e diceva: «Ecco la tenda di Dio con gli uomini! Egli abiterà con loro ed essi saranno suoi popoli ed egli sarà il Dio con loro, il loro Dio. E asciugherà ogni lacrima dai loro occhi e non vi sarà più la morte né lutto né lamento né affanno, perché le cose di prima sono passate». E Colui che sedeva sul trono disse: «Ecco, io faccio nuove tutte le cose. Io sono l'Alfa e l'Omèga, il Principio e la Fine. A colui che ha sete io darò gratuitamente da bere alla fonte dell'acqua della vita. Chi sarà vincitore erediterà questi beni; io sarò suo Dio ed egli sarà mio figlio». **Parola di Dio.**

CANTO AL VANGELO Mt 11,25

Alleluia, alleluia.
Ti rendo lode, Padre,
Signore del cielo e della terra,
perché ai piccoli hai rivelato i misteri del regno.
Alleluia.

VANGELO Mt 5,1-12a

✠ *Dal Vangelo secondo Matteo*
In quel tempo, vedendo le folle, Gesù salì sul monte: si pose a sedere e si avvicinarono a lui i suoi di-

scepoli. Si mise a parlare e insegnava loro dicendo: «Beati i poveri in spirito, perché di essi è il regno dei cieli. Beati quelli che sono nel pianto, perché saranno consolati. Beati i miti, perché avranno in eredità la terra. Beati quelli che hanno fame e sete della giustizia, perché saranno saziati. Beati i misericordiosi, perché troveranno misericordia. Beati i puri di cuore, perché vedranno Dio. Beati gli operatori di pace, perché saranno chiamati figli di Dio. Beati i perseguitati per la giustizia, perché di essi è il regno dei cieli. Beati voi quando vi insulteranno, vi perseguiteranno e, mentendo, diranno ogni sorta di male contro di voi per causa mia. Rallegratevi ed esultate, perché grande è la vostra ricompensa nei cieli». **Parola del Signore.**

SULLE OFFERTE - Accogli con bontà, o Signore, l'offerta che ti presentiamo per tutti i tuoi fedeli che riposano in Cristo, perché, liberati per questo mirabile sacrificio dai vincoli della morte, ricevano la vita eterna. Per Cristo nostro Signore.

Prefazio dei defunti I o II (materiale multimediale: pag. 17).

COMUNIONE - Aspettiamo il nostro Salvatore Gesù

Cristo: egli trasfigurerà il nostro corpo mortale a immagine del suo corpo glorioso *(Cfr. Fil 3,20-21)*.

DOPO LA COMUNIONE - Per la comunione al Corpo e al Sangue di Cristo effondi, o Signore, la tua misericordia sui tuoi fedeli defunti, e a quanti hanno ricevuto la grazia del Battesimo concedi la pienezza della gioia eterna. Per Cristo nostro Signore.

Commenti

1ª MESSA

1ª LETTURA - «Vedrò Dio»: è il grido di Giobbe sfinito dalla malattia. È l'eterno desiderio dell'uomo: vedere Dio, conoscerlo, capire il perché delle cose. Siamo fatti da lui e tutto è costruito, in noi, per essere relazione di amore nei suoi confronti. Dopo il peccato originale però questo periodo della vita terrena è offuscato e faticoso, e l'uomo cerca il volto di Dio andando a tentoni. Occorre la rivelazione di Cristo per dare compimento a questo desiderio. Giobbe poi chiama Dio con il nome di "redentore", qualifica assai giusta, perché in effetti, quando Gesù Cristo verrà sulla terra, riscatterà (redentore significa “colui che riscatta”, che paga, che rende libero lo schiavo) gli uomini dal loro peccato. Il nostro desiderio di Dio è anche bisogno di essere riscattati dai limiti del peccato, del male e della morte. Non si può volere Dio come pigra acquisizione intellettuale: egli è venuto nella carne per toglierci dal mondo del male e donarci sé stesso infinito. Giobbe scopre che il suo redentore è vivo e che si farà vedere: questa attesa e speranza lo solleva oltre ogni malattia.

2ª LETTURA - San Paolo ci dice che «la speranza non delude». Quale speranza? Quella di ottenere qualche bene terreno, fosse anche la buona salute, un buon lavoro e una buona sistemazione nel mondo? Dio non è venuto tra noi per queste cose, ma per liberarci dal peccato. La morte di Cristo nel sacrificio della croce e la sua risurrezione costituiscono il centro della storia e danno senso a ogni vita umana. La speranza, dunque, per noi si basa sull'atto di fede che il Paradiso sia aperto. La speranza è tenere gli occhi in alto fissi sul Cristo risorto che ci ama, ci attende, ci sospinge. Ha già fatto tutto lui e noi dobbiamo entrare nel suo atto di morte e risurrezione, credendo in lui e comportandoci come lui si è comportato, compiendo atti di amore verso il nostro prossimo, buono o cattivo che sia. La speranza è come la benzina; puoi avere anche una Ferrari nuova, perfetta, con tutti gli accessori, ma se non metti benzina, la macchina sta ferma. Dunque, il popolo cristiano è fatto di persone "non deluse", salde nell'amore anche davanti alla morte, al lutto. Gesù entra nella morte e la riaccende di vita.

Vangelo - La missione del Signore Gesù è quella di non perdere nulla di quanto il Padre gli ha dato. La salvezza eterna allora non è qualcosa, ma Qualcuno. Qualcuno con il quale occorre avere a che fare. La salvezza non è un evento o un passaggio automatico: è una persona. La salvezza è un uomo con barba e baffi, con mani e piedi. La salvezza è un uomo risorto dai morti, l'uomo-Dio che anche ora in cielo porta i segni della passione nelle mani, nei piedi e nel costato. Voler andare oltre il Cristo significa cadere nel nulla, perché oltre il Cristo non c'è nulla. Questo hanno capito tutti i santi quando hanno incontrato il Signore nella loro vita: si sono imbattuti nell'uomo Dio che dava loro, già nel tempo presente, l'anticipo della vita eterna. La conoscenza del Signore Gesù, i sacramenti, la Chiesa, le attività cristiane, l'amore per il prossimo ecc., sono tutti in ordine alla vita eterna. Tutto ritroveremo in cielo, potenziato, aumentato, risanato, anche il nostro stesso corpo umano. Ma tutto questo si realizza nei due verbi finali del Vangelo di oggi: vedere e credere. Vediamo (con gli occhi interiori della fede) il volto dell'uomo-Dio Gesù, e crediamo perdutamente in lui.

2ª MESSA

1ª LETTURA - Isaìa è il profeta aperto, universale, che annuncia a più riprese l'arrivo di tutti i popoli della terra all'unico Signore, il Dio d'Israele. Nel passo di oggi egli osa scrivere: «Eliminerà la morte per sempre», una verità che, alla lettera, appare non ancora realizzata. Vediamo, infatti, che la morte esiste ancora, eccome. Peraltro la morte è entrata nel mondo per invidia del demonio, non era prevista né voluta per i nostri progenitori Adamo ed Eva, e quindi è ben giusto considerarla come una nemica («l'ultimo nemico a essere annientato sarà la morte», 1Cor 15,26). Siamo fatti per la vita e per vivere eternamente, non possiamo sopportare l'idea di essere annullati e di separarci per sempre dai nostri affetti, da coloro che abbiamo amato, dalla nostra stessa storia. L'amore o è eterno o non è amore.

L'annuncio di Isaìa è dunque un inno trionfale di Dio e della vita, ma della vita eterna. Con la risurrezione del Signore tutto diverrà chiaro: la vera morte eterna è il peccato volontario, la vera vita è Gesù risorto, l'amore per lui e per i fratelli. In Gesù risorto la morte è già eliminata.

2ª LETTURA - Qui sulla terra è tutta un'attesa. Abbiamo ricevuto lo Spirito Santo, eppure quello che saremo «non è stato ancora rivelato»; siamo immersi nella creazione, eppure questa attende con impazienza la rivelazione dei figli di Dio. Tuttavia l'attesa ha un valore positivo: rivela la natura dell'uomo, che non può mai essere felice definitivamente perché ancora manca la pienezza, che arriverà solo dopo la morte. Il servo di Dio don Divo Barsotti affermava che, di per sé, l'atto del morire è il più bello di tutta l'esistenza, se si muore in grazia di Dio, perché proprio in quel momento potremo donare tutto. Quindi, in questa vita noi «gemiamo interiormente» perché aneliamo alla vita del cielo e il gemito ce lo impone lo stesso Spirito Santo che, col Battesimo, vive in noi. Sopportiamo questa vita, perché ci prepara e ci purifica, amiamo questa vita perché essa è l'inizio della vita beata. Una mamma in stato di gravidanza è "in attesa": ancora non vede il proprio bambino, ma già parla con lui, lo ama, sorride al pensiero che potrà presto tenerlo tra le braccia. Sì, anche l'attesa ha valore positivo.

Vangelo - Molti commentatori dicono che questa pagina riguardi il giudizio di coloro che in vita non conobbero il Signore Gesù né il cristianesimo. Il giudizio sulla loro salvezza eterna verrà fatto sulle opere buone, dettate dalla coscienza; in questo modo si capisce lo stupore dei salvati che diranno: «Quando mai ti abbiamo fatto questo?», come a dire: «Non sapevamo nemmeno della tua esistenza, e ora ci dici che abbiamo fatto queste azioni a te?». Anche se questa interpretazione è vera, possiamo affermare che il giudizio sarà simile anche per noi che invece conosciamo il Signore Gesù, andiamo a Messa e cerchiamo di osservare i precetti della Chiesa. Noi sappiamo che possiamo amare Gesù nei fratelli, conosciamo il comandamento: «Amerai il prossimo tuo come te stesso». «Alla sera della vita saremo giudicati sull'amore», afferma san Giovanni della Croce, e anche possiamo citare il detto del Signore Gesù: «Non chiunque mi dice: "Signore Signore" entrerà nel regno dei cieli» (Mt 7,21). Dunque, è per tutti: gli atti dell'amore ci fanno entrare nella vita di Dio, perché Dio è amore. Ogni giorno egli ci dà tante occasioni per entrare nella salvezza eterna, perché ogni giorno c'è qualcuno che ci chiede di essere servito.

3ª MESSA

1ª LETTURA - La morte del giusto è il trionfo di Dio, perché proprio la morte apre le porte della vera comunione con lui. Il famoso tabaccaio di Prato Renzo Buricchi (del quale è in corso la causa di beatificazione) ebbe una breve esperienza di pre-morte, dovuta a un temporaneo arresto cardiaco, durante la quale si trovò immerso nella luce e nella gioia. Visse il resto della vita dicendo a tutti che in Cristo «la morte non esiste più». Quando fu prossimo alla morte vera, poco tempo dopo, le sue ultime parole, rivolte al medico curante, furono: «Vede, dottore, questa esperienza mi ha dato la certezza di quanto ho pensato in tanti anni, e cioè che l'uomo passa tutta la vita ai margini della gloria di Dio e non se ne accorge. E la gloria di Dio è proprio quella luce nella quale, sia pur per brevissimo tempo, mi è stata data la possibilità di entrare». Certo, per entrare nella gloria di Dio immediatamente occorre essere stati "giusti" in vita, ossia pazienti nelle avversità, umili e puri di cuore, ed essersi affidati continuamente al Signore Gesù. Ma se si pensa che si vive sempre con la gloria di Dio accanto…

2ª LETTURA - Come fa una città, Gerusalemme, a essere pronta «come una sposa»? L'immagine è ardita: una città è un insieme di strade, luoghi, palazzi, cortili e migliaia di persone che l'abitano, mentre una sposa è una persona sola, contenta, tutta concentrata su quello che sta per vivere in quel giorno. Teniamo insieme entrambe le immagini: il Paradiso è un luogo di società, come lo è una città, ossia un insieme di persone in relazione continua tra di loro. Non è un posto solitario, dove ognuno godrà, da solo, il suo rapporto di amore e unione con Dio. Al tempo stesso però non sarà un luogo di contrasti, come può esserlo una città terrena oggi, dove dobbiamo chiudere con lucchetti i cancelli perché nessun estraneo entri senza il nostro permesso e dove i giardini sono recintati da steccati, ma sarà una città elettrizzata e tutta pronta per il matrimonio con lo Sposo unico, che è il Signore Gesù. Questa è la vita eterna, che dobbiamo sempre contemplare: tutti di

Dio e tutti di tutti. Entrando nella sponsalità divina, ci troviamo immediatamente nella città con tutti coloro che già vi abitano.

Vangelo - Perché la Chiesa ci fa leggere oggi, commemorazione di tutti i defunti, il Vangelo delle Beatitudini? Perché qui Gesù parla della nuova legge dei figli di Dio mettendo in relazione quello che essi vivono nel mondo (l'afflizione, la mitezza, le situazioni di persecuzione, gli atti di misericordia ecc.) con quello che tali atti otterranno un domani: il regno dei cieli, la visione di Dio, l'essere chiamati figli di Dio ecc. Tutto ciò che viviamo, in questi settanta, ottanta anni di vita nel tempo, ha una relazione con quello che sarà. Le azioni umane, qualunque esse siano, non sono mai neutre, perché tutto quello che facciamo ci spinge o in avanti o indietro. Il presente è trampolino per il futuro e sono già beati fin da ora coloro che vivono sempre tutto in ordine a Dio, sopportando le prove della vita e passando in questo mondo beneficando tutti. Ci sono tante prove e difficoltà, lo sappiamo, e proprio per questo motivo cerchiamo di fare il nostro Purgatorio in terra, vivendo come Gesù ci ha insegnato. Sopportare le sofferenze della vita con amore è una grande grazia.

PROPOSITO DEL GIORNO... In questo giorno prego per i miei cari defunti e per le anime dimenticate del Purgatorio. Mi faccio aiutare dalle preghiere *(pagg. 699-700)* oppure dal materiale multimediale *(pag. 701)*.

PRATICHE E FESTE DEL GIORNO...

- Pratiche e preghiere di ogni giorno consigliate per il mese di novembre *(pag. 698)*.
- Indulgenza plenaria *(pag. 48)* e Ottavario dei defunti.
- Dalle 23:00 alle 24:00 "prostrarsi con la faccia a terra", come chiesto da Gesù a santa Margherita Maria Alacoque, per riparare all'ingratitudine degli uomini e alla loro indifferenza.
- Primo giovedì del mese: adorazione al Santissimo Sacramento (cod. 8001, 8037, 8038, 8141, 8958).
- I sei primi giovedì del mese. Ricevere la Comunione e fare un'ora di adorazione davanti al tabernacolo (cod. 8001, 8141, 8958, 8037).
- Preghiera alle anime sante del Purgatorio (cod. 8147, 8477) *(materiale multimediale: pag. 701)*.
- 1° giorno novena a san Martino di Tours.

SANTI E BEATI DEL GIORNO

S. Giorgio di Vienne • S. Vittorino • B. Giovanni Bodey • B. Margherita di Lorena • B. Pio di San Luigi (Luigi Campidelli)

3 NOVEMBRE

VENERDÌ

30ª settimana del Tempo Ordinario

verde (bianco se si celebra la memoria)

2ª sett. salt.

S. Martino de Porres, religioso (mf)

PRIMO VENERDÌ DEL MESE

ANTIFONA D'INGRESSO - Gioisca il cuore di chi cerca il Signore. Cercate il Signore e la sua potenza, cercate sempre il suo volto *(Sal 104,3-4)*.

COLLETTA - Dio onnipotente ed eterno, accresci in noi la fede, la speranza e la carità, e perché possiamo ottenere ciò che prometti, fa' che amiamo ciò che comandi. Per il nostro Signore…

PRIMA LETTURA Rm 9,1-5

Dalla lettera di san Paolo apostolo ai Romani

Fratelli, dico la verità in Cristo, non mento, e la mia coscienza me ne dà testimonianza nello Spirito Santo: ho nel cuore un grande dolore e una sofferenza continua. Vorrei infatti essere io stesso anàtema, separato da Cristo a vantaggio dei miei fratelli, miei consanguinei secondo la carne. Essi sono Israeliti e hanno l'adozione a figli, la gloria, le alleanze, la legislazione, il culto, le promesse; a loro appartengono i patriarchi e da loro proviene Cristo secondo la carne, egli che è sopra ogni cosa, Dio benedetto nei secoli. Amen. **Parola di Dio.**

SALMO RESPONSORIALE

Dal Salmo 147

℟. **Celebra il Signore, Gerusalemme.**

Celebra il Signore, Gerusalemme,
loda il tuo Dio, Sion,
perché ha rinforzato le sbarre delle tue porte,
in mezzo a te ha benedetto i tuoi figli. ℟.

Egli **mette pace nei tuoi confini**
e ti sazia con fiore di frumento.
Manda sulla terra il suo messaggio:
la sua parola corre veloce. ℟.

Annuncia a Giacobbe la sua parola,
i suoi decreti e i suoi giudizi a Israele.
Così non ha fatto con nessun'altra nazione,
non ha fatto conoscere loro i suoi giudizi. ℟.

CANTO AL VANGELO Gv 10,27

Alleluia, alleluia.
Le mie pecore ascoltano la mia voce, dice il Signore, e io le conosco ed esse mi seguono.
Alleluia.

VANGELO Lc 14,1-6

✠ *Dal Vangelo secondo Luca*

Un sabato Gesù si recò a casa di uno dei capi dei farisei per pranzare ed essi stavano a osservarlo. Ed ecco, davanti a lui vi era un uomo malato di idropisìa. Rivolgendosi ai dottori della Legge e ai farisei, Gesù disse: «È lecito o no guarire di sabato?». Ma essi tacquero. Egli lo prese per mano, lo guarì e lo congedò. Poi disse loro: «Chi di voi, se un figlio o un bue gli cade nel pozzo, non lo tirerà fuori subito in giorno di sabato?». E non potevano rispondere nulla a queste parole. **Parola del Signore.**

SULLE OFFERTE - Guarda, o Signore, i doni che ti presentiamo, perché il nostro servizio sacerdotale renda gloria al tuo nome. Per Cristo nostro Signore. **Amen.**

Comunione - Esulteremo per la tua vittoria e nel nome del nostro Dio alzeremo i vessilli *(Sal 19,6)*.
Oppure: Cristo ci ha amato e ha dato se stesso per noi, offrendosi a Dio in sacrificio di soave odore *(Ef 5,2)*.

Dopo la Comunione - Si compia in noi, o Signore, la realtà significata dai tuoi sacramenti, perché otteniamo in pienezza ciò che ora celebriamo nel mistero. Per Cristo nostro Signore.

Commenti

1ª lettura - Com'è possibile che il popolo d'Israele, che era stato creato apposta per preparare la venuta del Salvatore, non lo abbia riconosciuto al suo apparire? È un mistero. Eppure, anche san Paolo un tempo non credeva in Cristo e anzi pensava che il cristianesimo fosse una setta da perseguitare. Una volta però conosciuta la verità, Paolo ebbe la grandissima pena di vedere che i suoi correligionari rimanevano chiusi al Vangelo. Egli ama a tal punto il suo popolo che preferisce essere separato da Cristo pur di vedere gli israeliti entrare nella verità della fede. Ben preziosa allora è la fede nel Signore, se l'Apostolo si dichiara disposto a pagare tale prezzo! Com'è diversa la mentalità relativista del mondo d'oggi, per cui tutte le religioni sono uguali e ognuno si salva rimanendo dov'è, magari anche nell'ateismo freddo e indifferente. Non così la pensavano Paolo e gli altri apostoli! Pur di conquistare la gente a Cristo essi si sarebbero fatti spellare vivi. E di fatto lo fecero. L'amore per Dio vuole che tutti lo conoscano, lo amino, lo servano, lo seguano. Se no, non è amore.

Vangelo - Sembra proprio che questa questione del sabato ossessioni i farisei. Di sabato non si poteva fare niente, secondo loro. Certo, la legge era buona, perché era quella di Mosè, data da Dio sul monte Sinai; secondo questa il sabato era il giorno del Signore, non si poteva lavorare e tutto il tempo era dedicato alla preghiera, al riposo, al ricordo di Dio. Ma il sabato è per l'uomo, non l'uomo per il sabato (Mc 2,27), e guarire un uomo di sabato non poteva essere certo considerato un "lavoro" come arare i campi o vendere tappeti al mercato. Eppure, i farisei, pur di accusare il Signore (l'odio fa proprio perdere la ragione...) avevano invitato il Signore proprio di sabato e gli avevano fatto trovare davanti un malato. Gesù non cade nella trappola e manifesta la sovrana libertà dell'amore: all'uomo viene restituita la salute e Gesù per giustificare il miracolo, parla di un figlio caduto in un pozzo di sabato, che certamente non deve attendere il giorno dopo per essere liberato dal padre. L'amore prevale sempre, perché «l'amore non fa nessun male al prossimo», anzi, «pieno compimento della Legge è l'amore» (cfr. Rm 13,10). L'amore non conosce orari, stagioni, limiti, perché l'amore è la vita di Dio.

PROPOSITO DEL GIORNO... Prego per il dono della pace. Solo da Dio può venire la pace vera.

PRATICHE E FESTE DEL GIORNO...

- Pratiche e preghiere di ogni giorno consigliate per il mese di novembre *(pag. 698)*.
- Ottavario dei defunti.
- I nove primi venerdì del mese (cod. 8001, 8071, 8247).
- Preghiera a san Martino de Porres.
- Festa Nostra Signora del Suffragio, Borgo San Donato (Torino).

ALTRI SANTI E BEATI DEL GIORNO

S. Berardo dei Marsi • S. Pietro Francesco Néron • S. Silvia • Ss. Valentino e Ilario di Viterbo • **Ven. Placido Cortese**

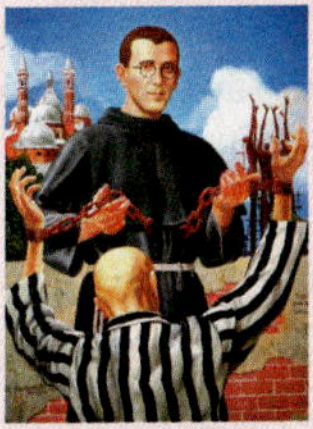

VENERABILE PLACIDO CORTESE:

la carità non ha confini.

"Fra Zoppino", così le SS chiameranno per disprezzo Placido Cortese (al secolo Nicolò), perché è «di media statura, corporatura piuttosto gracile e snella, storto negli arti inferiori». Lui, che per le sue caratteristiche fisiche è poco appariscente e quasi insignificante, **è stato capace di una carità che continua a brillare**. Nato a Cherso (attualmente isola croata) nel 1907, riceve l'ordinazione sacerdotale nel 1930 e sette anni dopo gli affidano a Padova la direzione del *Messaggero di Sant'Antonio*. È un incarico che svolge splendidamente, ma **preferisce il servizio in basilica e l'esercizio della carità spicciola**.

Soccorre i bisognosi di ogni specie con quello che riesce a raccattare in convento, nascondendo il tutto sotto la sua tonaca, che ormai i poveri conoscono bene. Ed è forse proprio per questo suo "vizio" di fare carità a tutti che il delegato pontificio lo incoraggia nell'opera di assistenza agli internati sloveni e croati, richiusi nei campi di concentramento. Dopo l'8 settembre 1943, padre Placido aderisce a un gruppo di solidarietà ben organizzato che si propone di creare una via di fuga verso la Svizzera per ebrei, militari alleati allo sbando e ricercati dai nazi-

fascisti. Per salvare queste persone, padre Cortese sceglie le foto lasciate dai devoti alla tomba di sant'Antonio e le applica ai documenti d'identità contraffatti.
Quando i sospetti cominciano a concentrarsi troppo su di lui, **i superiori gli consigliano di andare lontano da Padova** per non mettere a rischio la propria vita, ma **lui rifiuta, perché sa che dalla sua dipendono molte altre vite**. I tedeschi riescono a portarlo fuori dal convento, con un inganno: egli pensa di dover andare urgentemente in aiuto di alcuni rifugiati. È l'8 ottobre **1944** e da quel momento scompare. Soltanto dopo cinquant'anni, alcune testimonianze attendibili riescono a ricostruire i tempi di un'agonia, lucida e tremenda, che si conclude con la morte, verso la metà del successivo novembre, e con la distruzione del cadavere.
«Teneva un comportamento **da mite e pieno di speranza. Pregava sempre**, a mezza voce. Gli avevano spezzato le dita. Mi colpiva la sua tenace volontà di resistere», hanno raccontato quanti erano con lui rinchiusi nel bunker di piazza Oberdan a Trieste. «**Il cristianesimo e la vita francescana sono un peso che non ci si stanca mai di portare**, ma che sempre più innamora l'anima verso maggiori sacrifici [...] fino a morire tra i tormenti come i martiri del cristianesimo», aveva profeticamente scritto da giovane novizio, ai genitori.

4 NOVEMBRE

SABATO

30ª settimana del Tempo Ordinario

bianco **2ª sett. salt.**

S. Carlo Borromeo, vescovo (m)

PRIMO SABATO DEL MESE

SAN CARLO BORROMEO: un grande Pastore della Chiesa.

“Vescovo ragazzino” prima, “gigante della santità” poi, la vita di Carlo Borromeo scorre tra questi due poli. Brucia le tappe, infatti, il piccolo Carlo nato il 2 ottobre 1538 ad Arona nella nobile famiglia Borromeo, secondogenito di Gilberto e Margherita, studia diritto canonico e diritto civile a Pavia e nel 1559, a 21 anni, consegue la laurea. Quattro anni più tardi, viene ordinato presbitero e subito dopo consacrato vescovo. **A soli 27 anni, Carlo prende quindi possesso dell'arcidiocesi di Milano**. La sua dedizione alla Chiesa ambrosiana è totale: per tre volte compie una visita pastorale su tutto il territorio; fonda seminari per aiutare la formazione dei sacerdoti; fa costruire chiese, scuole, collegi, ospedali, istituisce la Congregazione degli Oblati, preti secolari; dona ai poveri le ricchezze di famiglia. Allo stesso tempo, **Carlo si dedica a riformare profondamente la**

Chiesa dal suo interno: incoraggia sacerdoti, religiosi e diaconi a credere di più nella forza della preghiera e della penitenza, trasformando la loro vita in un vero cammino di santità. **«Le anime** – ripete spesso – **si conquistano in ginocchio»**.

La sua azione pastorale non gli risparmia ostilità e resistenze: contro di lui i cosiddetti "Umiliati" (ordine religioso a rischio di derive dottrinali) organizzano un attentato, sparandogli alle spalle, mentre è raccolto in preghiera. L'attacco fallisce e Carlo continua la sua missione. Nel 1570 arriva la carestia e poi nel 1576 dilaga la peste: Milano è in ginocchio, piegata dall'epidemia e dalla carestia, può contare solo sul suo arcivescovo. **E lui non si risparmia: visita, conforta e spende tutti i suoi beni per aiutare gli ammalati**. La sua presenza tra la gente è talmente costante che il periodo storico verrà ricordato come la **"peste di san Carlo"**. Il suo fisico, provato da tante fatiche, comincia a cedere e il 3 novembre 1584 si arrende: Carlo muore a soli 46 anni, lasciando però un'eredità morale e spirituale immensa.

ANTIFONA D'INGRESSO - «Io cercherò le mie pecore», dice il Signore, «e susciterò un pastore che le pascerà: io, il Signore, sarò il loro Dio» *(Cfr. Ez 34,11.23-24)*.

Oppure: Ecco il servo fedele e prudente, che il Signore ha messo a capo della sua famiglia, per nutrirla al tempo opportuno *(Cfr. Lc 12,42)*.

Colletta - Custodisci nel tuo popolo, o Signore, lo spirito di cui hai ricolmato il vescovo san Carlo, perché la Chiesa si rinnovi incessantemente e, conformandosi all'immagine del tuo Figlio, manifesti al mondo il volto di Cristo Signore. Egli è Dio...

PRIMA LETTURA Rm 11,1-2a.11-12.25-29

Dalla lettera di san Paolo apostolo ai Romani

Fratelli, Dio ha forse ripudiato il suo popolo? Impossibile! Anch'io infatti sono Israelita, della discendenza di Abramo, della tribù di Beniamino. Dio non ha ripudiato il suo popolo, che egli ha scelto fin da principio. Ora io dico: forse inciamparono per cadere per sempre? Certamente no. Ma a causa della loro caduta la salvezza è giunta alle genti, per suscitare la loro gelosia. Se la loro caduta è stata ricchezza per il mondo e il loro fallimento ricchezza per le genti, quanto più la loro totalità! Non voglio infatti che ignoriate, fratelli, questo mistero, perché non siate presuntuosi: l'ostinazione di una parte d'Israele è in atto fino a quando non saranno entrate tutte quante le genti. Allora tutto Israele sarà salvato, come sta scritto: «Da Sion uscirà il liberatore, egli toglierà l'empietà da Giacobbe. Sarà questa la mia alleanza con loro quando distruggerò i loro peccati». Quanto al Vangelo, essi sono nemici, per vostro vantaggio; ma quanto alla scelta di Dio, essi sono amati, a causa dei padri, infatti i doni e la chiamata di Dio sono irrevocabili! **Parola di Dio.**

SALMO RESPONSORIALE Dal Salmo 93 (94)

℟. **Il Signore non respinge il suo popolo.**

Beato l'uomo che tu castighi, Signore,
e a cui insegni la tua legge,
per dargli riposo nei giorni di sventura. ℟.

Poiché il Signore non respinge il suo popolo
e non abbandona la sua eredità,
il giudizio ritornerà a essere giusto
e lo seguiranno tutti i retti di cuore. ℟.

Se il Signore non fosse stato il mio aiuto,
in breve avrei abitato nel regno del silenzio.
Quando dicevo: «Il mio piede vacilla»,
la tua fedeltà, Signore, mi ha sostenuto. ℟.

CANTO AL VANGELO Mt 11,29ab

Alleluia, alleluia.
Prendete il mio giogo sopra di voi, dice il Signore,
e **imparate da me, che sono mite e umile di cuore**.
Alleluia.

VANGELO Lc 14,1.7-11

✠ *Dal Vangelo secondo Luca*

Un sabato Gesù si recò a casa di uno dei capi dei farisei per pranzare ed essi stavano a osservarlo. Diceva agli invitati una parabola, notando come sceglievano i primi posti: «Quando sei invitato a nozze da qualcuno, non metterti al primo posto, perché non ci sia un altro invitato più degno di te, e colui che ha invitato te e lui venga a dirti: "Cédigli il posto!". Allora dovrai con vergogna occupare l'ultimo posto. Invece, quando sei invitato, va' a metterti all'ultimo posto, perché quando viene colui che ti ha invitato ti dica: "Amico, vieni più avanti!". Allora ne avrai onore davanti a tutti i commensali. Perché chiunque si esalta sarà umiliato, e chi si umilia sarà esaltato». **Parola del Signore.**

SULLE OFFERTE - Guarda con bontà, o Signore, i doni che portiamo al tuo altare nella memoria di san Carlo: come l'hai reso glorioso per le sue virtù e per il vigile servizio pastorale, concedi anche a noi, per la potenza di questo sacrificio, di abbondare in frutti genuini di opere buone. Per Cristo nostro Signore.

Prefazio dei santi pastori I o II (materiale multimediale: pag. 17).

Comunione - «Non voi avete scelto me», dice il Signore, «ma io ho scelto voi e vi ho costituiti perché andiate e portiate frutto e il vostro frutto rimanga» *(Gv 15,16)*.

Oppure: Beato quel servo che il padrone troverà ancora sveglio, quando verrà e busserà alla porta *(Cfr. Lc 12,36-37)*.

Dopo la Comunione - La partecipazione ai santi misteri, o Signore, ci comunichi lo spirito di fortezza che rese san Carlo fedele nel ministero e ardente nella carità verso i fratelli. Per Cristo nostro Signore.

Commenti

1ª lettura - Il mistero d'Israele continua, perché si tratta di un popolo con il quale Dio ha stretto un'alleanza che non finisce. È vero: i sacerdoti del tempo non riconobbero Gesù come Figlio di Dio e Messia, ma da qui ne venne provvidenzialmente quella che san Paolo chiama «la ricchezza per il mondo». Il nostro dovere oggi nei confronti degli ebrei è di mostrare loro, con la nostra vita, la veridicità della risurrezione di Cristo e la sua messianicità, mentre loro – che attendono ancora il pieno compimento – devono aprirsi umilmente alla grazia del Signore.

Ecco perché leggiamo ancora l'Antico Testamento a Messa: esso continua ad annunciare la venuta del Signore, a illustrarne il mistero, a farci capire meglio da dove veniamo. Al tempo stesso preghiamo, come faceva san Paolo, perché il momento del pieno ricongiungimento della fede avvenga presto. L'Apostolo contempla già questo giorno pregustando la gloria che ne verrà per tutti! Vogliamo avere anche noi lo stesso desiderio e la stessa aspettativa, perché si possa arrivare presto ad avere un solo gregge e un solo Pastore (Gv 10,16).

Vangelo - La via scelta da Dio è quella della discesa: da ricco che era si fece povero (2Cor 8,9), da Dio si fece uomo, discese dal cielo e nacque non in una reggia, ma in una stalla, scese nel fiume Giordano per essere battezzato da Giovanni, mettendosi in fila con i peccatori, scese nell'abisso della morte sacrificando sé stesso sulla croce; infine discese agli inferi. Toccò il punto più basso dell'esistenza per prendere su di sé i peccati del mondo e aprirci le porte del cielo. In questo viaggio egli «umiliò sé stesso», scrive chiaramente l'apostolo Paolo (Fil 2,8). Per questo motivo il Padre lo ha esaltato e gli ha dato il nome che è al di sopra di ogni altro nome (Fil 2,9). Questo movimento di discesa e risalita, inaugurato dal Figlio di Dio, è la dinamica di ogni vita autenticamente cristiana. Anche noi conosciamo la miseria, la caduta, la debolezza: solo riconoscendo il nostro bisogno di Dio e supplicando il suo aiuto saremo sollevati dalla sua grazia e portati al primo posto, vicini a Gesù. «La vera umiltà – scrive Fabrice Hadjadj – non consiste nel prostrarsi; consiste nel farsi rimettere in piedi da Dio».

PROPOSITO DEL GIORNO... Oggi voglio essere mite e umile nei confronti di ogni persona che incontrerò, abbandonando ogni asprezza del mio cuore e ogni forma di superbia.

PRATICHE E FESTE DEL GIORNO...

- Pratiche e preghiere di ogni giorno consigliate per il mese di novembre *(pag. 698)*.
- Ottavario dei defunti.
- I cinque primi sabati del mese (cod. 8001, 8248, 8155).
- Preghiera a san Carlo Borromeo *(pag. 702)*.
- Preghiera alla beata Elena Enselmini.

ALTRI SANTI E BEATI DEL GIORNO

S. Emerico d'Ungheria • S. Modesta di Treviri • Ss. Vitale e Agricola • B. Elena Enselmini • B. Teresa Manganiello

5 NOVEMBRE

DOMENICA

31ª domenica del Tempo Ordinario (A) *verde* **3ª sett. salt.**

ANTIFONA D'INGRESSO - Non abbandonarmi, Signore, mio Dio, da me non stare lontano; vieni presto in mio aiuto, o Signore, mia salvezza *(Sal 37,22-23)*.

Si dice il Gloria *(pag. 10)*.

COLLETTA - **Preghiamo:** Dio onnipotente e misericordioso, tu solo puoi dare ai tuoi fedeli il dono di servirti in modo lodevole e degno; fa' che corriamo senza ostacoli verso i beni da te promessi. Per il nostro Signore… **Amen.**

Oppure: O Dio, creatore e Padre di tutti, donaci lo Spirito del tuo Figlio Gesù, venuto tra noi come colui che serve, affinché riconosciamo in ogni uomo la dignità di cui lo hai rivestito e lo serviamo con semplicità di cuore. Per il nostro Signore… **Amen.**

(seduti)

PRIMA LETTURA Ml 1,14b – 2,2b.8-10

Dal libro del profeta Malachìa

Io sono un re grande – dice il Signore degli eserciti – e il mio nome è terribile fra le nazioni. Ora a voi questo monito, o sacerdoti. Se non mi ascolterete e non vi darete premura di dare gloria al mio nome, dice il Signore degli eserciti, manderò su voi la maledizione. Voi invece avete deviato dalla retta via e siete stati d'inciampo a molti con il vostro insegnamento; avete distrutto l'alleanza di Levi, dice il Signore degli eserciti. Perciò anche io vi ho reso spregevoli e abietti davanti a tutto il popolo, perché non avete seguito le mie vie e avete usato parzialità nel vostro insegnamento. Non abbiamo forse tutti noi un solo padre? Forse non ci ha creati un unico Dio? Perché dunque agire con perfidia l'uno contro l'altro, profanando l'alleanza dei nostri padri? - Parola di Dio. ℟. **Rendiamo grazie a Dio.**

SALMO RESPONSORIALE Salmo 130 (131)

℟. **Custodiscimi, Signore, nella pace.**

Signore, non si esalta il mio cuore
né i miei occhi guardano in alto;
non vado cercando cose grandi
né meraviglie più alte di me. ℟.

Io invece resto quieto e sereno:
come un bimbo svezzato in braccio a sua madre,
come un bimbo svezzato è in me l'anima mia. ℟.

Israele attenda il Signore,
da ora e per sempre. ℟.

SECONDA LETTURA 1Ts 2,7b-9.13

Dalla prima lettera di san Paolo apostolo ai Tessalonicési

Fratelli, siamo stati amorevoli in mezzo a voi, come una madre che ha cura dei propri figli. Così, affezionati a voi, avremmo desiderato trasmettervi non solo il vangelo di Dio, ma la nostra stessa vita, perché ci siete diventati cari. Voi ricordate infatti, fratelli, il nostro duro lavoro e la nostra fatica: lavorando notte e giorno per non essere di peso ad alcuno di voi, vi

abbiamo annunciato il vangelo di Dio. Proprio per questo anche noi rendiamo continuamente grazie a Dio perché, ricevendo la parola di Dio che noi vi abbiamo fatto udire, l'avete accolta non come parola di uomini ma, qual è veramente, come parola di Dio, che opera in voi credenti. - Parola di Dio.
℟. **Rendiamo grazie a Dio.**

(in piedi)

CANTO AL VANGELO Mt 23,9b.10b

Alleluia, alleluia.
Uno solo è il Padre vostro, quello celeste
e uno solo è la vostra Guida, il Cristo.
Alleluia.

VANGELO Mt 23,1-12

Il Signore sia con voi.
℟. **E con il tuo spirito.**
✠ *Dal Vangelo secondo Matteo*
℟. **Gloria a te, o Signore.**
In quel tempo, Gesù si rivolse alla folla e ai suoi discepoli dicendo: «Sulla cattedra di Mosè si sono seduti gli scribi e i farisei. Praticate e osservate tutto ciò che vi dicono, ma non agite secondo le loro opere, perché essi dicono e non fanno. Legano infatti

fardelli pesanti e difficili da portare e li pongono sulle spalle della gente, ma essi non vogliono muoverli neppure con un dito. Tutte le loro opere le fanno per essere ammirati dalla gente: allargano i loro filattèri e allungano le frange; si compiacciono dei posti d'onore nei banchetti, dei primi seggi nelle sinagoghe, dei saluti nelle piazze, come anche di essere chiamati "rabbì" dalla gente. Ma voi non fatevi chiamare "rabbì", perché uno solo è il vostro Maestro e voi siete tutti fratelli. E non chiamate "padre" nessuno di voi sulla terra, perché uno solo è il Padre vostro, quello celeste. E non fatevi chiamare "guide", perché uno solo è la vostra Guida, il Cristo. Chi tra voi è più grande, sarà vostro servo; chi invece si esalterà, sarà umiliato e chi si umilierà sarà esaltato». - Parola del Signore. ℟. **Lode a te o Cristo.**

Si dice il Credo *(pag. 12).*

(in piedi)

SULLE OFFERTE - Questo sacrificio, o Signore, sia per te offerta pura, e per noi dono santo della tua misericordia. Per Cristo nostro Signore. **Amen.**

Prefazio delle domeniche del Tempo Ordinario (materiale multimediale: pag. 17).

COMUNIONE - Mi indicherai il sentiero della vita, gioia piena alla tua presenza *(Sal 15,11)*.

Oppure: Dice il Signore: «Come il Padre, che ha la vita, ha mandato me e io vivo per il Padre, così colui che mangia me vivrà per me» *(Gv 6,57)*.

Oppure: Uno solo è il Padre vostro, che è nei cieli; uno solo è il vostro Maestro, il Cristo *(Cfr. Mt 23,9.10)*.

DOPO LA COMUNIONE - **Preghiamo:** Rafforza in noi, o Signore, la tua opera di salvezza, perché i sacramenti che ci nutrono in questa vita ci preparino a ricevere i beni che promettono. Per Cristo nostro Signore. **Amen.**

Commenti

1ª LETTURA - Quando un sacerdote agisce male, la ripercussione negativa ricade necessariamente sul popolo di Dio, che naturalmente si fida del suo sacerdote. Il santo Curato d'Ars aveva molto vivo questo senso di responsabilità e poneva molta attenzione a non dare scandalo alla sua gente, anche nelle minime cose. Viceversa, quando un sacerdote è santo, anche il popolo viene santificato, elevato, perché vede nel suo pastore un esempio di quanto esso (popolo) debba fare, dal momento che colui che guida è il primo a obbedire a Dio. La gente sa compatire il proprio pastore, sapendo che anch'egli è un uomo, ma quello che non sopporta è l'incoerenza. Badino allora i preti di fare i preti. Non viene chiesto altro. Questo, detto in soldoni, è anche il richiamo di Dio attraverso la voce del profeta Malachìa ai sacerdoti del suo tempo. Lo scrittore cattolico Domenico Giuliotti affermava: «Qualità indispensabili per gli apostoli, per essere seguiti dalle moltitudini: povertà, fermezza, semplicità, sacrificio». Abbiamo tutti bisogno di questo tipo di sacerdoti, che dobbiamo chiedere con la nostra preghiera.

2ª LETTURA - Tutto il segreto del successo sta in questo: accogliere la parola di Dio non come parola di uomini, ma come parola di Dio. Essa ha un'efficacia che non ci aspetteremmo… Può succedere che nella predicazione o nel commento del Vangelo noi sacerdoti ci lamentiamo di questo o di quello, denunciamo situazioni che non vanno e così via. Tali parole sovente rimangono sterili e non scuotono nessuno. Paolo annuncia il Vangelo, con la semplice verità che esso contiene: racconta che cosa hanno fatto Pietro e gli altri apostoli, ripete la parabola del buon Samaritano, dice che Gesù aveva sofferto per i nostri peccati, che è risorto dai morti e che quindi, essendo ora vivo, dà il senso a tutte le nostre sofferenze e ai nostri atti. Cose molto semplici, ripetute e ripetute. E sono state queste parole che hanno edificato, costruito, creato la cristianità nel mondo, che fino a quel momento era pagano. Non dobbiamo inventarci tante storie o aggiungere molte cose. Predichiamo il Vangelo così com'è, *"sine glossa"*, diceva san Francesco d'Assisi, ossia "alla lettera", senza tanti giri di parole inutili.

Vangelo - La Chiesa è costituita dall'alto, non è un'invenzione delle moderne democrazie. No: la riceviamo così come Dio ce l'ha mostrata. Capo di questo corpo mistico è uno solo, Dio, e precisamente Gesù, che è il Giudice e la parola vivente su tutto. Non ci sono quindi molte guide e molti padri, ma un solo Padre e un solo maestro, il Cristo. Se chiamiamo il sacerdote o il frate francescano "padre" non commettiamo un errore: semplicemente riconosciamo in quella persona colui che ci rappresenta l'unico Dio e l'unico maestro. Ma ce lo rappresenta soltanto, lo fa presente, non si sostituisce certo a lui. In questo modo, tutti si sentono figli e scolari, anche i sapienti e i grandi saggi nella Chiesa. Che bella famiglia allora è la Chiesa! Tutti, indistintamente, si riconoscono figli di un solo Padre e ascoltatori di un solo Maestro. Questo ci fa fratelli tra di noi, senza che alcuno pretenda di dettare legge all'altro. Se viviamo questa profonda unità, faremo circolare nel Corpo la linfa vitale dello Spirito Santo e saremo realmente uniti tra noi. In fondo, la Chiesa è già un anticipo di Paradiso, vero regno dell'amore divino, laddove ognuno preferisce il bene dell'altro al proprio.

PROPOSITO DEL GIORNO... Questa domenica voglio viverla in unione più stretta con il Signore: vado in chiesa un po' prima per leggere le letture della Messa.

PRATICHE E FESTE DEL GIORNO...

- Pratiche e preghiere di ogni giorno consigliate per il mese di novembre *(pag. 698)*.
- Ottavario dei defunti.
- Approfondimento "La Pira uomo di Dio" (cod. 8492) *(materiale multimediale: pag. 703)*.
- Informiamoci e conosciamo il venerabile Giorgio La Pira (cod. 8492).
- Festa Madre dei Bisognosi, Pereto - Rocca di Botte (L'Aquila).

SANTI E BEATI DEL GIORNO

S. Geraldo di Beziers • S. Guido Maria Conforti • B. Bernardo Lichtenberg • B. Gregorio Lakota • Ven. Giorgio La Pira

6 NOVEMBRE

LUNEDÌ

31ª settimana del Tempo Ordinario

verde **3ª sett. salt.**

ANTIFONA D'INGRESSO - Non abbandonarmi, Signore, mio Dio, da me non stare lontano; vieni presto in mio aiuto, o Signore, mia salvezza *(Sal 37,22-23)*.

COLLETTA - Dio onnipotente e misericordioso, tu solo puoi dare ai tuoi fedeli il dono di servirti in modo lodevole e degno; fa' che corriamo senza ostacoli verso i beni da te promessi. Per il nostro Signore…

PRIMA LETTURA Rm 11,29-36

Dalla lettera di san Paolo apostolo ai Romani

Fratelli, i doni e la chiamata di Dio sono irrevocabili! Come voi un tempo siete stati disobbedienti a Dio e ora avete ottenuto misericordia a motivo della loro disobbedienza, così anch'essi ora sono diventati disobbedienti a motivo della misericordia da voi ricevuta, perché anch'essi ottengano misericordia.

Dio infatti ha rinchiuso tutti nella disobbedienza, per essere misericordioso verso tutti! O profondità della ricchezza, della sapienza e della conoscenza di Dio! Quanto insondabili sono i suoi giudizi e inaccessibili le sue vie! Infatti, chi mai ha conosciuto il pensiero del Signore? O chi mai è stato suo consigliere? O chi gli ha dato qualcosa per primo tanto da riceverne il contraccambio? Poiché da lui, per mezzo di lui e per lui sono tutte le cose. A lui la gloria nei secoli. Amen. **Parola di Dio.**

SALMO RESPONSORIALE

Dal Salmo 68 (69)

℟. **Nella tua grande bontà, rispondimi, Signore.**

Io sono povero e sofferente:
la tua salvezza, Dio, mi ponga al sicuro.
Loderò il nome di Dio con un canto,
lo magnificherò con un ringraziamento. ℟.

Vedano i poveri e si rallegrino;
voi che cercate Dio, fatevi coraggio,
perché il Signore ascolta i miseri
e non disprezza i suoi che sono prigionieri. ℟.

Perché Dio salverà Sion,

ricostruirà le città di Giuda:
vi abiteranno e ne riavranno il possesso.
La stirpe dei suoi servi ne sarà erede
e chi ama il suo nome vi porrà dimora. R.

CANTO AL VANGELO
Gv 8,31b-32

Alleluia, alleluia.
Se rimanete nella mia parola,
siete davvero miei discepoli, dice il Signore,
e **conoscerete la verità**.
Alleluia.

VANGELO
Lc 14,12-14

✠ *Dal Vangelo secondo Luca*

In quel tempo, Gesù disse al capo dei farisei che l'aveva invitato: «Quando offri un pranzo o una cena, non invitare i tuoi amici né i tuoi fratelli né i tuoi parenti né i ricchi vicini, perché a loro volta non ti invitino anch'essi e tu abbia il contraccambio. Al contrario, quando offri un banchetto, invita poveri, storpi, zoppi, ciechi; e sarai beato perché non hanno da ricambiarti. Riceverai infatti la tua ricompensa alla risurrezione dei giusti». **Parola del Signore.**

SULLE OFFERTE - Questo sacrificio, o Signore, sia

per te offerta pura, e per noi dono santo della tua misericordia. Per Cristo nostro Signore. **Amen.**

COMUNIONE - Mi indicherai il sentiero della vita, gioia piena alla tua presenza *(Sal 15,11).*

Oppure: Dice il Signore: «Come il Padre, che ha la vita, ha mandato me e io vivo per il Padre, così colui che mangia me vivrà per me» *(Gv 6,57).*

DOPO LA COMUNIONE - Rafforza in noi, o Signore, la tua opera di salvezza, perché i sacramenti che ci nutrono in questa vita ci preparino a ricevere i beni che promettono. Per Cristo nostro Signore.

Commenti

1ª LETTURA - Al termine dell'esposizione sul problema della salvezza degli ebrei, san Paolo non è in grado di contenersi ed eleva un'inattesa lode al Padre eterno. Dalla disobbedienza e dal peccato degli uomini, infatti, Dio ha escogitato la via della liberazione per tutti, sia per gli ebrei che per i pagani. Per poter usare misericordia e mostrare il suo vero volto, Dio ha permesso che gli uomini conoscessero la disobbedienza e la ribellione, gli uni in un modo e gli altri in modo diverso. Questa legge vale anche negli altri casi di peccato. Non dobbiamo mai disperare perché, anche se fossimo caduti in qualcosa di grave, è sempre per noi e a nostra disposizione il volto di Gesù crocifisso e risorto che ci attende. Egli è venuto per i malati, non per i sani, e proprio nel peccato dobbiamo evitare di disperarci o scoraggiarci, pensando che ormai non possiamo più essere graditi a Dio. Il libro del Siràcide esprime questa stupenda verità con le parole: «Gettiamoci nelle mani del Signore e non in quelle degli uomini; poiché come è la sua grandezza, così è anche la sua misericordia» (2,18).

Vangelo - Questo detto del Signore Gesù è assai arduo da praticare alla lettera. Possiamo sentirci in colpa se invitiamo a pranzo i nostri congiunti? Non è questo un atto di amore verso coloro che ci vogliono bene? Invitare i parenti non può essere un gesto sbagliato di per sé e possiamo continuare a farlo. Il Signore qui non ci parla tanto dell'ospitalità, quanto della gratuità dei nostri atti. Per sua natura, l'amore umano esige sempre un contraccambio, tanto che ci rimaniamo male se compiamo un'azione buona verso qualcuno e questi non mostra un minimo senso di gratitudine. Ma c'è un amore più grande, ed è quello che si effonde senza pretendere niente in cambio. Un Padre del deserto disse a un suo discepolo: «Non fare mai del bene se non hai la forza di sopportare l'ingratitudine». Noi potremmo dire: «Fai il bene, ma la tua ricompensa è nel bene stesso che compi, nell'essere uguale a Dio che fa piovere sui giusti e sugli ingiusti». In sostanza, se compio un atto buono solo con la mira di avere in contraccambio qualcosa di superiore, sbaglio, perché penso solo al mio tornaconto. Se invece compio un atto buono senza calcolare nulla, allora il mio amore è come quello di Dio: preveniente e gratuito.

PROPOSITO DEL GIORNO... Oggi mi impegno a non dire bugie e a rimanere fedele alla verità.

PRATICHE E FESTE DEL GIORNO...

- Pratiche e preghiere di ogni giorno consigliate per il mese di novembre *(pag. 698)*.
- Ottavario dei defunti.
- Festa Madonna delle Lacrime, Selvapiana, Bagno di Romagna (Forlì-Cesena).

SANTI E BEATI DEL GIORNO

S. Felice • S. Leonardo • S. Paolo • **B. Maria del Monte Carmelo (Isabel Lacaba Andía) e 13 compagne**

BEATA MARIA DEL MONTE CARMELO (ISABEL LACABA ANDÍA) E 13 COMPAGNE:

fedeli fino alla fine.

«Se le circostanze lo richiedessero, **sareste disposte a dare la vita per mantenervi fedeli ai vostri impegni di anime consacrate?**», a questa domanda – che il cappellano fece loro il 19 luglio 1936 – madre Maria del Monte Carmelo e le sue tredici consorelle risposero con un **"sì" deciso**. Figlia di Juan Lacaba Arilla e di María Andía Cerio, Maria del Monte Carmelo (al secolo Isabel) nacque a Borja (Spagna), il 3 novembre 1882. Crebbe in una famiglia contadina, nella quale **la fede era considerata l'eredità più preziosa da trasmettere di padre in figlio**, e a 20 anni entrò nel monastero di San Giuseppe a Madrid, dell'Ordine dell'Immacolata Concezione.

Fu eletta superiora nel 1935, dopo essere stata maestra delle novizie. Con loro aveva svolto un ottimo lavoro, improntato a mirare a un elevato livello di spiritualità e a una fraternità radicata nel Vangelo. Era infatti convinta che la formazione della persona fosse importante, ma s'impegnò ancora più a fondo nell'insegnare alle novizie la pratica della preghiera. Era infatti solita dire: «Il silenzio con le creature ci dà più ampio margine per parlare con Dio». La sua vita, insieme a quella delle altre monache, venne sconvolta dallo scoppio della guerra civile spagnola. Alle 9 del mattino del 19 luglio 1936, era appena finita la Messa nel convento, quando da fuori si sentirono grida di minaccia: «Fuori le monache!». Madre Maria diede quindi ordine alle altre monache di tornare in coro, per consumare le ostie consacrate così da evitare profanazioni. Si vestirono poi con abiti secolari, presero con sé un fagotto con lo stretto indispensabile e lasciarono il monastero in due gruppi. Otto ripararono nelle case di amici o di parenti, mentre le restanti dieci, compresa madre Maria del Monte Carmelo, vennero ospitate da un benefattore. **Alla superiora venne offerta la possibilità di avere salva la vita, ma lei non volle abbandonare le consorelle**.

Il portinaio di uno stabile vicino denunciò la loro presenza. Da allora subirono frequenti controlli e ingiurie da parte dei miliziani, che volevano costringerle a rinunciare alla fede. Nei mesi di luglio e agosto rimasero per giorni senza poter bere, dato che era stata loro tolta l'acqua. L'8 novembre **1936** vennero prelevate e obbligate a salire su alcune automobili. Non ci sono notizie esatte dei loro ultimi giorni; neanche i loro resti mortali sono mai stati rinvenuti. Madre Maria del Monte Carmelo aveva 54 anni, trentaquattro dei quali di vita religiosa.

7 NOVEMBRE

MARTEDÌ

31ª settimana del Tempo Ordinario

verde **3ª sett. salt.**

ANTIFONA D'INGRESSO - Non abbandonarmi, Signore, mio Dio, da me non stare lontano; vieni presto in mio aiuto, o Signore, mia salvezza *(Sal 37,22-23).*

COLLETTA - Dio onnipotente e misericordioso, tu solo puoi dare ai tuoi fedeli il dono di servirti in modo lodevole e degno; fa' che corriamo senza ostacoli verso i beni da te promessi. Per il nostro Signore…

PRIMA LETTURA Rm 12,5-16a

Dalla lettera di san Paolo apostolo ai Romani

Fratelli, noi, pur essendo molti, siamo un solo corpo in Cristo e, ciascuno per la sua parte, siamo membra gli uni degli altri. Abbiamo doni diversi secondo la grazia data a ciascuno di noi: chi ha il dono della profezia la eserciti secondo ciò che detta la fede;

chi ha un ministero attenda al ministero; chi insegna si dedichi all'insegnamento; chi esorta si dedichi all'esortazione. Chi dona, lo faccia con semplicità; chi presiede, presieda con diligenza; chi fa opere di misericordia, le compia con gioia. La carità non sia ipocrita: detestate il male, attaccatevi al bene; amatevi gli uni gli altri con affetto fraterno, gareggiate nello stimarvi a vicenda. Non siate pigri nel fare il bene, siate invece ferventi nello spirito; servite il Signore. Siate lieti nella speranza, costanti nella tribolazione, perseveranti nella preghiera. Condividete le necessità dei santi; siate premurosi nell'ospitalità. Benedite coloro che vi perseguitano, benedite e non maledite. Rallegratevi con quelli che sono nella gioia; piangete con quelli che sono nel pianto. Abbiate i medesimi sentimenti gli uni verso gli altri; non nutrite desideri di grandezza; volgetevi piuttosto a ciò che è umile. **Parola di Dio.**

SALMO RESPONSORIALE Salmo 130 (131)

℟. **Custodiscimi, Signore, nella pace.**

Signore, non si esalta il mio cuore
né i miei occhi guardano in alto;
non vado cercando cose grandi

né meraviglie più alte di me. R.

Io invece resto quieto e sereno:
come un bimbo svezzato in braccio a sua madre,
come un bimbo svezzato è in me l'anima mia. R.

Israele attenda il Signore,
da ora e per sempre. R.

CANTO AL VANGELO Mt 11,28

Alleluia, alleluia.
Venite a me, voi tutti che siete stanchi e oppressi,
e io vi darò ristoro, dice il Signore.
Alleluia.

VANGELO Lc 14,15-24

✠ *Dal Vangelo secondo Luca*

In quel tempo, uno dei commensali, avendo udito questo, disse a Gesù: «Beato chi prenderà cibo nel regno di Dio!». Gli rispose: «Un uomo diede una grande cena e fece molti inviti. All'ora della cena, mandò il suo servo a dire agli invitati: "Venite, è pronto". Ma tutti, uno dopo l'altro, cominciarono a scusarsi. Il primo gli disse: "Ho comprato un campo e devo andare a vederlo; ti prego di scusarmi". Un altro disse: "Ho comprato cinque paia di buoi e vado a provarli; ti prego di scusarmi". Un altro disse: "Mi sono appena sposato e perciò non posso venire". Al suo ritorno il servo riferì tutto questo al suo padrone. Allora il padrone di casa, adirato, disse al servo: "Esci subito per le piazze e per le vie della città e conduci qui i poveri, gli storpi, i ciechi e gli zoppi". Il servo disse: "Signore, è stato fatto come hai ordinato, ma c'è ancora posto". Il padrone allora disse al servo: "Esci per le strade e lungo le siepi e costringili ad entrare, perché la mia casa si riempia. Perché io vi dico: nessuno di quelli che erano stati invitati gusterà la mia cena"». **Parola del Signore.**

SULLE OFFERTE - Questo sacrificio, o Signore, sia per te offerta pura, e per noi dono santo della tua misericordia. Per Cristo nostro Signore. **Amen.**

COMUNIONE - Mi indicherai il sentiero della vita, gioia piena alla tua presenza *(Sal 15,11).*
Oppure: Dice il Signore: «Come il Padre, che ha la vita, ha mandato me e io vivo per il Padre, così colui che mangia me vivrà per me» *(Gv 6,57).*

Dopo la Comunione - Rafforza in noi, o Signore, la tua opera di salvezza, perché i sacramenti che ci nutrono in questa vita ci preparino a ricevere i beni che promettono. Per Cristo nostro Signore.

Commenti

1ª lettura - Vivere insieme non è facile (in una famiglia, in un Ordine religioso, in un'associazione) perché ci sono forze centripete che tendono a farci vedere gli altri come coloro che devono soddisfare i nostri bisogni. Queste forze si trovano in noi e sono conseguenza del peccato originale. Tuttavia, il Signore ci ha dato il suo Spirito perché tutto venga rovesciato; la potenza dell'amore infatti è centrifuga, ossia parte dal centro e si espande verso l'esterno. Quindi io sarò felice se gli altri lo sono, ed è proprio nell'amore continuo e appassionato per il prossimo che io stesso troverò la mia realizzazione. Per questo sono venuto al mondo: per far felici gli altri, dare loro gioia, sapendo che sono miei fratelli. Tale amore che si espande è possibile perché l'amore stesso, che è Dio, è riversato nel mio cuore, ma questo amore va chiesto, nella preghiera. Lo Spirito in noi funziona come una molla: non permette che pensiamo troppo a noi stessi, ci porta al servizio e alla bontà. Questa è già la vita del cielo, dove non avremo più un pensiero ripiegato su noi stessi, ma saremo capaci solo di amare.

VANGELO - Sembra strano che una persona, invitata a un lauto banchetto, rifiuti adducendo delle scuse per cose che avrebbe potuto comunque fare successivamente: andare a vedere un campo, provare dei buoi, ecc. Eppure è così: preferiamo le cose del mondo, pur lecite, alla festa del banchetto dove è la gioia del Signore. Se noi rifiutiamo sdegnosamente, non dobbiamo poi meravigliarci se la sala si riempirà di altre persone e per noi non ci sarà posto. Occorre prendere il treno della luce e della comunione con Dio quando passa, sapendo che Dio non ci toglie nulla di quello che poi dobbiamo fare: egli vuole solo darci il senso delle cose, vuole che orientiamo tutto al banchetto finale, del quale ci dà qualche assaggio anche nel tempo presente. Gli invitati delle strade sono persone che non conoscevano il padrone, ma che vengono chiamate affinché conoscano la sua bontà. Sono poveri, storpi e ciechi, simbolo della condizione umana che è nel peccato, ma, una volta seduti alla mensa, guariranno dai loro mali perché curati e nutriti dal cibo che viene da Dio, che è l'amore, la gratuità, la bontà. Cerchiamo dunque di cogliere ogni invito che il Signore ci fa, di non perderne nemmeno uno!

PROPOSITO DEL GIORNO... Gusto i versetti del salmo odierno rileggendolo attentamente e facendo mia ogni singola parola.

PRATICHE E FESTE DEL GIORNO...

- Pratiche e preghiere di ogni giorno consigliate per il mese di novembre *(pag. 698)*.
- Ottavario dei defunti.
- 1° giorno novena a san Giuseppe Moscati (cod. 8327).

SANTI E BEATI DEL GIORNO

S. Atenodóro • S. Ercolano di Perugia • S. Lazzaro il Galesiota • S. Vincenzo Grossi • **B. Antonio Baldinucci**

BEATO ANTONIO BALDINUCCI: «Paradiso, o Paradiso, o bella patria».

La vita di Antonio, nato nel 1665, dimostra che **per Dio si possono fare cose grandi anche con il poco che siamo**. Lui è di statura inferiore alla media, è di salute debole e sogna di essere missionario. A 16 anni entra nell'Ordine Gesuita ma, vista la sua fragile salute, diventa predicatore itinerante. Gira per i paesi dell'Italia centrale con un teschio sotto il braccio per richiamare a tutti il destino ultimo. Anche la natura sembra dare forza alla sua predicazione: in un giorno d'estate, mentre spiega che il numero delle anime che cadono nell'Inferno è pari alle foglie che d'autunno cadono dagli alberi, invita il suo uditorio a osservare l'albero all'ombra del quale sta predicando. In quel momento una folata di vento spoglia quasi completamente l'albero. La sua è certo una predicazione figlia del suo tempo, ma alcuni suoi consigli suonano ancora attuali: **«Di tutto ciò che capita, prendete il buono e lasciate andare il cattivo»; «Vivete con un cuore grande e libero da ogni strettezza»**. «Paradiso, o Paradiso, o bella patria» è l'esortazione che non manca mai nelle sue prediche, neanche in quella del 7 novembre 1717. Sono le ultime parole di padre Antonio, dopo le quali si accascia stroncato da un infarto.

8 NOVEMBRE

MERCOLEDÌ

31ª settimana del Tempo Ordinario

verde **3ª sett. salt.**

ANTIFONA D'INGRESSO - Non abbandonarmi, Signore, mio Dio, da me non stare lontano; vieni presto in mio aiuto, o Signore, mia salvezza *(Sal 37,22-23).*

COLLETTA - Dio onnipotente e misericordioso, tu solo puoi dare ai tuoi fedeli il dono di servirti in modo lodevole e degno; fa' che corriamo senza ostacoli verso i beni da te promessi. Per il nostro Signore…

PRIMA LETTURA Rm 13,8-10

Dalla lettera di san Paolo apostolo ai Romani

Fratelli, non siate debitori di nulla a nessuno, se non dell'amore vicendevole; perché chi ama l'altro ha adempiuto la Legge. Infatti: «Non commetterai adulterio, non ucciderai, non ruberai, non desidererai», e qualsiasi altro comandamento, si ricapitola in questa parola: **«Amerai il tuo prossimo come te stesso».**

La carità non fa alcun male al prossimo: pienezza della Legge infatti è la carità. **Parola di Dio.**

SALMO RESPONSORIALE Salmo 111 (112)

℟. **Felice l'uomo pietoso, che dona ai poveri.**

Beato l'uomo che teme il Signore
e nei suoi precetti trova grande gioia.
Potente sulla terra sarà la sua stirpe,
la discendenza degli uomini retti sarà benedetta. ℟.

Spunta nelle tenebre, luce per gli uomini retti:
misericordioso, pietoso e giusto.
Felice l'uomo pietoso che dà in prestito,
amministra i suoi beni con giustizia. ℟.

Egli dona largamente ai poveri,
la sua giustizia rimane per sempre,
la sua fronte s'innalza nella gloria. ℟.

CANTO AL VANGELO 1Pt 4,14

Alleluia, alleluia.
Beati voi, se venite insultati per il nome di Cristo,
perché lo Spirito di Dio riposa su di voi.
Alleluia.

VANGELO Lc 14,25-33

✠ *Dal Vangelo secondo Luca*

In quel tempo, una folla numerosa andava con Gesù. Egli si voltò e disse loro: «Se uno viene a me e non mi ama più di quanto ami suo padre, la madre, la moglie, i figli, i fratelli, le sorelle e perfino la propria vita, non può essere mio discepolo. Colui che non porta la propria croce e non viene dietro a me, non può essere mio discepolo. Chi di voi, volendo costruire una torre, non siede prima a calcolare la spesa e a vedere se ha i mezzi per portarla a termine? Per evitare che, se getta le fondamenta e non è in grado di finire il lavoro, tutti coloro che vedono comincino a deriderlo, dicendo: "Costui ha iniziato a costruire, ma non è stato capace di finire il lavoro". Oppure quale re, partendo in guerra contro un altro re, non siede prima a esaminare se può affrontare con diecimila uomini chi gli viene incontro con ventimila? Se no, mentre l'altro è ancora lontano, gli manda dei messaggeri per chiedere pace. Così chiunque di voi non rinuncia a tutti i suoi averi, non può essere mio discepolo». **Parola del Signore.**

SULLE OFFERTE - Questo sacrificio, o Signore, sia per te offerta pura, e per noi dono santo della tua misericordia. Per Cristo nostro Signore. **Amen.**

COMUNIONE - Mi indicherai il sentiero della vita, gioia piena alla tua presenza *(Sal 15,11)*.
Oppure: Dice il Signore: «Come il Padre, che ha la vita, ha mandato me e io vivo per il Padre, così colui che mangia me vivrà per me» *(Gv 6,57)*.

DOPO LA COMUNIONE - Rafforza in noi, o Signore, la tua opera di salvezza, perché i sacramenti che ci nutrono in questa vita ci preparino a ricevere i beni che promettono. Per Cristo nostro Signore.

Commenti

1ª LETTURA - La legge di Dio è semplice, attuabile, perfetta. Non si tratta di amare Dio con dei sospiri o delle dichiarazioni, che pure vengono con sincerità dal profondo del cuore; per amare Dio abbiamo un modo infallibile, certo, sicuro: amare il prossimo, il nostro vicino di casa, il collega sul posto di lavoro, i nostri familiari. Il prossimo sovente non è facile da accogliere, perché ha comportamenti che ci urtano e troviamo in lui tanti difetti. Ma proprio questa è la forza dello Spirito Santo: amare tutti senza fare calcoli e senza misura, certi che tutto quello che avremo fatto di bene a qualsiasi uomo lo avremo fatto a Dio e ci sarà ricompensato. Provate a uscire di casa la mattina con questo pensiero fisso in testa: «La carità non fa alcun male al prossimo», e poi agire tutto il giorno con tale principio. Ne verrà fuori una giornata bella, intensa, espansiva, e il Signore ci farà sentire la pace nel cuore perché, quando viviamo nell'amore, avvertiamo che egli ci sospinge, ci ispira, ci ama. L'amore non fa nessun male al prossimo: arrendiamoci a questa verità di fede.

VANGELO - L'amore per il Signore Gesù ci porta ad amare tutto e tutti nel modo corretto. C'è semplicemente una gerarchia, una priorità: prima Dio e poi tutto il resto. Chi rovescia le cose, pensando di amare gli uomini (padre, madre, moglie, figli, ecc.) per primi e poi Dio, alla fine non ama nessuno o ama malamente, perché si affida ai propri sentimenti, che sono variabili dal momento che dipendono dal mondo interiore, che ancora è soggetto a peccati e passioni. Scrive don Divo Barsotti: «Chiunque ama si perde e risorge nell'amato». "Perdersi", in questo caso, è valore positivo, anzi, necessario perché, morto a me stesso, io non sprofondo nella tomba, non mi azzero, ma risorgo immediatamente nella persona amata, ossia mi realizzo, vivo, sono orientato e proteso a vivere "fuori di me", nell'altro. Gesù ci chiede, quindi, di morire a noi stessi, alle nostre passioni ed egoismi, e a risorgere prima di tutto e di tutti in lui, che è Dio, e una volta uniti a lui, vivente, ameremo tutto e tutti con la sua potenza di amore, che è infinita. Scendere in questa nostra morte è semplicissimo: basta volerlo.

PROPOSITO DEL GIORNO... Oggi voglio portare amore in ogni ambiente che frequenterò, compiendo gesti di vicinanza e dimostrando affetto sincero verso il mio prossimo.

PRATICHE E FESTE DEL GIORNO...

- Pratiche e preghiere di ogni giorno consigliate per il mese di novembre *(pag. 698)*.
- Giorno dedicato a Maria che scioglie i nodi (cod. 8558).
- Ottavario dei defunti.
- Preghiera al beato Giovanni Duns Scoto *(materiale multimediale: pag. 703)*.
- 1° giorno novena a santa Elisabetta di Ungheria.

SANTI E BEATI DEL GIORNO

S. Chiaro di Tours • S. Goffredo di Amiens • **B. Giovanni Duns Scoto** • B. Maria Crocifissa Satellico

BEATO GIOVANNI DUNS SCOTO: "Il Dottore dell'Immacolata".

«La Scozia mi ha dato i natali, l'Inghilterra mi ha accolto, la Francia mi ha istruito, e Colonia mi conserva», questo è scritto sul monumento sepolcrale di Giovanni Duns Scoto, custodito nella chiesa di San Francesco d'Assisi a Colonia.

Le sue origini sono scozzesi, per questo riceve l'appellativo di "Scoto": nasce tra la fine del 1265 o l'inizio del 1266. Il casato dei Duns apparteneva a una ricca famiglia terriera e benefattrice dei francescani. A 15 anni, Giovanni veste l'abito dei Frati Minori. Durante la preparazione alla Professione religiosa, nel 1281, **riceve la dolce apparizione del bambino Gesù tra le braccia**, come dono della sua semplicità e della sua devozione al mistero dell'incarnazione. Dopo essere stato ordinato sacerdote, comincia un lungo e brillante itinerario di studi universitari, interrotto bruscamente nel 1303: in quell'anno è costretto a lasciare l'università per non aver aderito al progetto di Filippo il Bello, re di Francia, contro papa Bonifacio VIII. Ritorna nel 1304 per concludere gli studi, accompagnato da una lettera del ministro generale dell'Ordine, il quale invita ad accoglierlo «sia per la lunga esperienza, sia per la fama che s'era sparsa ovunque, della **vita lodevole, della scienza eccellente e dell'ingegno sottilissimo**» del candidato. Va poi a insegnare a Colonia, dove muore l'8 novembre 1308, all'età di circa 43 anni.

È famosa la sua **"disputa" sull'Immacolata Concezione**, considerata il fiore all'occhiello del maestro francescano. Con il suo pensiero, egli ha contribuito in modo determinante, infatti, alla proclamazione del dogma dell'Immacolata Concezione della beata Vergine Maria. La mattina dell'**8 dicembre 1854**, papa Pio IX, con straordinaria emozione, commosso al punto da interrompersi più volte per il singhiozzo e le lacrime, proclama questo dogma alla presenza di duecento cardinali e vescovi. Giovanni Duns Scoto ha offerto alla Chiesa la chiave per superare le obiezioni circa l'Immacolata Concezione di Maria. Per questo, papa Giovanni Paolo II nella catechesi del 5 giugno 1996 lo definisce il "Dottore dell'Immacolata": «Egli sostenne che Cristo, il mediatore perfetto, ha esercitato proprio in Maria l'atto di mediazione più eccelso, **preservandola dal peccato originale**. In tal modo egli introdusse nella teologia il concetto di redenzione preservatrice, secondo cui Maria è stata redenta in modo ancor più mirabile: non per via di liberazione dal peccato, ma per via di preservazione dal peccato».

9 NOVEMBRE

GIOVEDÌ

Dedicazione della basilica lateranense (f)
bianco **propria**

DEDICAZIONE DELLA BASILICA LATERANENSE:

la madre di tutte le chiese di Roma.

«Sacrosanta chiesa Lateranense, **madre e capo di tutte le chiese di Roma e del mondo**». È la traduzione dal latino dell'iscrizione presente sui due lati dell'ingresso della facciata di San Giovanni in Laterano, cattedrale di Roma. Il suo nome completo è Arcibasilica del Santissimo Salvatore e dei santi Giovanni Battista ed Evangelista, e sorge nei pressi del monte Celio, a Roma. **Qui si trova la cattedra del Papa**, in quanto vescovo di Roma, ed è la prima delle quattro Basiliche papali maggiori a essere costruite ed è **la più antica d'Occidente**.

Le sue origini sono strettamente legate alla vicenda di Costantino: alla vigilia della battaglia con Massenzio, in seguito a una visione, nella quale gli era apparsa una croce con la scritta: *«In hoc signo vinces»* (**In questo segno vincerai**) l'imperatore fece insignire gli scudi dell'esercito con il segno della croce e vinse la battaglia. Costantino non solo autorizzò pubblicamente il culto cristiano (313), ma promosse e sovvenzionò la prima basilica cristiana a Roma. La Chiesa festeggia il 9 novembre la sua dedicazione, facendo riferimento alla consacrazione compiuta da papa Silvestro I che la dedicò al Santissimo Salvatore (nel IX secolo fu poi dedicata anche a san Giovanni Battista e nel XII secolo fu aggiunto san Giovanni evangelista). **È una festa che attesta l'unità con il Papa**, che è vescovo di Roma e capo della Chiesa universale.

ANTIFONA D'INGRESSO - Vidi la città santa, la Gerusalemme nuova, scendere dal cielo, da Dio, pronta come una sposa adorna per il suo sposo *(Ap 21,2).*

Si dice il Gloria *(pag. 10).*

COLLETTA - O Dio, che con pietre vive e scelte prepari una dimora eterna per la tua gloria, continua a effondere sulla Chiesa la grazia che le hai donato, perché il popolo dei credenti progredisca sempre nell'edificazione della Gerusalemme del cielo. Per il nostro Signore...

Oppure: O Dio, tu hai voluto chiamare tua sposa la Chiesa: fa' che il popolo consacrato al servizio del tuo nome ti adori, ti ami, ti segua e, sotto la tua guida, giunga ai beni promessi. Per il nostro Signore...

PRIMA LETTURA Ez 47,1-2.8-9.12

Dal libro del profeta Ezechièle

In quei giorni, [un uomo, il cui aspetto era come di bronzo,] mi condusse all'ingresso del tempio e vidi che sotto la soglia del tempio usciva acqua verso oriente, poiché la facciata del tempio era verso oriente. Quell'acqua scendeva sotto il lato destro del tempio, dalla parte meridionale dell'altare. Mi condusse fuori dalla porta settentrionale e mi fece girare all'esterno, fino alla porta esterna rivolta a oriente, e vidi che l'acqua scaturiva dal lato destro. Mi disse: «Queste acque scorrono verso la regione orientale, scendono nell'Aràba ed entrano nel mare: sfociate nel mare, ne risanano le acque. Ogni essere vivente che si muove dovunque arriva il torrente, vivrà: il pesce vi sarà abbondantissimo, perché dove giungono quelle acque, risanano, e là dove giungerà il torrente tutto rivivrà. Lungo il torrente, su una riva e sull'altra, crescerà ogni sorta di alberi da frutto, le cui foglie non appassiranno: i loro frutti non cesseranno e ogni mese matureranno, perché le loro acque sgorgano dal santuario. I loro frutti serviranno come cibo e le foglie come medicina».

Parola di Dio.

Oppure 1Cor 3,9c-11.16-17

Dalla prima lettera di san Paolo apostolo ai Corìnzi

Fratelli, voi siete edificio di Dio. Secondo la grazia di Dio che mi è stata data, come un saggio architetto io ho posto il fondamento; un altro poi vi costruisce sopra. Ma ciascuno stia attento a come costruisce. Infatti nessuno può porre un fondamento diverso da quello che già vi si trova, che è Gesù Cristo. Non sapete che siete tempio di Dio e che lo Spirito di Dio abita in voi? Se uno distrugge il tempio di Dio, Dio distruggerà lui. Perché santo è il tempio di Dio, che siete voi. **Parola di Dio.**

SALMO RESPONSORIALE Dal Salmo 45 (46)

℟. **Un fiume rallegra la città di Dio.**

Dio è per noi rifugio e fortezza,
aiuto infallibile si è mostrato nelle angosce.
Perciò non temiamo se trema la terra,
se vacillano i monti nel fondo del mare. ℟.

Un fiume e i suoi canali rallegrano la città di Dio,
la più santa delle dimore dell'Altissimo.
Dio è in mezzo ad essa: non potrà vacillare.
Dio la soccorre allo spuntare dell'alba. ℟.

Il Signore degli eserciti è con noi,
nostro baluardo è il Dio di Giacobbe.
Venite, vedete le opere del Signore,
egli ha fatto cose tremende sulla terra. R.

CANTO AL VANGELO 2Cr 7,16

Alleluia, alleluia.
Io mi sono scelto e ho consacrato questa casa
perché il mio nome vi resti sempre.
Alleluia.

VANGELO Gv 2,13-22

✠ *Dal Vangelo secondo Giovanni*

Si avvicinava la Pasqua dei Giudei e Gesù salì a Gerusalemme. Trovò nel tempio gente che vendeva buoi, pecore e colombe e, là seduti, i cambiamonete. Allora fece una frusta di cordicelle e scacciò tutti fuori del tempio, con le pecore e i buoi; gettò a terra il denaro dei cambiamonete e ne rovesciò i banchi, e ai venditori di colombe disse: «Portate via di qui queste cose e non fate della casa del Padre mio un mercato!». I suoi discepoli si ricordarono che sta scritto: «Lo zelo per la tua casa mi divorerà». Allora i Giudei presero la parola e gli dissero: «Quale segno ci mostri per fare queste cose?». Rispose loro

Gesù: «Distruggete questo tempio e in tre giorni lo farò risorgere». Gli dissero allora i Giudei: «Questo tempio è stato costruito in quarantasei anni e tu in tre giorni lo farai risorgere?». Ma egli parlava del tempio del suo corpo. Quando poi fu risuscitato dai morti, i suoi discepoli si ricordarono che aveva detto questo, e credettero alla Scrittura e alla parola detta da Gesù. **Parola del Signore.**

SULLE OFFERTE - Accogli, o Signore, i doni che ti presentiamo, e concedi al popolo che qui ti supplica la grazia redentrice dei tuoi sacramenti e la gioia di vedere esaudita la sua preghiera. Per Cristo nostro Signore.

PREFAZIO - *Il mistero della Chiesa che è sposa di Cristo e tempio dello Spirito.* È veramente cosa buona e giusta, nostro dovere e fonte di salvezza, rendere grazie sempre e in ogni luogo a te, Signore, Padre santo, Dio onnipotente ed eterno. Nella tua infinita benevolenza hai voluto abitare dove è raccolto il tuo popolo in preghiera, per portare a compimento in noi, con l'incessante aiuto della grazia, il tempio dello Spirito Santo risplendente per santità di vita. Tu santifichi sempre la Chiesa, sposa di Cristo, significata dalle chiese che ti edifichiamo, perché sia Madre lieta di una moltitudine di figli e sia da te accolta nella gloria del cielo. E noi, uniti agli angeli e ai santi, innalziamo a te l'inno di benedizione e di lode: **Santo...**

COMUNIONE - Voi, pietre vive, siete costruiti come edificio spirituale per un sacerdozio santo *(1Pt 2,5).*

DOPO LA COMUNIONE - O Dio, che hai fatto della tua Chiesa il segno visibile della Gerusalemme celeste, per la partecipazione a questo sacramento trasformaci in tempio vivo della tua grazia, perché possiamo entrare nella dimora della tua gloria. Per Cristo nostro Signore.

Commenti

1ª LETTURA - La sacralità del tempio non si ferma alla presenza, pur importantissima, dell'arca dell'alleanza posta nella zona più inaccessibile dell'edificio, chiamato "Santo dei Santi", ma si espande all'esterno. Le immagini qui usate sono altamente simboliche: dal tempio esce un fiume che, sfociando nel Mar Morto, lo fanno diventare vivo. Le acque del fiume abbondano di pesci (segno di ottima qualità dell'ambiente acquatico), sulle rive ci sono alberi le cui foglie non verranno mai meno e serviranno come medicinali, mentre i frutti verranno prodotti in continuazione e serviranno per il nutrimento dell'uomo. È facile vedere in tali immagini il richiamo all'Eucaristia. Il vero e definitivo tempio infatti è il corpo di Cristo, dal cui costato sgorgano i sacramenti della Chiesa: il sangue e l'acqua, il Battesimo e l'Eucaristia. Ove questi arrivano, tutto rivive, perché tale torrente porta vita nuova. «Fatti capacità – disse un giorno Gesù a santa Caterina da Siena – ed io mi farò torrente». Il Signore sembra solo avere bisogno di uno spazio dove poter correre, la nostra fede, poi fa tutto lui.

Oppure - Negli scritti apostolici è ricorrente l'immagine della Chiesa come corpo spirituale. Sì, ci vogliono gli edifici e sappiamo bene come sia necessario per noi avere delle chiese per poter celebrare le nostre Messe, ma non dobbiamo dimenticare che per i primi tre secoli del cristianesimo non c'erano chiese (non si potevano costruire, l'Impero Romano non lo permetteva) e le Messe venivano celebrate nelle case o nelle catacombe, nei cimiteri o dove capitava. Ne viene che nei primi tempi era molto sentita l'idea che la Chiesa fosse presente laddove si riunivano i credenti, che la Chiesa in sostanza fosse la loro unione, anzi, la grazia divina che era presente in loro in quanto battezzati. Questa realtà non deve cadere in disuso anche nei tempi odierni, quando abbiamo tutte le chiese che vogliamo; siamo chiamati sempre a realizzare che se siamo inabitati dallo Spirito Santo, noi siamo "tempio di Dio". Come dovremmo, allora, avere rispetto e riguardo del nostro corpo! Noi siamo dei "teofori", ossia dei "portatori di Dio", se siamo in grazia, portando questo dono ovunque noi siamo e viviamo.

Vangelo - Gesù chiama il proprio corpo santissimo "tempio". Egli, infatti, contiene in sé tutta la pienezza della divinità (Col 2,9) e ogni relazione con lui, nei sacramenti o nella preghiera, ci fa entrare in diretto contatto con la sua santità infinita. Dunque, noi ci muoviamo sempre tra due poli: uno visibile e uno invisibile. Nel mondo empirico noi consideriamo giustamente le nostre chiese come luoghi sacri, da tenere sempre in ordine, senza mercati di alcun tipo, senza sporcizie o profanazioni, perché in essi vi è la presenza stabile e ineffabile del Santissimo Sacramento, vero corpo di Cristo. Nel mondo invisibile, non meno reale e concreto, il tempio di Dio è il corpo di Cristo risorto, nel quale siamo anche noi come corpo mistico se abbiamo fede e se viviamo in grazia. L'uno non deve essere mai senza l'altro, in modo che alla fine noi siamo sempre in chiesa. Siamo in ufficio, al mare, nella nostra sala da pranzo? No, siamo in chiesa, perché dopo la risurrezione di Cristo tutto è sacro (tranne il peccato, s'intende). Realizziamo allora oggi la bellezza di essere Chiesa, di essere in Chiesa, di essere sempre al cospetto del Signore Gesù. Non abbiamo bisogno di nulla, perché tutto è vivo in lui.

PROPOSITO DEL GIORNO... Oggi ritorno con la memoria a tutte le volte in cui sono stato sopraffatto dall'angoscia e il Signore mi ha ridato speranza. Elevo quindi una preghiera di ringraziamento.

PRATICHE E FESTE DEL GIORNO...

- Pratiche e preghiere di ogni giorno consigliate per il mese di novembre *(pag. 698)*.
- Preghiera alla Trinità di santa Elisabetta della Trinità *(materiale multimediale: pag. 703)*.

SANTI E BEATI DEL GIORNO

S. Elisabetta della Trinità (Elisabeth Catez) • S. Giorgio di Lodève • S. Vito • B. Gabriele Ferretti • B. Giovanna

10 NOVEMBRE

VENERDÌ

31ª settimana del Tempo Ordinario

bianco **3ª sett. salt.**

S. Leone Magno,
papa e dottore della Chiesa (m)

SAN LEONE MAGNO: «Senza Cristo non possiamo nulla, ma con lui possiamo tutto».

Anno 452: la Penisola italiana trema di fronte agli Unni, capitanati da Attila. Le città di Aquileia, Padova e Milano sono state conquistate, saccheggiate e rase al suolo. Ora Attila prosegue la sua corsa, è vicino Mantova, sul fiume Mincio. Qui **Leone Magno**, eletto papa dodici anni prima, si pone a capo di una delegazione di Roma, **incontra Attila e lo dissuade dal proseguire la guerra di invasione**. La leggenda narra che il capo degli Unni si sia ritirato dopo aver visto apparire, alle spalle di Leone, gli apostoli Pietro e Paolo, armati di spada. Tre anni dopo, nel 455, è ancora il "Papa Magno" a fermare alle porte di Roma i Vandali d'Africa.

Nato in Toscana e divenuto diacono della Chiesa di Roma intorno al 430, nel 440 Leone viene inviato dall'imperatrice Galla Placidia a pacificare la Gallia. Pochi mesi dopo,

muore papa Sisto III. Leone, suo consigliere, gli succede. **La consacrazione a Pontefice** – il 45° della storia – avviene **il 29 settembre del 440**.
Il "Pontefice Magno" lascia alla storia quasi 100 sermoni e circa 150 lettere, in cui si dimostra sia teologo che pastore, attento alla comunione tra le diverse Chiese, ma anche alle necessità dei fedeli. È per loro, infatti, che anima le opere di carità in una Roma piegata da carestie, povertà, ingiustizie e superstizioni pagane. Porta avanti tutte le azioni indispensabili per **«tenere con costanza la giustizia»** e **«offrire amorosamente la clemenza»**, perché «senza Cristo non possiamo nulla, ma con lui possiamo tutto». La sua morte avviene il 10 novembre 461.

ANTIFONA D'INGRESSO - Il Signore ha stabilito con lui un'alleanza di pace: per sempre avrà la dignità del sacerdozio *(Cfr. Sir 45,24).*

COLLETTA - O Dio, che mai permetti alle potenze del male di prevalere contro la tua Chiesa, fondata sulla roccia dell'apostolo Pietro, per intercessione del papa san Leone [Magno] fa' che essa rimanga salda nella tua verità e proceda sicura nella pace. Per il nostro Signore…

PRIMA LETTURA Rm 15,14-21

Dalla lettera di san Paolo apostolo ai Romani

Fratelli miei, sono anch'io convinto, per quel che vi riguarda, che voi pure siete pieni di bontà, colmi di ogni conoscenza e capaci di correggervi l'un l'altro. Tuttavia, su alcuni punti, vi ho scritto con un po' di audacia, come per ricordarvi quello che già sapete, a motivo della grazia che mi è stata data da Dio per essere ministro di Cristo Gesù tra le genti, adempiendo il sacro ministero di annunciare il vangelo di Dio perché le genti divengano un'offerta gradita, santificata dallo Spirito Santo. Questo dunque è il mio vanto in Gesù Cristo nelle cose che riguardano Dio. Non oserei infatti dire nulla se non di quello che Cristo ha operato per mezzo mio per condurre le genti all'obbedienza, con parole e opere, con la potenza di segni e di prodigi, con la forza dello Spirito. Così da Gerusalemme e **in tutte le direzioni** fino all'Illiria, **ho portato a termine la predicazione del vangelo di Cristo**. Ma mi sono fatto un punto di onore di non annunciare il Vangelo dove era già conosciuto il nome di Cristo, per non costruire su un fondamento altrui, ma, come sta scritto: «Coloro ai quali non era stato annunciato, lo vedranno, e coloro che non ne avevano udito parlare, comprenderanno». **Parola di Dio.**

SALMO RESPONSORIALE Dal Salmo 97 (98)

℟. **Agli occhi delle genti il Signore ha rivelato la sua giustizia.**

Oppure:

℟. **La salvezza del Signore è per tutti i popoli.**

Cantate al Signore un canto nuovo,
perché ha compiuto meraviglie.
Gli ha dato vittoria la sua destra
e il suo braccio santo. ℟.

Il Signore ha fatto conoscere la sua salvezza,
agli occhi delle genti ha rivelato la sua giustizia.
Egli si è ricordato del suo amore,
della sua fedeltà alla casa d'Israele. ℟.

Tutti i confini della terra hanno veduto
la vittoria del nostro Dio.
Acclami il Signore tutta la terra,
gridate, esultate, cantate inni! ℟.

CANTO AL VANGELO 1Gv 2,5

Alleluia, alleluia.
Chi osserva la parola di Gesù Cristo
in lui l'amore di Dio è veramente perfetto.
Alleluia.

VANGELO Lc 16,1-8

✠ *Dal Vangelo secondo Luca*

In quel tempo, Gesù diceva ai discepoli: «Un uomo ricco aveva un amministratore, e questi fu accusato dinanzi a lui di sperperare i suoi averi. Lo chiamò e gli disse: "Che cosa sento dire di te? Rendi conto della tua amministrazione, perché non potrai più amministrare". L'amministratore disse tra sé: "Che cosa farò, ora che il mio padrone mi toglie l'amministrazione? Zappare, non ne ho la forza; mendicare, mi vergogno. So io che cosa farò perché, quando sarò stato allontanato dall'amministrazione, ci sia qualcuno che mi accolga in casa sua". Chiamò uno per uno i debitori del suo padrone e disse al primo: "Tu quanto devi al mio padrone?". Quello rispose: "Cento barili d'olio". Gli disse: "Prendi la tua ricevuta, siediti subito e scrivi cinquanta". Poi disse a un altro: "Tu quanto devi?". Rispose: "Cento misure di grano". Gli disse: "Prendi la tua ricevuta e scrivi ottanta". Il padrone lodò quell'amministratore disonesto, perché aveva agito con scaltrezza. I figli di questo mondo, infatti, verso i loro pari sono più scaltri dei figli della luce». **Parola del Signore.**

SULLE OFFERTE - Per i doni che ti offriamo, o Signore, fa' risplendere la tua luce sulla Chiesa, perché in ogni parte della terra il gregge progredisca nel bene e sotto la tua guida i pastori siano graditi al tuo nome. Per Cristo nostro Signore.

Prefazio dei santi dottori della Chiesa I o II oppure dei santi pastori I o II (materiale multimediale: pag. 17).

COMUNIONE - Simon Pietro disse a Gesù: «Tu sei il Cristo, il Figlio del Dio vivente». Rispose Gesù: «Tu sei Pietro e su questa pietra edificherò la mia Chiesa» *(Cfr. Mt 16,16.18).*

DOPO LA COMUNIONE - Guida con bontà, o Signore, la tua Chiesa che hai nutrito a questa santa mensa, perché, condotta dalla tua mano potente, cresca nella perfetta libertà e custodisca l'integrità della fede. Per Cristo nostro Signore.

Commenti

1ª LETTURA - San Paolo si avvia alla conclusione della sua lettera e tira le somme di quanto ha detto, soprattutto di come lo ha espresso. È sua estrema cura precisare che egli non ha detto nulla di suo, ma ha riportato la verità dei fatti e della dottrina così come l'ha ricevuta da Cristo. In questo modo egli si pone come esempio per tutti coloro che lo seguiranno (i futuri vescovi, sacerdoti e catechisti della Chiesa): non aggiungere né togliere nulla, ma predicare il Vangelo nella sua interezza, anche nelle parti più scomode o difficili (Paolo usa il termine "con audacia"). Scrive don Divo Barsotti: «La vita cristiana è scandalo e anche la dottrina cristiana; non deve essere annacquata e diluita, ma essere presentata nella sua integrità anche se è scomoda, se è urtante, anche se sembra ridicola: la sua forza sta precisamente nella sua fermezza». E di fermezza si può proprio parlare a riguardo dell'apostolo Paolo. Egli può concludere la sua lettera dichiarando che tutto quello che doveva dire l'ha detto, ora si tratta di conoscere gli insegnamenti e tradurli in atti di vita vissuta.

VANGELO - Il padrone dei campi, che pure era stato ingannato dall'amministratore ricevendone un danno economico, loda il suo disonesto impiegato, e Gesù alla fine ci invita a imitare questa scaltrezza dei figli del mondo. Il significato è questo: dobbiamo farci degli amici con le ricchezze non nostre (la salute, l'intelligenza, il tempo a disposizione e via dicendo, tutte cose che non ci siamo dati noi, ma che abbiamo ricevuto da Dio gratuitamente) compiendo verso di loro atti gratuiti di generosità, che creino in questi bisognosi un senso di gratitudine. Quando poi moriremo e andremo davanti al Giudice, questi amici alzeranno la mano e parleranno a nostro favore, dicendo che essi hanno ricevuto in vita del bene da noi, sono stati aiutati e confortati. In altre parole, costituiranno la nostra difesa. E ne avremo bisogno! Infatti è da supporre che in quel momento porteremo anche il peso dei nostri peccati, ma la difesa che questi amici beneficati faranno a nostro favore contribuirà a ricevere un giudizio favorevole, perché la carità copre una moltitudine di peccati, e saranno questi poveri che ci aiuteranno. Fare del bene, alla fin fine, ci conviene. Ecco la giusta "scaltrezza" da usare!

PROPOSITO DEL GIORNO... Oggi ricordo nella preghiera tutti i missionari, che con slancio e generosità si dedicano all'evangelizzazione.

PRATICHE E FESTE DEL GIORNO...

- Pratiche e preghiere di ogni giorno consigliate per il mese di novembre *(pag. 698)*.
- Preghiera a san Leone Magno.

ALTRI SANTI E BEATI DEL GIORNO

S. Andrea Avellino • S. Ninfa • S. Oreste di Tiana in Cappadocia • Bb. Johannes Prassek e due compagni

11 NOVEMBRE

SABATO

31ª settimana del Tempo Ordinario

bianco **3ª sett. salt.**

S. Martino di Tours, vescovo (m)

SAN MARTINO DI TOURS: «Egli mi ha vestito».

Pochi personaggi possono vedere riassunta la loro storia in una singola azione, così profonda da condensare una vita. San Martino appartiene a questa speciale categoria. **Il suo celebre mantello è il simbolo dell'uomo** che nasce nel 316 (o 317) nella periferia del tardo Impero Romano, in Pannonia (oggi Ungheria), figlio di un tribuno militare. I suoi genitori sono pagani, ma il ragazzino è incuriosito dal cristianesimo e già a 12 anni vorrebbe farsi asceta. Un editto imperiale arriva, però, a infrangere i sogni di solitudine e preghiera. Martino deve arruolarsi e finisce in Gallia.

Nel 335, come membro della guardia imperiale, il giovane soldato è incaricato spesso delle ronde notturne: proprio durante una ronda, in inverno, **si imbatte a cavallo in un mendicante seminudo**. Martino ne ha compassione, **si sfila il mantello, lo taglia in due e ne regala una metà al povero**. La notte seguente gli

appare in sogno Gesù, con indosso la parte di mantello, che dice agli angeli: **«Ecco qui Martino, il soldato romano che non è battezzato: egli mi ha vestito»**. Il sogno impressiona molto il giovane soldato, che alla festa di Pasqua successiva viene battezzato. Per una ventina d'anni continua a servire nell'esercito di Roma, ma appena gli è possibile, si congeda e va a incontrare a Poitiers il vescovo Ilario, fermo avversario dell'eresia ariana. Questa posizione costa l'esilio a Ilario (perché l'imperatore Costanzo II era un seguace di Ario). Anche Martino parte e va in Pannonia, ma quando il vescovo rientra dall'esilio, Martino torna a trovarlo e ottiene l'autorizzazione a fondare un monastero nei pressi di Tours. Capanne e vita austera, l'ex soldato che aveva rivestito Cristo povero diventa povero lui stesso come aveva desiderato. Prega e annuncia la fede, girando per la Francia, dove in molti imparano a conoscerlo.
Viene nominato vescovo di Tours nel 371. Martino accetta, ma col suo stile: **rifiuta di vivere da principe** perché la gente in miseria, i detenuti, i malati continuino a trovare casa sotto il suo mantello. Nel 397, a Candes-Saint-Martin, l'ormai ottantenne vescovo parte per ricomporre uno scisma sorto nel clero locale. Riporta la pace, ma prima di ripartire viene assalito da febbri violente. Muore disteso sulla nuda terra, per sua volontà, e una grande folla assiste alle esequie di quest'uomo amatissimo.

Antifona d'ingresso - Farò sorgere al mio servizio un sacerdote fedele, che agirà secondo i desideri del mio cuore *(Cfr. 1Sam 2,35).*

Colletta - O Dio, che hai fatto risplendere la tua gloria nella vita e nella morte del santo vescovo Martino, rinnova nei nostri cuori le meraviglie della tua grazia, perché né morte né vita ci possano separare dal tuo amore. Per il nostro Signore...

PRIMA LETTURA Rm 16,3-9.16.22-27

Dalla lettera di san Paolo apostolo ai Romani

Fratelli, salutate Prisca e Aquila, miei collaboratori in Cristo Gesù. Essi per salvarmi la vita hanno rischiato la loro testa, e a loro non io soltanto sono grato, ma tutte le Chiese del mondo pagano. Salutate anche la comunità che si riunisce nella loro casa. Salutate il mio amatissimo Epèneto, che è stato il primo a credere in Cristo nella provincia dell'Asia. Salutate Maria, che ha faticato molto per voi. Salutate Andrònico e Giunia, miei parenti e compagni di prigionia: sono insigni tra gli apostoli ed erano in Cristo già prima di me. Salutate Ampliato, che mi è molto caro nel Signore. Salutate Urbano, nostro collaboratore in Cristo, e il mio carissimo Stachi. Salutatevi gli uni gli altri con il bacio santo. Vi salutano tutte le Chiese di Cristo. Anch'io, Terzo, che ho scritto la lettera, vi saluto nel Signore. Vi saluta Gaio, che ospita me e tutta la comunità. Vi salutano Erasto, tesoriere della città, e il fratello Quarto. A colui che ha il potere di confermarvi nel mio Vangelo, che annuncia Gesù Cristo, secondo la rivelazione del mistero, avvolto nel silenzio per secoli eterni, ma ora manifestato mediante le scritture dei Profeti, per ordine dell'eterno Dio, annunciato a tutte le genti perché giungano all'obbedienza della fede, a Dio, che solo è sapiente, per mezzo di Gesù Cristo, la gloria nei secoli. Amen. **Parola di Dio.**

SALMO RESPONSORIALE Dal Salmo 144 (145)

℟. **Ti voglio benedire ogni giorno, Signore.**

Ti voglio benedire ogni giorno,
lodare il tuo nome in eterno e per sempre.
Grande è il Signore e degno di ogni lode;
senza fine è la sua grandezza. ℟.

Una generazione narra all'altra le tue opere,
annuncia le tue imprese.

Il glorioso splendore della tua maestà
e le tue meraviglie voglio meditare. ℟.

Ti lodino, Signore, tutte le tue opere
e ti benedicano i tuoi fedeli.
Dicano la gloria del tuo regno
e parlino della tua potenza. ℟.

CANTO AL VANGELO

2Cor 8,9

Alleluia, alleluia.
Gesù Cristo da ricco che era, si è fatto povero per voi,
perché voi diventaste ricchi
per mezzo della sua povertà.
Alleluia.

VANGELO

Lc 16,9-15

✠ *Dal Vangelo secondo Luca*

In quel tempo, Gesù diceva ai discepoli: «Fatevi degli amici con la ricchezza disonesta, perché, quando questa verrà a mancare, essi vi accolgano nelle dimore eterne. Chi è fedele in cose di poco conto, è fedele anche in cose importanti; e chi è disonesto in cose di poco conto, è disonesto anche in cose importanti. Se dunque non siete stati fedeli nella ricchezza disonesta, chi vi affiderà quella vera? E se non siete stati fedeli nella ricchezza altrui, chi vi darà la vostra? Nessun servitore può servire due padroni, perché o odierà l'uno e amerà l'altro, oppure si affezionerà all'uno e disprezzerà l'altro. **Non potete servire Dio e la ricchezza**». I farisei, che erano attaccati al denaro, ascoltavano tutte queste cose e si facevano beffe di lui. Egli disse loro: «Voi siete quelli che si ritengono giusti davanti agli uomini, ma Dio conosce i vostri cuori: ciò che fra gli uomini viene esaltato, davanti a Dio è cosa abominevole». **Parola del Signore.**

SULLE OFFERTE - Santifica, Signore nostro Dio, questi doni che ti offriamo con gioia in onore di san Martino, perché con il loro sostegno siamo sempre guidati attraverso le vicende liete e tristi della nostra vita. Per Cristo nostro Signore.

Prefazio dei santi pastori I o II (materiale multimediale: pag. 17).

COMUNIONE - «In verità io vi dico: tutto quello che avete fatto a uno solo di questi miei fratelli più piccoli, l'avete fatto a me», dice il Signore *(Mt 25,40).*

Dopo la Comunione - O Signore, che ci hai nutriti con il sacramento dell'unità, concedi a noi di vivere in perfetta concordia con il tuo volere perché, imitando san Martino nella totale sottomissione a te, gustiamo la gioia di essere veramente tuoi. Per Cristo nostro Signore.

Commenti

1ª lettura - La lettera ai Romani, dottrinalmente formidabile, finisce con un lungo capitolo nel quale san Paolo saluta tanti amici e collaboratori. Non fa così nelle altre lettere, se non brevemente. Un po' meraviglia il contrasto tra il trattato di profonda teologia della lettera, anche difficile in alcuni punti, e la profusione di cuore con la quale l'Apostolo si ricorda degli amici, saluta tutti uno per uno, spendendo parole gentili per ciascuno. Ma la stranezza non deve meravigliare, perché fa parte dell'essere cristiano parlare di Dio e poi comportarsi come Dio chiede, ossia con amore. In effetti, è bello essere ricordati, sapere che qualcuno ci pensa, ci saluta. È bello sapere che noi viviamo nel cuore di qualcuno. Se riceviamo una telefonata, un messaggio per il giorno del nostro compleanno o per qualche ricorrenza o quando siamo nel dolore o nell'afflizione, la cosa ci fa piacere; anzi, a volte il ricordo della persona amica ci solleva per tutta la giornata, ci fa sentire bene. La dottrina edifica, l'amore rincuora e riscalda. Questo è lo stile di Paolo. Possiamo imparare da lui.

Vangelo - Il brano odierno ci porta a riflettere sul rapporto tra Dio e le ricchezze. Nella vecchia traduzione del Vangelo si diceva che non possiamo servire contemporaneamente Dio e Mammona. Questo "Mammona" sarebbe una sorta di personificazione della ricchezza, intesa nel senso peggiore del termine: quel bene che noi teniamo nascosto, custodito, che usiamo solo per noi. Un bene che porta all'avarizia, alla chiusura del cuore, all'esagerata attenzione per noi stessi e quindi al disprezzo per il prossimo. Se serviamo Mammona, siamo perduti, perché quando moriremo, ricchezze e beni di questo mondo non li porteremo con noi. Al contrario, porteremo il bene fatto e il valore delle buone opere; la materia perirà con il finire di questo mondo. Decidiamo quindi per chi vivere. L'uomo, fatto per la comunione, per il dono di sé, è alla perenne ricerca di qualcuno cui appartenere, qualcuno per cui vivere. Se questi è Dio, allora tutto bene: la forza dell'amore di Dio ci spingerà poi a voler bene a tutti, a perdonare e ad aiutare. Se invece viviamo per la persona sbagliata o per noi stessi, alla fine perderemo tutto, perché l'avarizia e il vivere per sé è cosa abominevole (lo dice Gesù, non io). L'amore, diceva la beata Benedetta Bianchi Porro, è «vivere nell'altro».

PROPOSITO DEL GIORNO... Il Vangelo odierno mi pone davanti a una scelta di fondo: o servire Dio o la ricchezza. Io che rapporto ho con il denaro?

PRATICHE E FESTE DEL GIORNO...

- Pratiche e preghiere di ogni giorno consigliate per il mese di novembre *(pag. 698)*.
- Preghiera a san Martino di Tours *(materiale multimediale: pag. 703)*.

ALTRI SANTI E BEATI DEL GIORNO

S. Bartolomeo il Giovane • S. Marina di Omura • S. Menna del Sannio • B. Vincenza Maria (Luigia) Poloni

12 NOVEMBRE

DOMENICA

32ª domenica del Tempo Ordinario (A) *verde* **4ª sett. salt.**

Antifona d'ingresso - Giunga fino a te la mia preghiera, tendi l'orecchio alla mia supplica, Signore *(Sal 87,3)*.

Si dice il Gloria *(pag. 10)*.

Colletta - **Preghiamo:** Dio onnipotente e misericordioso, allontana ogni ostacolo nel nostro cammino verso di te, perché, nella serenità del corpo e dello spirito, possiamo dedicarci liberamente al tuo servizio. Per il nostro Signore... **Amen.**

Oppure: O Dio, voce che ridesta il cuore, nella lunga attesa dell'incontro con Cristo tuo Figlio fa' che non venga a mancare l'olio delle nostre lampade, perché, quando egli verrà, siamo pronti a corrergli incontro per entrare con lui alla festa nuziale. Egli è Dio... **Amen.**

(seduti)

PRIMA LETTURA Sap 6,12-16

Dal libro della Sapienza

La sapienza è splendida e non sfiorisce, facilmente si lascia vedere da coloro che la amano e si lascia trovare da quelli che la cercano. Nel farsi conoscere previene coloro che la desiderano. Chi si alza di buon mattino per cercarla non si affaticherà, la troverà seduta alla sua porta. Riflettere su di lei, infatti, è intelligenza perfetta, chi veglia a causa sua sarà presto senza affanni; poiché lei stessa va in cerca di quelli che sono degni di lei, appare loro benevola per le strade e in ogni progetto va loro incontro. - Parola di Dio. R. **Rendiamo grazie a Dio.**

SALMO RESPONSORIALE Dal Salmo 62 (63)

℟. **Ha sete di te, Signore, l'anima mia.**

O Dio, tu sei il mio Dio,
dall'aurora io ti cerco,
ha sete di te l'anima mia,
desidera te la mia carne
in terra arida, assetata, senz'acqua. ℟.

Così nel santuario ti ho contemplato,
guardando la tua potenza e la tua gloria.
Poiché il tuo amore vale più della vita,
le mie labbra canteranno la tua lode. ℟.

Così ti benedirò per tutta la vita:
nel tuo nome alzerò le mie mani.
Come saziato dai cibi migliori,
con labbra gioiose ti loderà la mia bocca. ℟.

Quando nel mio letto di te mi ricordo
e penso a te nelle veglie notturne,
a te che sei stato il mio aiuto,
esulto di gioia all'ombra delle tue ali. ℟.

SECONDA LETTURA 1Ts 4,13-18

Forma breve: [ ] 1Ts 4,13-14

Dalla prima lettera di san Paolo apostolo ai Tessalonicési

[Non vogliamo, fratelli, lasciarvi nell'ignoranza a proposito di quelli che sono morti, perché non siate tristi come gli altri che non hanno speranza. Se infatti crediamo che Gesù è morto e risorto, così anche Dio, per mezzo di Gesù, radunerà con lui coloro che sono morti. Sulla parola del Signore infatti vi diciamo questo: noi, che viviamo e che saremo ancora in vita alla venuta del Signore, non avremo alcuna precedenza su quelli che sono morti.] Perché il Signore stesso, a un ordine, alla voce dell'arcangelo e al suono della tromba di Dio, discenderà dal cielo. E prima risorgeranno i morti in Cristo; quindi noi, che viviamo e che saremo ancora in vita, verremo rapiti insieme con loro nelle nubi, per andare incontro al Signore in alto, e così per sempre saremo con il Signore. Confortatevi dunque a vicenda con queste parole. - Parola di Dio. ℟. **Rendiamo grazie a Dio.**

(in piedi)

CANTO AL VANGELO Mt 24,42a.44

Alleluia, alleluia.

Vegliate e tenetevi pronti,

perché, nell'ora che non immaginate,
viene il Figlio dell'uomo.
Alleluia.

VANGELO

Mt 25,1-13

Il Signore sia con voi.
℞. **E con il tuo spirito.**
✠ *Dal Vangelo secondo Matteo*
℞. **Gloria a te, o Signore.**

In quel tempo, Gesù disse ai suoi discepoli questa parabola: «Il regno dei cieli sarà simile a dieci vergini che presero le loro lampade e uscirono incontro allo sposo. Cinque di esse erano stolte e cinque sagge; le stolte presero le loro lampade, ma non presero con sé l'olio; le sagge invece, insieme alle loro lampade, presero anche l'olio in piccoli vasi. Poiché lo sposo tardava, si assopirono tutte e si addormentarono. A mezzanotte si alzò un grido: "Ecco lo sposo! Andategli incontro!". Allora tutte quelle vergini si destarono e prepararono le loro lampade. Le stolte dissero alle sagge: "Dateci un po' del vostro olio, perché le nostre lampade si spengono". Le sagge risposero: "No, perché non venga a mancare a noi e a voi; andate piuttosto dai venditori e compratevene". Ora, mentre quelle andavano a comprare l'olio, arrivò lo sposo e le vergini che erano pronte entrarono con lui alle nozze, e la porta fu chiusa. Più tardi arrivarono anche le altre vergini e incominciarono a dire: "Signore, signore, aprici!". Ma egli rispose: "In verità io vi dico: non vi conosco". Vegliate dunque, perché non sapete né il giorno né l'ora». - Parola del Signore. ℟. **Lode a te o Cristo.**

Si dice il Credo *(pag. 12).*

(in piedi)

Sulle offerte - O Padre, volgi benevolo il tuo sguardo su queste offerte, perché celebrando nel mistero la passione del tuo Figlio vi aderiamo con amore fedele. Per Cristo nostro Signore. **Amen.**

Prefazio delle domeniche del Tempo Ordinario (materiale multimediale: pag. 17).

Comunione - Il Signore è il mio pastore: non manco di nulla. Su pascoli erbosi mi fa riposare, ad acque tranquille mi conduce *(Sal 22,1-2).*
Oppure: I discepoli riconobbero Gesù, il Signore, nello spezzare il pane. Alleluia *(Cfr. Lc 24,35).*

Oppure: Vegliate, perché non sapete né il giorno né l'ora in cui verrà il Signore *(Cfr. Mt 25,13).*

Dopo la Comunione - **Preghiamo:** Nutriti dei tuoi santi doni ti rendiamo grazie, o Signore, e imploriamo la tua misericordia: per il tuo Spirito, comunicato a noi in questi sacramenti, ci sia data la grazia di rimanere fedeli nel tuo servizio. Per Cristo nostro Signore. **Amen.**

Commenti

1ª lettura - La sapienza di Dio è il suo pensiero, la sua volontà, il suo stesso Spirito. Nell'Antico Testamento i credenti erano invitati a farsi pervadere dalla divina sapienza, mentre nel Nuovo è Gesù stesso che riempie di Spirito i suoi fedeli nel giorno della Pentecoste e perpetua nella Chiesa questo dono con il sacramento del Battesimo. Ma lo Spirito Santo può anche andarsene, se l'uomo poi preferisce allearsi con altri pensieri o cattivi maestri, e per questo motivo Gesù nel Vangelo invita i fedeli a chiedere in continuazione questo dono. «Il Padre darà lo Spirito Santo a coloro che glielo chiedono»

(Lc 9,13), dice espressamente il Signore. Se siamo deboli chiediamo lo Spirito Santo: ci darà la forza; se siamo scoraggiati chiediamo lo Spirito Santo: ci darà il coraggio; se siamo impauriti chiediamo lo Spirito Santo: ci darà il suo vigore. Abbiamo un alleato così potente, un amico così fidato… ricorriamo a lui in ogni occasione, senza timore. Il libro della Sapienza ci ricorda che la sapienza sta seduta alla nostra porta e ci attende, non dobbiamo fare nessuna fatica per trovarla.

2ª LETTURA - San Paolo si pone il problema di quello che succederà alla fine del mondo, sia per coloro che sono già morti (la stragrande maggioranza delle persone), sia per coloro che in quel momento saranno ancora vivi sulla terra. Al di là della forma e di quello che tecnicamente succederà, l'Apostolo allarga lo sguardo sulla vita eterna e sulla redenzione. La nostra vita sarà trasformata, nella risurrezione della carne, e in Cristo sarà perfetta. Naturalmente, questo vale per coloro che avranno accettato in vita l'amicizia con il Signore o lo avranno amato in altre maniere. Dobbiamo senz'altro "confortarci", come chiede l'Apostolo, con questa realtà e guardare sempre il posto che Cristo ci ha guadagnato con il suo sacrificio salvifico della croce. Cristo è risorto e questa è tutta la nostra gioia, perché saremo con lui, in alto. «*Sursum corda*», dice il sacerdote durante la Messa: «In alto i cuori». Così durante la giornata, per quanto grigia o faticosa possa essere, dobbiamo tenere i cuori in alto. La morte non è l'ultima parola, ma la penultima.

VANGELO - Le vergini stolte simboleggiano l'umanità sbadata e distratta. Molte persone vivono senza sapere il perché della loro esistenza, senza porsi domande e senza cercare le risposte. Quando arriva lo sposo, ecco che sono impreparate, perché nemmeno lo aspettavano. Esse si accontentano del presente, di quello che hanno e, magari, deridono gli altri che invece si preoccupano di compiere bene il loro dovere nei riguardi della vita eterna. Le anime prive di sapienza pensano: «Importante è quello che ho ora e faccio ora, che abbia il massimo possibile dalla vita presente; poi quando morirò, se esisterà qualcosa oltre la vita, ci penserò». Questa è una vera stoltezza, perché la vita eterna è già iniziata e già ora, nel mistero, noi siamo in Paradiso oppure all'Inferno. Grazia e peccato si contendono continuamente la nostra anima e noi possiamo decidere da che parte stare. La saggezza, allora, è vivere tenendo sempre la lampada della fede accesa e pronta. Non sappiamo quando moriremo, ma in fondo questo non ci deve importare più di tanto, perché l'apostolo Paolo dice che siamo già morti: «Voi siete morti e la vostra vita è nascosta con Cristo in Dio» (Col 3,3). Morti al mondo, quindi vivi in Dio.

PROPOSITO DEL GIORNO... Prego con il salmo odierno e ripeto più volte durante la giornata: «Ha sete di te, Signore, l'anima mia».

PRATICHE E FESTE DEL GIORNO...

- Pratiche e preghiere di ogni giorno consigliate per il mese di novembre *(pag. 698)*.
- 73ª Giornata nazionale del ringraziamento.
- 1° giorno novena alla Madonna della Salute.
- Festa Beata Vergine Incoronata Regina, Mantova.

SANTI E BEATI DEL GIORNO

S. Diego di Alcalá • S. Emiliano della Cogolla • S. Giosafat • B. Giuseppe Raimondo Medes Ferrís

13 NOVEMBRE

LUNEDÌ

32ª settimana del Tempo Ordinario

verde **4ª sett. salt.**

ANTIFONA D'INGRESSO - Giunga fino a te la mia preghiera, tendi l'orecchio alla mia supplica, Signore *(Sal 87,3)*.

COLLETTA - Dio onnipotente e misericordioso, allontana ogni ostacolo nel nostro cammino verso di te, perché, nella serenità del corpo e dello spirito, possiamo dedicarci liberamente al tuo servizio. Per il nostro Signore…

PRIMA LETTURA Sap 1,1-7

Dal libro della Sapienza

Amate la giustizia, voi giudici della terra, pensate al Signore con bontà d'animo e cercatelo con cuore semplice. Egli infatti si fa trovare da quelli che non lo mettono alla prova, e si manifesta a quelli che non diffidano di lui. I ragionamenti distorti separano da

Dio; ma la potenza, messa alla prova, spiazza gli stolti. La sapienza non entra in un'anima che compie il male né abita in un corpo oppresso dal peccato. Il santo spirito, che ammaestra, fugge ogni inganno, si tiene lontano dai discorsi insensati e viene scacciato al sopraggiungere dell'ingiustizia. La sapienza è uno spirito che ama l'uomo, e tuttavia non lascia impunito il bestemmiatore per i suoi discorsi, perché Dio è testimone dei suoi sentimenti, conosce bene i suoi pensieri e ascolta ogni sua parola. Lo spirito del Signore riempie la terra e, tenendo insieme ogni cosa, ne conosce la voce. **Parola di Dio.**

SALMO RESPONSORIALE Dal Salmo 138 (139)

℟. **Guidami, Signore, per una via di eternità.**

Signore, tu mi scruti e mi conosci,
tu conosci quando mi siedo e quando mi alzo,
intendi da lontano i miei pensieri,
osservi il mio cammino e il mio riposo,
ti sono note tutte le mie vie. ℟.

La mia parola non è ancora sulla lingua
ed ecco, Signore, già la conosci tutta.

Alle spalle e di fronte mi circondi
e poni su di me la tua mano.
Meravigliosa per me la tua conoscenza,
troppo alta, per me inaccessibile. ℟.

Dove andare lontano dal tuo spirito?
Dove fuggire dalla tua presenza?
Se salgo in cielo, là tu sei;
se scendo negli inferi, eccoti. ℟.

Se prendo le ali dell'aurora
per abitare all'estremità del mare,
anche là mi guida la tua mano
e mi afferra la tua destra. ℟.

CANTO AL VANGELO — Fil 2,15d.16a

Alleluia, alleluia.
Risplendete come astri nel mondo,
tenendo salda la parola di vita.
Alleluia.

VANGELO — Lc 17,1-6

✠ *Dal Vangelo secondo Luca*
In quel tempo, Gesù disse ai suoi discepoli: «È ine-

vitabile che vengano scandali, ma guai a colui a causa del quale vengono. È meglio per lui che gli venga messa al collo una macina da mulino e sia gettato nel mare, piuttosto che scandalizzare uno di questi piccoli. State attenti a voi stessi! Se il tuo fratello commetterà una colpa, rimproveralo; ma se si pentirà, perdonagli. E se commetterà una colpa sette volte al giorno contro di te e sette volte ritornerà a te dicendo: "Sono pentito", tu gli perdonerai». Gli apostoli dissero al Signore: «Accresci in noi la fede!». Il Signore rispose: «**Se aveste fede quanto un granello di senape**, potreste dire a questo gelso: "Sràdicati e vai a piantarti nel mare", ed esso vi obbedirebbe». **Parola del Signore.**

SULLE OFFERTE - O Padre, volgi benevolo il tuo sguardo su queste offerte, perché celebrando nel mistero la passione del tuo Figlio vi aderiamo con amore fedele. Per Cristo nostro Signore.

COMUNIONE - Il Signore è il mio pastore: non manco di nulla. Su pascoli erbosi mi fa riposare, ad acque tranquille mi conduce *(Sal 22,1-2)*.
Oppure: I discepoli riconobbero Gesù, il Signore, nello spezzare il pane. Alleluia *(Cfr. Lc 24,35)*.

Dopo la Comunione - Nutriti dei tuoi santi doni ti rendiamo grazie, o Signore, e imploriamo la tua misericordia: per il tuo Spirito, comunicato a noi in questi sacramenti, ci sia data la grazia di rimanere fedeli nel tuo servizio. Per Cristo nostro Signore.

Commenti

1ª lettura - La sapienza è il pensiero stesso di Dio, è la sua volontà. C'è una sola volontà, buona, santa, che ordina tutte le cose e le conduce al suo fine. Tutto il cammino dell'uomo, creato e voluto da Dio, consiste nel conformare la propria volontà (noi siamo stati creati liberi, ed è questa la nostra grandezza) alla volontà di Dio, in modo che anche noi partecipiamo all'ordine voluto da Dio sulle cose. Il peccato originale consiste proprio in questo: sedotti dal demonio, pensiamo di realizzare noi stessi e governare le cose che ci riguardano con una nostra volontà, a volte diversa da quella di Dio. E qui nascono tutti i disastri della nostra vita e della storia del mondo. Il libro della Sapienza ci aiuta a dirigere tutti i nostri atti al pensiero di Dio. Occorre solo un po' di umiltà, ossia sapere che noi non conosciamo noi stessi come ci conosce Dio. Alla fine di questo lungo processo di conformazione a lui noi saremo "simili a lui", uniti nell'unica volontà di amore. Un detto medievale recita: «All'Inferno brucia soltanto la volontà personale».

Vangelo - Lo scandalo è talmente grave che è preferibile la morte. Parole difficili da sentire oggi nella nostra predicazione, perché sembra che occorra dire sempre le cose che non offendano nessuno, come se il cristianesimo fosse una scuola di gentilezza. Ma certo il Signore non voleva offendere: semplicemente ci dice che la morte dell'anima è assai peggiore di quella del corpo e questa verità è logica, ovvia, se crediamo nella vita eterna, nel Paradiso e nell'Inferno. Il mondo deve essere puro e risanato dai cristiani: «Andate, cacciate i demòni, risuscitate i morti, guarite i malati», ci ha detto il Signore. Il cristianesimo così si pone nel mondo come l'azione di un grande ripulitore, che fa bella la creazione riparando i peccati e compiendo atti di carità. Ma l'azione ripulitrice va affermata. Quando un cristiano perdona sette volte al giorno, quando con la fede fa sradicare i gelsi, quando si cura di non commettere mai alcun atto che possa dispiacere a Dio, allora le strutture della nostra vita si risanano.

Sì, noi abbiamo un grande potere sulla creazione. Non si tratta di essere gentili: si tratta di essere santi. Occorre crederlo, non per la nostra esaltazione, ma per dare gloria a Dio.

PROPOSITO DEL GIORNO... Oggi, aiutato dalle parole di papa Francesco, voglio chiedermi: «A che punto sta la mia fede? La vivo come una cosa meccanica, come un rapporto di dovere o di interesse con Dio? Mi ricordo di alimentarla lasciandomi guardare e amare da Gesù?».

PRATICHE E FESTE DEL GIORNO...

- Pratiche e preghiere di ogni giorno consigliate per il mese di novembre *(pag. 698)*.
- Preghiera a sant'Artemide Zatti per gli infermi e per gli operatori sanitari *(pag. 703)*.
- 1° giorno novena a santa Cecilia.

SANTI E BEATI DEL GIORNO

Ss. Antonino, Niceforo, Zebina, Germano e Manatha • **S. Artemide Zatti** • B. Giovanni Gonga Martínez

SANT'ARTEMIDE ZATTI: «Credetti, promisi, guarii».

Artemide Zatti è il «primo santo salesiano non martire ad essere canonizzato». Egli vide **«Gesù stesso negli orfani, nei malati e negli indigeni»**, che trattava come fossero «suoi familiari» (don Ángel Fernández Artime, Rettore Maggiore dei Salesiani di Don Bosco). Egli nasce a Boretto (Reggio Emilia) il 12 ottobre 1880. Costretta dalla povertà, la famiglia Zatti, agli inizi del 1897, emigra in Argentina e si stabilisce a Bahìa Blanca. Qui il ragazzo cresce in un ottimo ambiente cristiano e, grazie alla guida di padre Carlo Cavalli, matura la scelta per la vita salesiana.

Ha 20 anni quando si reca nell'aspirantato di Bernal e, assistendo un giovane sacerdote affetto da tubercolosi, ne contrae la malattia. **«Credetti, promisi, guarii»**, scrive nelle sue memorie. Artemide, infatti, trasferito nella casa salesiana di Viedma, crede alle parole di padre Evasio Garrone che, vedendo peggiorare le sue condizioni, lo invita a promettere a Maria Ausiliatrice di dedicarsi alla cura degli infermi, se avesse ottenuto la guarigione. Così è stato: da allora Artemide si dedica senza riserve ai fratelli malati e bisognosi, facendosi loro prossimo, **sempre con il sorriso e instancabilmen-**

te unito a Dio nella preghiera. Da confratello laico, si occupa in un primo tempo della farmacia annessa all'ospedale di Viedma, ma dopo la morte di padre Garrone, tutta la responsabilità dell'ospedale cade sulle sue spalle, di cui diventa vicedirettore e amministratore.

Il suo servizio non si limita però all'ospedale: egli gira per tutta la città e oltrepassa anche il Rio Negro. Esce di solito con il camice bianco e il borsello delle medicine, con il rosario in mano: **con una mano tiene il manubrio della bicicletta, con l'altra sgrana il Rosario**. Nei malati, visitati giorno e notte, vede il Signore: quando chiedeva alle suore un vestito per un nuovo ragazzo arrivato, diceva: **«Sorella, ha un vestito per un Gesù di 12 anni?»**.

L'attenzione verso i suoi ammalati era tale che raggiungeva delicate sfumature: c'è chi ricorda di averlo visto portar via sulle spalle il corpo di un ricoverato morto durante la notte, per sottrarlo alla vista degli altri malati: e lo faceva recitando il *De profundis*. Nel 1950 l'infaticabile infermiere cade da una scala ed è in quella occasione che si manifestano i sintomi di un cancro che egli stesso lucidamente diagnostica. Continua tuttavia ad attendere alla sua missione ancora per un anno, finché si spegne il 15 marzo **1951**. Il Dicastero delle Cause dei Santi riporta come ricorrenza il 13 novembre.

14 NOVEMBRE

MARTEDÌ

32ª settimana del Tempo Ordinario

verde **4ª sett. salt.**

ANTIFONA D'INGRESSO - Giunga fino a te la mia preghiera, tendi l'orecchio alla mia supplica, Signore *(Sal 87,3)*.

COLLETTA - Dio onnipotente e misericordioso, allontana ogni ostacolo nel nostro cammino verso di te, perché, nella serenità del corpo e dello spirito, possiamo dedicarci liberamente al tuo servizio. Per il nostro Signore…

PRIMA LETTURA Sap 2,23 – 3,9

Dal libro della Sapienza

Dio ha creato l'uomo per l'incorruttibilità, lo ha fatto immagine della propria natura. Ma per l'invidia del diavolo la morte è entrata nel mondo e ne fanno esperienza coloro che le appartengono. Le anime dei giusti, invece, sono nelle mani di Dio, nessun tormento li toccherà. Agli occhi degli stolti parve che morissero, la loro fine fu ritenuta una sciagura, la loro partenza da noi una rovina, ma essi sono nella pace. Anche se agli occhi degli uomini subiscono castighi, la loro speranza resta piena d'immortalità. In cambio di una breve pena riceveranno grandi benefici, perché Dio li ha provati e li ha trovati degni di sé; li ha saggiati come oro nel crogiuolo e li ha graditi come l'offerta di un olocausto. Nel giorno del loro giudizio risplenderanno, come scintille nella stoppia correranno qua e là. Governeranno le nazioni, avranno potere sui popoli e il Signore regnerà per sempre su di loro. Coloro che confidano in lui comprenderanno la verità, i fedeli nell'amore rimarranno presso di lui, perché grazia e misericordia sono per i suoi eletti. **Parola di Dio.**

SALMO RESPONSORIALE   Dal Salmo 33 (34)

℟. **Benedirò il Signore in ogni tempo.**

Benedirò il Signore in ogni tempo,
sulla mia bocca sempre la sua lode.
Io mi glorio nel Signore:
i poveri ascoltino e si rallegrino. ℟.

Gli occhi del Signore sui giusti,
i suoi orecchi al loro grido di aiuto.
Il volto del Signore contro i malfattori,
per eliminarne dalla terra il ricordo. ℟.

Gridano e il Signore li ascolta,
li libera da tutte le loro angosce.
Il Signore è vicino a chi ha il cuore spezzato,
egli salva gli spiriti affranti. R.

CANTO AL VANGELO Gv 14,23

Alleluia, alleluia.
Se uno mi ama, osserverà la mia parola,
dice il Signore,
e il Padre mio lo amerà e noi verremo a lui.
Alleluia.

VANGELO Lc 17,7-10

✠ *Dal Vangelo secondo Luca*

In quel tempo, Gesù disse: «Chi di voi, se ha un servo ad arare o a pascolare il gregge, gli dirà, quando rientra dal campo: "Vieni subito e mettiti a tavola"? Non gli dirà piuttosto: "Prepara da mangiare, strìngiti le vesti ai fianchi e sérvimi, finché avrò mangiato e bevuto, e dopo mangerai e berrai tu"? Avrà forse gratitudine verso quel servo, perché ha eseguito gli ordini ricevuti? Così anche voi, quando avrete fatto tutto quello che vi è stato ordinato, dite: "**Siamo servi inutili.** Abbiamo fatto quanto dovevamo fare"». **Parola del Signore.**

SULLE OFFERTE - O Padre, volgi benevolo il tuo sguardo su queste offerte, perché celebrando nel mistero la passione del tuo Figlio vi aderiamo con amore fedele. Per Cristo nostro Signore.

COMUNIONE - Il Signore è il mio pastore: non manco di nulla. Su pascoli erbosi mi fa riposare, ad acque tranquille mi conduce *(Sal 22,1-2).*
Oppure: I discepoli riconobbero Gesù, il Signore, nello spezzare il pane. Alleluia *(Cfr. Lc 24,35).*

DOPO LA COMUNIONE - Nutriti dei tuoi santi doni ti rendiamo grazie, o Signore, e imploriamo la tua misericordia: per il tuo Spirito, comunicato a noi in questi sacramenti, ci sia data la grazia di rimanere fedeli nel tuo servizio. Per Cristo nostro Signore.

Commenti

1ª LETTURA - Le prove della vita saggiano l'uomo per vedere da che parte egli stia. Sono proprio esse che rivelano l'autenticità del nostro essere. Possiamo affidarci al Signore e fidarci della sua presenza e protezione oppure, al contrario, dimenticarlo e agire come se non ci fosse. Anche le sofferenze hanno questo duplice aspetto: ci purificano dalla mondanità e ci orientano a Dio oppure affossano la nostra speranza. Tocca a noi decidere e qui sta la nostra sapienza. La pena di questo mondo, è sempre di breve durata: «Il momentaneo, leggero peso della nostra tribolazione – dice san Paolo – ci procura una quantità smisurata ed eterna di gloria» (2Cor 4,17). Si faccia attenzione agli aggettivi: il peso della tribolazione è momentaneo e leggero, mentre la quantità di gloria che esso ci procura è smisurata ed eterna. Tra le due realtà non c'è paragone! Consoliamoci allora in ogni nostra tribolazione, perché essa passa in fretta e ci procura del bene. Anche Gesù ha avuto tante prove, ed è Dio. Guardiamo dunque sempre in alto, superando ogni difficoltà, contemplando la gloria di Dio.

Vangelo - Questo padrone ci pare, a una prima lettura, troppo severo, se non irrispettoso; al servitore che torna a casa stanco per il lavoro ordina di portargli da mangiare immediatamente e solo dopo potrà pure egli sfamarsi. L'esempio però si capisce se consideriamo l'insegnamento finale. Ognuno è chiamato a svolgere un compito nella vita e naturalmente anche nella vita cristiana. Quello che si fa importa poco, conta come lo si fa. Si può vivere per un interesse, si può fare ogni cosa per il proprio tornaconto ignorando totalmente i bisogni degli altri, si può addirittura vivere cercando di imbrogliare continuamente il prossimo. La vera vita invece è la gratuità, l'amore per amore, il dono come stile di vita, la bontà come regolamento. In altri termini, la finalità della mia vita la trovo nel bene che faccio senza attendermi alcuna ricompensa immediata da parte degli uomini: mi basta essere nella casa di Dio e ricevere il premio alla fine. Il servo, quindi, mentre compie il proprio dovere, non fa niente di eccezionale, se però lo compie nell'amore gratuito, trova in tutto ciò che fa l'anticipo della vera vita, quella eterna. Siate contenti di quello che avete, e fate con amore tutto ciò che fate.

PROPOSITO DEL GIORNO... Oggi accolgo l'invito di Gesù a mettermi al servizio, senza pretendere ricompense, sapendo di non essere indispensabile. Mi rendo disponibile ad aiutare in parrocchia.

PRATICHE E FESTE DEL GIORNO...

- Pratiche e preghiere di ogni giorno consigliate per il mese di novembre *(pag. 698)*.

SANTI E BEATI DEL GIORNO

S. Stefano Teodoro Cuénot • S. Veneranda • B. Antonio Piscina • B. Giovanni Liccio • **B. Maria Luisa Merkert**

BEATA MARIA LUISA MERKERT: la cara madre di tutti.

«Madre Maria comprava carne, caffè e pane per le povere vedove e portava queste cose lei stessa ai poveri e le **donava con tale affabilità di cuore che quei vecchietti piangevano di gioia** e tutti la chiamavano "la cara madre di tutti"», questo è il ritratto di Maria Merkert, la cui vocazione è quella di assistere i malati poveri.

Nasce, secondogenita, il 21 settembre 1817 in una famiglia borghese di Nysa, in Alta Slesia. L'atmosfera religiosa della famiglia influisce molto sulla futura vocazione religiosa sua e della sorella Matilde. A 25 anni Maria non ha più né madre né padre e, con la sorella Matilde e l'amica Francesca Werner, si unisce a Clara Wolff, giovane terziaria francescana, impegnata ad **aiutare gli ammalati poveri**. Le quattro donne danno vita a una sorta di associazione che inizia la sua attività il 27 settembre 1842. Due anni dopo il parroco predispone una prima Regola, ma poi, per volontà del loro confessore, Maria e Clara entrano nel noviziato delle Suore di San Carlo Borromeo a Praga. Le Suore Borromee consideravano secondaria la cura domiciliare dei malati e allora Maria lascia il noviziato. Si dividono così i destini di Maria e Clara. Quest'ultima, muore nel 1852, in seguito a un incidente avuto mentre stava andando da un malato. Maria resta sola e teme di dover rinunciare alla sua vocazione. Con Francesca Werner riprende privatamente l'attività di visitare a casa i malati poveri. Il 19 novembre 1850, malgrado contrarietà e penuria di mezzi, nasce però la **nuova associazione** che assume la denominazione di **Suore Bigie di Santa Elisabetta** (dal colore dell'abito). A Nysa la povertà era molto diffusa e molti ricorrevano alle suore, sicuri di essere ascoltati e aiutati. Maria, instancabile, era pronta a seguire e ad aiutare tutti.

Nel 1859 l'Associazione contava sessanta religiose in undici case, anche in regioni a prevalenza protestante. Il 5 maggio 1860 ha luogo la professione di Maria e di altre venticinque suore che, **oltre ai tre voti comuni** di povertà, castità e obbedienza, **emettono il quarto di assistere i malati poveri a domicilio**. Maria viene eletta Superiora Generale e il 7 giugno 1871 papa Pio IX concede il decreto di lode. Assistere i malati poveri voleva dire per Maria aderire all'amore di Cristo, vi spende tutte le energie, fino alla morte. Era una donna di grande preghiera e **prendeva a modello la Madonna: a lei si rivolgeva in ogni necessità**. Verso la fine del 1872 presagisce che ormai la sua giornata terrena volge al termine: il 14 novembre il suo cuore generoso cessa di battere.

15 NOVEMBRE

MERCOLEDÌ

32ª settimana del Tempo Ordinario

verde (bianco se si celebra la memoria)

4ª sett. salt.

S. Alberto Magno,
vescovo e dottore della Chiesa (mf)

ANTIFONA D'INGRESSO - Giunga fino a te la mia preghiera, tendi l'orecchio alla mia supplica, Signore *(Sal 87,3)*.

COLLETTA - Dio onnipotente e misericordioso, allontana ogni ostacolo nel nostro cammino verso di te, perché, nella serenità del corpo e dello spirito, possiamo dedicarci liberamente al tuo servizio. Per il nostro Signore…

PRIMA LETTURA Sap 6,1-11

Dal libro della Sapienza

Ascoltate, o re, e cercate di comprendere; **imparate, o governanti di tutta la terra**. Porgete l'orecchio, voi dominatori di popoli, che siete orgogliosi di comandare su molte nazioni. Dal Signore vi fu dato il potere e l'autorità dall'Altissimo; egli esaminerà le vostre opere e scruterà i vostri propositi: pur essendo ministri del suo regno, non avete governato rettamente né avete osservato la legge né vi siete comportati secondo il volere di Dio. Terribile e veloce egli piomberà su di voi, poiché il giudizio è severo contro coloro che stanno in alto. Gli ultimi infatti meritano misericordia, ma i potenti saranno vagliati con rigore. Il Signore dell'universo non guarderà in faccia a nessuno, non avrà riguardi per la grandezza, perché egli ha creato il piccolo e il grande e a tutti provvede in egual modo. Ma sui dominatori incombe un'indagine inflessibile. Pertanto a voi, o sovrani, sono dirette le mie parole, perché impariate la sapienza e non cadiate in errore. Chi custodisce santamente le cose sante sarà riconosciuto santo, e quanti le avranno apprese vi troveranno una difesa. Bramate, pertanto, le mie parole, desideratele e ne sarete istruiti. **Parola di Dio.**

SALMO RESPONSORIALE Dal Salmo 81 (82)

℟. **Àlzati, o Dio, a giudicare la terra.**

Difendete il debole e l'orfano,
al povero e al misero fate giustizia!

Salvate il debole e l'indigente,
liberatelo dalla mano dei malvagi. R.

Io ho detto: «Voi siete dèi,
siete tutti figli dell'Altissimo,
ma certo morirete come ogni uomo,
cadrete come tutti i potenti». R.

CANTO AL VANGELO 1Ts 5,18

Alleluia, alleluia.
In ogni cosa rendete grazie:
questa infatti è volontà di Dio in Cristo Gesù
verso di voi.
Alleluia.

VANGELO Lc 17,11-19

✠ *Dal Vangelo secondo Luca*

Lungo il cammino verso Gerusalemme, Gesù attraversava la Samarìa e la Galilea. Entrando in un villaggio, gli vennero incontro dieci lebbrosi, che si fermarono a distanza e dissero ad alta voce: «Gesù, maestro, abbi pietà di noi!». Appena li vide, Gesù disse loro: «Andate a presentarvi ai sacerdoti». E mentre essi andavano, furono purificati. Uno di loro, vedendosi guarito, tornò indietro lodando Dio a gran voce, e si prostrò davanti a Gesù, ai suoi piedi, per ringraziarlo. Era un Samaritano. Ma Gesù osservò: «Non ne sono stati purificati dieci? E gli altri nove dove sono? Non si è trovato nessuno che tornasse indietro a rendere gloria a Dio, all'infuori di questo straniero?». E gli disse: «Àlzati e va'; la tua fede ti ha salvato!». **Parola del Signore.**

Sulle offerte - O Padre, volgi benevolo il tuo sguardo su queste offerte, perché celebrando nel mistero la passione del tuo Figlio vi aderiamo con amore fedele. Per Cristo nostro Signore.

Comunione - Il Signore è il mio pastore: non manco di nulla. Su pascoli erbosi mi fa riposare, ad acque tranquille mi conduce *(Sal 22,1-2).*
Oppure: I discepoli riconobbero Gesù, il Signore, nello spezzare il pane. Alleluia *(Cfr. Lc 24,35).*

Dopo la Comunione - Nutriti dei tuoi santi doni ti rendiamo grazie, o Signore, e imploriamo la tua misericordia: per il tuo Spirito, comunicato a noi in questi sacramenti, ci sia data la grazia di rimanere fedeli nel tuo servizio. Per Cristo nostro Signore.

Commenti

1ª LETTURA - Come si fa a governare senza essere presi dal senso del potere e del dominio sugli altri? La storia ci insegna come sia difficile esercitare l'autorità senza conoscere la bramosia del potere. Questo vale per i re e i governanti di Stati, ma anche in qualsiasi ambiente di lavoro, in un condominio o laddove vi sia qualcuno che esercita un compito di organizzazione e di governo. Il problema riguarda più o meno tutti. Non critichiamo o condanniamo subito le classi politiche, chiamandoci fuori e dicendo: «Io farei diversamente!». Ognuno risponderà dei propri errori, ma ora piuttosto impariamo noi a ben governare nelle situazioni in cui abbiamo una qualche responsabilità. Prima di tutto sapere che ogni autorità viene da Dio, noi siamo solo degli amministratori della sua giustizia. Chi è a capo, altro non è che un "rappresentante" di Dio, unico solo creatore, re e governatore dell'universo. Per esercitare la giustizia dunque occorre contemplare l'agire di Dio e imitarlo. E imitarlo significa servire il fratello, volere il suo bene, non il mio. Servire è regnare, quindi regnare è servire.

VANGELO - La prima cosa che un lebbroso doveva fare, se riteneva di essere guarito, era quella di andare a prendere un "certificato di guarigione", che rilasciavano gli ufficiali del tempio, perché se avessero trovato un lebbroso in città o a stretto contatto con la famiglia, avrebbero potuto lapidarlo. Giustamente quindi il Signore chiede ai dieci di andare dai sacerdoti, per poter essere reintegrati nella società, cosa che naturalmente era il primo desiderio di qualsiasi lebbroso guarito. Ebbene, quello che torna indietro disobbedisce in sostanza al comando del Signore. Eppure, Gesù lo loda, lo ringrazia e gli parla della fede che lo salva. Anche gli altri nove sono salvati (dalla malattia), ma a uno solo viene detto di essere stato salvato, evidentemente da qualche altra cosa. Egli ha capito che chi lo ha guarito non è un semplice medico: cantando le lodi di Jahvè egli riconosce nella mano del Cristo quella di Dio. Sia Gesù che questo guarito sono nel giubilo; l'ex lebbroso andrà anche a prendere il certificato, ma quello che veramente conta è l'avere incontrato Gesù come Salvatore. La vera guarigione è quella di avere accolto Gesù. Inizia così per lui una vita veramente nuova.

PROPOSITO DEL GIORNO... Oggi recito una decina del Rosario per tutti i governanti, affinché siano illuminati nelle decisioni che devono prendere.

PRATICHE E FESTE DEL GIORNO...

- Pratiche e preghiere di ogni giorno consigliate per il mese di novembre *(pag. 698)*.
- Preghiera a sant'Alberto Magno *(materiale multimediale: pag. 704)*.
- Festa Dedicazione della basilica di Santa Maria in Trastevere, Roma.

ALTRI SANTI E BEATI DEL GIORNO

S. Felice di Nola • S. Leopoldo III il Pio • S. Raffaele di San Giuseppe (Józef Kalinowski) • B. Francesco Catani

SANT'ALBERTO MAGNO:
grande nella fede e nella sapienza.

Ama lo studio Alberto, nato in Germania intorno al 1200, e viene mandato a formarsi in Italia. Tuttavia quando deve approfondire gli studi teologici, si trova in grande difficoltà. A salvarlo è la sua devozione per la Vergine: la Madonna, lo incoraggia a perseverare, dicendogli: **«Attendi allo studio della sapienza, affinché non ti avvenga di vacillare nella fede»**. In Italia Alberto incontra i Domenicani e capisce che quella è la sua strada. Da Giordano di Sassonia, viene mandato a Colonia e poi a Parigi, dove presiede la cattedra di teologia e dove incontra il suo più valente allievo: Tommaso d'Aquino. Con lui riesce a fare grandi cose, **tanto da guadagnarsi ancora in vita il soprannome di "Magno", cioè grande**. Nel 1256, da Provinciale dell'Ordine, va a Roma per partecipare al Concistoro di Anagni; papa Alessandro IV rimane talmente colpito da lui da assegnargli una cattedra all'Università Pontificia. Lo nomina quindi vescovo di Ratisbona. Nel 1274 viene raggiunto da una notizia che non avrebbe mai voluto ricevere: la morte di Tommaso. È un duro colpo per Alberto, che ha solo la forza di commentare così: **«La luce della Chiesa si è estinta»**. Si ritira quindi a Colonia, dove, scrivendo e pregando, arriva alla morte il 15 novembre 1280.

16 NOVEMBRE

GIOVEDÌ

32ª settimana del Tempo Ordinario

verde (bianco se si celebra una memoria)

4ª sett. salt.

S. Margherita di Scozia (mf)
S. Gertrude, vergine (mf)

Antifona d'ingresso - Giunga fino a te la mia preghiera, tendi l'orecchio alla mia supplica, Signore *(Sal 87,3)*.

Colletta - Dio onnipotente e misericordioso, allontana ogni ostacolo nel nostro cammino verso di te, perché, nella serenità del corpo e dello spirito, possiamo dedicarci liberamente al tuo servizio. Per il nostro Signore…

PRIMA LETTURA — Sap 7,22 – 8,1

Dal libro della Sapienza

Nella sapienza c'è uno spirito intelligente, santo, unico, molteplice, sottile, agile, penetrante, senza macchia, schietto, inoffensivo, amante del bene, pronto, libero, benefico, amico dell'uomo, stabile, sicuro, tranquillo, che può tutto e tutto controlla, che penetra attraverso tutti gli spiriti intelligenti, puri, anche i più sottili. La sapienza è più veloce di qualsiasi movimento, per la sua purezza si diffonde e penetra in ogni cosa. È effluvio della potenza di Dio, emanazione genuina della gloria dell'Onnipotente; per questo nulla di contaminato penetra in essa. È riflesso della luce perenne, uno specchio senza macchia dell'attività di Dio e immagine della sua bontà. Sebbene unica, può tutto; pur rimanendo se stessa, tutto rinnova e attraverso i secoli, passando nelle anime sante, prepara amici di Dio e profeti. Dio infatti non ama se non chi vive con la sapienza. Ella in realtà è più radiosa del sole e supera ogni costellazione, paragonata alla luce risulta più luminosa; a questa, infatti, succede la notte, ma la malvagità non prevale sulla sapienza. La sapienza si estende vigorosa da un'estremità all'altra e governa a meraviglia l'universo. **Parola di Dio.**

SALMO RESPONSORIALE — Dal Salmo 118 (119)

℟. **La tua parola, Signore, è stabile per sempre.**

Per sempre, o Signore,
la tua parola è stabile nei cieli.

La tua fedeltà di generazione in generazione;
hai fondato la terra ed essa è salda. ℟.

Per i tuoi giudizi tutto è stabile fino a oggi,
perché ogni cosa è al tuo servizio.
La rivelazione delle tue parole illumina,
dona intelligenza ai semplici. ℟.

Fa' risplendere il tuo volto sul tuo servo
e insegnami i tuoi decreti.
Che io possa vivere e darti lode:
mi aiutino i tuoi giudizi. ℟.

CANTO AL VANGELO Gv 15,5

Alleluia, alleluia.
Io sono la vite, voi i tralci, dice il Signore;
chi rimane in me, e io in lui, porta molto frutto.
Alleluia.

VANGELO Lc 17,20-25

✠ *Dal Vangelo secondo Luca*

In quel tempo, i farisei domandarono a Gesù: «Quando verrà il regno di Dio?». Egli rispose loro: «Il regno di Dio non viene in modo da attirare l'attenzione, e nessuno dirà: "Eccolo qui", oppure: "Eccolo là". Perché, ecco, il regno di Dio è in mezzo a voi!». Disse poi ai discepoli: «Verranno giorni in cui desidererete vedere anche uno solo dei giorni del Figlio dell'uomo, ma non lo vedrete. Vi diranno: "Eccolo là", oppure: "Eccolo qui"; non andateci, non seguiteli. Perché come la folgore, guizzando, brilla da un capo all'altro del cielo, così sarà il Figlio dell'uomo nel suo giorno. Ma prima è necessario che egli soffra molto e venga rifiutato da questa generazione». **Parola del Signore.**

SULLE OFFERTE - O Padre, volgi benevolo il tuo sguardo su queste offerte, perché celebrando nel mistero la passione del tuo Figlio vi aderiamo con amore fedele. Per Cristo nostro Signore.

COMUNIONE - Il Signore è il mio pastore: non manco di nulla. Su pascoli erbosi mi fa riposare, ad acque tranquille mi conduce *(Sal 22,1-2)*.
Oppure: I discepoli riconobbero Gesù, il Signore, nello spezzare il pane. Alleluia *(Cfr. Lc 24,35)*.

DOPO LA COMUNIONE - Nutriti dei tuoi santi doni

ti rendiamo grazie, o Signore, e imploriamo la tua misericordia: per il tuo Spirito, comunicato a noi in questi sacramenti, ci sia data la grazia di rimanere fedeli nel tuo servizio. Per Cristo nostro Signore.

Commenti

1ª LETTURA - Quando lo Spirito di Dio entra nel cuore dell'uomo, non lo lascia così com'è, ma porta con sé tutto il carico delle sue prerogative. Lo Spirito Santo eleva l'uomo a Dio, lo porta per quanto possibile al suo livello, gli fa vivere la stessa vita. Già nell'Antico Testamento si parla della sapienza come fosse lo Spirito Santo; poi nella rivelazione piena di Cristo tale identificazione diventa realtà: l'uomo davvero riceve da Dio il suo Spirito. Leggiamo con commozione tutti gli attributi di questo Spirito infuso nel cuore dell'uomo: schietto, senza macchia, stabile, a mante del bene… Tutte queste cose fanno parte del nostro corredo interiore, quando abbiamo ricevuto lo Spirito Santo con il Battesimo. La vita di grazia conserva tali doni e li rende operativi. Così, l'umile figlio di Dio è un uomo sapiente, anche se ha fatto la quinta elementare e parla solo il dialetto: pervaso dallo Spirito del Padre, conosce le cose di Dio e dell'universo molto più degli altri uomini, magari laureati, ma senza Dio. Questo dono va chiesto dall'alto: il Padre dona lo Spirito Santo a coloro che glielo domandano.

VANGELO - Gesù parla della sua seconda venuta, realtà della quale non si parla mai (o poco) nella Chiesa. Probabilmente qui non si riferisce alla fine del mondo, perché parla di un regno che viene senza attirare l'attenzione, mentre il giudizio universale avverrà con la venuta gloriosa di Cristo tra gli angeli e i santi e sarà la fine di questa realtà terrena. Il giorno del Figlio dell'uomo non sembra essere nemmeno la sua venuta quotidiana nel cuore dell'uomo, nell'Eucaristia o nella preghiera, perché questo non è configurabile con il venire come la folgore, guizzando e brillando da un capo all'altro del cielo. Ci si riferisce qui probabilmente a una venuta particolare di Cristo in questa realtà terrena, ma non ancora come giudizio finale e universale, venuta che sconfiggerà l'anticristo (cfr. 2Ts 2), e che permetterà agli uomini di vivere con maggiore pace, fede e armonia, il tempo che a Fatima viene chiamato dalla Vergine "trionfo del cuore immacolato". Questa interpretazione permette di intendere il regno di Dio “dentro di noi”, già presente con la vita di grazia e i sacramenti, e al tempo stesso attendere questa seconda venuta e questo “giorno” con viva speranza e desiderio.

PROPOSITO DEL GIORNO... Oggi scrivo su un foglio: «Chi rimane in me, e io in lui, porta molto frutto». Lo attacco in un punto ben visibile della casa.

PRATICHE E FESTE DEL GIORNO...

- Pratiche e preghiere di ogni giorno consigliate per il mese di novembre *(pag. 698)*.
- Preghiera a san Giuseppe Moscati *(pag. 704)*.
- Informiamoci e conosciamo san Giuseppe Moscati (cod. 8327).
- Orazione di santa Gertrude per i defunti (cod. 8147).
- Preghiera a santa Margherita di Scozia.
- 1° giorno novena ai beati Luigi e Maria Beltrame Quattrocchi (cod. 8041).
- Festa Maria Madre della Misericordia della Porta dell'Aurora, Vilnius (Lituania).

ALTRI SANTI E BEATI DEL GIORNO

S. Agnese d'Assisi • S. Edmondo Rich • **S. Giuseppe Moscati** • S. Giuseppe Marxen • B. Edoardo Osbaldeston

SAN GIUSEPPE MOSCATI: «Il mio posto è accanto agli ammalati!».

Giuseppe Moscati, santo che gode di una grande devozione a Napoli, in realtà è nato a Benevento, il 25 luglio 1880 e aveva origini avellinesi. Figlio e nipote di magistrati, la sua vita professionale sembrava segnata, ma nessuno aveva fatto i conti con la sua grande fede che lo ha portato ben presto su una strada diversa.

Nel 1892, quando Giuseppe è un adolescente, suo fratello si fa molto male cadendo da cavallo e come conseguenza dell'incidente inizia a soffrire di epilessia. Forse è questo accorgersi precocemente della brevità della vita umana o il fatto di essere colpito dalla sofferenza o la visione continua dei malati dalla finestra della casa paterna, che si affaccia sull'Ospedale degli Incurabili, che porta Giuseppe a preferire la facoltà di Medicina a quella di Giurisprudenza.

Si laurea brillantemente ed è un medico promettente: a nemmeno 30 anni diventa famoso per le sue **diagnosi immediate e precise, che hanno del miracoloso considerando gli scarsi mezzi dell'epoca**. A chi glielo fa notare lui risponde che è merito della preghiera, perché **è Dio l'artefice della vita, mentre i medici**

non possono che essere indegni collaboratori. È con questa consapevolezza che va al lavoro ogni giorno, sia all'Ospedale degli Incurabili (di cui diventa primario nel 1925) sia nel suo studio privato, nella cui sala d'attesa c'è una scritta per regolare gli onorari: **«Chi può metta qualcosa, chi ha bisogno prenda»**. Tutti infatti vi sono accolti e non solo i poveri non pagano, ma nelle sue frequenti visite a domicilio Giuseppe porta, oltre all'assistenza medica, anche il conforto spirituale. Si narra che una volta, dopo aver curato un operaio per un ascesso polmonare, facendolo guarire, Giuseppe abbia rifiutato il denaro che l'uomo avrebbe voluto dargli e gli **abbia chiesto come onorario di andare a confessarsi: «Perché è Dio che ti ha salvato»**.

Per lui scienza e fede non sono due mondi lontani, ma due elementi che convivono nella sua quotidianità, fatta dell'Eucaristia quotidiana di una grande devozione per la Vergine Maria, di sobrietà e povertà personale alla sequela di san Francesco, e della scelta del celibato per avere più tempo per i suoi sempre più numerosi pazienti.

È lì, al suo posto, nel suo studio, sulla sua poltrona – quella diventata poi una reliquia – quel 12 aprile **1927** quando un infarto lo stronca all'età di 47 anni.

17 NOVEMBRE

VENERDÌ

32ª settimana del Tempo Ordinario

bianco **4ª sett. salt.**

S. Elisabetta di Ungheria, religiosa (m)

SANTA ELISABETTA DI UNGHERIA: regina dei poveri.

Figlia di Andrea II di Ungheria, a 14 anni viene data in sposa al ventenne Ludovico IV conte di Turingia: «Se io amo tanto una creatura mortale – confidava Elisabetta alla sua serva Isentrude – quanto dovrei amare di più il Signore, immortale e padrone di tutti!». E la serva ricordava: «Si amavano di un amore meraviglioso, e **s'incoraggiavano dolcemente, l'uno con l'altra, nel lodare e servire Dio**».

Sono queste convinzioni religiose a far sì che Elisabetta conduca una vita sobria tanto da suscitare nelle donne del suo rango, un certo disprezzo. Ha appena 20 anni quando dà alla luce la sua terza figlia, venti giorni dopo la morte del marito! Nel 1227, infatti, mentre si trovava a Otranto pronto per salpare verso l'Oriente, Ludovico viene colto da un malore e muore. Questo lutto comporta disagi e molte difficoltà a Elisabetta: viene cacciata dal castello e le sono tolti i tre figli, per amore dei quali lei rinuncia all'eredità. **Affascinata da san Francesco d'Assisi**, Elisabetta si lascia ispirare dalla spiritualità del Terz'ordine francescano e **abbraccia "sorella povertà"**. Con la dote lasciatale, fa costruire un ospedale e un lebbrosario, dove spende tutta sé stessa nel servizio ai malati e ai poveri fino al 17 novembre 1231 quando muore.

ANTIFONA D'INGRESSO - «Venite, benedetti del Padre mio», dice il Signore: «ero malato e mi avete visitato. In verità io vi dico: tutto ciò che avete fatto a uno solo di questi miei fratelli più piccoli, l'avete fatto a me» *(Cfr. Mt 25,34.36.40).*

Oppure: Egli dona largamente ai poveri, la sua giustizia rimane per sempre, la sua potenza s'innalza nella gloria *(Cfr. Sal 111,9).*

COLLETTA - O Dio, che a santa Elisabetta hai dato la grazia di riconoscere e onorare Cristo nei poveri, concedi a noi, per sua intercessione, di servire con instancabile carità coloro che si trovano nella sofferenza e nel bisogno. Per il nostro Signore...

PRIMA LETTURA

Sap 13,1-9

Dal libro della Sapienza

Davvero vani per natura tutti gli uomini che vivevano nell'ignoranza di Dio, e dai beni visibili non furono capaci di riconoscere colui che è, né, esaminandone le opere, riconobbero l'artefice. Ma o il fuoco o il vento o l'aria veloce, la volta stellata o l'acqua impetuosa o le luci del cielo essi considerarono come dèi, reggitori del mondo. Se, affascinati dalla loro bellezza, li hanno presi per dèi, pensino quanto è superiore il loro sovrano, perché li ha creati colui che è principio e autore della bellezza. Se sono colpiti da stupore per la loro potenza ed energia, pensino da ciò quanto è più potente colui che li ha formati. Difatti dalla grandezza e bellezza delle creature per analogia si contempla il loro autore. Tuttavia per costoro leggero è il rimprovero, perché essi facilmente s'ingannano cercando Dio e volendolo trovare. Vivendo in mezzo alle sue opere, ricercano con cura e si lasciano prendere dall'apparenza perché le cose viste sono belle. Neppure costoro però sono scusabili, perché, se sono riusciti a conoscere tanto da poter esplorare il mondo, come mai non ne hanno trovato più facilmente il sovrano? **Parola di Dio.**

SALMO RESPONSORIALE Dal Salmo 18 (19)

℟. **I cieli narrano la gloria di Dio.**

I cieli narrano la gloria di Dio,

l'opera delle sue mani annuncia il firmamento.
Il giorno al giorno ne affida il racconto
e la notte alla notte ne trasmette notizia. ℟.

Senza linguaggio, senza parole,
senza che si oda la loro voce,
per tutta la terra si diffonde il loro annuncio
e ai confini del mondo il loro messaggio. ℟.

CANTO AL VANGELO Lc 21,28

Alleluia, alleluia.
Risollevatevi e alzate il capo,
perché **la vostra liberazione è vicina**.
Alleluia.

VANGELO Lc 17,26-37

✠ *Dal Vangelo secondo Luca*

In quel tempo, Gesù disse ai suoi discepoli: «Come avvenne nei giorni di Noè, così sarà nei giorni del Figlio dell'uomo: mangiavano, bevevano, prendevano moglie, prendevano marito, fino al giorno in cui Noè entrò nell'arca e venne il diluvio e li fece morire tutti. Come avvenne anche nei giorni di Lot: mangiavano, bevevano, compravano, vendevano, piantavano, costruivano; ma, nel giorno in cui Lot uscì da Sòdoma, piovve fuoco e zolfo dal cielo e li fece morire tutti. Così accadrà nel giorno in cui il Figlio dell'uomo si manifesterà. In quel giorno, chi si troverà sulla terrazza e avrà lasciato le sue cose in casa, non scenda a prenderle; così, chi si troverà nel campo, non torni indietro. Ricordatevi della moglie di Lot. Chi cercherà di salvare la propria vita, la perderà; ma chi la perderà, la manterrà viva. Io vi dico: in quella notte, due si troveranno nello stesso letto: l'uno verrà portato via e l'altro lasciato; due donne staranno a macinare nello stesso luogo: l'una verrà portata via e l'altra lasciata». Allora gli chiesero: «Dove, Signore?». Ed egli disse loro: «Dove sarà il cadavere, lì si raduneranno insieme anche gli avvoltoi». **Parola del Signore.**

SULLE OFFERTE - Accogli, o Padre, i doni del tuo popolo e concedi a noi, che celebriamo l'opera dell'immensa carità del tuo Figlio, di essere confermati, secondo l'esempio di santa Elisabetta, nell'amore per te e per il prossimo. Per Cristo nostro Signore.

Prefazio delle sante vergini e dei santi religiosi (materiale multimediale: pag. 17).

Comunione - «Nessuno ha un amore più grande di questo: dare la vita per i propri amici», dice il Signore *(Gv 15,13).*

Dopo la Comunione - Nutriti dai santi misteri, o Signore, ti preghiamo: donaci di imitare l'esempio di santa Elisabetta, che si consacrò a te con totale dedizione e si prodigò per il tuo popolo con carità inesauribile. Per Cristo nostro Signore.

Oppure: Saziati, o Signore, dalla dolcezza del sacramento della nostra redenzione, supplichiamo la tua misericordia: fa' che, imitando la carità di santa Elisabetta, diventiamo partecipi anche della sua gloria. Per Cristo nostro Signore.

Commenti

1ª lettura - Prima della rivelazione di Dio ad Abramo (ebraismo) e di quella definitiva in Cristo (cristianesimo, parola ultima) Dio si è rivelato agli uomini nel creato. Egli creò il mondo e la natura e siccome egli è l'autore di questa meraviglia, l'uomo immerso in questa realtà, che non è lui a darsi, contempla l'opera di Dio. È doveroso porsi la domanda: ma chi ha potuto fare tutto questo? Quale mente straordinaria ha ordinato le cose in modo così perfetto? Rispondere che deve essere stato il caso a creare è cosa giudicata stolta dall'autore del libro della Sapienza. Questa rivelazione cosmica, universale, continua ancora oggi. È vero che una santa Messa vale infinitamente più di un bel paesaggio, ma la considerazione della perfezione della natura continua a parlarci di Dio. In qualche modo, egli si rivela anche nell'acqua che scorre e nel fiore del campo. «Se guardi in silenzio una pietra per dieci minuti – diceva Chesterton – alla fine essa comincerebbe a parlarti». Ed è vero. Solo l'uomo accecato dal proprio orgoglio non sa più riconoscere nel creato la voce e la firma di Dio creatore.

Vangelo - A cosa si riferisce qui il Signore? Alla fine del mondo (giudizio universale) o alla seconda venuta, che potrebbe supporre un tempo successivo che continua a scorrere? Si possono accettare entrambe le posizioni. L'accento viene posto sul fatto che – sia che si tratti della fine del mondo o invece della venuta del Cristo che sconfigge l'anticristo, facendo seguire un lungo periodo di pace (vedi Ap 20) – questa venuta avverrà all'improvviso, quindi occorre essere sempre pronti, vivere oggi come se fosse l'ultimo giorno per noi, come se dovessimo comparire davanti al giudizio di Dio questo pomeriggio. Non dare quindi eccessiva importanza alle cose del mondo (comprare, costruire ecc.), non attaccarsi troppo ai beni materiali (andare a prendere le cose rimaste a casa), ma essere sempre pronti a comparire davanti a Dio, mantenendo l'anima pura, pulita dai peccati e con il cuore colmo di carità. Molti Padri della Chiesa interpretano l'ultimo detto in questo modo: il cadavere è l'uomo la cui anima è morta, il peccatore impenitente, e gli avvoltoi i demòni che si radunano attorno a lui per prenderlo con loro. Immagine forte, è vero, ma salutare: Dio ci esorta sempre per il nostro bene!

PROPOSITO DEL GIORNO... Nella recita del Rosario chiedo al Signore di liberarmi da tutto ciò che mi porta lontano da lui.

PRATICHE E FESTE DEL GIORNO...

- Pratiche e preghiere di ogni giorno consigliate per il mese di novembre *(pag. 698)*.
- Preghiera a santa Elisabetta di Ungheria.
- 1° giorno novena al beato Giacomo Alberione (cod. 8699).

ALTRI SANTI E BEATI DEL GIORNO

Ss. Alfio e Zaccheo • S. Florin • S. Giordano Ansalone • S. Gregorio di Tours • S. Lazzaro • B. Lupo Sebastiano Hunot

18 NOVEMBRE

SABATO

32ª settimana del Tempo Ordinario

verde (bianco se si celebra la memoria)

4ª sett. salt.

Dedicazione delle basiliche dei Ss. Pietro e Paolo, apostoli (mf)

ANTIFONA D'INGRESSO - Giunga fino a te la mia preghiera, tendi l'orecchio alla mia supplica, Signore *(Sal 87,3)*.

COLLETTA - Dio onnipotente e misericordioso, allontana ogni ostacolo nel nostro cammino verso di te, perché, nella serenità del corpo e dello spirito, possiamo dedicarci liberamente al tuo servizio. Per il nostro Signore…

PRIMA LETTURA Sap 18,14-16;19,6-9

Dal libro della Sapienza

Mentre un profondo silenzio avvolgeva tutte le cose, e la notte era a metà del suo rapido corso, la tua parola onnipotente dal cielo, dal tuo trono regale, guerriero implacabile, si lanciò in mezzo a quella terra di sterminio, portando, come spada affilata, il tuo decreto irrevocabile e, fermatasi, riempì tutto di morte; toccava il cielo e aveva i piedi sulla terra. Tutto il creato fu modellato di nuovo nella propria natura come prima, obbedendo ai tuoi comandi, perché i tuoi figli fossero preservati sani e salvi. Si vide la nube coprire d'ombra l'accampamento, terra asciutta emergere dove prima c'era acqua: il Mar Rosso divenne una strada senza ostacoli e flutti violenti una pianura piena d'erba; coloro che la tua mano proteggeva passarono con tutto il popolo, contemplando meravigliosi prodigi. Furono condotti al pascolo come cavalli e saltellarono come agnelli esultanti, celebrando te, Signore, che li avevi liberati. **Parola di Dio.**

SALMO RESPONSORIALE Dal Salmo 104 (105)

℟. **Ricordate le meraviglie**
che il Signore ha compiuto.

A lui cantate, a lui inneggiate,
meditate tutte le sue meraviglie.
Gloriatevi del suo santo nome:
gioisca il cuore di chi cerca il Signore. ℟.

Colpì ogni primogenito nella loro terra,
la primizia di ogni loro vigore.
Allora li fece uscire con argento e oro;
nelle tribù nessuno vacillava. ℟.

Così si è ricordato della sua parola santa,
data ad Abramo suo servo.
Ha fatto uscire il suo popolo con esultanza,
i suoi eletti con canti di gioia. ℟.

CANTO AL VANGELO Cfr. 2Ts 2,14

Alleluia, alleluia.
Dio ci ha chiamati mediante il Vangelo,
per entrare in possesso della gloria
del Signore nostro Gesù Cristo.
Alleluia.

VANGELO Lc 18,1-8

✠ *Dal Vangelo secondo Luca*

In quel tempo, Gesù diceva ai suoi discepoli una parabola sulla **necessità di pregare sempre, senza stancarsi mai**: «In una città viveva un giudice, che non temeva Dio né aveva riguardo per alcuno. In quella città c'era anche una vedova, che andava da lui e gli diceva: "Fammi giustizia contro il mio avversario". Per un po' di tempo egli non volle; ma poi disse tra sé: "Anche se non temo Dio e non ho riguardo per alcuno, dato che questa vedova mi dà tanto fastidio, le farò giustizia perché non venga continuamente a importunarmi"». E il Signore soggiunse: «Ascoltate ciò che dice il giudice disonesto. E Dio non farà forse giustizia ai suoi eletti, che gridano giorno e notte verso di lui? Li farà forse aspettare a lungo? Io vi dico che farà loro giustizia prontamente. Ma il Figlio dell'uomo, quando verrà, troverà la fede sulla terra?». **Parola del Signore.**

SULLE OFFERTE - O Padre, volgi benevolo il tuo sguardo su queste offerte, perché celebrando nel mistero la passione del tuo Figlio vi aderiamo con amore fedele. Per Cristo nostro Signore.

COMUNIONE - Il Signore è il mio pastore: non manco di nulla. Su pascoli erbosi mi fa riposare, ad acque tranquille mi conduce *(Sal 22,1-2)*.
Oppure: I discepoli riconobbero Gesù, il Signore, nello spezzare il pane. Alleluia *(Cfr. Lc 24,35)*.

DOPO LA COMUNIONE - Nutriti dei tuoi santi doni ti rendiamo grazie, o Signore, e imploriamo la tua misericordia: per il tuo Spirito, comunicato a noi in questi sacramenti, ci sia data la grazia di rimanere fedeli nel tuo servizio. Per Cristo nostro Signore.

Commenti

1ª LETTURA - La seconda parte del libro della Sapienza è una rilettura spirituale dell'Esodo, dell'uscita del popolo di Dio dall'Egitto e del suo viaggio nel deserto verso la terra promessa. Le immagini usate sono ricche, poetiche, simboliche ed esaltano la grandezza di Dio e la sua vittoria sull'idolatria dei popoli, che tenevano schiavo Israele. Dio strappa l'uomo dalla schiavitù e lo innalza alla condizione di libero figlio suo. In fondo, questo è anche il cammino di ogni persona, quindi anche la storia della nostra singola vita. La nostra esistenza altro non è che un viaggio dalle tenebre alla luce, dal regno del peccato a quello di Dio, quindi dalla schiavitù alla libertà. L'Esodo è, dunque, il libro base di ogni popolo, di ogni nazione, di ogni singolo uomo. Le difficoltà del cammino, le asperità del terreno, le condizioni complicate che si trovano nel deserto non ci spaventino: camminiamo tenendo fisso lo sguardo alla mèta finale. Se Dio è con noi, chi sarà contro di noi? Il nome di Dio è: Colui che salva (Gesù significa "Dio-salva"), quindi camminiamo nella vita senza timore. Indietro non si torna.

Vangelo - L'esordio di questo brano è iperbolico. Gesù dice «una parabola sulla necessità di pregare sempre, senza stancarsi mai». Come si fa a non stancarsi mai? Questo ci appare impossibile. Eppure, Gesù lo dice, e il Vangelo non mente. La preghiera è un'attività totale e omni-avvolgente altrimenti non è preghiera. Essa consiste nell'atteggiamento interiore dell'anima bisognosa (la vedova povera e angariata che non ha più nulla ed è senza difese) che chiede tutto a Dio. La persona che prega si rivolge in ogni frangente al Signore perché sente di avere bisogno di tutto, anche dell'aria che respira. Gesù loda l'insistenza della donna: la perseveranza, il bussare, l'insistere alla fine ottiene. L'orgoglioso, invece, non chiede niente. Non chiede mai. Egli pensa di avere già tutto e quindi di non aver bisogno di chiedere niente a nessuno, nemmeno a Dio. L'orgoglioso, al termine della vita, non chiede nemmeno di essere salvato, perché ritiene di non avere bisogno di alcun salvatore. L'umile invece chiede tutto, chiede sempre, perché sa di avere bisogno di Dio per ogni cosa. Sì, la preghiera è la vera attività dell'anima.

PROPOSITO DEL GIORNO... Per iniziare a essere fedele alla preghiera quotidiana, riservo cinque minuti all'incontro con Dio (per aiutarmi metto una sveglia sul telefono che mi avverta che è ora di pregare!).

PRATICHE E FESTE DEL GIORNO...

- Pratiche e preghiere di ogni giorno consigliate per il mese di novembre *(pag. 698)*.
- Giornata nazionale di preghiera della Chiesa italiana per le vittime e i sopravvissuti agli abusi, per la tutela dei minori e delle persone vulnerabili.
- 1° giorno novena alla Vergine della Medaglia Miracolosa (cod. 8001, 8332).
- Festa Nostra Signora di Chiquinquirá, Maracaibo (Venezuela).

SANTI E BEATI DEL GIORNO

S. Romano di Antiochia • **B. Carolina Kózka** • B. Teresa Maria (Laura) Cavestany Anduaga

BEATA CAROLINA KÓZKA: stella del popolo.

«Ero nel bosco con il mio collega Franziskus Broda. Lì abbiamo legato i nostri cavalli, nascondendoli alle truppe. Avremmo voluto sorvegliarli, ma per timore dei soldati abbiamo deciso di tornare a casa. Perciò, lasciati i cavalli nel bosco, siamo corsi verso casa passando per la strada più lunga, e non so veramente perché abbiamo scelto quella via. A un certo momento abbiamo visto un soldato che spingeva davanti a sé qualcuno che gli faceva resistenza. A causa del buio della foresta e data la distanza, non abbiamo potuto riconoscere la persona. Abbiamo però potuto scorgere che quella persona ogni due tre passi si girava, come se volesse tornare indietro. Invano. Il sodato la spingeva continuamente in avanti. Il soldato riuscì a spingere la ragazza per un'ottantina di metri. Sul braccio sinistro aveva una carabina mentre con la destra teneva afferrata la ragazza e la trascinava con forza. Infine, l'epilogo tragico e brutale: **il soldato prese la sciabola e uccise la ragazza**». Questa è la testimonianza di Franziskus Zaleśny, che si trovava nel bosco per nascondere i cavalli temendo che fossero prelevati dai soldati russi, riguardo al **martirio di Carolina,**

morta per difendere la propria verginità. Nata il 2 agosto 1898 a Wal-Ruda (Polonia), è la quarta figlia dei coniugi Johann Kózka e Maria Borzęcka, che hanno undici figli. Respira in famiglia un'atmosfera profondamente religiosa e, quando è abbastanza grande, diventa la stretta collaboratrice di don Vladislao Mendrala, il quale comprende presto che Carolina è una ragazza diversa dalle sue coetanee: in lei vede una profonda pietà, dedizione al sacrificio, tensione spirituale e spirito di collaborazione.

Al centro della sua vita spirituale c'è Gesù eucaristico, per il quale nutre un culto particolare; ama la Madonna e recita ogni giorno il Rosario; durante il lavoro ripete sottovoce l'Ave Maria. A 17 anni, Carolina comincia a suscitare l'interesse dei soldati dell'esercito russo che occupava in quel tempo la zona. Il 18 novembre **1914**, un soldato entra nella sua casa, la preleva con la forza e la conduce fuori con evidenti intenzioni.

Sotto la minaccia dell'arma, il soldato costringe Carolina a seguirlo nel bosco vicino. Lei si oppone con tutte le forze, ma il militare la trascina all'interno del bosco. Due ragazzi del villaggio, testimoniano la sua morte: **Carolina è caduta vittima della ferocia, difendendo fino al sangue la sua verginità**. È venerata da suoi concittadini come **«stella del popolo»**.

19 NOVEMBRE

DOMENICA

33ª domenica del Tempo Ordinario (A) *verde* **1ª sett. salt.**

ANTIFONA D'INGRESSO - Dice il Signore: «Io ho progetti di pace e non di sventura. Voi mi invocherete e io vi esaudirò: vi radunerò da tutte le nazioni dove vi ho disperso» *(Cfr. Ger 29,11.12.14).*

Si dice il Gloria *(pag. 10).*

COLLETTA - **Preghiamo:** Il tuo aiuto, Signore Dio nostro, ci renda sempre lieti nel tuo servizio, perché solo nella dedizione a te, fonte di ogni bene, possiamo avere felicità piena e duratura. Per il nostro Signore... **Amen.**

Oppure: O Padre, che affidi alle nostre mani le meraviglie della creazione e i doni della grazia, rendici servi operosi e vigilanti, perché facciamo fruttare i nostri talenti per entrare nella gioia del tuo regno. Per il nostro Signore... **Amen.**

(seduti)

PRIMA LETTURA Pr 31,10-13.19-20.30-31

Dal libro dei Proverbi

Una donna forte chi potrà trovarla? Ben superiore alle perle è il suo valore. In lei confida il cuore del marito e non verrà a mancargli il profitto. Gli dà felicità e non dispiacere per tutti i giorni della sua vita. Si procura lana e lino e li lavora volentieri con le mani. Stende la sua mano alla conocchia e le sue dita tengono il fuso. Apre le sue palme al misero, stende la mano al povero. Illusorio è il fascino e fugace la bellezza, ma la donna che teme Dio è da lodare. Siatele riconoscenti per il frutto delle sue mani e le sue opere la lodino alle porte della città. - Parola di Dio. ℟. **Rendiamo grazie a Dio.**

SALMO RESPONSORIALE Dal Salmo 127 (128)

℟. **Beato chi teme il Signore.**

Beato chi teme il Signore
e cammina nelle sue vie.
Della fatica delle tue mani ti nutrirai,
sarai felice e avrai ogni bene. ℟.

La tua sposa come vite feconda
nell'intimità della tua casa;
i tuoi figli come virgulti d'ulivo
intorno alla tua mensa. ℟.

Ecco com'è benedetto
l'uomo che teme il Signore.
Ti benedica il Signore da Sion.
Possa tu vedere il bene di Gerusalemme
tutti i giorni della tua vita! ℟.

SECONDA LETTURA 1Ts 5,1-6

Dalla prima lettera di san Paolo apostolo ai Tessalonicési

Riguardo ai tempi e ai momenti, fratelli, non avete bisogno che ve ne scriva; infatti sapete bene che il giorno del Signore verrà come un ladro di notte. E quando la gente dirà: «C'è pace e sicurezza!», allora d'improvviso la rovina li colpirà, come le doglie una donna incinta; e non potranno sfuggire. Ma voi, fratelli, non siete nelle tenebre, cosicché quel giorno possa sorprendervi come un ladro. Infatti siete tutti **figli della luce e figli del giorno**; noi non apparteniamo alla notte, né alle tenebre. Non dormiamo dunque come gli altri, ma vigiliamo e siamo sobri. - Parola di Dio. ℟. **Rendiamo grazie a Dio.**

(in piedi)

CANTO AL VANGELO
Gv 15,4a.5b

Alleluia, alleluia.
Rimanete in me e io in voi, dice il Signore,
chi rimane in me porta molto frutto.
Alleluia.

VANGELO
Mt 25,14-30
Forma breve: [ ] Mt 25,14-15.19-21

Il Signore sia con voi.
℟. **E con il tuo spirito.**
✠ *Dal Vangelo secondo Matteo*
℟. **Gloria a te, o Signore.**
[In quel tempo, Gesù disse ai suoi discepoli questa

parabola: «Avverrà come a un uomo che, partendo per un viaggio, chiamò i suoi servi e consegnò loro i suoi beni. A uno diede cinque talenti, a un altro due, a un altro uno, secondo le capacità di ciascuno; poi partì.] Subito colui che aveva ricevuto cinque talenti andò a impiegarli, e ne guadagnò altri cinque. Così anche quello che ne aveva ricevuti due, ne guadagnò altri due. Colui invece che aveva ricevuto un solo talento, andò a fare una buca nel terreno e vi nascose il denaro del suo padrone. [Dopo molto tempo il padrone di quei servi tornò e volle regolare i conti con loro. Si presentò colui che aveva ricevuto cinque talenti e ne portò altri cinque, dicendo: "Signore, mi hai consegnato cinque talenti; ecco, ne ho guadagnati altri cinque". "Bene, servo buono e fedele – gli disse il suo padrone –, sei stato fedele nel poco, ti darò potere su molto; prendi parte alla gioia del tuo padrone".] Si presentò poi colui che aveva ricevuto due talenti e disse: "Signore, mi hai consegnato due talenti; ecco, ne ho guadagnati altri due". "Bene, servo buono e fedele – gli disse il suo padrone –, sei stato fedele nel poco, ti darò potere su molto; prendi parte alla gioia del tuo padrone". Si presentò infine anche colui che aveva ricevuto un solo talento e disse: "Signore, so che sei un uomo

duro, che mieti dove non hai seminato e raccogli dove non hai sparso. Ho avuto paura e sono andato a nascondere il tuo talento sotto terra: ecco ciò che è tuo". Il padrone gli rispose: "Servo malvagio e pigro, tu sapevi che mieto dove non ho seminato e raccolgo dove non ho sparso; avresti dovuto affidare il mio denaro ai banchieri e così, ritornando, avrei ritirato il mio con l'interesse. Toglietegli dunque il talento, e datelo a chi ha i dieci talenti. Perché a chiunque ha, verrà dato e sarà nell'abbondanza; ma a chi non ha, verrà tolto anche quello che ha. E il servo inutile gettatelo fuori nelle tenebre; là sarà pianto e stridore di denti"». - Parola del Signore.
℟. **Lode a te o Cristo.**

Si dice il Credo *(pag. 12).*

(in piedi)

SULLE OFFERTE - L'offerta che ti presentiamo, o Signore, ci ottenga la grazia di servirti fedelmente e ci prepari il frutto di un'eternità beata. Per Cristo nostro Signore. **Amen.**

Prefazio delle domeniche del Tempo Ordinario (materiale multimediale: pag. 17).

COMUNIONE - Il mio bene è stare vicino a Dio; nel Signore ho posto il mio rifugio *(Sal 72,28)*.

Oppure: «In verità io vi dico: tutto quello che chiederete nella preghiera, abbiate fede di averlo ottenuto e vi sarà accordato», dice il Signore *(Cfr. Mc 11,23.24)*.

Oppure: Bene, servo buono e fedele: sei stato fedele nel poco, ti darò potere su molto; prendi parte alla gioia del tuo padrone *(Mt 25,21)*.

DOPO LA COMUNIONE - **Preghiamo:** Nutriti da questo sacramento, ti preghiamo umilmente, o Padre: la celebrazione che il tuo Figlio ha comandato di fare in sua memoria, ci faccia crescere nell'amore. Per Cristo nostro Signore. **Amen.**

Commenti

1ª LETTURA - Di questa donna perfetta e ideale si esaltano le virtù pratiche, casalinghe, lavorative. «Le sue opere la lodino», si dice di lei, vera e propria consolazione del marito e pilastro della vita familiare. Ma le mani non sono operative solo per le cose della vita domestica; esse sono aperte al misero e stese verso il povero. Da una parte conservano (per la casa) dall'altra donano (per i bisognosi). In sostanza, la donna non pensa mai a sé ma sempre agli altri. Ella, che ama veramente, non ha il centro della propria esistenza in sé stessa, ma si realizza proprio in queste relazioni di amore, con i familiari e con i miseri che bussano alla porta. Così è anche Dio, il quale non è un enorme Narciso che si contempla auto-compiacendosi allo specchio, ma è fuoco vivo che si dona in continuazione: il Padre al Figlio e il Figlio al Padre, nello Spirito Santo Dio è dono totale di sé all'uomo misero e peccatore. Di qui ne viene che la donna del libro dei Proverbi si pone davanti a noi come l'esempio del vero cristiano, che trova la realizzazione di sé nel donarsi agli altri.

2ª LETTURA - Gesù nel Vangelo non ha mai promesso il raggiungimento della pace tra le popolazioni qui in terra. Ci saranno sempre purtroppo le guerre e le violenze, come ci saranno sempre i poveri. Non è questa una profezia, ma un dato di fatto, perché se c'è ancora il peccato nel mondo, allora c'è la sua conseguenza, che è appunto la frattura, la ribellione a Dio, la vita tenebrosa. Dobbiamo pregare per la pace nel mondo, ma anche se un giorno si dovesse raggiungere questo perfetto equilibrio, esso non sarà mai la realtà definitiva, dal momento che quando si dirà: «C'è pace e sicurezza», arriverà d'improvviso la rovina. La vera pace è quindi l'assenza del peccato, la vita di grazia, la presenza di Dio nel cuore dell'uomo. E questa si può avere facilmente perché Gesù l'ha donata con il suo Spirito: «Vi lascio la pace, vi do la mia pace, non come la dà il mondo io la do a voi». Non facciamoci turbare dagli eventi esterni sfavorevoli, ma chiediamo al Signore la grazia di vivere santamente, e allora la vera pace si spanderà attorno a noi e si effonderà nel cuore dei nostri vicini.

VANGELO - Giustamente si parla sovente della gratuità dell'amore di Dio, che nulla è dovuto e che tutto è grazia. Ma non dobbiamo spingere troppo su questo e dimenticare che in realtà c'è anche il merito dell'uomo, il suo impegno, il suo sforzo di vivere le leggi di Dio per essere e vivere come cristiano vero. È così anche nella vita umana: per passare un esame occorre studiare, per vincere un concorso bisogna impegnarsi, per scalare una montagna occorre allenamento continuo. Così è anche per il Paradiso: nessuno ci finisce per caso, non volendolo, come se fosse un inevitabile fossato nel quale si cade una volta morti. Anche i genitori, quando educano i loro figli, premiano i loro sforzi buoni. Il Paradiso allora, al tempo stesso, si merita e si riceve gratuitamente. Può sembrare un paradosso, ma non lo è: l'uomo si deve impegnare perché è giusto che sia così. Al tempo stesso riceve la vita eterna in Cristo, come atto della sua suprema misericordia, come ci insegna la morte del buon ladrone che si vide aprire le porte del cielo per un atto finale di fede e pentimento, dopo tutta una vita di malefatte. La "presunzione di salvarsi senza merito" è uno dei sei peccati contro lo Spirito Santo.

PROPOSITO DEL GIORNO... Essere figli della luce vuol dire camminare sulla via della santità. Oggi voglio dare una testimonianza di pazienza e umiltà negli ambienti che frequenterò.

PRATICHE E FESTE DEL GIORNO...

- Pratiche e preghiere di ogni giorno consigliate per il mese di novembre *(pag. 698)*.
- 7ª Giornata mondiale dei Poveri.
- Preghiera per chiedere l'intercessione della beata Armida Barelli *(pag. 705)*.
- 1° giorno novena a san Giacomo della Marca (cod. 8552).

SANTI E BEATI DEL GIORNO

S. Fausto di Alessandria • S. Matilde di Hackeborn • **B. Armida Barelli** • B. Giacomo Benfatti

BEATA ARMIDA BARELLI:
laica nel mondo e per il mondo.

Armida Barelli è una donna vissuta tra due secoli, pilastro dell'Università Cattolica del Sacro Cuore e fondatrice della Gioventù Femminile di Azione Cattolica (GF). Nasce nel 1882 in una famiglia dell'alta borghesia milanese, che non le trasmette un'educazione ai valori religiosi. Li scopre da sé, mentre studia presso istituti religiosi, e declina la propria vocazione in modo del tutto originale: fin da giovanissima si impegna nel volontariato, ma la svolta arriva **nel 1910, quando incontra padre Agostino Gemelli** che la guida verso un apostolato attivo.

Il cardinale Ferrari la incarica dell'organizzazione della sezione milanese della GF e la segnala per la presidenza nazionale. Sono moltissime le giovani che raccoglie, proponendo loro di: **«essere per agire», «istruirsi per istruire», «santificarsi per santificare»**. Il suo impegno è dedicato anche alla promozione della cultura di matrice cattolica: sposa il progetto di padre Gemelli per fondare l'Università Cattolica del Sacro Cuore. Il 19 novembre 1919 fonda e aderisce a una famiglia spirituale, l'**Istituto Secolare delle Missionarie della Regalità di Nostro Signore Gesù Cristo**. Laica nel mondo e per il mondo, si spegne dopo lunga malattia il 15 agosto **1952**.

20 NOVEMBRE

LUNEDÌ

33ª settimana del Tempo Ordinario

verde **1ª sett. salt.**

ANTIFONA D'INGRESSO - Dice il Signore: «Io ho progetti di pace e non di sventura. Voi mi invocherete e io vi esaudirò: vi radunerò da tutte le nazioni dove vi ho disperso» *(Cfr. Ger 29,11.12.14).*

COLLETTA - Il tuo aiuto, Signore Dio nostro, ci renda sempre lieti nel tuo servizio, perché solo nella dedizione a te, fonte di ogni bene, possiamo avere felicità piena e duratura. Per il nostro Signore…

PRIMA LETTURA 1Mac 1,10-15.41-43.54-57.62-64

Dal primo libro dei Maccabèi

In quei giorni, uscì una radice perversa, Antioco Epìfane, figlio del re Antioco, che era stato ostaggio a Roma, e cominciò a regnare nell'anno centotrentasette del regno dei Greci. In quei giorni uscirono da Israele uomini scellerati, che persuasero molti dicendo: «Andiamo e facciamo alleanza con le nazioni che ci stanno attorno, perché, da quando ci siamo separati da loro, ci sono capitati molti mali». Parve buono ai loro occhi questo ragionamento. Quindi alcuni del popolo presero l'iniziativa e andarono dal re, che diede loro facoltà d'introdurre le istituzioni delle nazioni. Costruirono un ginnasio a Gerusalemme secondo le usanze delle nazioni, cancellarono i segni della circoncisione e si allontanarono dalla santa alleanza. Si unirono alle nazioni e si vendettero per fare il male. Poi il re prescrisse in tutto il suo regno che tutti formassero un solo popolo e ciascuno abbandonasse le proprie usanze. Tutti i popoli si adeguarono agli ordini del re. Anche molti Israeliti accettarono il suo culto, sacrificarono agli idoli e profanarono il sabato. Nell'anno centoquarantacinque, il quindici di Chisleu, il re innalzò sull'altare un abominio di devastazione. Anche nelle vicine città di Giuda eressero altari e bruciarono incenso sulle porte delle case e nelle piazze. Stracciavano i libri della legge che riuscivano a trovare e li gettavano nel fuoco. Se presso qualcuno veniva trovato il libro dell'alleanza e se qualcuno obbediva alla legge, la sentenza del re lo condannava a morte. Tuttavia molti in Israele si fecero forza e animo a vicenda per non mangiare cibi impuri e preferirono morire pur di non contaminarsi con quei cibi e non disonorare la santa alleanza, e per questo appunto morirono. Grandissima fu l'ira sopra Israele. **Parola di Dio.**

SALMO RESPONSORIALE Dal Salmo 118 (119)

℟. **Dammi vita, Signore,**
e osserverò la tua parola.

Mi ha invaso il furore contro i malvagi
che abbandonano la tua legge.
I lacci dei malvagi mi hanno avvolto:
non ho dimenticato la tua legge. ℟.

Riscattami dall'oppressione dell'uomo
e osserverò i tuoi precetti.
Si avvicinano quelli che seguono il male:
sono lontani dalla tua legge. ℟.

Lontana dai malvagi è la salvezza,
perché essi non ricercano i tuoi decreti.
Ho visto i traditori e ne ho provato ribrezzo,
perché non osservano la tua promessa. ℟.

CANTO AL VANGELO Gv 8,12

Alleluia, alleluia.
Io sono la luce del mondo, dice il Signore;

chi segue me avrà la luce della vita.
Alleluia.

VANGELO

Lc 18,35-43

✠ *Dal Vangelo secondo Luca*

Mentre Gesù si avvicinava a Gèrico, un cieco era seduto lungo la strada a mendicare. Sentendo passare la gente, domandò che cosa accadesse. Gli annunciarono: «Passa Gesù, il Nazareno!». Allora gridò dicendo: «Gesù, figlio di Davide, abbi pietà di me!». Quelli che camminavano avanti lo rimproveravano perché tacesse; ma egli gridava ancora più forte: «Figlio di Davide, abbi pietà di me!». Gesù allora si fermò e ordinò che lo conducessero da lui. Quando fu vicino, gli domandò: «Che cosa vuoi che io faccia per te?». Egli rispose: **«Signore, che io veda di nuovo!»**. E Gesù gli disse: «Abbi di nuovo la vista! La tua fede ti ha salvato». Subito ci vide di nuovo e cominciò a seguirlo glorificando Dio. E tutto il popolo, vedendo, diede lode a Dio. **Parola del Signore.**

SULLE OFFERTE - L'offerta che ti presentiamo, o Signore, ci ottenga la grazia di servirti fedelmente e ci prepari il frutto di un'eternità beata. Per Cristo nostro Signore.

Comunione - Il mio bene è stare vicino a Dio; nel Signore ho posto il mio rifugio *(Sal 72,28).*

Oppure: «In verità io vi dico: tutto quello che chiederete nella preghiera, abbiate fede di averlo ottenuto e vi sarà accordato», dice il Signore *(Cfr. Mc 11,23.24).*

Dopo la Comunione - Nutriti da questo sacramento, ti preghiamo umilmente, o Padre: la celebrazione che il tuo Figlio ha comandato di fare in sua memoria, ci faccia crescere nell'amore. Per Cristo nostro Signore.

Commenti

1ª lettura - L'infedeltà a Dio da parte del popolo d'Israele raggiunse il suo culmine nel tempo descritto nel libro dei Maccabèi, che è il tempo che precede di poco la venuta del Signore Gesù e la sua nascita a Betlemme. La cultura greca pagana esercitava un grande fascino in tutto l'ambiente del bacino mediterraneo, ma avvicinarsi a tale modo di pensare significava dover rinnegare la fede, la propria appartenenza a Jahvè e alle tavole della Legge. Per conformarsi al pensiero comune pagano, molti in Israele si adeguarono alle nuove ideologie e non si riconobbero più nelle usanze religiose di sempre. Il pericolo di questo adeguamento c'è anche oggi, moltiplicato e peggiorato dall'influenza che hanno radio, televisione e computer sul nostro modo di pensare. Ci si illude che essere tutti conformati a un modo unico di pensare, ma senza Dio, significhi trovare la pace e il bene, mentre sappiamo che senza Dio non vi è alcun bene possibile. La "resistenza" dei pochi della famiglia di Giuda Maccabèo fu la salvezza del popolo. La storia si ripete: Uno (Gesù Cristo) salva tutti, i pochi salvano i molti.

Vangelo - Il cieco sapeva che vi era in giro per la Palestina uno che guariva miracolosamente i non vedenti. Quale speranza che questo guaritore passasse un giorno anche da Gèrico! Ebbene, un giorno gli fu proprio detto che tale grande taumaturgo era proprio lì, nella sua città. La speranza della guarigione allora aumentò a dismisura, perché l'occasione propizia si presentava proprio in quel giorno all'improvviso. Non sapendo dove fosse il guaritore cominciò a urlare come un pazzo, sperando di poter catturare in questo modo la sua attenzione. Negli altri Vangeli si dice che queste urla furono così fastidiose che la folla si irritò e gli intimò di tacere. Ma come poter tacere se questi aveva l'occasione unica di poter guarire? Se si fosse lasciato scappare questa opportunità, forse non ne avrebbe mai potuto avere una seconda. Le urla di fatto ebbero il loro effetto: Gesù lo udì e lo chiamò. Ecco che ora il cieco è davanti al Signore. La sua speranza ora tocca il suo vertice ed è al massimo: «Se Gesù vuole, può guarirmi. Io lo spero!». Così egli ottiene la guarigione, per la propria fede potente. Quanto più speri, tanto più ottieni.

PROPOSITO DEL GIORNO... Oggi chiedo al Signore di donarmi "occhi nuovi" per guardare, come se fosse la prima volta: mio padre, mia madre, mio marito, mia moglie, mio figlio, mia suocera, il mio amico, il mio collega, il mio parroco...

PRATICHE E FESTE DEL GIORNO...

- Pratiche e preghiere di ogni giorno consigliate per il mese di novembre *(pag. 698)*.

SANTI E BEATI DEL GIORNO

S. Basilio di Antiochia • S. Crispino di Ecija • S. Edmondo • **S. José Sánchez Del Río** • B. Maria Fortunata Viti

SAN JOSÉ SÁNCHEZ DEL RÍO: «Io muoio contento, perché sto morendo a fianco di nostro Signore».

«Mia cara mamma, sono stato fatto prigioniero in combattimento oggi. Credo di stare per morire, ma non importa, mamma. [...] Io muoio molto contento, perché muoio in prima linea, a fianco di nostro Signore», queste sono le parole che scrive José, poco dopo essere stato catturato e imprigionato.

Del resto, lui – cresciuto in uno Stato del Messico che aveva dichiarato guerra ai cristiani – aveva desiderato e chiesto la grazia del martirio sulla tomba di un martire della resistenza cattolica.

Nato il 28 marzo 1913 è il terzogenito di Macario Sánchez e María del Río, cattolici; avverte il peso di una situazione politica molto instabile: la famiglia emigra a Guadalajara proprio poco dopo che, nel 1917, è entrata in vigore una nuova Costituzione che, tra le righe, mostra un'estrema intolleranza contro la Chiesa cattolica. Nel 1926 le intenzioni del presidente diventano palesi: viene esplicitamente proibita per legge ogni forma di aggregazione ecclesiale, i sacerdoti stranieri vengono espulsi dal Paese, le scuole e alcune opere caritative vengono chiuse.

Allora i cattolici messicani costituiscono la **Lega in Di-**

fesa della Libertà Religiosa, i cui membri decidono d'imbracciare le armi al grido di **«Viva Cristo Re»**. José ha poco più di 13 anni e non gli viene concesso di partecipare fino al 1927, quando può finalmente entrare nelle fila della resistenza. Un anno dopo, per difendere un generale, resta senza più nessun colpo in canna e viene fatto prigioniero.

Rifiuta ogni tentativo o possibilità di liberazione, perché ha già donato la propria vita a Cristo. In prigione, trascorre il suo tempo **pregando con il Rosario e cantando**. Riesce anche a ricevere le sue ultime Comunioni, con le ostie nascoste nel cibo che gli viene portato. Il 10 febbraio gli viene annunciata la sua sentenza di morte: a notte inoltrata, i soldati gli spellano le piante dei piedi con chiodi acuminati, fino a farli sanguinare, poi lo spingono, scalzo, per le strade della città. Il ragazzo piange, prega, ma **continua a inneggiare a Cristo Re e alla Madonna di Guadalupe**. Per evitare di far sentire rumori di spari, il capo dei soldati, una volta giunti al cimitero, ordina di pugnalarlo, ma **a ogni colpo corrisponde un «Viva Cristo Re!»**. Esasperato, gli chiede se ha un'ultima parola per suo padre. Ormai sul punto di morire, il ragazzo replica: «Che ci rivedremo in cielo! Viva Cristo Re! Viva Santa Maria di Guadalupe!». Solo uno sparo riesce a interrompere le sue grida.

21 NOVEMBRE

MARTEDÌ

33ª settimana del Tempo Ordinario

bianco **1ª sett. salt.**

Presentazione della beata Vergine Maria (m)

IL DONO TOTALE DI SÉ

La festa della Presentazione della beata Vergine Maria ricorda – secondo i vangeli apocrifi – il giorno in cui Maria, ancora bambina, si reca al tempio di Gerusalemme e si offre a Dio. Ciò che interessa alla Chiesa non è tanto sottolineare questo episodio, quanto il senso profondo che esso porta inscritto in sé: il dono totale di sé che preparò Maria a diventare "tempio del Figlio di Dio", modello di ogni credente e, in particolare, di ogni anima che si consacra al Signore.

La celebrazione liturgica di questa memoria risale al secolo VI in Oriente e al secolo XIV in Occidente. L'origine della festa è legata alla dedicazione della chiesa di Santa Maria Nuova in Gerusalemme nel 543.

ANTIFONA D'INGRESSO - Salve, Madre santa, hai dato alla luce il Re che governa il cielo e la terra nei secoli dei secoli.

COLLETTA - Nella gloriosa memoria della santissima Vergine Maria concedi anche a noi, o Signore, per sua intercessione, di partecipare alla pienezza della tua grazia. Per il nostro Signore…

PRIMA LETTURA 2Mac 6,18-31

Dal secondo libro dei Maccabèi

In quei giorni, un tale Eleàzaro, uno degli scribi più stimati, uomo già avanti negli anni e molto dignitoso nell'aspetto della persona, veniva costretto ad aprire la bocca e a ingoiare carne suina. Ma egli, preferendo una morte gloriosa a una vita ignominiosa, s'incamminò volontariamente al supplizio, sputando il boccone e comportandosi come conviene a coloro che sono pronti ad allontanarsi da quanto non è lecito gustare per attaccamento alla vita. Quelli che erano incaricati dell'illecito banchetto sacrificale, in nome della familiarità di antica data che avevano con quest'uomo, lo tirarono in disparte e lo pregarono di prendere la carne di cui era lecito cibarsi, preparata da lui stesso, e fingere di mangiare le carni sacrificate imposte dal re, perché, agendo a questo modo, sarebbe sfuggito alla morte e avrebbe trovato umanità in nome dell'antica amicizia che aveva con loro. Ma egli, facendo un nobile ragionamento, degno della sua età e del prestigio della vecchiaia, della raggiunta veneranda canizie e della condotta irreprensibile tenuta fin da fanciullo, ma specialmente delle sante leggi stabilite da Dio, rispose subito dicendo che lo mandassero pure alla morte. «Poiché – egli diceva – non è affatto degno della nostra età fingere, con il pericolo che molti giovani, pensando che a novant'anni Eleàzaro sia passato alle usanze straniere, a loro volta, per colpa della mia finzione, per una piccola e brevissima esistenza, si perdano per causa mia e io procuri così disonore e macchia alla mia vecchiaia. Infatti, anche se ora mi sottraessi al castigo degli uomini, non potrei sfuggire, né da vivo né da morto, alle mani dell'Onnipotente. Perciò, abbandonando ora da forte questa vita, mi mostrerò degno della mia età e lascerò ai giovani un nobile esempio, perché sappiano affrontare la morte prontamente e nobilmente per le sante e venerande leggi». Dette queste parole, si avviò prontamente al supplizio. Quelli che ve lo trascinavano, cambiarono la benevolenza di poco prima in avversione, ritenendo che le parole da lui pronunciate fossero una pazzia. Mentre stava per morire sotto i colpi, disse tra i gemiti: «Il Signore, che possiede una santa scienza, sa bene che, potendo sfuggire alla morte, soffro nel corpo atroci dolori sotto i flagelli, ma nell'anima sopporto volentieri tutto questo per il timore di lui». In tal modo egli morì, lasciando la sua morte come esempio di nobiltà e ricordo di virtù non solo ai giovani, ma anche alla grande maggioranza della nazione. **Parola di Dio.**

SALMO RESPONSORIALE Dal Salmo 3

℟. **Il Signore mi sostiene.**

Signore, quanti sono i miei avversari!
Molti contro di me insorgono.
Molti dicono della mia vita:
«Per lui non c'è salvezza in Dio!». ℟.

Ma tu sei mio scudo, Signore,
sei la mia gloria e tieni alta la mia testa.
A gran voce grido al Signore
ed egli mi risponde dalla sua santa montagna. ℟.

Io mi corico, mi addormento e mi risveglio:
il Signore mi sostiene.
Non temo la folla numerosa
che intorno a me si è accampata. ℟.

CANTO AL VANGELO
1Gv 4,10b

Alleluia, alleluia.
Dio ha amato noi e ha mandato il suo Figlio
come vittima di espiazione per i nostri peccati.
Alleluia.

VANGELO
Lc 19,1-10

✠ *Dal Vangelo secondo Luca*

In quel tempo, Gesù entrò nella città di Gèrico e la stava attraversando, quand'ecco un uomo, di nome Zacchèo, capo dei pubblicani e ricco, cercava di vedere chi era Gesù, ma non gli riusciva a causa della folla, perché era piccolo di statura. Allora corse avanti e, per riuscire a vederlo, salì su un sicomòro, perché doveva passare di là. Quando giunse sul luogo, Gesù alzò lo sguardo e gli disse: «Zacchèo, scendi subito, perché oggi devo fermarmi a casa tua». Scese in fretta e lo accolse pieno di gioia. Vedendo ciò, tutti mormoravano: «È entrato in casa di un peccatore!». Ma Zacchèo, alzatosi, disse al Signore: «Ecco, Signore, io do la metà di ciò che possiedo ai poveri e, se ho rubato a qualcuno, restituisco quattro volte tanto». Gesù gli rispose: «Oggi per questa casa è venuta la salvezza, perché anch'e-

gli è figlio di Abramo. **Il Figlio dell'uomo infatti è venuto a cercare e a salvare ciò che era perduto**».
Parola del Signore.

Sulle offerte - Accogli, o Padre, le preghiere e le offerte del tuo popolo e per l'intercessione di Maria, Madre del tuo Figlio, fa' che nessuna preghiera resti inascoltata e nessuna speranza rimanga delusa. Per Cristo nostro Signore.

Oppure: Ci soccorra, o Signore, l'immenso amore del tuo Figlio che, nascendo dalla Vergine, non diminuì ma consacrò l'integrità della Madre, e liberandoci da ogni colpa, ti renda gradito il nostro sacrificio. Egli vive e regna nei secoli dei secoli.

Prefazio della beata Vergine Maria I o II (materiale multimediale: pag. 17).

Comunione - Beato il grembo della Vergine Maria, che ha portato il Figlio dell'eterno Padre *(Cfr. Lc 11,27).*

Dopo la Comunione - Nutriti dai sacramenti del cielo, o Signore, invochiamo la tua misericordia: a noi che ci rallegriamo nel gioioso ricordo della beata Vergine Maria concedi che, imitando il suo esempio, collaboriamo fedelmente al mistero della redenzione. Per Cristo nostro Signore.

Commenti

1ª LETTURA - Il brano del libro dei Maccabèi, che oggi si legge, si potrebbe intitolare: «No ai compromessi». Il vecchio Eleàzaro avrebbe potuto far finta di mangiare e avrebbe avuta salva la vita. Un piccolo aggiustamento, nella speranza che nessuno poi si sarebbe accorto di niente, e il fine sarebbe stato raggiunto. Tuttavia agli occhi di Dio non c'è cosa che possa essere tenuta nascosta ed è bene essere sempre puri e irreprensibili sotto il suo sguardo. Inoltre, il compromesso avrebbe potuto essere smascherato successivamente ed Eleàzaro avrebbe finito per dare scandalo ai suoi connazionali. La sua grande lezione valga per noi oggi. Anche noi a volte facciamo dei compromessi con la nostra coscienza, giustificando certe nostre malefatte che tanto, pensiamo, "non fanno male a nessuno"; oppure facciamo compromessi con il prossimo accettando inganni e sotterfugi. Nel regno di Dio non v'è tenebra: preferibile soffrire qui in terra, ma avere sempre l'anima pura davanti a Dio e agli uomini. Il vecchio Eleàzaro distingue corpo e anima: il corpo soffre, ma al tempo stesso l'anima sopporta *volentieri*. Straordinario!

VANGELO - Il nome Zacchèo significa "Dio ricorda". Il pubblicano che stava a Gèrico era immerso nel male; viene definito "capo dei pubblicani", quindi un uomo davvero convinto del proprio lavoro. Aveva vizi e peccati, ma probabilmente non era del tutto felice. A Gèrico, Gesù aveva appena aperto gli occhi a un cieco e ora si appresta a compiere un secondo miracolo: aprire un cuore. Bartimèo aveva visto Gesù con gli occhi, Zacchèo lo vede con l'anima e rimane folgorato. Secoli prima, Giosuè nella stessa città di Gèrico aveva fatto crollare le mura con un suono di tromba, compiendo un grande atto di fede. Zacchèo fa cadere dal proprio cuore le pietre che lo ricoprivano e una volta avvinto dalla divina presenza del Salvatore, lo fa entrare nella propria città (nel proprio cuore, poi nella propria casa). Curiosamente, la Gèrico dei tempi antichi passò alla storia per un'altra peccatrice, Raab la prostituta, la quale nascose gli esploratori e collaborò positivamente con Israele. In Zacchèo e Raab si realizza quello che Gesù disse ai farisei: «I pubblicani e le prostitute vi passano avanti nel regno di Dio» (Mt 21,31). Peccatori che si sono incontrati con la grazia e hanno aperto il proprio cuore!

PROPOSITO DEL GIORNO... Oggi recito una decina del Rosario per tutte le persone che sono lontane dalla fede e vivono nel peccato e le raccomando all'intercessione di Maria Santissima.

PRATICHE E FESTE DEL GIORNO...

- Pratiche e preghiere di ogni giorno consigliate per il mese di novembre *(pag. 698)*.
- Giornata mondiale delle claustrali.
- Preghiera per la presentazione della Beata Vergine Maria *(materiale multimediale: pag. 705)*.
- Preghiera alla Madonna della Salute.
- Festa Santa Maria della Salute, Venezia.
- Festa Nostra Signora delle Grazie, Nuoro.
- Festa Madonna di Germania, Forlì.
- Festa Madonna Salus Infirmorum, Vercelli.

SANTI E BEATI DEL GIORNO

S. Agapio di Cesarea • S. Gelasio I • S. Mauro • S. Rufo • B. Maria di Gesù Buon Pastore (Francesca de Siedliska)

22 NOVEMBRE

MERCOLEDÌ

33ª settimana del Tempo Ordinario

rosso **1ª sett. salt.**

S. Cecilia, vergine e martire (m)

SANTA CECILIA:
cantava nel suo cuore soltanto al Signore.

Il nome di Cecilia è legato con la musica – è patrona di musicisti e cantanti – probabilmente perché in un'antica antifona in latino si legge: «Mentre gli strumenti musicali suonavano, la vergine Cecilia cantava nel suo cuore soltanto al Signore».

Secondo la tradizione, Cecilia, nobile fanciulla romana, viene martirizzata intorno al 230, durante l'impero di Alessandro Severo e il papato di Urbano I.

La *Passio Sanctae Caeciliae*, narra che la giovane viene data in sposa al patrizio Valeriano e il giorno delle nozze rivela al marito di essersi convertita al cristianesimo, facendo voto di perpetua verginità. Valeriano accetta di seguire la moglie su questa strada: si fa catechizzare e viene battezzato in segreto da papa Urbano I. Poco dopo anche suo fratello Tiburzio abbraccia la fede cristiana, ma i due fratelli vengono presto arrestati e condannati alla decapitazione.

Il prefetto Almachio, che aveva condannato suo marito, decide di uccidere anche Cecilia ma, data la popolarità della giovane cristiana, decide di non procedere a un'esecuzione pubblica: dopo un processo sommario, la fa ricondurre presso la propria dimora, ordinando di rinchiuderla nel calidario (una sorta di "bagno turco"), con vapore portato ad altissima temperatura, in modo che la sua sembrasse una morte per asfissia. Dopo un giorno e una notte, le guardie la trovano miracolosamente in vita, avvolta da una celeste rugiada. Almachio ne ordina quindi la decapitazione ma, nonostante i tre colpi inferti con violenza sulla nuca, il carnefice non riesce a reciderle il capo. Cecilia muore dopo tre giorni di agonia, durante i quali **dona tutti i suoi beni ai poveri e la sua casa alla Chiesa**.
Papa Pasquale I, grande devoto della Santa, la invoca in questo modo: **«La vergine Cecilia che portava sempre sul suo petto il Vangelo di Cristo»**.

ANTIFONA D'INGRESSO - Beata la vergine che, rinunciando a se stessa e prendendo la croce, ha imitato il Signore, sposo delle vergini e principe dei martiri.

COLLETTA - O Dio, che ogni anno ci allieti con la memoria di santa Cecilia, concedi che i mirabili esempi della sua vita ci offrano un modello da imitare e proclamino le meraviglie che Cristo tuo Figlio opera nei suoi fedeli. Egli è Dio…

PRIMA LETTURA 2Mac 7,1.20-31

Dal secondo libro dei Maccabèi

In quei giorni, ci fu il caso di sette fratelli che, presi insieme alla loro madre, furono costretti dal re, a forza di flagelli e nerbate, a cibarsi di carni suine proibite. Soprattutto la madre era ammirevole e degna di gloriosa memoria, perché, vedendo morire sette figli in un solo giorno, sopportava tutto serenamente per le speranze poste nel Signore. Esortava ciascuno di loro nella lingua dei padri, piena di nobili sentimenti e, temprando la tenerezza femminile con un coraggio virile, diceva loro: «Non so come siate apparsi nel mio seno; non io vi ho dato il respiro e la vita, né io ho dato forma alle membra di ciascuno di voi. Senza dubbio il Creatore dell'universo, che ha plasmato all'origine l'uomo e ha provveduto alla generazione di tutti, per la sua misericordia vi restituirà di nuovo il respiro e la vita, poiché voi ora per le sue leggi non vi preoccupate di voi stessi». Antioco, credendosi disprezzato e sospettando che quel linguaggio fosse di scherno, esortava il più giovane che era ancora vivo; e non solo a parole, ma

con giuramenti prometteva che l'avrebbe fatto ricco e molto felice, se avesse abbandonato le tradizioni dei padri, e che l'avrebbe fatto suo amico e gli avrebbe affidato alti incarichi. Ma poiché il giovane non badava per nulla a queste parole, il re, chiamata la madre, la esortava a farsi consigliera di salvezza per il ragazzo. Esortata a lungo, ella accettò di persuadere il figlio; chinatasi su di lui, beffandosi del crudele tiranno, disse nella lingua dei padri: «Figlio, abbi pietà di me, che ti ho portato in seno nove mesi, che ti ho allattato per tre anni, ti ho allevato, ti ho condotto a questa età e ti ho dato il nutrimento. Ti scongiuro, figlio, contempla il cielo e la terra, osserva quanto vi è in essi e sappi che Dio li ha fatti non da cose preesistenti; tale è anche l'origine del genere umano. Non temere questo carnefice, ma, mostrandoti degno dei tuoi fratelli, accetta la morte, perché io ti possa riavere insieme con i tuoi fratelli nel giorno della misericordia». Mentre lei ancora parlava, il giovane disse: «Che aspettate? Non obbedisco al comando del re, ma ascolto il comando della legge che è stata data ai nostri padri per mezzo di Mosè. Tu però, che ti sei fatto autore di ogni male contro gli Ebrei, non sfuggirai alle mani di Dio».
Parola di Dio.

SALMO RESPONSORIALE Dal Salmo 16 (17)

℟. **Ci sazieremo, Signore,**
contemplando il tuo volto.

Ascolta, Signore, la mia giusta causa,
sii attento al mio grido.
Porgi l'orecchio alla mia preghiera:
sulle mie labbra non c'è inganno. ℟.

Tieni saldi i miei passi sulle tue vie
e i miei piedi non vacilleranno.
Io t'invoco poiché tu mi rispondi, o Dio;
tendi a me l'orecchio, ascolta le mie parole. ℟.

Custodiscimi come pupilla agli occhi,
all'ombra delle tue ali nascondimi.
Io nella giustizia contemplerò il tuo volto,
al risveglio mi sazierò della tua immagine. ℟.

CANTO AL VANGELO Cfr. Gv 15,16

Alleluia, alleluia.
Io ho scelto voi, dice il Signore,
perché andiate e portiate frutto
e il vostro frutto rimanga.
Alleluia.

VANGELO
Lc 19,11-28

✠ *Dal Vangelo secondo Luca*

In quel tempo, Gesù disse una parabola, perché era vicino a Gerusalemme ed essi pensavano che il regno di Dio dovesse manifestarsi da un momento all'altro. Disse dunque: «Un uomo di nobile famiglia partì per un paese lontano, per ricevere il titolo di re e poi ritornare. Chiamati dieci dei suoi servi, consegnò loro dieci monete d'oro, dicendo: "Fatele fruttare fino al mio ritorno". Ma i suoi cittadini lo odiavano e mandarono dietro di lui una delegazione a dire: "Non vogliamo che costui venga a regnare su di noi". Dopo aver ricevuto il titolo di re, egli ritornò e fece chiamare quei servi a cui aveva consegnato il denaro, per sapere quanto ciascuno avesse guadagnato. Si presentò il primo e disse: "Signore, la tua moneta d'oro ne ha fruttate dieci". Gli disse: "Bene, servo buono! Poiché ti sei mostrato fedele nel poco, ricevi il potere sopra dieci città". Poi si presentò il secondo e disse: "Signore, la tua moneta d'oro ne ha fruttate cinque". Anche a questo disse: "Tu pure sarai a capo di cinque città". Venne poi anche un altro e disse: "Signore, ecco la tua moneta d'oro, che ho tenuto nascosta in un fazzoletto; avevo paura di te, che sei un uomo severo: prendi quello che non hai messo in deposito e mieti quello che non hai seminato". Gli rispose: "Dalle tue stesse parole ti giudico, servo malvagio! Sapevi che sono un uomo severo, che prendo quello che non ho messo in deposito e mieto quello che non ho seminato: perché allora non hai consegnato il mio denaro a una banca? Al mio ritorno l'avrei riscosso con gli interessi". Disse poi ai presenti: "Toglietegli la moneta d'oro e datela a colui che ne ha dieci". Gli risposero: "Signore, ne ha già dieci!". "Io vi dico: A chi ha, sarà dato; invece a chi non ha, sarà tolto anche quello che ha. E quei miei nemici, che non volevano che io diventassi loro re, conduceteli qui e uccideteli davanti a me"». Dette queste cose, Gesù camminava davanti a tutti salendo verso Gerusalemme.

Parola del Signore.

SULLE OFFERTE - I doni che ti presentiamo nel glorioso ricordo di santa Cecilia ti siano graditi, o Signore, come fu preziosa ai tuoi occhi l'offerta della sua vita. Per Cristo nostro Signore.

Prefazio dei santi martiri I o II (materiale multimediale: pag. 17).

COMUNIONE - L'Agnello assiso sul trono li guiderà alle sorgenti della vita *(Cfr. Ap 7,17).*

DOPO LA COMUNIONE - O Dio, che hai glorificato tra i santi la beata Cecilia con la duplice corona della verginità e del martirio, per la potenza di questo sacramento donaci di superare con forza ogni male, per raggiungere la gloria del cielo. Per Cristo nostro Signore.

Commenti

1ª LETTURA - L'episodio straordinario della madre dei sette fratelli uccisi si presta a un'interpretazione ampia, che vale anche oggi per tutti noi. La madre è il simbolo della nazione intera e i figli sono coloro che subiscono persecuzioni. Oggi possiamo dire che la madre è la Chiesa e i cristiani perseguitati per la loro fede sono i figli della Chiesa. La Chiesa esorta a rimanere fedeli a ogni costo, a superare le difficoltà, anche la morte dolorosa, perché proprio il martirio spalanca le porte del regno dei cieli. Infatti, la frase centrale è: «Perché io ti possa riavere insieme con i tuoi fratelli nel giorno della misericordia», cioè in Paradiso. Gesù è morto martire e tutti coloro che sono in lui partecipano a vario titolo alla sua morte di croce, per risorgere con lui a vita nuova. La santa Chiesa non viene meno a questo ruolo di esortare alla perseveranza, prega per i cristiani perseguitati a causa della fede, onora come eroi coloro che preferiscono la morte al rinnegamento. Non meravigliamoci delle persecuzioni: temiamo piuttosto quando tutti ci applaudono e ci acclamano.

VANGELO - L'amore ha una sua severità o, meglio, una sua serietà. Gesù non ci ha amati per scherzo, ma in un modo tale da abbracciare la tortura della croce per toglierci i peccati. Egli è re, ma giustamente vuole che noi ci guadagniamo il Paradiso con l'esercizio delle buone opere e la laboriosità. Ci dà tutto, ci concede di regnare con lui «ricevi il potere sopra dieci città» perché l'amore è sempre condivisione, comunione, unità di vita. Ciò che viene biasimato nella parabola è la pigrizia, l'idea che si possa rimanere nel Regno senza fare niente, perché chi non raccoglie con Cristo, disperde (Lc 11,23). Mettere a frutto i doni di Dio per il bene è dunque una questione vitale, essenziale. Non siamo in questo mondo per sfruttarlo a nostro vantaggio, ma per essere come Gesù, salvatori con lui degli uomini e del mondo intero. L'amore cristiano dunque non è una questione di sentimento, ma di azione operativa, di dono di sé, di sacrificio. E vivere per gli altri è la cosa più bella che si possa pensare. L'ultimo versetto indica la fine miserevole di chi rinnega la signoria del Cristo. Non esiste, dunque, un mondo che può reggersi e governarsi senza Dio. Lo si voglia o no, il Re è Gesù.

PROPOSITO DEL GIORNO... Oggi seminerò un frutto di bene per i fratelli salutando e sorridendo a tutti.

PRATICHE E FESTE DEL GIORNO...

- Pratiche e preghiere di ogni giorno consigliate per il mese di novembre *(pag. 698)*.
- Preghiera a santa Cecilia.

ALTRI SANTI E BEATI DEL GIORNO

S. Pietro Esqueda Ramírez • B. Anna Kolesárová • B. Giovanna di Montefalco • B. Tommaso Reggio

23 NOVEMBRE

GIOVEDÌ

33ª settimana del Tempo Ordinario

verde (rosso se si celebra la memoria del martire, bianco per l'altra memoria)

1ª sett. salt.

S. Clemente I, papa e martire (mf)
S. Colombano, abate (mf)

ANTIFONA D'INGRESSO - Dice il Signore: «Io ho progetti di pace e non di sventura. Voi mi invocherete e io vi esaudirò: vi radunerò da tutte le nazioni dove vi ho disperso» *(Cfr. Ger 29,11.12.14).*

COLLETTA - Il tuo aiuto, Signore Dio nostro, ci renda sempre lieti nel tuo servizio, perché solo nella dedizione a te, fonte di ogni bene, possiamo avere felicità piena e duratura. Per il nostro Signore…

PRIMA LETTURA
1Mac 2,15-29

Dal primo libro dei Maccabèi

In quei giorni, i messaggeri del re, incaricati di costringere all'apostasia, vennero nella città di Modin per indurre a offrire sacrifici. Molti Israeliti andarono con loro; invece Mattatìa e i suoi figli si raccolsero in disparte. I messaggeri del re si rivolsero a Mattatìa e gli dissero: «Tu sei uomo autorevole, stimato e grande in questa città e sei sostenuto da figli e fratelli. Su, fatti avanti per primo e adempi il comando del re, come hanno fatto tutti i popoli e gli uomini di Giuda e quelli rimasti a Gerusalemme; così tu e i tuoi figli passerete nel numero degli amici del re e tu e i tuoi figli avrete in premio oro e argento e doni in quantità». Ma Mattatìa rispose a gran voce: «Anche se tutti i popoli che sono sotto il dominio del re lo ascoltassero e ognuno abbandonasse la religione dei propri padri e volessero tutti aderire alle sue richieste, io, i miei figli e i miei fratelli cammineremo nell'alleanza dei nostri padri. Non sia mai che abbandoniamo la legge e le tradizioni. Non ascolteremo gli ordini del re per deviare dalla nostra religione a destra o a sinistra». Quando ebbe finito di pronunciare queste parole, si avvicinò un Giudeo alla vista di tutti per sacrificare sull'altare di Modin secondo il decreto del re. Ciò vedendo, Mattatìa arse di zelo; fremettero le sue viscere e fu preso da una giusta collera. Fattosi avanti di corsa, lo uccise sull'altare; uccise nel medesimo tempo il messaggero del re, che costringeva a sacrificare, e distrusse l'altare. Egli agiva per zelo verso la legge, come aveva fatto Fineès con Zambrì, figlio di Salom. La voce di Mattatìa tuonò nella città: «Chiunque ha zelo per la legge e vuole difendere l'alleanza mi segua!». Fuggì con i suoi figli tra i monti, abbandonando in città quanto possedevano. Allora molti che ricercavano la giustizia e il diritto scesero nel deserto, per stabilirvisi. **Parola di Dio.**

SALMO RESPONSORIALE Dal Salmo 49 (50)

℟. **A chi cammina per la retta via**
mostrerò la salvezza di Dio.

Parla il Signore, Dio degli dèi,
convoca la terra da oriente a occidente.
Da Sion, bellezza perfetta,
Dio risplende. ℟.

Davanti a me riunite i miei fedeli,
che hanno stabilito con me l'alleanza
offrendo un sacrificio.
I cieli annunciano la sua giustizia:
è Dio che giudica. ℟.

Offri a Dio come sacrificio la lode
e sciogli all'Altissimo i tuoi voti;
invocami nel giorno dell'angoscia:
ti libererò e tu mi darai gloria. ℟.

CANTO AL VANGELO Cfr. Sal 94 (95),8ab

Alleluia, alleluia.
Oggi non indurite il vostro cuore,
ma ascoltate la voce del Signore.
Alleluia.

VANGELO Lc 19,41-44

✠ *Dal Vangelo secondo Luca*

In quel tempo, Gesù, quando fu vicino a Gerusalemme, alla vista della città pianse su di essa dicendo: «Se avessi compreso anche tu, in questo giorno, quello che porta alla pace! Ma ora è stato nascosto ai tuoi occhi. Per te verranno giorni in cui i tuoi nemici ti circonderanno di trincee, ti assedieranno e ti stringeranno da ogni parte; distruggeranno te e i tuoi figli dentro di te e non lasceranno in te pietra su pietra, perché non hai riconosciuto il tempo in cui sei stata visitata». **Parola del Signore.**

SULLE OFFERTE - L'offerta che ti presentiamo, o Signore, ci ottenga la grazia di servirti fedelmente e ci prepari il frutto di un'eternità beata. Per Cristo nostro Signore.

COMUNIONE - Il mio bene è stare vicino a Dio; nel Signore ho posto il mio rifugio *(Sal 72,28)*.

Oppure: «In verità io vi dico: tutto quello che chiederete nella preghiera, abbiate fede di averlo ottenuto e vi sarà accordato», dice il Signore *(Cfr. Mc 11,23.24)*.

DOPO LA COMUNIONE - Nutriti da questo sacramento, ti preghiamo umilmente, o Padre: la celebrazione che il tuo Figlio ha comandato di fare in sua memoria, ci faccia crescere nell'amore. Per Cristo nostro Signore.

Commenti

1ª LETTURA - L'eterna lotta tra il bene e il male ha nelle persecuzioni religiose uno dei suoi luoghi costanti. I poteri civili mal sopportano che le persone seguano tradizioni e usanze che non rientrano nei loro progetti, ma alla fin fine la questione è sempre quella: lo Stato laico vuole prendere il posto di Dio e governare anche sulle anime dei propri sudditi. Eppure, non si dà fastidio a nessuno se si vogliono seguire le pratiche religiose ebraiche (al tempo dei Maccabèi) o cristiane, nel nostro tempo di Chiesa. Dobbiamo quindi aspettarcelo e il Signore stesso ce l'ha predetto: «Se hanno perseguitato me, perseguiteranno anche voi» (Gv 15,20). Questi contrasti sono il segno che siamo in Cristo e, anche se ci dispiacciono, ci danno l'occasione per manifestare ancora più chiaramente il primato di Dio su qualsiasi altra cosa. Mattatìa, ardente di zelo, uccise un correligionario che aveva tradito la causa; quando arriva Gesù le cose cambiano: non si uccide il traditore, ma si vive il martirio nel puro perdono, accogliendo la più perfetta conformazione a Cristo crocifisso come una grazia.

Vangelo - Il pianto di Gesù su Gerusalemme esprime il dolore per gli uomini che, non avendolo riconosciuto come Salvatore, si autocondannano alla rovina. Eppure, che cosa doveva fare di più e di meglio Gesù per farsi accogliere? Lo sguardo del Signore si spinge lontano: egli vede già la distruzione materiale della città santa (che sarà realmente rasa al suolo dai Romani quarant'anni dopo la morte e risurrezione del Signore), ma contempla anche la dispersione del popolo d'Israele, che perderà per millenni la propria terra, la liturgia del tempio, la trasmissione dei riti e del culto. San Paolo ci assicura che un giorno tutto Israele riconoscerà finalmente Gesù come Messia (Rm 11,15) e allora la festa sarà talmente grande che ne verrà addirittura la risurrezione dai morti. Attendiamo anche noi con gioia quel momento, perché allora le lacrime del Signore saranno asciugate. Cristo è Re dell'universo in senso pieno, non solo delle singole anime, ma anche della società. Le ultime parole della Bibbia esprimono questo grido e desiderio: «Vieni, Signore Gesù». «Sì, verrò presto» (cfr. Ap 22,20). La Chiesa invoca e implora sempre questo ritorno di Gerusalemme alla pienezza della fede e della verità.

PROPOSITO DEL GIORNO... Oggi, se qualche angoscia tenterà di prendere il sopravvento su di me, subito mi rivolgerò al Signore con un'accorata preghiera.

PRATICHE E FESTE DEL GIORNO...

- Pratiche e preghiere di ogni giorno consigliate per il mese di novembre *(pag. 698)*.
- Preghiera a san Clemente I.
- Preghiera a san Colombano.
- Festa Incoronazione beata Vergine della Comuna, Ostiglia (Mantova).

ALTRI SANTI E BEATI DEL GIORNO

S. Felicita e sette fratelli • S. Lucrezia di Mérida • B. Margherita di Savoia • **B. Michele Agostino Pro**

BEATO MICHELE AGOSTINO PRO: «È così che muoiono i giusti».

Guadalupe, in Messico, è terra di Maria, perché è qui che, il 9 dicembre 1531, la Madonna apparve all'indio Juan Diego.

Proprio a Guadalupe, il 13 gennaio 1891, nasce Michele Agostino Pro Juárez; è figlio di un ingegnere minerario che, fin da piccolo, lo porta con sé a visitare le miniere: egli vede quindi la vita dura dei minatori e affina la sua sensibilità, maturando una sollecitudine particolare per i problemi sociali. Questo lo spinge a entrare a 20 anni nella Compagnia di Gesù.

Il 30 agosto 1925 viene ordinato sacerdote ad Enghien (Belgio) e l'anno dopo ritorna in Messico, dove è in corso una spietata persecuzione contro la Chiesa: Michele Agostino si dà da fare in ogni modo per sostenere i cattolici perseguitati, aiutare i poveri, portare la sua assistenza a malati e moribondi. **Compie ogni azione con una carica di ottimismo e di vitalità e anche con tanto coraggio**, ricorrendo spesso a travestimenti che gli permettono di eludere i controlli della polizia. Celebra in segreto l'Eucaristia e predica di nascosto gli esercizi spirituali: si calcola che **in un giorno sia riuscito a distribuire anche 1500 Comunioni**. Grazie

alla sua chitarra e con battute spiritose, cerca di sollevare il morale e di sostenere tutti quelli che incontra.
Il suo segreto per superare le difficoltà delle situazione politica in cui si trova a vivere e anche le sue sofferenze personali è l'unione profonda con Gesù: egli ha scoperto infatti che **non c'è «un mezzo più rapido ed efficace per vivere intensamente unito a Gesù che la santa Messa»**.
Ed è unito al suo Gesù che muore: viene arrestato con la falsa accusa di aver partecipato all'attentato contro un generale. Dopo un processo sommario e pretestuoso, lo fucilano a Città del Messico il 23 novembre **1927**: ha solo 36 anni di età ed è sacerdote da appena due.
Muore con il crocifisso in una mano e il rosario nell'altra, esclamando: **«Viva Cristo re!»**. Al vedere questo, un soldato del plotone di esecuzione, come il centurione ai piedi della croce, riconosce: «È così che muoiono i giusti».
Sfidando la polizia e i divieti, **al suo funerale partecipano ventimila persone**: gli sono profondamente riconoscenti per il bene da lui ricevuto e riconoscono in lui un martire di Cristo, cosa che poi farà anche la Chiesa: **san Giovanni Paolo II lo ha beatificato il 25 settembre 1988**.

24 NOVEMBRE

VENERDÌ

33ª settimana del Tempo Ordinario

rosso **1ª sett. salt.**

Ss. Andrea Dung-Lac, presbitero, e compagni, martiri (m)

SANT'ANDREA DUNG-LAC E COMPAGNI: quelli che muoiono per la fede, salgono al cielo.

Inizia nell'estrema povertà la vita di Tran An Dung, nato verso il 1795 a Bac Ninh (nell'attuale Vietnam), da una famiglia non cristiana. I genitori lo affidano allora a un catechista, che lo conduce alla missione di Vinh-Tri. Lì **viene battezzato col nome di Andrea** e riceve la sua prima educazione. Otto anni dopo, Andrea è promosso catechista e il 15 marzo 1823 viene ordinato sacerdote. La sua vita sacerdotale è improntata alla povertà e alla semplicità: condivide quel poco che ha con chi è ancora più povero di lui, dimostrando un grande amore verso i poveri.

Quando la persecuzione verso i cristiani viene intensificata nel 1833, padre Andrea è costretto a nascondersi nelle case di altri credenti, poi fugge a Ke-Roi, dove fonda una nuova comunità cristiana.

Il primo arresto arriva quando ha appena terminato di

celebrare l'Eucaristia, ma uno dei funzionari del villaggio lo riscatta con sei pezzi d'argento. Decide di cambiare il cognome da Dung a Lac. Per questa vita clandestina egli soffre: «**Quelli che muoiono per la fede, salgono al cielo**; noi, invece, ci nascondiamo continuamente, spendiamo denaro per sottrarci ai persecutori! **Varrebbe meglio lasciarsi arrestare e morire!**».
Il secondo arresto lo coglie il 10 novembre 1839, nel villaggio di Ke-Song, ma anche in quel caso viene rilasciato e si assume l'incarico di portare denaro per riscattare un altro prigioniero. Mentre torna verso casa lungo un fiume, deve fermarsi a causa di una tempesta. Al momento di raggiungere la riva, si trova in difficoltà e a soccorrerlo è il segretario del prefetto locale: «Ho preso un maestro di religione!», esclama.
Per la terza volta, dunque, viene arrestato e trasferito, insieme a padre Pietro, nel territorio di Binh-Loc. I fedeli raccolgono di nuovo una colletta per riscattare entrambi i sacerdoti, ma **padre Andrea chiede loro di non riscattarlo**. Quando vengono interrogati ad Hanoi per costringerli ad apostatare, padre Andrea e padre Pietro rispondono che **preferiscono la morte**. Il 21 dicembre 1839, quando i funzionari imperiali annunciano la sentenza di morte, i due sacerdoti li accolgono come se portassero una ricompensa. Prima dell'esecuzione, il boia incaricato dice ad Andrea: «Non conosciamo il vostro crimine; eseguiamo solo degli ordini. **Per**

favore, non prendetevela con noi». Sorridendo, lui replica: «Fa' solo quello che ti è stato indicato dal funzionario». I due sacerdoti chiedono di avere ancora qualche minuto per pregare e, infine, si chinano per venire decapitati.

ANTIFONA D'INGRESSO - Non ci sia per noi altro vanto che nella croce del Signore nostro Gesù Cristo. La parola della croce, per noi salvati, è potenza di Dio *(Cfr. Gal 6,14; 1Cor 1,18).*

COLLETTA - O Dio, origine e fonte di ogni paternità, che nel martirio hai reso fedeli alla croce del tuo Figlio fino all'effusione del sangue sant'Andrea [Dung-Lac] e i suoi compagni, per la loro intercessione concedi a noi di diffondere il tuo amore tra i fratelli per chiamarci ed essere tuoi figli. Per il nostro Signore…

PRIMA LETTURA 1Mac 4,36-37.52-59

Dal primo libro dei Maccabèi

In quei giorni, Giuda e i suoi fratelli dissero: «Ecco, sono stati sconfitti i nostri nemici: andiamo a puri-

ficare il santuario e a riconsacrarlo». Così si radunò tutto l'esercito e salirono al monte Sion. Si radunarono il mattino del venticinque del nono mese, cioè il mese di Chisleu, nell'anno centoquarantotto, e offrirono il sacrificio secondo la legge sul nuovo altare degli olocausti che avevano costruito. Nella stessa stagione e nello stesso giorno in cui l'avevano profanato i pagani, fu riconsacrato fra canti e suoni di cetre e arpe e cimbali. Tutto il popolo si prostrò con la faccia a terra, e adorarono e benedissero il Cielo che era stato loro propizio. Celebrarono la dedicazione dell'altare per otto giorni e offrirono olocausti con gioia e sacrificarono vittime di ringraziamento e di lode. Poi ornarono la facciata del tempio con corone d'oro e piccoli scudi. Rifecero i portoni e le celle sacre, munendole di porte. Grandissima fu la gioia del popolo, perché era stata cancellata l'onta dei pagani. Giuda, i suoi fratelli e tutta l'assemblea d'Israele, poi, stabilirono che si celebrassero i giorni della dedicazione dell'altare nella loro ricorrenza, ogni anno, per otto giorni, cominciando dal venticinque del mese di Chisleu, con gioia ed esultanza.
Parola di Dio.

SALMO RESPONSORIALE 1Cr 29,10-12

℟. **Lodiamo il tuo nome glorioso, Signore.**

Benedetto sei tu, Signore,
Dio d'Israele, nostro padre,
ora e per sempre. ℟.

Tua, Signore, è la grandezza, la potenza,
lo splendore, la gloria e la maestà:
perché tutto, nei cieli e sulla terra, è tuo. ℟.

Tuo è il regno, Signore:
ti innalzi sovrano sopra ogni cosa.
Da te provengono la ricchezza e la gloria. ℟.

Tu domini tutto;
nella tua mano c'è forza e potenza,
con la tua mano dai a tutti ricchezza e potere. ℟.

CANTO AL VANGELO Gv 10,27

Alleluia, alleluia.
Le mie pecore ascoltano la mia voce, dice il Signore,
e io le conosco ed esse mi seguono.
Alleluia.

VANGELO

Lc 19,45-48

✠ *Dal Vangelo secondo Luca*

In quel tempo, Gesù, entrato nel tempio, si mise a scacciare quelli che vendevano, dicendo loro: «Sta scritto: "La mia casa sarà casa di preghiera". Voi invece ne avete fatto un covo di ladri». Ogni giorno insegnava nel tempio. I capi dei sacerdoti e gli scribi cercavano di farlo morire e così anche i capi del popolo; ma non sapevano che cosa fare, perché tutto il popolo pendeva dalle sue labbra nell'ascoltarlo.
Parola del Signore.

SULLE OFFERTE - Accogli, Padre santo, i doni che ti presentiamo celebrando la passione dei tuoi santi martiri [vietnamiti]: concedi anche a noi di rimanere sempre fedeli a te fra le avversità del mondo e di presentare noi stessi come offerta a te gradita. Per Cristo nostro Signore.

Prefazio dei santi martiri I o II (materiale multimediale: pag. 17).

COMUNIONE - Beati i perseguitati per la giustizia: di essi è il regno dei cieli *(Mt 5,10)*.

Dopo la Comunione - Nutriti dell'unico pane nella memoria dei santi martiri [vietnamiti], ti supplichiamo, o Signore: fa' che rimaniamo unanimi nel tuo amore per conseguire il premio eterno riservato a chi soffre per la fede. Per Cristo nostro Signore.

Commenti

1ª lettura - Tutta la gioia d'Israele sta nel culto del tempio. C'è un'idea quasi fisica della presenza di Dio dentro il tempio e vedere il luogo santo profanato è la massima delle pene. Si capisce, quindi, l'esultanza del popolo che può tornare ad appropriarsi del sacro tempio. Servire Dio con il culto liturgico significa ritrovare la propria identità, il senso della propria sacralità in quanto popolo eletto col quale Dio ha stipulato un'alleanza. Poi sappiamo che, pochi anni dopo la risurrezione di Cristo, quello stesso edificio, che nella lettura di oggi viene riconsacrato, sarà definitivamente distrutto dalle truppe romane dell'imperatore Tito. Oggi noi cristiani abbiamo tante chiese, dove la presenza del Signore è ancora superiore a quella di Jahvè nell'antico tempio del tempo dei Maccabèi, perché vi è custodito il vero corpo di Cristo nel Santissimo Sacramento. La lettura di oggi ci insegna ad avere la gioia del luogo sacro, il rispetto, il senso della sacralità: Dio è presente. Ogni volta che vi entriamo dovremmo provare l'esultanza interiore descritta nella lettura.

VANGELO - Sappiamo che il tempio vero di Dio è il cuore dell'uomo in grazia. Lo dice chiaramente san Paolo: «Non sapete che siete tempio di Dio e che lo Spirito di Dio abita in voi?» (1Cor 3,16). Però ci sono anche le chiese materiali, fatte di mattoni, nelle quali celebriamo le Messe, onoriamo il Signore con il culto e le preghiere. Questi non sono mai luoghi improvvisati, basti pensare alle meravigliose basiliche costruite nei secoli dalla civiltà cristiana, ma anche agli oratori e alle chiesette di campagna: sempre sono pensate per favorire il raccoglimento e la preghiera. Tali luoghi non devono essere usati per altri scopi, fossero anche nobili e buoni. No, la casa di Dio è sempre casa di preghiera, la cosa principale che si deve fare è onorare appunto il Signore attraverso quella devozione, quel culto che si manifesta anche con gesti e atti: stare in silenzio, raccolti, inginocchiarsi, operare tutto quello che favorisce lo spirito di orazione, non di mercato. Il mercato ha la sua piazza e i suoi luoghi. Una chiesa decorosa e orante favorisce poi la vita spirituale, l'edificio interiore, ossia il «vero tempio di Dio che siamo noi» (cfr. 1Cor 3,17). Le due cose si alimentano e sostengono a vicenda.

PROPOSITO DEL GIORNO... Oggi voglio mettermi in ascolto attento della voce del Signore. Lo farò innanzitutto rileggendo e meditando le letture del giorno.

PRATICHE E FESTE DEL GIORNO...

- Pratiche e preghiere di ogni giorno consigliate per il mese di novembre *(pag. 698)*.
- 1° giorno novena a san Francesco Saverio.

ALTRI SANTI E BEATI DEL GIORNO

S. Alberto di Lovanio • B. Maria Anna Sala • Bb. Niceta di Santa Prudenza Plaja Xifra e compagne

25 NOVEMBRE

SABATO

33ª settimana del Tempo Ordinario

verde (bianco se si celebra la memoria)

1ª sett. salt.

S. Caterina di Alessandria, vergine e martire (mf)

ANTIFONA D'INGRESSO - Dice il Signore: «Io ho progetti di pace e non di sventura. Voi mi invocherete e io vi esaudirò: vi radunerò da tutte le nazioni dove vi ho disperso» *(Cfr. Ger 29,11.12.14).*

COLLETTA - Il tuo aiuto, Signore Dio nostro, ci renda sempre lieti nel tuo servizio, perché solo nella dedizione a te, fonte di ogni bene, possiamo avere felicità piena e duratura. Per il nostro Signore…

PRIMA LETTURA — 1Mac 6,1-13

Dal primo libro dei Maccabèi

In quei giorni, mentre il re Antioco percorreva le regioni settentrionali, sentì che c'era in Persia la città di Elimàide, famosa per ricchezza, argento e oro; che c'era un tempio ricchissimo, dove si trovavano armature d'oro, corazze e armi, lasciate là da Alessandro, figlio di Filippo, il re macèdone che aveva regnato per primo sui Greci. Allora vi si recò e cercava di impadronirsi della città e di depredarla, ma non vi riuscì, perché il suo piano fu risaputo dagli abitanti della città, che si opposero a lui con le armi; egli fu messo in fuga e dovette ritirarsi con grande tristezza e tornare a Babilonia. Venne poi un messaggero in Persia ad annunziargli che erano state sconfitte le truppe inviate contro Giuda. Lisia si era mosso con un esercito tra i più agguerriti, ma era stato messo in fuga dai nemici, i quali si erano rinforzati con armi e truppe e ingenti spoglie, tolte alle truppe che avevano sconfitto, e inoltre avevano demolito l'abominio da lui innalzato sull'altare a Gerusalemme, avevano cinto d'alte mura, come prima, il santuario e Bet-Sur, che era una sua città. Il re, sentendo queste notizie, rimase sbigottito e scosso terribilmente; si mise a letto e cadde ammalato per la tristezza, perché non era avvenuto secondo quanto aveva desiderato. Rimase così molti giorni, perché si rinnovava in lui una forte depressione e credeva di morire. Chiamò tutti i suoi amici e disse loro: «Se ne va il sonno dai miei occhi e l'animo è oppresso dai dispiaceri. Ho detto in cuor mio: in quale tribolazione sono giunto, in quale terribile agitazione sono caduto, io che ero così fortunato e benvoluto sul mio trono! Ora mi ricordo dei mali che ho commesso a Gerusalemme, portando via tutti gli arredi d'oro e d'argento che vi si trovavano e mandando a sopprimere gli abitanti di Giuda senza ragione. Riconosco che a causa di tali cose mi colpiscono questi mali; ed ecco, muoio nella più profonda tristezza in paese straniero». **Parola di Dio.**

SALMO RESPONSORIALE

Dal Salmo 9

℟. **Esulterò, Signore, per la tua salvezza.**

Renderò grazie al Signore con tutto il cuore,
annuncerò tutte le tue meraviglie.
Gioirò ed esulterò in te,
canterò inni al tuo nome, o Altissimo. ℟.

Mentre i miei nemici tornano indietro,
davanti a te inciampano e scompaiono.
Hai minacciato le nazioni, hai sterminato il malvagio,
il loro nome hai cancellato in eterno, per sempre. ℟.

Sono sprofondate le genti
nella fossa che hanno scavato,

nella rete che hanno nascosto
si è impigliato il loro piede.
Perché il misero non sarà mai dimenticato,
la speranza dei poveri non sarà mai delusa. ℟.

CANTO AL VANGELO
Cfr. 2Tm 1,10

Alleluia, alleluia.
Il salvatore nostro Cristo Gesù ha vinto la morte
e ha fatto risplendere la vita per mezzo del Vangelo.
Alleluia.

VANGELO
Lc 20,27-40

✠ *Dal Vangelo secondo Luca*

In quel tempo, si avvicinarono a Gesù alcuni sadducèi – i quali dicono che non c'è risurrezione – e gli posero questa domanda: «Maestro, Mosè ci ha prescritto: "Se muore il fratello di qualcuno che ha moglie, ma è senza figli, suo fratello prenda la moglie e dia una discendenza al proprio fratello". C'erano dunque sette fratelli: il primo, dopo aver preso moglie, morì senza figli. Allora la prese il secondo e poi il terzo e così tutti e sette morirono senza lasciare figli. Da ultimo morì anche la donna. La donna dunque, alla risurrezione, di chi sarà moglie? Poiché tutti e sette l'hanno avuta in moglie». Gesù rispose loro: «I figli di questo mondo prendono moglie e prendono marito; ma quelli che sono giudicati degni della vita futura e della risurrezione dai morti, non prendono né moglie né marito: infatti non possono più morire, perché sono uguali agli angeli e, poiché sono figli della risurrezione, sono figli di Dio. Che poi i morti risorgano, lo ha indicato anche Mosè a proposito del roveto, quando dice: "Il Signore è il Dio di Abramo, Dio di Isacco e Dio di Giacobbe". Dio non è dei morti, ma dei viventi; perché tutti vivono per lui». Dissero allora alcuni scribi: «Maestro, hai parlato bene». E non osavano più rivolgergli alcuna domanda. **Parola del Signore.**

SULLE OFFERTE - L'offerta che ti presentiamo, o Signore, ci ottenga la grazia di servirti fedelmente e ci prepari il frutto di un'eternità beata. Per Cristo nostro Signore.

COMUNIONE - Il mio bene è stare vicino a Dio; nel Signore ho posto il mio rifugio *(Sal 72,28)*.

Oppure: «In verità io vi dico: tutto quello che chiederete nella preghiera, abbiate fede di averlo ottenuto e vi sarà accordato», dice il Signore *(Cfr. Mc 11,23.24)*.

Dopo la Comunione - Nutriti da questo sacramento, ti preghiamo umilmente, o Padre: la celebrazione che il tuo Figlio ha comandato di fare in sua memoria, ci faccia crescere nell'amore. Per Cristo nostro Signore.

Commenti

1ª lettura - Il re Antioco, definito «radice perversa» (1Mac 1,10) governa sulla Giudea e introce in Israele usi e costumi pagani. Questo scatena la reazione di Giuda Maccabèo, che riesce con l'aiuto di Dio a sconfiggere gli eserciti nemici capitanati dal generale Lisia. La strabiliante notizia turba il re: egli non sa spiegarsi come un manipolo di ribelli poco armati abbia potuto sopraffare le ingenti truppe del suo generale. Intuisce che una potenza superiore deve essere dalla parte di questi Maccabèi; non vi può essere altra spiegazione… In un certo senso, questo arrendersi di Antioco in parte lo riabilita: nel riconoscere l'impossibilità di abbattere quei pochi Giudei, egli attesta implicitamente che la loro "divinità" è superiore ai suoi eserciti, che la forza del Dio d'Israele supera la sua. Addirittura anche si confessa: «Mi ricordo dei mali commessi». L'episodio assomiglia a quello del centurione romano che chiede a Gesù di guarire il suo servo malato: anche il romano (che è un pagano) riconosce in Gesù una forza superiore e davanti a questa si inchina umilmente.

Vangelo - I sadducèi cercano di cogliere in fallo Gesù con un banale quesito. Per loro, una volta morti non si risorge, tutto finisce con la vita di quaggiù. Essi vogliono fare dichiarare a Gesù che la donna risorgerà, ma che in tal caso si troverà nell'imbarazzante situazione di essere la moglie di diversi uomini. La risposta del Signore si richiama al libro dell'Esodo laddove Dio viene chiamato Dio-di-qualcuno (di Abramo e degli altri). Dunque, siccome Dio è vivente in eterno, anche coloro che gli appartengono non muoiono mai. In un altro passo egli definisce sé stesso come vita: «Io sono la via, la verità e la vita» (Gv 14,6). Tutto dunque torna: Gesù risorto è il Vivente e chi muore in lui rimane in lui eternamente. Tra questa vita terrena e quella del cielo vi è continuità, non frattura: la morte biologica non fa che rivelare quello che già siamo e viviamo, o in Cristo o separati per sempre da lui. Consoliamoci e guardiamo alla vita del cielo come la vera vita, gloriosa, bella, pulsante di amore per Dio e per il prossimo. Ma, alla fine, la donna allora di chi sarà? Di tutti e di nessuno, perché la vita del cielo è l'amore pieno per Dio e per gli uomini, un amore di totale appartenenza senza esclusivismi.

PROPOSITO DEL GIORNO... Oggi telefono a una persona che conosco che ha subìto la perdita di una persona cara per donarle parole di conforto nel Signore.

PRATICHE E FESTE DEL GIORNO...

- Pratiche e preghiere di ogni giorno consigliate per il mese di novembre *(pag. 698)*.
- Preghiera alla venerabile Margherita Occhiena *(pag. 706)*.
- Supplica a Gesù Bambino di Praga (cod. 8001, 8365).
- Preghiera a santa Caterina d'Alessandria.

ALTRI SANTI E BEATI DEL GIORNO

S. Mosè di Roma • B. Elisabetta Achler • Bb. Luigi e Maria Beltrame Quattrocchi • **Ven. Margherita Occhiena**

VENERABILE MARGHERITA OCCHIENA: «Vogliatevi sempre bene».

La santità di Margherita Occhiena, madre di san Giovanni Bosco, è frutto di una vita umile e completamente donata. Si sposa giovanissima, ben presto rimane vedova e si trova ad affrontare da sola la conduzione della famiglia. Deve accudire il figliastro Antonio ed educare Giuseppe e Giovanni, i figli nati dal matrimonio con Francesco Bosco. Quando viene a sapere che Giovanni vuole farsi sacerdote, gli dice: «Io voglio solamente che tu esamini attentamente il passo che vuoi fare e poi **segui la tua vocazione senza guardar ad alcuno. La prima cosa è la salvezza della tua anima**». Margherita segue il figlio nella sua missione tra i giovani poveri e abbandonati di Torino: in una sera piovosa del **maggio del 1847, lei e don Bosco accolgono a Valdocco il primo ragazzo** e Margherita, senza saperlo, è "cofondatrice" della Famiglia Salesiana. Pone sempre Dio in tutto e davanti a tutto. Per ben dieci anni, la sua vita si confonde con quella del figlio: mamma Margherita estende la sua maternità allo stuolo di ragazzi che affollano il celebre oratorio di Valdocco. Muore il 25 novembre 1856 e ai figli, Giovanni e Giuseppe, insieme al suo capezzale, lascia il proprio testamento spirituale: **«Vogliatevi sempre bene»**.

26 NOVEMBRE

DOMENICA

Nostro Signore Gesù Cristo, Re dell'universo (s) (A)

bianco **propria**

SIAMO IN CAMMINO VERSO L'INCONTRO CON GESÙ

Oggi, ultima domenica dell'anno liturgico, celebriamo la **solennità di Nostro Signore Gesù Cristo, Re dell'universo**. Nella prima domenica di Avvento ci era stata indicata questa meta e oggi vi siamo giunti; considerato che l'anno liturgico rappresenta la nostra vita in miniatura, la solennità odierna ci fa pensare al fatto che siamo in cammino verso l'incontro con Gesù Sposo, quando egli verrà per la seconda volta, quale Re e Signore della vita e della storia. La prima volta è venuto tra noi nell'umiltà di un bambino la cui culla è stata una mangiatoia (Lc 2,7); alla fine della storia ritornerà nella gloria. E quando il Figlio dell'uomo ritornerà sulla terra non ci chiederà quante pratiche religiose abbiamo snocciolato o a quanti pellegrinaggi abbiamo partecipato, ma quanto abbiamo amato! L'elemento discriminante fra i «benedetti» e i «maledetti» è la forma concretissima dell'amore: ti sei preso cura di chi ti ho messo vicino? È commovente la concretezza di Gesù: dar da bere e da mangiare, visitare, curare, ospitare, vestire... Sono quei gesti dell'amore quotidiano, nascosto e silenzioso, che fanno la differenza! Come quei panni lavati e stirati per il vicino di casa rimasto vedovo; come quella visita di ogni sabato alla casa di cura per anziani; come quel sorriso fatto per strada o quel posto lasciato libero sul treno; come quel sacchetto di spesa consegnato ogni settimana... Buona fine dell'anno liturgico!

ANTIFONA D'INGRESSO - L'Agnello immolato è degno di ricevere potenza e ricchezza, sapienza, forza e onore: a lui gloria e potenza nei secoli dei secoli *(Ap 5,12;1,6)*.

Si dice il Gloria *(pag. 10).*

COLLETTA - Preghiamo: Dio onnipotente ed eterno, che hai voluto ricapitolare tutte le cose in Cristo tuo Figlio, Re dell'universo, fa' che ogni creatura, libera dalla schiavitù del peccato, ti serva e ti lodi senza fine. Per il nostro Signore... **Amen.**

Oppure: O Padre, che hai costituito il tuo Figlio pastore e re dell'universo, donaci di riconoscerlo nel più piccolo dei fratelli, perché, quando egli verrà nella gloria ci accolga nel suo regno di risurrezione e di vita. Egli è Dio... **Amen.**

(seduti)

PRIMA LETTURA Ez 34,11-12.15-17

Dal libro del profeta Ezechièle

Così dice il Signore Dio: Ecco, io stesso cercherò le mie pecore e le passerò in rassegna. Come un pastore passa in rassegna il suo gregge quando si trova in mezzo alle sue pecore che erano state disperse, così io passerò in rassegna le mie pecore e le radunerò da tutti i luoghi dove erano disperse nei giorni nuvolosi e di caligine. Io stesso condurrò le mie pecore al pascolo e io le farò riposare. Oracolo del Signore Dio. Andrò in cerca della pecora perduta e ricondurrò all'ovile quella smarrita, fascerò quella ferita e curerò quella malata, avrò cura della grassa e della forte; le pascerò con giustizia. A te, mio gregge, così dice il Signore Dio: Ecco, io giudicherò fra pecora e pecora, fra montoni e capri. - Parola di Dio. ℟. **Rendiamo grazie a Dio.**

SALMO RESPONSORIALE Dal Salmo 22 (23)

℟. **Il Signore è il mio pastore: non manco di nulla.**

Il Signore è il mio pastore:
non manco di nulla.
Su pascoli erbosi mi fa riposare.
Ad acque tranquille mi conduce. ℟.

Rinfranca l'anima mia,
mi guida per il giusto cammino
a motivo del suo nome. ℟.

Davanti a me tu prepari una mensa
sotto gli occhi dei miei nemici.
Ungi di olio il mio capo;
il mio calice trabocca. ℟.

Sì, bontà e fedeltà mi saranno compagne

tutti i giorni della mia vita,
abiterò ancora nella casa del Signore
per lunghi giorni. R.

SECONDA LETTURA
1Cor 15,20-26.28

Dalla prima lettera di san Paolo apostolo ai Corìnzi

Fratelli, Cristo è risorto dai morti, primizia di coloro che sono morti. Perché, se per mezzo di un uomo venne la morte, per mezzo di un uomo verrà anche la risurrezione dei morti. Come infatti in Adamo tutti muoiono, così in Cristo tutti riceveranno la vita. Ognuno però al suo posto: prima Cristo, che è la primizia; poi, alla sua venuta, quelli che sono di Cristo. Poi sarà la fine, quando egli consegnerà il regno a Dio Padre, dopo avere ridotto al nulla ogni Principato e ogni Potenza e Forza. È necessario infatti che egli regni finché non abbia posto tutti i nemici sotto i suoi piedi. L'ultimo nemico a essere annientato sarà la morte. E quando tutto gli sarà stato sottomesso, anch'egli, il Figlio, sarà sottomesso a Colui che gli ha sottomesso ogni cosa, perché Dio sia tutto in tutti. - Parola di Dio. R. **Rendiamo grazie a Dio.**

(in piedi)

CANTO AL VANGELO Mc 11,9.10

Alleluia, alleluia.
Benedetto colui che viene nel nome del Signore!
Benedetto il Regno che viene,
del nostro padre Davide!
Alleluia.

VANGELO Mt 25,31-46

Il Signore sia con voi.
℟. **E con il tuo spirito.**
✠ *Dal Vangelo secondo Matteo*
℟. **Gloria a te, o Signore.**

In quel tempo, Gesù disse ai suoi discepoli: «Quando il Figlio dell'uomo verrà nella sua gloria, e tutti gli angeli con lui, siederà sul trono della sua gloria. Davanti a lui verranno radunati tutti i popoli. Egli separerà gli uni dagli altri, come il pastore separa le pecore dalle capre, e porrà le pecore alla sua destra e le capre alla sinistra. Allora il re dirà a quelli che saranno alla sua destra: "Venite, benedetti del Padre mio, ricevete in eredità il regno preparato per voi fin dalla creazione del mondo, perché ho avuto fame e mi avete dato da mangiare, ho avuto sete e mi avete dato da bere, ero straniero e mi avete accolto, nudo e mi avete vestito, malato e mi avete visitato, ero in

carcere e siete venuti a trovarmi". Allora i giusti gli risponderanno: "Signore, quando ti abbiamo visto affamato e ti abbiamo dato da mangiare, o assetato e ti abbiamo dato da bere? Quando mai ti abbiamo visto straniero e ti abbiamo accolto, o nudo e ti abbiamo vestito? Quando mai ti abbiamo visto malato o in carcere e siamo venuti a visitarti?". E il re risponderà loro: "In verità io vi dico: **tutto quello che avete fatto a uno solo di questi miei fratelli più piccoli, l'avete fatto a me**". Poi dirà anche a quelli che saranno alla sinistra: "Via, lontano da me, maledetti, nel fuoco eterno, preparato per il diavolo e per i suoi angeli, perché ho avuto fame e non mi avete dato da mangiare, ho avuto sete e non mi avete dato da bere, ero straniero e non mi avete accolto, nudo e non mi avete vestito, malato e in carcere e non mi avete visitato". Anch'essi allora risponderanno: "Signore, quando ti abbiamo visto affamato o assetato o straniero o nudo o malato o in carcere, e non ti abbiamo servito?". Allora egli risponderà loro: "In verità io vi dico: tutto quello che non avete fatto a uno solo di questi più piccoli, non l'avete fatto a me". E se ne andranno: questi al supplizio eterno, i giusti invece alla vita eterna». - Parola del Signore.
℟. **Lode a te o Cristo.**

Si proclama il Credo *(pag. 12).*

(in piedi)

SULLE OFFERTE - Ti offriamo, o Padre, il sacrificio di Cristo per la nostra riconciliazione, e ti preghiamo umilmente: il tuo Figlio conceda a tutti i popoli il dono dell'unità e della pace. Egli vive e regna nei secoli dei secoli. **Amen.**

PREFAZIO - *Cristo Re dell'universo.* È veramente cosa buona e giusta, nostro dovere e fonte di salvezza, rendere grazie sempre e in ogni luogo a te, Signore, Padre santo, Dio onnipotente ed eterno. Tu con olio di esultanza hai consacrato Sacerdote eterno e Re dell'universo il tuo Figlio unigenito, Gesù Cristo Signore nostro. Egli, sacrificando se stesso immacolata vittima di pace sull'altare della croce, portò a compimento i misteri dell'umana redenzione; assoggettate al suo potere tutte le creature, offrì alla tua maestà infinita il regno eterno e universale: regno di verità e di vita, regno di santità e di grazia, regno di giustizia, di amore e di pace. E noi, uniti agli Angeli e agli Arcangeli, ai Troni e alle Dominazioni e alla moltitudine dei cori celesti, cantiamo con voce incessante l'inno della tua gloria: **Santo...**

COMUNIONE - Il Signore siede re per sempre: benedirà il suo popolo con la pace *(Sal 28,10-11).*
Oppure: Il Figlio dell'uomo verrà nella gloria per giudicare tutti i popoli *(Cfr. Mt 25,31-32).*

DOPO LA COMUNIONE - **Preghiamo:** O Padre, che ci hai nutriti con il pane della vita immortale, fa' che obbediamo con gioia ai comandamenti di Cristo, Re dell'universo, per vivere senza fine con lui nel regno dei cieli. Egli vive e regna nei secoli dei secoli. **Amen.**

Commenti

1ª LETTURA - Nella Sacra Scrittura è comune l'accostamento tra la figura del re e quella del pastore. Sembrano due "mestieri" totalmente opposti. Il re governa, vive in palazzi sontuosi, dispone di eserciti, ministri, servitù, ricchezze, potere. Il pastore è un umile lavoratore che passa lunghi periodi dormendo all'aperto nelle transumanze, non vive nei lussi, ha come unico bene il gregge. L'accostamento biblico ci dice questo: per governare bene, il re deve fare come il pastore, ossia vivere per le pecore (per i suoi sudditi), avere a cura il loro interesse, difenderle dagli animali feroci, curare quelle che si feriscono, andare a cercare quelle che si perdono. Il vero re allora è un servitore, non un despota che si fa servire. Il salmo 23 inizia con queste parole: «Il Signore è il mio pastore», facendo proprio l'abbinamento che abbiamo descritto. Così emerge sullo sfondo la figura del vero re, Gesù Cristo, che governa con le modalità del pastore nei confronti del suo gregge, vivendo totalmente per esso, fino ad arrivare a dare la vita per le proprie pecore, morendo sulla croce per amor loro.

2ª LETTURA - Il ruolo di Gesù nella vita della Chiesa e del mondo non è semplicemente quello di santificare i cuori e orientarli al cielo, ma quello di regnare, in senso proprio. Naturalmente non ci aspettiamo che nostro Signore appaia e venga a prendere il posto del re di Spagna o vada a sedersi nel parlamento di Montecitorio… Non è questo il potere divino. La regalità del Signore consiste nell'ispirare nel cuore degli uomini i sentimenti che derivano dalla sua bontà divina: la pietà, la carità, l'altruismo, lo spirito di sacrificio, l'osservanza dei precetti della Chiesa, eccetera. In questo modo, regnando nei nostri cuori, poi tutto diventerà segno e presenza di Gesù, tutto diventerà ordine. Il suo compito è quello di abbattere il male, in tutte le sue forme, e alla fine anche la morte stessa, e lo può fare se noi gli lasciamo il comando, ossia se ci riconosciamo prima umili sudditi, poi anche amici, poi finalmente anime spose del Verbo. Nel mondo saremo sempre perseguitati, più o meno, ma non dei vinti, perché è in noi la dignità assoluta di essere di stirpe regale, in quanto battezzati.

VANGELO - Nel giudizio universale saremo giudicati dagli atti di carità. Lo scrittore franco-americano Julien Greene afferma essere questa una delle pagine più «terribili» dell'intera Bibbia, perché vi contiene l'espressione: «Via, lontano da me, maledetti, nel fuoco eterno». Nell'Antico Testamento non vi è mai un'espressione così forte, nonostante tutte le pagine nelle quali il linguaggio del Signore è piuttosto veemente. Come intendere quel "maledetti"? Possibile che Gesù maledica qualcuno? Egli, il mite, che ha dato la vita per tutti? Al di là della parola, ci deve colpire la sostanza: chi non vive la carità passando tutta la vita a soddisfare sé stesso senza pensare mai agli altri, alla fine si trova nello stato di avere scelto lui la maledizione, ossia la via della perdizione – anche il libro del Deuteronòmio (28) descrive le due vie, quella della benedizione e quella della maledizione

–. Gesù non fa altro che confermare una sentenza già scritta da noi, durante la vita terrena. Il re è severo? No, è l'amore a essere una cosa seria, a tal punto che Dio si è incarnato, è venuto sulla terra, ha sacrificato sé stesso. Per rendere serio l'amore di Dio in noi, amiamoci gli uni gli altri, con l'amore stesso di Gesù.

PROPOSITO DEL GIORNO... Oggi mi informo dal mio parroco se ci sono delle famiglie della mia zona che hanno bisogno di aiuto economico e lascio un'offerta oppure mi rendo disponibile a fare del volontariato.

PRATICHE E FESTE DEL GIORNO...

- Pratiche e preghiere di ogni giorno consigliate per il mese di novembre *(pag. 698)*.
- 38ª Giornata della gioventù (celebrazione nelle diocesi).
- Atto di consacrazione del genere umano a Cristo Re *(pag. 302)*.
- Preghiera del beato Giacomo Alberione (cod. 8699) *(materiale multimediale: pag. 707)*.
- Informiamoci e conosciamo il beato Giacomo Alberione (cod. 8546).

SANTI E BEATI DEL GIORNO

S. Leonardo da Porto Maurizio • S. Silvestro Guzzolini • B. Gaetana Sterni • **B. Giacomo Alberione**

ATTO DI CONSACRAZIONE DEL GENERE UMANO A CRISTO RE

Si acquista l'indulgenza plenaria, se si recita pubblicamente nella solennità di Cristo Re; parziale, invece, se si recita privatamente (Manuale delle Indulgenze).

O Gesù dolcissimo, o Redentore del genere umano, riguarda a noi umilmente prostrati innanzi a te.

Noi siamo tuoi, e tuoi vogliamo essere; e per vivere a te più strettamente congiunti, ecco che ognuno di noi oggi spontaneamente si consacra al tuo sacratissimo Cuore. Molti purtroppo non ti conobbero mai; molti, disprezzando i tuoi comandamenti, ti ripudiarono. O benignissimo Gesù, abbi misericordia e degli uni e degli altri e tutti quanti attira al tuo sacratissimo Cuore.

O Signore, sii il Re non solo dei fedeli che non si allontanarono mai da te, ma anche di quei figli prodighi che ti abbandonarono; fa' che questi quanto prima ritornino alla casa paterna, per non morire di miseria e di fame. Sii Re di coloro che vivono nell'inganno e nell'errore, o per discordia da te separati; richiamali al porto della verità, all'unità della fede, affinché in breve si faccia un solo ovile sotto un solo pastore. Largisci, o Signore, incolumità e libertà sicura alla tua Chiesa, largisci a tutti i popoli la tranquillità dell'ordine; fa' che da un capo all'altro della terra risuoni quest'unica voce: Sia lode a quel Cuore divino, da cui venne la nostra salute; a lui si canti gloria e onore nei secoli. **Amen.**

BEATO GIACOMO ALBERIONE: apostolo dei tempi nuovi.

Don Alberione ricordava continuamente a tutti i suoi figli e figlie: **«Siete nati dall'Ostia, dal Tabernacolo!»**.

Nella notte che segnava il passaggio al nuovo secolo, il 31 dicembre 1900, infatti, durante la veglia di adorazione solenne nel duomo, mentre era inginocchiato a pregare, una particolare luce gli viene dall'Ostia; l'invito di Gesù: **«Venite a me»**, lo incita a fare qualcosa per gli uomini e le donne del nuovo secolo. Questa ispirazione lo segnerà per tutta la vita e lo guiderà verso la sua missione futura.

Giacomo Alberione nasce il 4 aprile 1884 a San Lorenzo di Fossano (Cuneo). La famiglia Alberione è umile e povera, ma ricca di fede e capace di trasmettere ai figli la fiducia salda nella provvidenza. Il progetto di Dio su Giacomo comincia a evidenziarsi molto presto: in prima elementare, interrogato dalla maestra su cosa farà da grande, egli risponde sicuro: **«Mi farò prete!»**.

Il 29 giugno 1907 viene ordinato sacerdote. Dopo una breve esperienza pastorale in Narzole, dove incontra il giovane Giuseppe Giaccardo che per lui sarà ciò che fu Timoteo per l'apostolo Paolo, compie il suo ministero nel seminario ad Alba: è padre spirituale dei seminari-

sti ed è molto disponibile a ogni incarico che gli viene affidato, ma sente che il Signore lo guida verso una missione nuova: **predicare il Vangelo a tutti i popoli, nello spirito dell'apostolo san Paolo, cioè portare gli uomini a Dio e Dio agli uomini, utilizzando i mezzi moderni di comunicazione**.
Per obbedire a Dio e alla Chiesa, il 20 agosto 1914, mentre a Roma muore il santo pontefice Pio X, ad Alba don Alberione fonda la Pia Società San Paolo, il primo dei dieci rami della "Famiglia Paolina". Tutto avviene in forma semplice e dimessa: don Alberione si sente semplicemente uno strumento di Dio. Compiuta l'opera affidatagli, il 26 novembre **1971**, va verso il Padre celeste.
Così san Giovanni Paolo II sintetizza la sua vita e la sua missione: «Il beato Giacomo Alberione intuì la necessità di far conoscere Gesù Cristo, Via Verità e Vita, "agli uomini del nostro tempo con i mezzi del nostro tempo" – come amava dire –, e si ispirò all'apostolo Paolo, che definiva "teologo e architetto della Chiesa", rimanendo sempre docile e fedele al Magistero del successore di Pietro, "faro" di verità in un mondo spesso privo di saldi riferimenti ideali. "**A usare questi mezzi ci sia un gruppo di santi**", soleva ripetere questo apostolo dei tempi nuovi».

27 NOVEMBRE

LUNEDÌ

34ª settimana del Tempo Ordinario

verde **2ª sett. salt.**

ANTIFONA D'INGRESSO - Il Signore annuncia la pace per il suo popolo, per i suoi fedeli, per chi ritorna a lui con fiducia *(Sal 84,9).*

COLLETTA - Ridesta, o Signore, la volontà dei tuoi fedeli, perché, collaborando con impegno alla tua opera di salvezza, ottengano in misura sempre più abbondante i doni della tua misericordia. Per il nostro Signore…

PRIMA LETTURA Dn 1,1-6.8-20

Dal libro del profeta Danièle

L'anno terzo del regno di Ioiakìm, re di Giuda, Nabucodònosor, re di Babilonia, marciò su Gerusalemme e la cinse d'assedio. Il Signore diede Ioiakìm, re di Giuda, nelle sue mani, insieme con una parte degli arredi del tempio di Dio, ed egli li trasportò nel paese di Sinar, nel tempio del suo dio, e li depositò nel tesoro del tempio del suo dio. Il re ordinò ad Asfenàz, capo dei suoi funzionari di corte, di condurgli giovani israeliti di stirpe regale o di famiglia nobile, senza difetti, di bell'aspetto, dotati di ogni sapienza, istruiti, intelligenti e tali da poter stare nella reggia, e di insegnare loro la scrittura e la lingua dei Caldèi. Il re assegnò loro una razione giornaliera delle sue vivande e del vino che egli beveva; dovevano essere educati per tre anni, al termine dei quali sarebbero entrati al servizio del re. Fra loro vi erano alcuni Giudei: Daniele, Ananìa, Misaèle e Azarìa. Ma Daniele decise in cuor suo di non contaminarsi con le vivande del re e con il vino dei suoi banchetti e chiese al capo dei funzionari di non obbligarlo a contaminarsi. Dio fece sì che Daniele incontrasse la benevolenza e la simpatia del capo dei funzionari. Però egli disse a Daniele: «Io temo che il re, mio signore, che ha stabilito quello che dovete mangiare e bere, trovi le vostre facce più magre di quelle degli altri giovani della vostra età e così mi rendereste responsabile davanti al re». Ma Daniele disse al custode, al quale il capo dei funzionari aveva affidato Daniele, Ananìa, Misaèle e Azarìa: «Mettici alla prova per dieci giorni, dandoci da mangiare verdure e da bere acqua, poi si confrontino, alla tua presenza, le nostre facce con quelle dei giovani che mangiano le vivande del re; quindi deciderai di fare con i tuoi servi come avrai constatato». Egli acconsentì e fece la prova per dieci giorni, al termine dei quali si vide che le loro facce erano più belle e più floride di quelle di tutti gli altri giovani che mangiavano le vivande del re. Da allora in poi il sovrintendente fece togliere l'assegnazione delle vivande e del vino che bevevano, e diede loro soltanto verdure. Dio concesse a questi quattro giovani di conoscere e comprendere ogni scrittura e ogni sapienza, e rese Daniele interprete di visioni e di sogni. Terminato il tempo, stabilito dal re, entro il quale i giovani dovevano essergli presentati, il capo dei funzionari li portò a Nabucodònosor. Il re parlò con loro, ma fra tutti non si trovò nessuno pari a Daniele, Ananìa, Misaèle e Azarìa, i quali rimasero al servizio del re; su qualunque argomento in fatto di sapienza e intelligenza il re li interrogasse, li trovava dieci volte superiori a tutti i maghi e indovini che c'erano in tutto il suo regno. **Parola di Dio.**

SALMO RESPONSORIALE Dn 3,52-56

℟. **A te la lode e la gloria nei secoli.**

Benedetto sei tu, Signore, Dio dei padri nostri,
benedetto il tuo nome glorioso e santo. ℟.

Benedetto sei tu nel tuo tempio santo, glorioso,
benedetto sei tu sul trono del tuo regno. ℟.

Benedetto sei tu che penetri con lo sguardo gli abissi
e siedi sui cherubini,
benedetto sei tu nel firmamento del cielo. ℟.

CANTO AL VANGELO Mt 24,42a.44

Alleluia, alleluia.
Vegliate e tenetevi pronti,
perché, nell'ora che non immaginate,
viene il Figlio dell'uomo.
Alleluia.

VANGELO Lc 21,1-4

✠ *Dal Vangelo secondo Luca*

In quel tempo, Gesù, alzàti gli occhi, vide i ricchi che gettavano le loro offerte nel tesoro del tempio.

Vide anche una vedova povera, che vi gettava due monetine, e disse: «In verità vi dico: questa vedova, così povera, ha gettato più di tutti. Tutti costoro, infatti, hanno gettato come offerta parte del loro superfluo. Ella invece, nella sua miseria, **ha gettato tutto quello che aveva per vivere**».
Parola del Signore.

SULLE OFFERTE - Accogli, o Signore, questi santi doni che ci hai comandato di offrire in onore del tuo nome, perché, seguendo i tuoi insegnamenti, diventiamo un'offerta a te gradita. Per Cristo nostro Signore.

COMUNIONE - Genti tutte, lodate il Signore, popoli tutti, cantate la sua lode, perché forte è il suo amore per noi *(Sal 116,1-2)*.
Oppure: Ecco, io sono con voi tutti i giorni, sino alla fine del mondo. Alleluia *(Mt 28,20)*.

DOPO LA COMUNIONE - Dio onnipotente, che ci dai la gioia di partecipare ai divini misteri, non permettere che ci separiamo mai da te, fonte di ogni bene. Per Cristo nostro Signore.

Commenti

1ª **LETTURA** - Rimanere fedeli a Dio porta frutti ed espande le proprie conseguenze su tutti i piani della vita umana. Questo è il risultato del primo comandamento della Legge: «Non avrai altri dèi fuori di me». L'unione piena con il Signore realizza l'uomo in tutte le sue potenzialità, perché Dio è buon Padre e Creatore, e le sue leggi sono perfette per noi uomini. Chi invece si ribella, inventa altre divinità che non esistono, si dà a ogni genere di sregolatezza, non realizza mai pienamente le risorse della propria vita. Per esempio, prendiamo il digiuno: a prima vista pare che faccia male e sia addirittura dannoso. È vero il contrario: chi digiuna tiene il corpo in allenamento e prega assai meglio. Occorre provare per credere. Chi è fedele al Signore nella vita morale, si accontenta di quello che ha, aiuta il prossimo secondo le proprie possibilità, vive onestamente eccetera, alla fine è contento, ha la pace nel cuore, pone tutta la sua fiducia in Dio. Il peccatore, invece, facilmente è irrequieto e instabile. Si vede, allora, come la fedeltà al Signore porta al pieno equilibrio le nostre potenze.

VANGELO - Un bel coraggio ha avuto la vedova... Ha gettato tutto. Si racconta della vita del Cottolengo che una sera non vi fossero più provviste nella dispensa da portare a tavola ai malati e ai poveri che vivevano nell'Istituto del Santo. Le suore andarono da lui tutte preoccupate dicendo che non solo non vi erano cibi, ma che in cassa vi era un solo marengo (moneta d'oro), insufficiente per comprare qualcosa anche per poche persone. «Andatemi a prendere il marengo», intimò il Santo. Forse le suore pensavano che egli avrebbe moltiplicato i marenghi; invece, aprì la finestra e gettò fuori la moneta. «Ecco – commentò san Giuseppe Cottolengo – ora siamo veramente poveri». L'episodio finì con l'insperato benefattore che si presentò alla porta con molti generi alimentari, tali da sfamare tutti per più giorni. Di questi "fioretti" sono piene le vite dei santi. A noi sembrano quasi invenzioni, ma chi ha visto ne dà testimonianza. In quel "gettare tutto" sta il segreto della fiducia e della santità. Non è detto con questo che noi dobbiamo rinunciare a tutto quello che abbiamo; ognuno di noi ha il suo "tutto" da gettare, ma non lo fa per paura, appunto perché si fida poco di Dio. Anche la Madonna diede tutto. E ottenne tutto.

PROPOSITO DEL GIORNO... Penso a qualcosa che ritengo davvero fondamentale per la mia vita: sarei capace di donarla? Offro la risposta al Signore e gli chiedo un cuore capace di fidarmi di lui.

PRATICHE E FESTE DEL GIORNO...

- Pratiche e preghiere di ogni giorno consigliate per il mese di novembre *(pag. 698)*.
- Ore 17:30 (possibilmente): Supplica alla Vergine della Medaglia Miracolosa *(pag. 707)*.
- Consacrazione dei bambini alla Vergine della Medaglia Miracolosa (cod. 8001) *(materiale multimediale: pag. 707)*.
- Coroncina della Medaglia Miracolosa (cod. 8332).
- Preghiera alla Vergine della Medaglia Miracolosa (cod. 8001, 8332).
- Informiamoci e conosciamo la storia e i prodigi de "La Medaglia Miracolosa e Caterina Labouré" (cod. 8814).
- 1° giorno novena a san Nicola di Bari.
- Festa Medaglia Miracolosa, Parigi (Francia).

SANTI E BEATI DEL GIORNO

S. Giovanni Vincenzo • S. Massimo di Riez • B. Bartolomeo Xeki • Bb. Tommaso Koteda Kiuni e compagni

BEATA VERGINE MARIA DELLA MEDAGLIA MIRACOLOSA:

«O Maria concepita senza peccato, prega per noi che a te ricorriamo».

27 novembre 1830, a Parigi in Rue Du Bac: la Madonna appare a suor Caterina Labouré, futura santa, e le dice: **«Fa' preparare una medaglia su questo modello. Tutte le persone che la porteranno sopra di sé sentiranno la protezione della Vergine**. Le grazie saranno abbondanti per coloro che la porteranno con fiducia». Sul diritto della Medaglia, Caterina aveva visto la Madonna vestita di bianco, con le braccia distese sul mondo, le dita delle mani che emanavano fasci di luce di vario splendore e le parole: **«O Maria concepita senza peccato, prega per noi che a te ricorriamo»**. Sul rovescio, fra dodici stelle, la lettera M sormontata da una croce e, sotto, il cuore di Gesù circondato da una corona di spine e il cuore di Maria trafitto da una spada. La Medaglia fu coniata secondo la visione della Santa e si propagò immediatamente in modo prodigioso. Per suo mezzo si ottennero innumerevoli conversioni e guarigioni.

Tra i grandi apostoli della Medaglia Miracolosa ricordiamo san Massimiliano Kolbe e santa Teresa di Calcutta.

Quest'ultima considerava la medaglia un'arma potente di grazia e per questo **la diffuse instancabilmente per il mondo**. Ne portava sempre con sé tantissimi esemplari che poi distribuiva alle persone che incontrava. Di solito madre Teresa teneva per qualche minuto la medaglietta tra le sue mani, poi la baciava, raccolta silenziosamente in preghiera per qualche istante, infine la porgeva. Quando la donava ai bambini aggiungeva una caramella e un sorriso.
Lei stessa ricorreva alla Medaglia Miracolosa per chiedere aiuto alla Vergine, anche nelle sue missioni di carità ritenute impossibili. Ricorda padre Sebastian Vazhakala, superiore generale dei Missionari della Carità Contemplativi, che fu accanto a lei per circa trent'anni: «Si era messa in testa l'idea di una casa d'accoglienza dentro il Vaticano e l'aveva chiesta a papa Giovanni Paolo II. Ma era un sogno che sembrava irrealizzabile. Ogni volta che passavamo in prossimità della Santa Sede, anche in auto, ci faceva lanciare verso piazza San Pietro le medagliette della Madonna. **Questo "gettare le medagliette"**, come diceva lei, **era un gesto di gran fede** con cui chiedeva alla Madonna e a Gesù di concedere un particolare spazio per i suoi bisognosi. Nel 1988, fu realizzata, in appena sei mesi, la casa "Dono di Maria", chiamata così proprio per questo».

28 NOVEMBRE

MARTEDÌ

34ª settimana del Tempo Ordinario

verde **2ª sett. salt.**

ANTIFONA D'INGRESSO - Il Signore annuncia la pace per il suo popolo, per i suoi fedeli, per chi ritorna a lui con fiducia *(Sal 84,9)*.

COLLETTA - Ridesta, o Signore, la volontà dei tuoi fedeli, perché, collaborando con impegno alla tua opera di salvezza, ottengano in misura sempre più abbondante i doni della tua misericordia. Per il nostro Signore…

PRIMA LETTURA Dn 2,31-45

Dal libro del profeta Danièle

In quei giorni, Daniele disse a Nabucodònosor: «Tu stavi osservando, o re, ed ecco una statua, una statua enorme, di straordinario splendore, si ergeva davanti a te con terribile aspetto. Aveva la testa d'oro puro, il petto e le braccia d'argento, il ventre e le cosce di bronzo, le gambe di ferro e i piedi in parte di ferro e in parte d'argilla. Mentre stavi guardando, una pietra si staccò dal monte, ma senza intervento di mano d'uomo, e andò a battere contro i piedi della statua, che erano di ferro e d'argilla, e li frantumò. Allora si frantumarono anche il ferro, l'argilla, il bronzo, l'argento e l'oro e divennero come la pula sulle aie d'estate; il vento li portò via senza lasciare traccia, mentre la pietra, che aveva colpito la statua, divenne una grande montagna che riempì tutta la terra. Questo è il sogno: ora ne daremo la spiegazione al re. Tu, o re, sei il re dei re; a te il Dio del cielo ha concesso il regno, la potenza, la forza e la gloria. Dovunque si trovino figli dell'uomo, animali selvatici e uccelli del cielo, egli li ha dati nelle tue mani; tu li dòmini tutti: tu sei la testa d'oro. Dopo di te sorgerà un altro regno, inferiore al tuo; poi un terzo regno, quello di bronzo, che dominerà su tutta la terra. Ci sarà poi un quarto regno, duro come il ferro: come il ferro spezza e frantuma tutto, così quel regno spezzerà e frantumerà tutto. Come hai visto, i piedi e le dita erano in parte d'argilla da vasaio e in parte di ferro: ciò significa che il regno sarà diviso, ma ci sarà in esso la durezza del ferro, poiché hai veduto il ferro unito all'argilla fangosa. Se le dita dei piedi erano in parte di ferro e in parte d'argilla, ciò significa che una parte del regno sarà forte e l'altra fragile. Il fatto d'aver visto il ferro mescolato all'argilla significa che le due parti si uniranno per via di matrimoni, ma non potranno diventare una cosa sola, come il ferro non si amalgama con l'argilla fangosa. Al tempo di questi re, il Dio del cielo farà sorgere un regno che non sarà mai distrutto e non sarà trasmesso ad altro popolo: stritolerà e annienterà tutti gli altri regni, mentre esso durerà per sempre. Questo significa quella pietra che tu hai visto staccarsi dal monte, non per intervento di una mano, e che ha stritolato il ferro, il bronzo, l'argilla, l'argento e l'oro. Il Dio grande ha fatto conoscere al re quello che avverrà da questo tempo in poi. Il sogno è vero e degna di fede ne è la spiegazione». **Parola di Dio.**

SALMO RESPONSORIALE Dn 3,57-61

℟. **A lui la lode e la gloria nei secoli.**

Benedite, opere tutte del Signore, il Signore.
Benedite, angeli del Signore, il Signore. ℟.

Benedite, cieli, il Signore.
Benedite, acque tutte,

che siete sopra i cieli, il Signore. ℟.

Benedite, potenze tutte del Signore, il Signore,
lodatelo ed esaltatelo nei secoli. ℟.

CANTO AL VANGELO

Ap 2,10c

Alleluia, alleluia.
Sii fedele fino alla morte, dice il Signore,
e ti darò la corona della vita.
Alleluia.

VANGELO

Lc 21,5-11

✠ *Dal Vangelo secondo Luca*

In quel tempo, mentre alcuni parlavano del tempio, che era ornato di belle pietre e di doni votivi, Gesù disse: «Verranno giorni nei quali, di quello che vedete, non sarà lasciata pietra su pietra che non sarà distrutta». Gli domandarono: «Maestro, quando dunque accadranno queste cose e quale sarà il segno, quando esse staranno per accadere?». Rispose: «Badate di non lasciarvi ingannare. Molti infatti verranno nel mio nome dicendo: "Sono io", e: "Il tempo è vicino". Non andate dietro a loro! Quando sentirete di guerre e di rivoluzioni, non vi terrorizzate, perché prima devono avvenire queste cose, ma non è subito la fine». Poi diceva loro: «Si solleverà nazione contro nazione e regno contro regno, e vi saranno in diversi luoghi terremoti, carestie e pestilenze; vi saranno anche fatti terrificanti e segni grandiosi dal cielo. **Parola del Signore.**

SULLE OFFERTE - Accogli, o Signore, questi santi doni che ci hai comandato di offrire in onore del tuo nome, perché, seguendo i tuoi insegnamenti, diventiamo un'offerta a te gradita. Per Cristo nostro Signore.

COMUNIONE - Genti tutte, lodate il Signore, popoli tutti, cantate la sua lode, perché forte è il suo amore per noi *(Sal 116,1-2)*.
Oppure: Ecco, io sono con voi tutti i giorni, sino alla fine del mondo. Alleluia *(Mt 28,20)*.

DOPO LA COMUNIONE - Dio onnipotente, che ci dai la gioia di partecipare ai divini misteri, non permettere che ci separiamo mai da te, fonte di ogni bene. Per Cristo nostro Signore.

Commenti

1ª LETTURA - I regni umani possono raggiungere una grandezza impressionante, tale da strabiliare il mondo intero. Pensate all'impero di Alessandro Magno, a quello Romano che dominava tutto il mondo allora conosciuto… Ma tutta questa gloria umana è come un panno immondo davanti a Dio, per usare un'immagine di Isaìa (Is 64,5), come un soffio, come un nulla. Tutto passa, Dio solo resta. Ad abbattere il grande regno di Nabucodònosor basta una pietruzza che sbatte contro i piedi della statua, e tutto viene giù. Chi vince l'orgoglio umano non è una grande potenza paurosa, ma una cosa minima come può essere una piccola pietra che rotola. «La forza […] si manifesta pienamente nella debolezza» dice Gesù a san Paolo (2Cor 12,9). Non temiamo, dunque, quando sentiamo rumori di guerre, eserciti che si armano, minacce di ogni genere… Temiamo piuttosto il peccato, unico, vero, solo grande nemico dell'uomo. Dio vince con i piccoli, i deboli, gli umili. La storia ha sempre insegnato questo. Dio non permetterà che il male abbia l'ultima parola, anche se può far paura. No, l'ultima parola è sempre del Signore.

VANGELO - Quando ci impauriamo per le notizie del telegiornale che parlano di guerre, di crisi, di carestie, di pestilenze, di pandemie e via dicendo, dobbiamo sapere che queste cose devono avvenire non perché siano un bene oggettivo, ma perché sono state predette da Gesù come inevitabili. Però il Signore ci istruisce anche su che cosa fare in tali frangenti. «Non vi terrorizzate», ci esorta innanzitutto. Rimaniamo padroni di noi stessi, umili davanti al Signore. Imploriamo piuttosto il dono dello Spirito Santo per la conversione dei cuori, iniziando dal nostro. La nostra vita ha un peso enorme, assoluto: noi possiamo influenzare gli eventi del mondo e anche fermare le guerre, se ci crediamo e se lo vogliamo. Non facciamo questo noi direttamente, poveri peccatori, ma Dio in noi. E se gli eventi avversi si abbatteranno lo stesso sul mondo, sappiamo che essi possono essere letti come richiami grandi per la conversione (Lc 13,4). Tutto quindi possiamo volgere a Dio, senza mai abbatterci e scoraggiarci. Anzi, quando queste catastrofi e manifestazioni parranno invincibili, questo sarà il segno che la nostra liberazione è vicina (Lc 21,28). Nel Vangelo Gesù non manifesta mai di avere paura. Dolore sì, e tanto; paura mai.

PROPOSITO DEL GIORNO... Oggi rinnovo il mio proposito di essere fedele al Signore recitando un *Padre nostro*, un'*Ave Maria* e un *Gloria al Padre* con questa intenzione.

PRATICHE E FESTE DEL GIORNO...

- Pratiche e preghiere di ogni giorno consigliate per il mese di novembre *(pag. 698)*.
- Preghiera di liberazione per intercessione di san Giacomo della Marca (cod. 8552) *(materiale multimediale: pag. 707)*.
- Informiamoci e conosciamo san Giacomo della Marca (cod. 8552).
- 1° giorno novena a sant'Ambrogio.

SANTI E BEATI DEL GIORNO

S. Giacomo della Marca • S. Teodora di Rossano • **B. Clemente Rodriguez Tejerina** • B. Giacomo Thomson

BEATO CLEMENTE RODRÍGUEZ TEJERINA: morto perché religioso.

«Dopo una lunga ricerca, trovai una scheda che testualmente diceva: "Clemente Rodríguez Tejerina, messo in libertà il 28 di novembre del 1936". Dopo essermi accertata che nessuno mi vedeva, presi la scheda e andai al Consolato del Cile. Lì mi informarono che **tutte le persone che erano state "messe in libertà", tirandole fuori dalle prigioni, i giorni 27 e 28 novembre del 1936, erano state fucilate** immediatamente a Paracuellos del Jarama. Da quel momento pensai che **mio fratello era martire**, perché egli era sicuro che l'andavano ad ammazzare e che la causa della morte non era altro che quella di essere un religioso». Con queste parole Josefa, religiosa della Sacra Famiglia di Bourdeaux e sorella di Clemente, racconta il momento in cui seppe che suo fratello era morto martire. Siamo nel triennio 1936-1939: sono anni di sangue e di martirio per la Chiesa in Spagna. In quella persecuzione religiosa ci furono migliaia di persone che morirono per la loro fede e Clemente Rodríguez Tejerina è uno di loro.

Nato nella provincia e diocesi di León il 23 luglio 1918, è

membro di una famiglia numerosa e ricca di fede: sono dodici fratelli, dei quali sei consacrati. La fede passa ai figli attraverso la mamma: «Tutte le notti – scrive Maruja, sorella di Clemente – **ci riuniva, tutti i fratelli, nella sala da pranzo e pregava offrendo i suoi figli al sacro cuore**. Inoltre chiedeva la perseveranza di tutti noi». Clemente cresce respirando la fede e a soli 11 anni entra nel seminario minore degli Oblati di Maria Immacolata. Il 5 luglio 1934 comincia il noviziato a Las Arenas e l'anno dopo fa la sua professione: è un giorno emozionante, tutti i neo-professi escono piangendo. Egli comincia quindi i suoi studi ecclesiastici e si dedica con molta serietà alla sua formazione religiosa e intellettuale; è un ragazzo buono, silenzioso e mite.

Appena terminato il primo anno di studi, Il 16 luglio 1936, Clemente rinnova i suoi voti e sei giorni più tardi viene rinchiuso con tutta la comunità nel proprio convento. Una volta rimesso in libertà, si rifugia prima nella casa provinciale e poi in una pensione. Il 15 ottobre 1936 viene fermato di nuovo e portato al Carcere Modelo. Da qui, insieme ai suoi fratelli religiosi, viene trasportato a San Antón e da lì "portato via" insieme ad altri e martirizzato a Paracuellos del Jarama il 28 novembre **1936**. Era il più piccolo del gruppo: aveva solamente 18 anni.

29 NOVEMBRE

MERCOLEDÌ

34ª settimana del Tempo Ordinario

verde **2ª sett. salt.**

ANTIFONA D'INGRESSO - Il Signore annuncia la pace per il suo popolo, per i suoi fedeli, per chi ritorna a lui con fiducia *(Sal 84,9).*

COLLETTA - Ridesta, o Signore, la volontà dei tuoi fedeli, perché, collaborando con impegno alla tua opera di salvezza, ottengano in misura sempre più abbondante i doni della tua misericordia. Per il nostro Signore...

PRIMA LETTURA Dn 5,1-6.13-14.16-17.23-28

Dal libro del profeta Danièle

In quei giorni, il re Baldassàr imbandì un grande banchetto a mille dei suoi dignitari e insieme con loro si diede a bere vino. Quando Baldassàr ebbe molto bevuto, comandò che fossero portati i vasi d'oro e d'argento che Nabucodònosor, suo padre, aveva asportato dal tempio di Gerusalemme, perché vi bevessero il re e i suoi dignitari, le sue mogli e le sue concubine. Furono quindi portati i vasi d'oro, che erano stati asportati dal tempio di Dio a Gerusalemme, e il re, i suoi dignitari, le sue mogli e le sue concubine li usarono per bere; mentre bevevano il vino, lodavano gli dèi d'oro, d'argento, di bronzo, di ferro, di legno e di pietra. In quel momento apparvero le dita di una mano d'uomo, che si misero a scrivere sull'intonaco della parete del palazzo reale, di fronte al candelabro, e il re vide il palmo di quella mano che scriveva. Allora il re cambiò colore: spaventosi pensieri lo assalirono, le giunture dei suoi fianchi si allentarono, i suoi ginocchi battevano l'uno contro l'altro. Fu allora introdotto Daniele alla presenza del re ed egli gli disse: «Sei tu Daniele, un deportato dei Giudei, che il re, mio padre, ha portato qui dalla Giudea? Ho inteso dire che tu possiedi lo spirito degli dèi santi e che si trova in te luce, intelligenza e sapienza straordinaria. Ora, mi è stato detto che tu sei esperto nel dare spiegazioni e risolvere questioni difficili. Se quindi potrai leggermi questa scrittura e darmene la spiegazione, tu sarai vestito di porpora, porterai al collo una collana d'oro e sarai terzo nel governo del regno». Daniele rispose al re: «Tieni pure i tuoi doni per te e da' ad altri i tuoi regali: tuttavia io leggerò la scrittura al re e gliene darò la spiegazione. Ti sei innalzato contro il Signore del cielo e sono stati portati davanti a te i vasi del suo tempio e in essi avete bevuto tu, i tuoi dignitari, le tue mogli, le tue concubine: tu hai reso lode agli dèi d'argento, d'oro, di bronzo, di ferro, di legno, di pietra, i quali non vedono, non odono e non comprendono, e non hai glorificato Dio, nelle cui mani è la tua vita e a cui appartengono tutte le tue vie. Da lui fu allora mandato il palmo di quella mano che ha tracciato quello scritto. E questo è lo scritto tracciato: Mene, Tekel, Peres, e questa ne è l'interpretazione: Mene: Dio ha contato il tuo regno e gli ha posto fine; Tekel: tu sei stato pesato sulle bilance e sei stato trovato insufficiente; Peres: il tuo regno è stato diviso e dato ai Medi e ai Persiani». **Parola di Dio.**

SALMO RESPONSORIALE Dn 3,62-67

℟. **A lui la lode e la gloria nei secoli.**

Benedite, sole e luna, il Signore.
Benedite, stelle del cielo, il Signore. ℟.

Benedite, piogge e rugiade, il Signore.
Benedite, o venti tutti, il Signore. ℟.

Benedite, fuoco e calore, il Signore.
Benedite, freddo e caldo, il Signore. ℟.

CANTO AL VANGELO Ap 2,10c

Alleluia, alleluia.
Sii fedele fino alla morte, dice il Signore,
e ti darò la corona della vita.
Alleluia.

VANGELO Lc 21,12-19

✠ *Dal Vangelo secondo Luca*

In quel tempo, Gesù disse ai suoi discepoli: «Metteranno le mani su di voi e vi perseguiteranno, consegnandovi alle sinagoghe e alle prigioni, trascinandovi davanti a re e governatori, a causa del mio nome. Avrete allora occasione di dare testimonianza. Mettetevi dunque in mente di non preparare prima la vostra difesa; io vi darò parola e sapienza, cosicché tutti i vostri avversari non potranno resistere né controbattere. Sarete traditi perfino dai genitori, dai fratelli, dai parenti e dagli amici, e uccideranno alcuni di voi; sarete odiati da tutti a causa del mio nome. Ma **nemmeno un capello del vostro capo andrà perduto. Con la vostra perseveranza salverete la vostra vita**». **Parola del Signore.**

SULLE OFFERTE - Accogli, o Signore, questi santi doni che ci hai comandato di offrire in onore del tuo nome, perché, seguendo i tuoi insegnamenti, diventiamo un'offerta a te gradita. Per Cristo nostro Signore.

Comunione - Genti tutte, lodate il Signore, popoli tutti, cantate la sua lode, perché forte è il suo amore per noi *(Sal 116,1-2)*.

Oppure: Ecco, io sono con voi tutti i giorni, sino alla fine del mondo. Alleluia *(Mt 28,20)*.

Dopo la Comunione - Dio onnipotente, che ci dai la gioia di partecipare ai divini misteri, non permettere che ci separiamo mai da te, fonte di ogni bene. Per Cristo nostro Signore.

Commenti

1ª lettura - Ecco un bell'esempio di "parresia". Questo termine, che deriva dal greco, significa "parlare con franchezza", dire le cose come stanno, con libertà, senza timore delle conseguenze. Daniele sa che, se dice al re la verità delle cose, può rischiare grandemente, anche la propria stessa vita, perché deve predire al sovrano la rovina del regno a causa della profanazione che egli ha perpetrato, usando gli arredi sacri del tempio per le proprie cene pagane. Daniele avrebbe potuto tacere, dire cose diverse, oppure esprimere la verità, usando linguaggio più velato, attenuato, infiocchettato. Eppure no: egli capisce il significato delle misteriose scritte e le riporta al re così come sono, dimostrando una libertà grandiosa nei confronti degli interlocutori. Impariamo dal giovane Daniele la lezione: anche la predicazione del Vangelo può portare come conseguenza il rischio di non essere graditi a tutti, anzi di essere isolati, derisi, evitati. Ma non possiamo dire solo le cose che piacciono: il Vangelo va predicato tutto, nella sua interezza, senza timori. Appunto, con parresia.

Vangelo - Non fu bello, per gli Apostoli, sentirsi dire che sarebbero stati odiati da tutti a causa del nome di Gesù. Se Dio è amore, se noi predichiamo la concordia, la tolleranza, la pace, il bene universale, perché ci devono odiare? Perché i genitori e i fratelli ci possono tradire o metterci a morte? In fondo, non si fa del male a nessuno… il motivo è che accogliere Gesù e il Vangelo significa rinnegare il mondo, la carne e il demonio. E questi tre nemici non si fanno abbattere tanto facilmente, non se ne vanno volentieri! La vita cristiana, secondo i Padri del Deserto, è lotta e combattimento contro le potenze malvagie, potenze che sono fuori di noi, ma anche dentro: nei nostri sentimenti, nelle nostre passioni. Sapendo di avere tali avversari della fede, Gesù ci avverte che la vita non sarà una passeggiata, e lo dimostrerà lui stesso dovendo superare la spaventosa marea dell'odio durante la passione. Al tempo stesso Gesù ci conforta: non solo non ci toglieranno la pace, ma proprio nei momenti gravi lo Spirito Santo verrà a parlare in noi! Noi realmente non ci apparteniamo: se siamo di Cristo, viviamo la vita di Cristo. «Rimanete in me e io in voi» (Gv 15,4) è la verità promessa, sempre attuale.

PROPOSITO DEL GIORNO... Rileggo attentamente il brano del Vangelo odierno; in particolare mi soffermo a meditare le ultime due frasi.

PRATICHE E FESTE DEL GIORNO...

- Pratiche e preghiere di ogni giorno consigliate per il mese di novembre *(pag. 698)*.
- Preghiera a san Francesco Antonio Fasani.
- 1° giorno novena all'Immacolata (cod. 8176).
- Onorare tutti gli angeli.
- Festa Anniversario delle apparizioni Nostra Signora di Beauraing (Belgio).

SANTI E BEATI DEL GIORNO

S. Francesco Antonio Fasani • B. Edoardo Burden • **B. Maria Maddalena dell'Incarnazione (Caterina Sordini)**

BEATA MARIA MADDALENA DELL'INCARNAZIONE:

amare Gesù Eucaristia con l'adorazione perpetua.

L'amore per Gesù Eucaristia è questo il motore che anima la vita di Maria Maddalena, al secolo Caterina Sordini. Nata a Porto Santo Stefano (Grosseto) il 17 aprile 1770, sembra destinata a essere moglie di un facoltoso padrone di bastimenti. Del resto è bella, giovane e ricca e un giorno, alla Messa domenicale, sfoggia i gioielli che il fidanzato le ha regalato. Il padre, però, non appena la vede, la rimanda a casa e la invita a togliersi tutto. Lui è un commerciante che sa usare il suo denaro soprattutto per la beneficenza e l'ha educata a una fede salda e concreta.

Quando arriva a casa **la giovane si specchia con addosso ancora tutti i gioielli, ma invece della sua immagine riflessa vede quella di Cristo straziato nella passione**. È una vista che la folgora: si spoglia dei gioielli, rompe il fidanzamento e, pochi mesi dopo, entra nel Monastero delle Terziarie Francescane di Ischia di Castro (Viterbo). Il padre l'aveva accompagnata lì per una visita, ma lei inaspettatamente decide di restare. Con **il nuovo nome di suor Maria Maddalena dell'Incar-**

nazione, per diciannove anni è una religiosa modello e, ad appena 32 anni, è badessa di un monastero che con lei rifiorisce. In questo periodo **accadono fatti straordinari come quello del pugno di farina, moltiplicatasi al punto da essere sufficiente per preparare pane per l'intera comunità** per oltre venti giorni.

La fama della sua santità cresce, ma lei è sempre più consapevole del fatto che il Signore la chiama ad altro: l'amore per l'Eucaristia la sta orientando a fondare una nuova congregazione che abbia il carisma **dell'adorazione eucaristica perpetua**. Suor Maria Maddalena raccoglie il consenso di papa Pio VII e quello del suo direttore spirituale, che riesce a trovare anche i benefattori per la nuova istituzione. Il 31 maggio 1807 varca finalmente la soglia di una chiesa, che si trova all'ombra del Quirinale, prima sede delle Suore Adoratrici perpetue del Santissimo Sacramento (Sacramentine). Comincia così l'adorazione perpetua dell'Eucaristia di due suore, che presto crescono di numero e che oggi sono presenti in novanta monasteri diffusi in Europa, America e Africa.

Durante l'occupazione napoleonica di Roma il monastero viene perquisito a più riprese, lei viene esiliata e le sue suore disperse, ma tutto viene arginato dalla sua fede e dal suo amore illimitato a Gesù Eucaristia. Il 29 novembre 1824 entra nella festa senza fine del Paradiso.

30 NOVEMBRE

GIOVEDÌ

Sant'Andrea, apostolo (f)

rosso **propria**

SANT'ANDREA APOSTOLO: «Abbiamo trovato il Messia».

«Abbiamo trovato il Messia!», queste sono le parole di Andrea nel Vangelo di Giovanni e sono parole che ci raccontano una gioia indescrivibile che non riesce a tenere per sé: infatti, corre subito da suo fratello Simon Pietro per condividere con lui l'emozione di essere stato chiamato da Gesù. Pescatore di Betsaida di Galilea, discepolo di Giovanni Battista, **Andrea riconosce nel figlio di Giuseppe il falegname, "l'agnello di Dio"** e chiede: «Maestro, dove abiti?». Gesù risponde: «Venite e vedrete». E l'evangelista Matteo annota: **«Subito, lasciarono le reti e lo seguirono»** (Mt 4,20). Giovanni registra anche l'ora di quell'incontro: «Erano circa le quattro del pomeriggio» (Gv 1,39).

Comincia così un cammino di fede e di amicizia con Gesù fatto anche di quotidianità: Andrea è tra i dodici uno degli amici più intimi del Signore. Assiste alla moltiplicazione dei pani e dei pesci e non teme di manifestare

a Gesù la propria incredulità: «Cos'è questo per tanta gente?».
Gli Atti degli Apostoli narrano che insieme agli altri compagni si diresse verso Gerusalemme dopo l'ascensione. Alcuni scrittori cristiani dei primi secoli attestano che l'apostolo avrebbe evangelizzato l'Asia Minore e le regioni lungo il Mar Nero; oggi è infatti onorato come patrono in Romania, Ucraina e Russia.
La predicazione del Vangelo prosegue poi in Acaia; intorno all'anno 60 a Patrasso, **Andrea va incontro al martirio: appeso a una croce che egli vuole sia a X**, come per evocare l'iniziale greca del nome di Cristo. Secondo la *Legenda Aurea*, prima di emettere l'ultimo respiro, egli avrebbe pronunciato queste parole: **«Croce, santificata dal corpo di Cristo. Croce buona, a lungo desiderata da sempre ti ho amata e desiderato abbracciarti. Accoglimi e portami dal mio maestro»**.

ANTIFONA D'INGRESSO - Mentre camminava lungo il mare di Galilea, il Signore vide due fratelli, Pietro e Andrea, e disse loro: «Venite dietro a me e vi farò pescatori di uomini» *(Cfr. Mt 4,18-19)*.

Si dice il Gloria *(pag. 10)*.

COLLETTA - Umilmente ti invochiamo, o Signore: il santo apostolo Andrea, che fu annunciatore del Vangelo e guida per la tua Chiesa, sia presso di te nostro perenne intercessore. Per il nostro Signore…

PRIMA LETTURA Rm 10,9-18

Dalla lettera di san Paolo apostolo ai Romani

Fratello, se con la tua bocca proclamerai: «Gesù è il Signore!», e con il tuo cuore crederai che Dio lo ha risuscitato dai morti, sarai salvo. Con il cuore infatti si crede per ottenere la giustizia, e con la bocca si fa la professione di fede per avere la salvezza. Dice infatti la Scrittura: «Chiunque crede in lui non sarà deluso». Poiché non c'è distinzione fra Giudeo e Greco, dato che lui stesso è il Signore di tutti, ricco verso tutti quelli che lo invocano. Infatti: «Chiunque invocherà il nome del Signore sarà salvato». Ora, come invocheranno colui nel quale non hanno creduto? Come crederanno in colui del quale non hanno sentito parlare? Come ne sentiranno parlare senza qualcuno che lo annunci? E come lo annunceranno, se non sono stati inviati? Come sta scritto: «Quanto sono belli i piedi di coloro che recano un lieto annuncio di bene!». Ma non tutti hanno obbedito al Vangelo. Lo dice Isaìa: «Signore, chi ha creduto dopo averci ascoltato?». Dunque, la fede viene dall'ascolto e l'ascolto riguarda la parola di Cristo. Ora io dico: forse non hanno udito? Tutt'altro: «Per tutta la terra è corsa la loro voce, e fino agli estremi confini del mondo le loro parole». **Parola di Dio.**

SALMO RESPONSORIALE Dal Salmo 18 (19)

℟. **Per tutta la terra si diffonde il loro annuncio.**

I cieli narrano la gloria di Dio,
l'opera delle sue mani annuncia il firmamento.
Il giorno al giorno ne affida il racconto
e la notte alla notte ne trasmette notizia. ℟.

Senza linguaggio, senza parole,
senza che si oda la loro voce,
per tutta la terra si diffonde il loro annuncio
e ai confini del mondo il loro messaggio. ℟.

CANTO AL VANGELO Cfr. Mt 4,19

Alleluia, alleluia.
Venite dietro a me,
vi farò pescatori di uomini.
Alleluia.

VANGELO Mt 4,18-22

✠ *Dal Vangelo secondo Matteo*

In quel tempo, mentre camminava lungo il mare di Galilea, Gesù vide due fratelli, Simone, chiamato Pietro, e Andrea suo fratello, che gettavano le reti in mare; erano infatti pescatori. E disse loro: «Venite dietro a me, vi farò pescatori di uomini». Ed essi subito lasciarono le reti e lo seguirono. Andando oltre, vide altri due fratelli, Giacomo, figlio di Zebedèo, e Giovanni suo fratello, che nella barca, insieme a Zebedèo loro padre, riparavano le loro reti, e li chiamò. Ed essi **subito lasciarono la barca e il loro padre e lo seguirono**. **Parola del Signore.**

SULLE OFFERTE - Dio onnipotente, nella festa di sant'Andrea portiamo questi doni al tuo altare; fa' che, offrendoli, siamo a te graditi e, ricevendoli da te santificati, otteniamo la vita. Per Cristo nostro Signore.

Prefazio degli Apostoli I (materiale multimediale: pag. 17).

COMUNIONE - Disse Andrea a Simone, suo fratello:

«Abbiamo trovato il Messia, il Cristo». E lo condusse da Gesù *(Cfr. Gv 1,41-42).*

DOPO LA COMUNIONE - La comunione al tuo sacramento, o Signore, ci fortifichi, perché, portando in noi i patimenti di Cristo sull'esempio del santo apostolo Andrea, possiamo vivere con lui nella gloria. Per Cristo nostro Signore.

Commenti

1ª LETTURA - In questo passo di san Paolo è contenuta una vera pietra miliare per capire che cosa sia la fede. L'espressione è la seguente: «La fede viene dall'ascolto» (nella vecchia traduzione c'era: la fede viene dalla predicazione). A volte dicono a noi cristiani: «Beato te che hai la fede, e puoi spiegare tante cose; io vorrei averla, ma non ci riesco». Ma la fede non è qualcosa che si trova per strada, casualmente, e fortunato chi la trova. Certo, essa è virtù teologale e viene infusa da Dio, ma questo dono viene dato a tutti, non a pochi eletti. Il problema sta nell'ascolto, il che significa: una volta ascoltata la parola su Dio, sulla Chiesa, sui dogmi ecc… io decido come posizionarmi, se accoglierla o respingerla. Allora a chi dice: «Io non ho fede», occorre rispondere: «No, tu non vuoi avere fede». Sì, perché la fede accolta poi comporta che si cambi modo di vivere e pensare, che si orientino le scelte in ordine alle parole udite da Dio. Invitiamo, allora, questi amici e fratelli a vivere secondo quello che hanno appreso su Dio. Questo è il primo atto di fede, cui ne seguiranno altri, e altri ancora.

VANGELO - Ricostruendo i fatti, sappiamo che Andrea è un convinto discepolo di Giovanni Battista. Dopo il lavoro della barca, egli raggiunge le sponde del Giordano per ascoltare il profeta che prepara le strade al Messia. Il giorno in cui arriva Gesù, Giovanni lo indica: «Ecco l'agnello di Dio!» (Gv 1,36). Subito Andrea, uomo docile e preparato, lascia il precursore e si mette alla sequela del maestro, tanto che convince il fratello Pietro a unirsi al nuovo gruppo. Poco tempo dopo, Gesù si rivolge direttamente ai due e annuncia che, seguendolo, avrebbero continuato a fare i pescatori, ma di uomini e non di pesci. Pescare uomini significa "catturarli", fermarli, presentare loro il Signore, metterli sulla strada. Per fare questo occorre essere prima docili discepoli di Gesù. Andrea e Pietro non ci pensano due volte: lasciano tutto e seguono la vita. Hanno sentito il "profumo" di Dio e non fanno calcoli, diventano prima seguaci, poi amici di Cristo, poi martiri. Così bisogna fare con il Signore: non soppesare troppo le cose, non fare tanti ragionamenti, ma seguire la vita, la verità, il bene. E tutto il bene è Cristo, tutta la verità è Cristo, tutta la vita è Cristo.

PROPOSITO DEL GIORNO... Oggi voglio rispondere subito all'invito del Signore a seguirlo. Senza più indugiare mi chiedo quali abitudini devo cambiare per iniziare il cammino dietro di lui.

PRATICHE E FESTE DEL GIORNO...

- Pratiche e preghiere di ogni giorno consigliate per il mese di novembre *(pag. 698)*.
- Preghiera a sant'Andrea apostolo *(materiale multimediale: pag. 707)*.

ALTRI SANTI E BEATI DEL GIORNO

S. Mirocléto • S. Galgano Guidotti • S. Giuseppe Marchand • Beati Vincenzo Queralt Lloret e venti compagni

DICEMBRE

CALENDARIO LITURGICO DICEMBRE 2023

●	1	V	S. Fiorenza	II Salt
●	2	S	S. Viviana	
●	**3**	**D**	**I domenica di Avvento (B)**	**I Salt**
●	4	L	S. Giovanni Damasceno, presb. e dott. Chiesa	mf
●	5	M	S. Crispina	
●	6	M	S. Nicola, vescovo	m
●	7	G	S. Ambrogio, vescovo e dottore della Chiesa	m
●	**8**	**V**	**Immacolata Concezione Beata Vergine Maria**	**s**
●	9	S	S. Giovanni Diego Cuauhtlatoatzin	mf
●	**10**	**D**	**II domenica di Avvento (B)**	**II Salt**
●	11	L	S. Damaso I, papa	mf
●	12	M	Beata Vergine Maria di Guadalupe	mf
●	13	M	S. Lucia, vergine e martire	m
●	14	G	S. Giovanni della Croce, presbitero e dott. Chiesa	m
●	15	V	S. Virginia Centurione Bracelli	
●	16	S	S. Adelaide	
●	**17**	**D**	**III domenica di Avvento (B)**	**III Salt**
●	18	L	S. Graziano	
●	19	M	S. Anastasio I	
●	20	M	S. Domenico di Silos	
●	21	G	S. Pietro Canisio, presbitero e dott. Chiesa	comm
●	22	V	S. Francesca Saverio Cabrini	
●	23	S	S. Giovanni da Kęty, presbitero	comm
●	**24**	**D**	**IV domenica di Avvento (B)**	**IV Salt**
●	**25**	**L**	**Natale del Signore**	**s**
●	26	M	S. Stefano, primo martire	f
●	27	M	S. Giovanni, apostolo ed evangelista	f
●	28	G	Ss. Innocenti, martiri	f
●	29	V	S. Tommaso Becket, vescovo e martire	comm
●	30	S	S. Ruggero	
●	**31**	**D**	**S. Famiglia di Gesù, Maria e Giuseppe (B)**	**f**

I giorni indicati in rosso sono di precetto (obbligo di partecipare alla s. Messa)

CALENDARIO DEVOZIONALE DICEMBRE 2023

1 - 9 dicembre ► Novena alla **Madonna di Loreto**

3 - 11 dicembre ► Novena alla **Madonna di Guadalupe** (cod. 8001, 8590)

4 - 12 dicembre ► Novena a **santa Lucia**

5 - 7 dicembre ► Triduo all'**Immacolata** *(pag. 713)*

5 - 13 dicembre ► Novena a **san Giovanni della Croce**

6 - 14 dicembre ► Novena a **santa Virginia Centurelli Bracelli**

13 - 21 dicembre ► Novena a **santa Francesca Saverio Cabrini**

14 - 22 dicembre ► Novena a **san Giovanni Kęty**

15 - 23 dicembre ► Novena a **santa Paola Elisabetta Cerioli**

16 - 24 dicembre ► Novena di **Natale** *(pag. 715)*

17 - 25 dicembre ► Novena a **santo Stefano**

18 - 26 dicembre ► Novena a **san Giovanni apostolo**

19 - 27 dicembre
► Novena alla **beata Mattia Nazzarei**
► Novena a **san Tommaso Becket**

22 - 30 dicembre
► Novena alla **Santa Famiglia** (cod. 8001, 8469)
► Novena a **santa Caterina Labouré**

25 dic. 2 gennaio ► Novena al **Santissimo Nome di Gesù**

26 dic. 3 gennaio ► Novena a **sant'Angela da Foligno** (cod. 8902)

28 dic. 5 gennaio ► Novena ai **santi Magi**

DICEMBRE: IMMACOLATA CONCEZIONE

Dicembre è il mese dedicato a due grandi solennità: l'Immacolata Concezione e il santo Natale. La prima assume un profondo significato nel tempo di Avvento perché di fatto è proprio Maria santissima che ci insegna a prepararci spiritualmente al Natale di Cristo. Maria è legata con un vincolo inscindibile di maternità a Gesù. In lei, Vergine immacolata, il Figlio di Dio si è fatto carne.

La Vergine, nella sua bellezza immacolata, è per noi un segno di santità e di purezza. Lei ci rivolge l'invito a riscoprire la nostra vocazione universale alla santità; anche se noi, a differenza di Maria, veniamo concepiti nel peccato originale, tuttavia, con la nostra cooperazione alla grazia possiamo rinascere e diventare immagine di Dio. Chiediamole allora durante questo mese che risvegli in noi il desiderio della santità che consiste nel vivere con gioia e umiltà durante le nostre giornate quello che ci accade, con lo sguardo rivolto al cielo e ai fratelli che Dio pone sulla nostra strada. Non dobbiamo rassegnarci alla paura di non farcela, dobbiamo avere coraggio. Ci ricorda papa Francesco che «Maria, l'unica creatura umana senza peccato nella storia, è con noi nella lotta, ci è sorella e soprattutto Madre. E noi, che facciamo fatica a scegliere il bene, possiamo *affidarci a lei*. Affidandoci, consacrandoci alla Madonna, le diciamo: "Tienimi per mano, Madre, guidami tu: con te avrò più forza nella lotta contro il male, con te riscoprirò la mia bellezza originaria"».

DICEMBRE: SANTO NATALE DI NOSTRO SIGNORE GESÙ CRISTO

Il Natale è una festa universale. Anche chi non si professa credente può percepire in questa ricorrenza cristiana qualcosa di trascendente, qualcosa di intimo che parla al cuore. Il Natale canta il dono della vita e celebra l'avvenimento centrale della storia: l'incarnazione del Verbo divino per la redenzione dell'umanità. A Natale, dunque, non ci limitiamo a commemorare la nascita di un grande personaggio o a celebrare in astratto il mistero della nascita dell'uomo o in generale il mistero della vita. A Natale ricordiamo un evento assai concreto e importante per gli uomini, una verità essenziale per la fede cristiana, che san Giovanni riassume in poche parole: «E il Verbo si fece carne» (Gv 1,14). Il Creatore dell'universo si è incarnato unendosi indissolubilmente alla natura umana, sì da essere realmente "Dio da Dio" e al tempo stesso uomo, vero uomo. Nella grotta di Betlemme, Dio si mostra a noi umile bambino per vincere la nostra superbia. Forse ci saremmo arresi più facilmente di fronte alla potenza, di fronte alla saggezza; ma lui non vuole la nostra resa; fa piuttosto appello al nostro cuore e alla nostra libera decisione di accettare il suo amore. Si è fatto piccolo per liberarci da quell'umana pretesa di grandezza che scaturisce dalla superbia; si è liberamente incarnato per rendere noi veramente liberi, liberi di amarlo. L'incontro con il bambino Gesù ci renda persone che non pensano soltanto a sé stesse, ma si aprono alle attese e alle necessità dei fratelli.

1 DICEMBRE

VENERDÌ

34ª settimana del Tempo Ordinario

verde **2ª sett. salt.**

PRIMO VENERDÌ DEL MESE

Antifona d'ingresso - Il Signore annuncia la pace per il suo popolo, per i suoi fedeli, per chi ritorna a lui con fiducia *(Sal 84,9).*

Colletta - Ridesta, o Signore, la volontà dei tuoi fedeli, perché, collaborando con impegno alla tua opera di salvezza, ottengano in misura sempre più abbondante i doni della tua misericordia. Per il nostro Signore…

PRIMA LETTURA Dn 7,2-14

Dal libro del profeta Danièle

Io, Daniele, guardavo nella mia visione notturna ed ecco, i quattro venti del cielo si abbattevano impetuosamente sul Mare Grande e quattro grandi bestie, differenti l'una dall'altra, salivano dal mare. La prima era simile a un leone e aveva ali di aquila.

Mentre io stavo guardando, le furono strappate le ali e fu sollevata da terra e fatta stare su due piedi come un uomo e le fu dato un cuore d'uomo. Poi ecco una seconda bestia, simile a un orso, la quale stava alzata da un lato e aveva tre costole in bocca, fra i denti, e le fu detto: «Su, divora molta carne». Dopo di questa, mentre stavo guardando, eccone un'altra simile a un leopardo, la quale aveva quattro ali d'uccello sul dorso; quella bestia aveva quattro teste e le fu dato il potere. Dopo di questa, stavo ancora guardando nelle visioni notturne ed ecco una quarta bestia, spaventosa, terribile, d'una forza straordinaria, con grandi denti di ferro; divorava, stritolava e il rimanente se lo metteva sotto i piedi e lo calpestava: era diversa da tutte le altre bestie precedenti e aveva dieci corna. Stavo osservando queste corna, quand'ecco spuntare in mezzo a quelle un altro corno più piccolo, davanti al quale tre delle prime corna furono divelte: vidi che quel corno aveva occhi simili a quelli di un uomo e una bocca che proferiva parole arroganti. Io continuavo a guardare, quand'ecco furono collocati troni e un vegliardo si assise. La sua veste era candida come la neve e i capelli del suo capo erano candidi come la lana; il suo trono era come vampe di fuoco con le ruote come fuoco ardente. Un fiume di fuoco scorreva e usciva dinanzi a lui, mille migliaia lo servivano e diecimila miriadi lo assistevano. La corte sedette e i libri furono aperti. Continuai a guardare a causa delle parole arroganti che quel corno proferiva, e vidi che la bestia fu uccisa e il suo corpo distrutto e gettato a bruciare nel fuoco. Alle altre bestie fu tolto il potere e la durata della loro vita fu fissata fino a un termine stabilito. Guardando ancora nelle visioni notturne, ecco venire con le nubi del cielo uno simile a un figlio d'uomo; giunse fino al vegliardo e fu presentato a lui. Gli furono dati potere, gloria e regno; tutti i popoli, nazioni e lingue lo servivano: il suo potere è un potere eterno, che non finirà mai, e il suo regno non sarà mai distrutto. **Parola di Dio.**

SALMO RESPONSORIALE — Dn 3,75-81

℟. **A lui la lode e la gloria nei secoli.**

Benedite, monti e colline, il Signore.
Benedite, creature tutte
che germinate sulla terra, il Signore. ℟.

Benedite, sorgenti, il Signore.
Benedite, mari e fiumi, il Signore. ℟.

Benedite, mostri marini
e quanto si muove nell'acqua, il Signore.
Benedite, uccelli tutti dell'aria, il Signore. ℟.

Benedite, animali tutti,
selvaggi e domestici, il Signore,
lodatelo ed esaltatelo nei secoli. ℟.

CANTO AL VANGELO Lc 21,28

Alleluia, alleluia.
Risollevatevi e alzate il capo,
perché la vostra liberazione è vicina.
Alleluia.

VANGELO Lc 21,29-33

✠ *Dal Vangelo secondo Luca*

In quel tempo, Gesù disse ai suoi discepoli una parabola: «Osservate la pianta di fico e tutti gli alberi: quando già germogliano, capite voi stessi, guardandoli, che ormai l'estate è vicina. Così anche voi: quando vedrete accadere queste cose, sappiate che il regno di Dio è vicino. In verità io vi dico: non passerà questa generazione prima che tutto avvenga. Il cielo e la terra passeranno, ma **le mie parole non passeranno**». **Parola del Signore.**

Comunione - Genti tutte, lodate il Signore, popoli tutti, cantate la sua lode, perché forte è il suo amore per noi *(Sal 116,1-2)*.

Oppure: Ecco, io sono con voi tutti i giorni, sino alla fine del mondo. Alleluia *(Mt 28,20)*.

Dopo la Comunione - Dio onnipotente, che ci dai la gioia di partecipare ai divini misteri, non permettere che ci separiamo mai da te, fonte di ogni bene. Per Cristo nostro Signore.

Commenti

1ª lettura - Le terribili bestie che distruggono e devastano rappresentano la ferocia dei regni umani che impongono le loro leggi sugli uomini. Quante volte abbiamo visto nella storia dell'umanità regni, piccoli o grandi, basati sul sopruso, sulla tirannia, sui favoritismi e sulla violenza. Non è sempre così, ma è facile per i tiranni farsi prendere dall'ebbrezza del potere e non viverlo come servizio. A fronte di questi, ecco sorgere il vegliardo che consegna al «figlio d'uomo» il potere sulle nazioni. Questo sovrano non regnerà al modo degli altri, usurpando e facendosi servire ma, al contrario, servendo e affermando il primato dell'amore, che è servizio, dono di sé, volere il bene altrui. La differenza tra queste due realtà si spiega considerando quel «potere eterno» di cui parla il testo; il regno di Dio infatti non si instaura su territori, parlamenti, istituzioni terrene, che durano poco, ma nei cuori ed è orientato oltre il tempo. Il regno dei cieli si conquista con la violenza, non delle armi, ma dell'amore, che è audacia, disinteresse, un amore che non conosce limiti ed è più forte della morte.

VANGELO - I segni dei tempi vanno interpretati correttamente, e non possiamo dire che il Signore non ci abbia avvertito. Quando egli parla ai suoi discepoli degli avvenimenti futuri, preannuncia che il rifiuto del riconoscimento del Messia significherà la fine dello Stato d'Israele. Dopo pochi anni questo avverrà puntualmente: le truppe dell'imperatore romano Tito decreteranno la fine d'Israele con una invasione globale, la distruzione del tempio e l'allontanamento di tutti gli Israeliti dalla Terra Santa. Questo avvenne durante la generazione di Gesù. Poi lo sguardo si dilata ed egli preannuncia altri avvenimenti, che avverranno secoli dopo e che, in effetti, noi stiamo vedendo in questi nostri tempi: il raffreddamento della fede, le persecuzioni e le altre cose descritte nei discorsi escatologici del Signore. Rendendoci conto di questo, ci prepariamo ad affrontare tutto con uno spirito di fede, di preghiera, non facendoci cogliere di sorpresa. Per dirne una (che non è nel Vangelo, ma nella vita dei santi): secondo san Luigi Maria Grignion de Montfort il crescere delle apparizioni mariane nella storia significa l'approssimarsi della seconda venuta del Signore. Non vediamo queste cose ai nostri giorni?

PROPOSITO DEL GIORNO... Le parole di Gesù non tramonteranno mai. Oggi voglio regalare un Vangelo a un adolescente (un figlio, un nipote ecc.) raccomandandogli di custodire nel suo cuore ogni parola che leggerà come il dono più prezioso.

PRATICHE E FESTE DEL GIORNO...

- Pratiche e preghiere di ogni giorno consigliate per il mese di dicembre *(pag. 724)*.
- I nove primi venerdì del mese (cod. 8001, 8071, 8247).
- 1° giorno novena alla Madonna di Loreto.

SANTI E BEATI DEL GIORNO

S. Charles de Foucauld • S. Eligio • S. Fiorenza • S. Naum • B. Casimiro Sykulski • **B. Maria Rosa di Gesù**

BEATA MARIA ROSA DI GESÙ: «Quello che conta è amare il Signore».

Ventisette anni di grave malattia, vissuti nella gioia di essere una sposa di Cristo, che l'ha resa partecipe delle sofferenze della croce. Questa è la parabola di vita di Maria Rosa di Gesù, al secolo Bruna Pellesi, che scrive, parlando della sua condizione: «Sia benedetto il Signore che mi concede la grazia di un pochino della Sua Santa Croce e **mi dà la grande grazia di portarla nella pace... come dono, non come peso**».

Bruna nasce l'11 novembre 1917 a Morano di Prignano, nel modenese, ultima di nove figli. È bella e tutto in lei parla di buonumore, dolcezza, allegria e pace. Ha appena 18 anni, quando si trova a essere mamma adottiva di sei figli, a causa della morte di due sue cognate. Sente, però, forte nel cuore la chiamata del Signore e riesce a realizzarla a 22 anni, entrando tra le Suore Terziarie Francescane di sant'Onofrio a Rimini.

Con il nuovo nome di suor Maria Rosa s'impegna con entusiasmo nella comunità di Sassuolo, proprio negli anni in cui infuria la guerra. **L'anno 1945 segna una svolta nella sua vita: viene trasferita a Ferrara, ma soprattutto cominciano a manifestarsi i sintomi**

della tubercolosi. È novembre quando per lei si aprono le porte del sanatorio: Maria Rosa ha 28 anni, gliene restano quasi altrettanti da vivere, ma tutti nella dolorosa condizione di malata, in un isolamento e in una monotonia che non aveva voluto: **«Ho iniziato la mia vita sanatoriale piangendo, ma ho chiesto al buon Dio di terminarla cantando le sue misericordie»**, scrive. Inizia, così, a percorrere una strada lunga e dolorosa che la porterà però a rendere ancora più forte la sua fede senza perdere mai la speranza e il sorriso.

La sua nuova condizione è dura e difficile, ma lei la affronta nell'unico modo che le è possibile: dopo aver faticosamente conquistato la propria pace interiore, si preoccupa non di sé stessa ma degli altri, cercando di rasserenare i loro giorni in quel luogo segnato dal dolore, distribuendo amore nei piccoli gesti di cura e sorriso. Ogni giorno dice a Gesù: **«Voglio che la mia vita sia amore per te, con te e in te»**. Così, in un apparente paradosso che solo il Vangelo sa spiegare, riesce a raggiungere una felicità autentica e piena, anche in una condizione fisica molto precaria e dolorosa, anche quando sente la morte avvicinarsi: «Lo dico in un momento in cui non posso tradire... quello che conta è amare il Signore. **Sono felice perché muoio nell'amore, sono felice perché amo tutti**», esclama il I° dicembre **1972**, poco prima di raggiungere il suo Sposo.

2 DICEMBRE

SABATO

34ª settimana del Tempo Ordinario

verde **2ª sett. salt.**

PRIMO SABATO DEL MESE

ANTIFONA D'INGRESSO - Il Signore annuncia la pace per il suo popolo, per i suoi fedeli, per chi ritorna a lui con fiducia *(Sal 84,9).*

COLLETTA - Ridesta, o Signore, la volontà dei tuoi fedeli, perché, collaborando con impegno alla tua opera di salvezza, ottengano in misura sempre più abbondante i doni della tua misericordia. Per il nostro Signore…

PRIMA LETTURA Dn 7,15-27

Dal libro del profeta Danièle

Io, Daniele, mi sentii agitato nell'animo, tanto le visioni della mia mente mi avevano turbato; mi accostai a uno dei vicini e gli domandai il vero significato di tutte queste cose ed egli me ne diede questa spiegazione: «Le quattro grandi bestie rappresentano quattro re, che sorgeranno dalla terra; ma i santi dell'Altissimo riceveranno il regno e lo possederanno per sempre, in eterno». Volli poi sapere la verità intorno alla quarta bestia, che era diversa da tutte le altre e molto spaventosa, che aveva denti di ferro e artigli di bronzo, che divorava, stritolava e il rimanente se lo metteva sotto i piedi e lo calpestava, e anche intorno alle dieci corna che aveva sulla testa e intorno a quell'ultimo corno che era spuntato e davanti al quale erano cadute tre corna e del perché quel corno aveva occhi e una bocca che proferiva parole arroganti e appariva maggiore delle altre corna. Io intanto stavo guardando e quel corno muoveva guerra ai santi e li vinceva, finché venne il vegliardo e fu resa giustizia ai santi dell'Altissimo e giunse il tempo in cui i santi dovevano possedere il regno. Egli dunque mi disse: «La quarta bestia significa che ci sarà sulla terra un quarto regno diverso da tutti gli altri e divorerà tutta la terra, la schiaccerà e la stritolerà. Le dieci corna significano che dieci re sorgeranno da quel regno e dopo di loro ne seguirà un altro, diverso dai precedenti: abbatterà tre re e proferirà parole contro l'Altissimo e insulterà i santi dell'Altissimo; penserà di mutare i tempi e la legge. I santi gli saranno dati in mano per un tempo, tempi e metà di un tempo. Si terrà poi il giudizio e gli sarà tolto il potere, quindi verrà sterminato e distrutto completamente. Allora il regno, il potere e la grandezza dei regni che sono sotto il cielo saranno dati al popolo dei santi dell'Altissimo, il cui regno sarà eterno e tutti gli imperi lo serviranno e gli obbediranno». **Parola di Dio.**

SALMO RESPONSORIALE Dn 3,82-87

℟. **A lui la lode e la gloria nei secoli.**

Benedite, figli dell'uomo, il Signore.
Benedite, figli d'Israele, il Signore. ℟.

Benedite, sacerdoti del Signore, il Signore.
Benedite, servi del Signore, il Signore. ℟.

Benedite, spiriti e anime dei giusti, il Signore.
Benedite, santi e umili di cuore, il Signore. ℟.

CANTO AL VANGELO Lc 21,36

Alleluia, alleluia.
Vegliate in ogni momento pregando,
perché abbiate la forza di comparire

davanti al Figlio dell'uomo.
Alleluia.

VANGELO

Lc 21,34-36

✠ *Dal Vangelo secondo Luca*

In quel tempo, Gesù disse ai suoi discepoli: «State attenti a voi stessi, che **i vostri cuori non si appesantiscano in dissipazioni, ubriachezze e affanni della vita** e che quel giorno non vi piombi addosso all'improvviso; come un laccio infatti esso si abbatterà sopra tutti coloro che abitano sulla faccia di tutta la terra. Vegliate in ogni momento pregando, perché abbiate la forza di sfuggire a tutto ciò che sta per accadere e di comparire davanti al Figlio dell'uomo». **Parola del Signore.**

COMUNIONE - Genti tutte, lodate il Signore, popoli tutti, cantate la sua lode, perché forte è il suo amore per noi *(Sal 116,1-2).*
Oppure: Ecco, io sono con voi tutti i giorni, sino alla fine del mondo. Alleluia *(Mt 28,20).*

DOPO LA COMUNIONE - Dio onnipotente, che ci dai la gioia di partecipare ai divini misteri, non permettere che ci separiamo mai da te, fonte di ogni bene. Per Cristo nostro Signore.

Commenti

1ª LETTURA - Attraverso la ricca simbologia delle bestie spaventose che rappresentano i re, delle corna sulla testa che hanno vita propria, parlano e si combattono tra loro, si può intendere la persecuzione perpetuata al tempo di Daniele dal re Antioco Epifane, che arrivò ad abolire il culto del sabato e la celebrazione delle feste giudaiche in Israele («penserà di mutare i tempi e la legge»). Tuttavia si può anche generalizzare il discorso e leggere in questa pagina l'atteggiamento di ogni potere civile che sia avverso alla religione e che perseguiti crudelmente chi vuole essere fedele alla Chiesa. La recente storia del mondo è piena di simili persecuzioni. Il profeta dà un annuncio di grande consolazione affermando che questi attacchi feroci, per quanto violenti e improvvisi, durano poco, e anzi alla fine è lo stesso persecutore a essere annientato. La misteriosa dizione «un tempo, tempi e metà di un tempo» può significare tre anni e mezzo. La cifra di quarantadue mesi equivale a 1260 giorni ed è ripresa dall'Apocalisse.

Dunque, il periodo di calamità permesso da Dio ha sempre durata limitata.

VANGELO - Cosa significa "comparire davanti al Figlio dell'uomo?". Qui Gesù non si riferisce all'incontro quotidiano che possiamo avere con lui nella santa Comunione o nella preghiera, ma a qualcosa di diverso. Il richiamo è a quanto successe al tempo di Noè, quando l'avvento grandioso del diluvio universale vide la società del tempo tutta presa da interessi personali (affanni della vita, dissipazioni ecc.) e dove le persone deridevano Noè che stava cimentandosi in un lavoro per loro inutile, costruendo un enorme barcone. Poi sappiamo come andò a finire: Noè si salvò e gli altri morirono tutti. Questo «comparire» allora significa una venuta del Signore più grande, la parusia, la sua seconda venuta, annunciata dalle Scritture. Per prepararci a questo grandioso evento, paragonabile a un diluvio, ecco arrivare anche quest'anno l'Avvento, tempo liturgico che ci chiede di alleggerirci dalle eventuali dissipazioni, ubriachezze, distrazioni, che ci fanno ritenere quest'esistenza come unico orizzonte di vita e tempo di godimento. Ci prepariamo rinnovando la nostra continua quotidiana alleanza con Gesù Salvatore, sapendo che il tempo che abbiamo a disposizione è tempo di salvezza e di grazia.

PROPOSITO DEL GIORNO... Oggi mi ritaglio un po' di tempo da dedicare intensamente al Signore. Depongo ogni affanno e distrazione ai piedi della croce in modo che il mio cuore sia libero di ricevere l'amore liberante di Gesù: quale affanno mi sta togliendo la pace?

PRATICHE E FESTE DEL GIORNO...

- Pratiche e preghiere di ogni giorno consigliate per il mese di dicembre *(pag. 724)*.
- I cinque primi sabati del mese (cod. 8001, 8155, 8248).

SANTI E BEATI DEL GIORNO

S. Bibiana (Viviana) • **B. Bernardino (Zef) Palaj** • B. Giovanni Slezyuk • B. Maria Angela Astorch

B. BERNARDINO (ZEF) PALAJ: una tonaca insanguinata.

«Per quanto riguarda la morte di padre Bernardino Palaj, ricordo che [...] dopo un po' ci portarono **la tonaca del frate, di colore marrone, che era tutta sangue e piena di terra**. Sua sorella la piegò e poi cominciò a piangere per tutta la strada. Di altro non mi ricordo, se non che **il povero padre è morto per le torture**». Padre Bernardino è uno dei 38 martiri albanesi beatificati il 5 novembre 2016. Al secolo Zef Palaj, era nato in un villaggio di montagna presso Scutari, il 2 ottobre 1894, da un'umile famiglia.

Il 15 settembre 1911 entra nell'Ordine dei Frati Minori, assumendo il nome di fra Bernardino. È un uomo di cultura e intensa è la sua attività letteraria. Nel 1946 si trova a Rrubik, come superiore del convento e parroco. **Le autorità comuniste tentano di farlo aderire alla loro causa, ma ottengono un netto rifiuto**. A quel punto, viene organizzata una messa in scena per arrestarlo: i soldati scoprono in convento un deposito di armi, che avevano nascosto loro stessi per far ricadere la colpa sui frati. Padre Bernardino viene quindi arrestato e condotto a Scutari, dove muore il 2 dicembre **1946** a causa del tetano, contratto in conseguenza delle torture a cui è sottoposto.

TEMPO DI AVVENTO
Inizio del nuovo anno liturgico (B)

Con l'Avvento la Chiesa inizia un nuovo anno liturgico. La successione degli anni liturgici nelle domeniche segue un ciclo triennale, con la lettura in ciascun anno di un Vangelo diverso: nelle domeniche dell'anno A si legge il Vangelo di Matteo, nell'anno B il Vangelo di Marco (è l'itinerario che seguiremo quest'anno), nell'anno C il Vangelo di Luca. L'anno liturgico è l'anno del cristiano, durante il quale siamo invitati a prendere, ogni giorno di più, coscienza delle meraviglie che Dio opera tra noi, rendendo attuale, nell'oggi che ci appartiene, la storia della salvezza che Dio ha operato in Cristo, per mezzo dello Spirito Santo. L'anno liturgico si divide in:

Tempo di Avvento
Tempo di Quaresima

Tempo di Natale
Tempo di Pasqua

Tempo Ordinario

Tempo di Avvento: Vieni, Signore Gesù!

La parola avvento significa "venuta-attesa". Ha una doppia caratteristica: è tempo di preparazione alla solennità del Natale, in cui si ricorda la prima venuta del Figlio di Dio fra gli uomini; è tempo che spalanca il cuo-

re all'attesa della seconda venuta di Gesù, quando ritornerà per giudicare i vivi e i morti. Il Tempo di Avvento dura quattro settimane: dalla domenica più vicina al 30 novembre (quest'anno comincia il 3 dicembre) ai Primi Vespri di Natale. I giorni dal 17 al 24 dicembre costituiscono una più diretta preparazione al Natale. Il colore liturgico di questo Tempo è il viola: indica la speranza e l'attesa di incontrare Gesù, l'umiltà e la prontezza di accoglierlo nella nostra vita. Nelle domeniche non si dice il Gloria, ma si fa la professione di fede con il Credo.

La corona dell'Avvento

È simbolo dell'Avvento e sintetizza il cammino d'attesa del Salvatore. È costituita da un grande anello fatto di rami d'abete o di pino. Può essere collocata sia in chiesa che nella propria abitazione. Attorno alla corona sono fissate quattro candele che simboleggiano le quattro settimane dell'Avvento. L'accensione della candela (oppure due, tre, quattro, a seconda della settimana) può avvenire all'inizio della celebrazione eucaristica, dopo l'omelia o in altro momento, purché si armonizzi con tutta la celebrazione. Anche la famiglia, riunita in preghiera, può compiere lo stesso gesto. È bene accompagnare l'accensione delle candele con una preghiera.

Valori da vivere

Vigilanza, conversione, gioia, disponibilità, accoglienza.

3 DICEMBRE

DOMENICA

1ª domenica di Avvento (B) *viola* **1ª sett. salt.**

ACCENDIAMO LA PRIMA CANDELA DELLA CORONA DI AVVENTO

Accendiamo, Signore, questa luce, come chi accende la sua lampada per uscire, nella notte, incontro all'amico che viene. In questa prima settimana di Avvento vogliamo alzarci per aspettarti preparati, per riceverti con gioia. Molte ombre ci avvolgono. Molte lusinghe ci addormentano. Vogliamo rimanere svegli e vigilanti, perché tu ci porti la luce più chiara, la pace più profonda, la gioia più vera. Vieni, Signore Gesù!

ANTIFONA D'INGRESSO - A te, Signore, innalzo l'anima mia, mio Dio, in te confido: che io non resti deluso! Non trionfino su di me i miei nemici! Chiunque in te spera non resti deluso *(Sal 24,1-3)*.

Non si dice il Gloria.

COLLETTA - **Preghiamo:** O Dio, nostro Padre, suscita in noi la volontà di andare incontro con le buone opere al tuo Cristo che viene, perché egli ci chiami accanto a sé nella gloria a possedere il regno dei cieli. Per il nostro Signore... **Amen.**
Oppure: O Dio, nostro Padre, nella tua fedeltà ricordati di noi, opera delle tue mani, e donaci l'aiuto della tua grazia, perché, resi forti nello spirito, attendiamo vigilanti la gloriosa venuta di Cristo tuo Figlio. Egli è Dio... **Amen.**

(seduti)

PRIMA LETTURA Is 63,16b-17.19b;64,2-7

Dal libro del profeta Isaìa

Tu, Signore, sei nostro padre, da sempre ti chiami nostro redentore. Perché, Signore, ci lasci vagare lontano dalle tue vie e lasci indurire il nostro cuore, così che non ti tema? Ritorna per amore dei tuoi servi, per amore delle tribù, tua eredità. Se tu squarciassi i cieli e scendessi! Davanti a te sussulterebbero i monti. Quando tu compivi cose terribili che non attendevamo, tu scendesti e davanti a te sussultarono i monti. Mai si udì parlare da tempi lontani, orecchio non ha sentito, occhio non ha visto che un Dio, fuori di te, abbia fatto tanto per chi confida in lui. Tu vai incontro a quelli che praticano con gioia la giustizia e si ricordano delle tue vie. Ecco, tu sei adirato perché abbiamo peccato contro di te da lungo tempo e siamo stati ribelli. Siamo divenuti tutti come una cosa impura, e come panno immondo sono tutti i nostri atti di giustizia; tutti siamo avvizziti come foglie, le nostre iniquità ci hanno portato via come il vento. Nessuno invocava il tuo nome, nessuno si risvegliava per stringersi a te; perché tu avevi nascosto da noi il tuo volto, ci avevi messo in balìa della nostra iniquità. Ma, Signore, tu sei nostro padre; noi siamo argilla e tu colui che ci plasma, tutti noi siamo opera delle tue mani. - Parola di Dio. ℟. **Rendiamo grazie a Dio.**

SALMO RESPONSORIALE Dal Salmo 79 (80)

℟. **Signore, fa' splendere il tuo volto**
e noi saremo salvi.

Tu, pastore d'Israele, ascolta,
seduto sui cherubini, risplendi.
Risveglia la tua potenza
e vieni a salvarci. ℟.

Dio degli eserciti, ritorna!
Guarda dal cielo e vedi
e visita questa vigna,
proteggi quello che la tua destra ha piantato,
il figlio dell'uomo che per te hai reso forte. ℟.

Sia la tua mano sull'uomo della tua destra,
sul figlio dell'uomo che per te hai reso forte.
Da te mai più ci allontaneremo,
facci rivivere e noi invocheremo il tuo nome. ℟.

SECONDA LETTURA 1Cor 1,3-9

Dalla prima lettera di san Paolo apostolo ai Corìnzi

Fratelli, grazia a voi e pace da Dio Padre nostro e dal Signore Gesù Cristo! Rendo grazie continuamente al mio Dio per voi, a motivo della grazia di Dio che vi è stata data in Cristo Gesù, perché in lui siete stati arricchiti di tutti i doni, quelli della parola e quelli della conoscenza. La testimonianza di Cristo si è

stabilita tra voi così saldamente che non manca più alcun carisma a voi, che aspettate la manifestazione del Signore nostro Gesù Cristo. Egli vi renderà saldi sino alla fine, irreprensibili nel giorno del Signore nostro Gesù Cristo. Degno di fede è Dio, dal quale siete stati chiamati alla comunione con il Figlio suo Gesù Cristo, Signore nostro! - Parola di Dio.
℟. **Rendiamo grazie a Dio.**

(in piedi)

CANTO AL VANGELO
Sal 84(85),8

Alleluia, alleluia.
Mostraci, Signore, la tua misericordia
e donaci la tua salvezza.
Alleluia.

VANGELO
Mc 13,33-37

Il Signore sia con voi.
℟. **E con il tuo spirito.**
✠ *Dal Vangelo secondo Marco*
℟. **Gloria a te, o Signore.**
In quel tempo, Gesù disse ai suoi discepoli: «Fate attenzione, vegliate, perché non sapete quando è il momento. È come un uomo, che è partito dopo

aver lasciato la propria casa e dato il potere ai suoi servi, a ciascuno il suo compito, e ha ordinato al portiere di vegliare. Vegliate dunque: voi non sapete quando il padrone di casa ritornerà, se alla sera o a mezzanotte o al canto del gallo o al mattino; fate in modo che, giungendo all'improvviso, **non vi trovi addormentati**. Quello che dico a voi, lo dico a tutti: vegliate!». - Parola del Signore.
℟. **Lode a te o Cristo.**

Si dice il Credo *(pag. 12).*

(in piedi)

SULLE OFFERTE - Accogli, o Signore, il pane e il vino, dono della tua benevolenza, e concedi che il nostro sacrificio spirituale compiuto nel tempo sia per noi pegno della redenzione eterna. Per Cristo nostro Signore. **Amen.**

Prefazio dell'Avvento I oppure I/A (materiale multimediale: pag. 17).

COMUNIONE - Il Signore donerà il suo bene e la nostra terra darà il suo frutto *(Sal 84,13).*

Oppure: Vegliate, perché non sapete né il giorno né l'ora *(Cfr. Mc 13,33).*

Dopo la Comunione - Preghiamo: La partecipazione a questo sacramento, che a noi pellegrini sulla terra rivela il senso cristiano della vita, ci sostenga, o Signore, nel nostro cammino e ci guidi ai beni eterni. Per Cristo nostro Signore. **Amen.**

Commenti

1ª lettura - Questa sublime preghiera di Isaìa esprime tutto il desiderio dell'uomo verso il suo Dio creatore e redentore. Di solito nei profeti avviene il contrario: è Dio che si "lamenta" perché l'uomo l'ha dimenticato, si è girato dall'altra parte, segue e rincorre altri idoli o divinità… Ecco allora che egli manda i profeti affinché gridino a nome suo: «Tornate a me! Non abbandonate la retta via, non perdetevi dietro cose che non salvano!». Qui invece è l'uomo che, smarrito nel deserto del mondo, implora la divina presenza. Dio si è come ritirato, tace, non si fa sentire. L'uomo lo implora: «Vieni! Scendi!». L'incontro avviene quando queste due volontà si desiderano e si cercano, quella di Dio che ama l'uomo e quella dell'uomo che sente di non poter fare a meno di lui, nonostante i tradimenti e gli allontanamenti. Il grido dell'uomo culminerà nel Natale di Cristo. «Vieni!», implora l'uomo, ed egli viene, si fa accessibile, vero Dio con un corpo di bambino nella grotta di Betlemme. Il punto di incontro è l'incarnazione del Verbo, definitiva e insuperabile manifestazione di Dio per noi e con noi.

2ª LETTURA - Paolo saluta la comunità di Corinto alla quale si rivolge. Per prima cosa ringrazia il Signore perché egli si è manifestato con potenza in quella comunità, arricchendola di tutti i doni. Prendiamo atto che i Corìnzi sono una famiglia di fedeli, resa tale dall'azione potente dello Spirito Santo. Questo vale anche per noi e per le nostre realtà, parrocchiali o di singole comunità religiose: prima di tutto rendiamoci conto del perché siamo qui e di quello che Dio ha voluto per noi. Poi Paolo parla di una manifestazione che verrà, e che i Corìnzi devono attendere: si tratta della seconda venuta del Signore o anche della venuta finale nel giudizio universale... non sappiamo, ma nemmeno interessa indagare; si sa soltanto che noi viviamo nel tempo tra la vita instaurata nello Spirito Santo con la morte, risurrezione di Gesù e il "giorno del Signore" finale. Nel frattempo, che dobbiamo fare? Lo dice san Paolo nel proseguimento della lettera, dando dei consigli pratici. Intanto siamo collocati nella giusta dimensione. Viviamo nel tempo della grazia. Proibito lamentarsi sempre.

VANGELO - L'ordine perentorio del Signore nel Vangelo di oggi è uno solo, quello di vegliare, che significa semplicemente stare svegli, desti, non dormire. L'invito a vegliare Gesù lo ripete tante volte nel Vangelo, sia direttamente che in diverse parabole. Perché è così importante? Perché proprio nella veglia noi possiamo rispondere dei nostri atti e accorrere immediatamente quando il padrone si presenterà alla porta della nostra esistenza. Fuori dalla metafora, è il peccato che ci addormenta. Non a caso nel *Benedictus* (Lc 1,68-79) si parla di «tenebre e ombre di morte». Il peccato ci fa cadere in un sonnambulismo spirituale, nel quale tutto diventa confuso, indistinto, grigio. Non riusciamo più a intendere la voce del Signore e a vedere le bellezze del creato, non comprendiamo più il linguaggio del suo amore e della sua tenerezza, perché tutto ci sembra insulso, doloroso, stancante. Ecco allora l'esortazione: vivete in grazia! Confessate i vostri peccati, nutritevi del corpo di Cristo, amatevi gli uni gli altri con dedizione e spirito di sacrificio. In questo modo saremo sempre pronti a rispondere a Gesù tutte le volte che ci chiamerà, sia nel tempo presente che nella chiamata finale.

PROPOSITO DEL GIORNO... Oggi, nella recita del Rosario, chiedo al Signore che io possa crescere nell'atteggiamento della vigilanza in modo che, quando egli passa nella mia vita, non mi trovi addormentato.

PRATICHE E FESTE DEL GIORNO...

- Pratiche e preghiere di ogni giorno consigliate per il mese di dicembre *(pag. 724)*.
- Prepariamo la corona dell'Avvento e accendiamo la prima candela.
- Preghiera a san Francesco Saverio *(pag. 727)*.
- 1° giorno novena alla Madonna di Guadalupe (cod. 8590).

SANTI E BEATI DEL GIORNO

S. Cassiano di Tangeri • S. Francesco Saverio • S. Lucio di Coira • B. Edoardo Coleman • B. Ladislao Bukowinski

4 DICEMBRE

LUNEDÌ

1ª settimana di Avvento

viola (bianco se si celebra la memoria)

1ª sett. salt.

S. Giovanni Damasceno, presbitero e dottore della Chiesa (mf)

ANTIFONA D'INGRESSO - Ascoltate, genti, la parola del Signore, annunciatela alle isole più lontane: Coraggio, non temete! Ecco, giunge il vostro Dio *(Cfr. Ger 31,10; Is 35,4)*.

COLLETTA - Il tuo aiuto, o Padre, ci renda perseveranti nel bene in attesa di Cristo tuo Figlio; quando egli verrà e busserà alla porta, ci trovi vigilanti nella preghiera, operosi nella carità fraterna ed esultanti nella lode. Egli è Dio…

PRIMA LETTURA — Is 2,1-5

Dal libro del profeta Isaìa

Messaggio che Isaìa, figlio di Amoz, ricevette in visione su Giuda e su Gerusalemme. Alla fine dei giorni, il monte del tempio del Signore sarà saldo sulla cima dei monti e s'innalzerà sopra i colli e ad esso affluiranno tutte le genti. Verranno molti popoli e diranno: «Venite, saliamo sul monte del Signore, al tempio del Dio di Giacobbe, perché ci insegni le sue vie e possiamo camminare per i suoi sentieri». Poiché da Sion uscirà la legge e da Gerusalemme la parola del Signore. Egli sarà giudice fra le genti e arbitro fra molti popoli. Spezzeranno le loro spade e ne faranno aratri, delle loro lance faranno falci; una nazione non alzerà più la spada contro un'altra nazione, non impareranno più l'arte della guerra. Casa di Giacobbe, venite, camminiamo nella luce del Signore. **Parola di Dio.**

SALMO RESPONSORIALE Dal Salmo 121 (122)

℟. **Andiamo con gioia incontro al Signore.**

Quale gioia, quando mi dissero:
«Andremo alla casa del Signore!».
Già sono fermi i nostri piedi
alle tue porte, Gerusalemme! ℟.

Gerusalemme è costruita
come città unita e compatta.
È là che salgono le tribù,
le tribù del Signore. ℟.

Chiedete pace per Gerusalemme:

vivano sicuri quelli che ti amano;
sia pace nelle tue mura,
sicurezza nei tuoi palazzi. ℟.

Per i miei fratelli e i miei amici
io dirò: **«Su di te sia pace!»**.
Per la casa del Signore nostro Dio,
chiederò per te il bene. ℟.

CANTO AL VANGELO Cfr. Sal 79 (80),4

Alleluia, alleluia.
Signore, nostro Dio, vieni a liberarci:
fa' splendere il tuo volto e noi saremo salvi.
Alleluia.

VANGELO Mt 8,5-11

✠ *Dal Vangelo secondo Matteo*

In quel tempo, entrato Gesù in Cafàrnao, gli venne incontro un centurione che lo scongiurava e diceva: «Signore, il mio servo è in casa, a letto, paralizzato e soffre terribilmente». Gli disse: «Verrò e lo guarirò». Ma il centurione rispose: «Signore, io non sono degno che tu entri sotto il mio tetto, ma di' soltanto una parola e il mio servo sarà guarito. Pur essendo anch'io un subalterno, ho dei soldati sotto di me e dico a uno: "Va'!", ed egli va; e a un altro: "Vieni!", ed egli viene; e al mio servo: "Fa' questo!", ed egli lo fa». Ascoltandolo, Gesù si meravigliò e disse a quelli che lo seguivano: «In verità io vi dico, in Israele non ho trovato nessuno con una fede così grande! Ora io vi dico che molti verranno dall'oriente e dall'occidente e siederanno a mensa con Abramo, Isacco e Giacobbe nel regno dei cieli». **Parola del Signore.**

SULLE OFFERTE - Accogli, o Signore, il pane e il vino, dono della tua benevolenza, e concedi che il nostro sacrificio spirituale compiuto nel tempo sia per noi pegno della redenzione eterna. Per Cristo nostro Signore.

Oppure: Accogli, o Signore, il sacrificio del tuo popolo, perché i doni che offriamo alla tua gloria siano per noi sorgente di salvezza eterna. Per Cristo nostro Signore.

Prefazio dell'Avvento I oppure I/A (materiale multimediale: pag. 17).

COMUNIONE - Vieni, o Signore, a visitarci nella pace, perché possiamo gioire davanti a te con cuore integro *(Cfr. Sal 105,4-5; Is 38,3).*

Oppure: Molti verranno dall'oriente e dall'occidente e siederanno a mensa con Abramo, Isacco e Giacobbe nel regno dei cieli *(Mt 8,11).*

DOPO LA COMUNIONE - La partecipazione a questo sacramento, che a noi pellegrini sulla terra rivela il senso cristiano della vita, ci sostenga, o Signore, nel nostro cammino e ci guidi ai beni eterni. Per Cristo nostro Signore.

Oppure: Il sacramento che abbiamo ricevuto, o Padre, ci renda vigilanti e alimenti le lampade della nostra fede, perché possiamo attendere la venuta del tuo Figlio ed essere introdotti al banchetto delle nozze eterne. Per Cristo nostro Signore.

Commenti

1ª LETTURA - Le promesse di Isaìa riguardanti la «fine dei giorni» pare non si siano ancora realizzate. Non vediamo che tutte le genti siano andate a Sion (cioè a Gerusalemme), né tanto meno vediamo che le nazioni non alzano più la spada contro altre nazioni. Tutto sembra continuare come sempre. Eppure, Dio ha realmente parlato a Israele, eleggendolo come popolo santo. In Israele egli si è veramente fatto carne, camminando per le nostre strade e condividendo tutto con gli uomini, eccetto il peccato. Perché vediamo allora che ogni cosa continua come sempre? Per il semplice fatto che c'è ancora il peccato sulla terra e, finché siamo qui, il grano e la zizzania devono crescere insieme. In questa realtà noi ci posizioniamo, combattiamo contro le potenze del male e possiamo scegliere di vivere in grazia o allearci con il maligno. La piena e totale pacificazione sarà soltanto in Paradiso. Isaìa quindi ci dà delle immagini che ci spingono a scegliere sempre il bene e le cose buone, in vista della gloria della condizione futura. Egli ci chiede di camminare «nella luce del Signore».

VANGELO - La grande fede del soldato pagano dà al Signore l'occasione di proclamare un principio che gli Israeliti stessi non si aspettavano: la vita eterna è per tutti, Dio è Padre di tutti, non solo d'Israele, come ritenevano gli ebrei del tempo. Il milite romano compie un atto di fede che nemmeno i correligionari di Gesù avevano fatto; nessuno di loro aveva chiesto una guarigione a distanza perché nessuno credeva fino in fondo alla vera natura divina del Cristo. La cosa non era certo facile! Vedevano Gesù che camminava, dormiva, si affaticava, mangiava, come potevano credere che egli fosse Dio? Ecco che il romano dichiara che c'è in Gesù una potenza, una forza che non ha bisogno di spostarsi: egli può guarire con un semplice atto della volontà. Quando si compie quest'affermazione di fede nella divinità del Cristo, è fatta: si accoglie allora tutto da lui, ci si fida di lui, si cerca di vivere come egli chiede, e alla fine ci si siede alla mensa con Abramo e tutti gli altri nel regno dei cieli. «Che cosa dobbiamo compiere per fare le opere di Dio?» chiesero a Gesù. Risposta: «Credere in colui che egli ha mandato» (cfr. Gv 6,29).

PROPOSITO DEL GIORNO... Oggi cercherò di vivere la pace che viene dal Signore e la porterò in ogni ambiente che frequenterò.

PRATICHE E FESTE DEL GIORNO...

- Pratiche e preghiere di ogni giorno consigliate per il mese di dicembre *(pag. 724)*.
- Preghiera a santa Barbara *(pag. 728)*.
- Preghiera a san Giovanni Damasceno.
- Preghiera a san Giovanni Calabria.
- 1° giorno novena a santa Lucia.

ALTRI SANTI E BEATI DEL GIORNO

S. Barbara • S. Felice • S. Giovanni Calabria • S. Giovanni il Taumaturgo • B. Adolfo Kolping • B. Pietro Pettinario

SANTA BARBARA:
la patrona dei vigili del fuoco.

La vita di santa Barbara, giovane martire nata a Nicomedia nel 273 circa, è avvolta dalla leggenda, come accade per le figure che godono di un culto molto antico. Secondo la tradizione, il padre di Barbara, Dioscuro, fece costruire una torre per rinchiudervi la bellissima figlia che aveva molti pretendenti. Lei, però, voleva consacrarsi a Dio e, prima di entrare nella torre, si recò in una piscina d'acqua e **vi si immerse tre volte, desiderosa di ricevere il Battesimo**.

Quando il padre, pagano, seppe che la figlia si era convertita al cristianesimo, la condusse davanti al magistrato, affinché fosse torturata e uccisa. Il prefetto Marciano ordinò di tormentarla avvolgendole il corpo in panni rozzi e ruvidi, tanto da farla sanguinare. **Durante la notte, però, Barbara ebbe una visione e fu risanata**. Il giorno dopo il prefetto ordinò nuove e più crudeli torture: fece porre piastre di ferro rovente sul corpo di Barbara; poi accese ai fianchi della donna un fuoco che si spense quasi subito. Infine, la condannò al taglio della testa. Fu il padre a eseguire la sentenza, ma subito dopo un fulmine lo colpì.

Santa Barbara è protettrice dei vigili del fuoco e degli artificieri.

5 DICEMBRE

MARTEDÌ

1ª settimana di Avvento

viola **1ª sett. salt.**

ANTIFONA D'INGRESSO - Ecco, il Signore verrà e con lui tutti i suoi santi: in quel giorno risplenderà una grande luce *(Cfr. Zc 14,5.7).*

COLLETTA - Accogli, o Padre, le preghiere della tua Chiesa e soccorrici nelle fatiche e nelle prove della vita; la venuta di Cristo tuo Figlio ci liberi dal male antico che è in noi e ci conforti con la sua presenza. Per il nostro Signore…

PRIMA LETTURA Is 11,1-10

Dal libro del profeta Isaìa

In quel giorno, un germoglio spunterà dal tronco di Iesse, un virgulto germoglierà dalle sue radici. Su di lui si poserà lo spirito del Signore, spirito di sapienza e d'intelligenza, spirito di consiglio e di fortezza, spirito di conoscenza e di timore del Signore. Si compiacerà del timore del Signore. Non giudicherà secondo le apparenze e non prenderà decisioni per sentito dire; ma giudicherà con giustizia i miseri e prenderà decisioni eque per gli umili della terra. Percuoterà il violento con la verga della sua bocca, con il soffio delle sue labbra ucciderà l'empio. La giustizia sarà fascia dei suoi lombi e la fedeltà cintura dei suoi fianchi. Il lupo dimorerà insieme con l'agnello; il leopardo si sdraierà accanto al capretto; il vitello e il leoncello pascoleranno insieme e un piccolo fanciullo li guiderà. La mucca e l'orsa pascoleranno insieme; i loro piccoli si sdraieranno insieme. Il leone si ciberà di paglia, come il bue. Il lattante si trastullerà sulla buca della vipera; il bambino metterà la mano nel covo del serpente velenoso. Non agiranno più iniquamente né saccheggeranno in tutto il mio santo monte, perché la conoscenza del Signore riempirà la terra come le acque ricoprono il mare. In quel giorno avverrà che la radice di Iesse sarà un vessillo per i popoli. Le nazioni la cercheranno con ansia. La sua dimora sarà gloriosa. **Parola di Dio.**

SALMO RESPONSORIALE
Dal Salmo 71 (72)

℟. **Nei suoi giorni fioriranno giustizia e pace.**

Oppure:

℟. **Vieni, Signore, re di giustizia e di pace.**

O Dio, affida al re il tuo diritto,
al figlio di re la tua giustizia;
egli giudichi il tuo popolo secondo giustizia
e i tuoi poveri secondo il diritto. ℟.

Nei suoi giorni fiorisca il giusto
e abbondi la pace,
finché non si spenga la luna.
E dòmini da mare a mare,
dal fiume sino ai confini della terra. ℟.

Perché egli libererà il misero che invoca
e il povero che non trova aiuto.
Abbia pietà del debole e del misero
e salvi la vita dei miseri. ℟.

Il suo nome duri in eterno,
davanti al sole germogli il suo nome.
In lui siano benedette tutte le stirpi della terra
e tutte le genti lo dicano beato. ℟.

CANTO AL VANGELO

Alleluia, alleluia.
Ecco, viene il Signore nostro Dio con potenza grande,
illuminerà gli occhi dei suoi servi.
Alleluia.

VANGELO Lc 10,21-24

✠ *Dal Vangelo secondo Luca*

In quella stessa ora Gesù esultò di gioia nello Spirito Santo e disse: «Ti rendo lode, o Padre, Signore del cielo e della terra, perché hai nascosto queste cose ai sapienti e ai dotti e le hai rivelate ai piccoli. Sì, o Padre, perché così hai deciso nella tua benevolenza. Tutto è stato dato a me dal Padre mio e nessuno sa chi è il Figlio se non il Padre, né chi è il Padre se non il Figlio e colui al quale il Figlio vorrà rivelarlo». E, rivolto ai discepoli, in disparte, disse: «Beati gli occhi che vedono ciò che voi vedete. Io vi dico che molti profeti e re hanno voluto vedere ciò che voi guardate, ma non lo videro, e ascoltare ciò che voi ascoltate, ma non lo ascoltarono». **Parola del Signore.**

SULLE OFFERTE - Guarda con benevolenza, o Signore, alle preghiere e al sacrificio che umilmente ti presentiamo: all'estrema povertà dei nostri meriti supplisca l'aiuto della tua misericordia. Per Cristo nostro Signore.

Oppure: Ascolta con bontà, o Signore, le nostre preghiere, e rendici liberi da ogni colpa, perché dai misteri che celebriamo, per l'azione purificatrice della tua grazia, otteniamo la pienezza del perdono. Per Cristo nostro Signore.

Prefazio dell'Avvento I oppure I/A (materiale multimediale: pag. 17).

Comunione - Il giudice giusto darà la corona di giustizia a coloro che hanno atteso con amore la sua venuta *(Cfr. 2Tm 4,8).*

Oppure: Ti rendo lode, o Padre, perché hai nascosto queste cose ai sapienti e ai dotti e le hai rivelate ai piccoli *(Lc 10,21).*

Dopo la Comunione - Saziati del cibo spirituale, o Signore, a te innalziamo la nostra supplica: per la partecipazione a questo sacramento, insegnaci a valutare con sapienza i beni della terra e a tenere fisso lo sguardo su quelli del cielo. Per Cristo nostro Signore.

Oppure: Nutriti dell'unico pane, ti supplichiamo, o Signore, di confermarci sempre nel tuo amore, perché possiamo camminare in novità di vita. Per Cristo nostro Signore.

Commenti

1ª lettura - In questo oracolo messianico viene promesso un discendente della stirpe del re Davide che diventerà una sorta di giudice universale. Per esercitare questo ruolo, egli avrà tutte le caratteristiche necessarie per agire con la massima rettitudine e giustizia: fortezza, conoscenza, sapienza, intelligenza eccetera. In effetti, per giudicare un'altra persona ed emettere dei verdetti secondo verità, bisogna conoscere tutti i fatti; è intollerabile che uno che non ha fatto niente di male venga condannato e invece uno chiaramente colpevole venga assolto. Ora, questo giudice universale è venuto ed è il Signore Gesù Cristo. Al momento della morte, ognuno verrà giudicato da Gesù, che è morto sulla croce per noi, che ha pagato per noi tutti. Si sa che i cosiddetti "Novissimi" (ultime cose) sono quattro: morte, giudizio, Inferno e Paradiso. Dopo la morte, vedremo Gesù come giudice dei nostri atti. E il giudizio di Cristo sarà massimamente giusto.

VANGELO - Che bello pensare a Gesù che esulta di gioia. Siamo abituati nel Vangelo a vedere l'immagine di Gesù che insegna, compie azioni miracolose, solleva i poveri peccatori pentiti, redarguisce severamente i farisei, soffre e piange, ma poche volte abbiamo la schietta manifestazione della sua esultanza e della sua gioia. E perché è così felice? Perché egli è totalmente immerso nel Padre, si sente amato da lui, vive un pieno e totale scambio di amore con lui. E al tempo stesso il Figlio loda il Padre perché questi scambi di amore sono riversati sulla terra e accolti dai piccoli, da coloro che, pur poveri peccatori, credono nel perdono di Dio e vengono chiamati a partecipare alla vita trinitaria. I piccoli sono coloro che non si fanno tante domande, pongono la loro fiducia in colui che li ha creati, accolgono le prove della vita con tanta pazienza e sopportazione, si aiutano a vicenda e si amano. È così facile essere amati da Dio! Non poniamo resistenze! Non induriamo i nostri cuori. Entriamo in questa squadra di piccoli: essi sono già beati fin da questa terra perché vedono come Gesù li ama e ascoltano la sua parola. Sì, è l'amore che rende felici.

PROPOSITO DEL GIORNO... Oggi recito una decina del Rosario per tutte le persone che vivono in una situazione di disagio e di povertà materiale e spirituale.

PRATICHE E FESTE DEL GIORNO...

- Pratiche e preghiere di ogni giorno consigliate per il mese di dicembre *(pag. 724)*.
- Giorno dedicato alle anime del Purgatorio.
- 1° giorno novena a san Giovanni della Croce.

SANTI E BEATI DEL GIORNO

S. Crispina • S. Lucido di Aquara • S. Geraldo (Gerardo) di Braga • **B. Filippo Rinaldi**

BEATO FILIPPO RINALDI: «A don Rinaldi manca solo la voce di don Bosco».

Il segreto della vita e della santità di Filippo Rinaldi sta in un incontro che gli ha cambiato l'esistenza: **l'incontro con don Bosco** che insiste, con la sicurezza di chi sa vedere lontano, per far sì che questo giovane intraprenda la strada che il Signore ha pensato per lui.

Filippo Rinaldi nasce a Lu Monferrato (Alessandria), il 28 maggio 1856. Ottavo di nove figli, ha un temperamento che non farebbe pensare a un santo, ma **don Bosco sembra intuire ciò a cui è chiamato e riesce a farne un ottimo educatore prima e un sacerdote poi**.

Filippo conosce il santo sacerdote durante una delle tante passeggiate che egli fa con i suoi giovani. Quando ha 10 anni il padre lo iscrive al collegio di Mirabello, ma lui lo lascia pochi mesi dopo. Don Bosco tenta di farlo tornare, scrivendogli diverse lettere, ma Filippo si mostra irremovibile. Nel 1874 don Bosco si reca personalmente a Lu per convincere il giovane Filippo a seguirlo a Torino, ma purtroppo senza successo. Il santo sacerdote deve aspettare ancora tre anni prima di riuscire a conquistare il suo cuore: a 21 anni, Filippo intraprende il cammino per le vocazioni adulte e, grazie all'insistenza di don Bosco, nel dicembre del 1882 risponde alla chiamata del Signore e riceve l'ordinazione. Pochi giorni prima della morte di don Bosco, don Rinaldi si confessa da lui e questi, prima di assolverlo, gli dice soltanto una parola: **«Meditazione»**.

Nel 1889 don Michele Rua, primo successore di don Bosco, lo nomina direttore a Sarria, nei pressi di Barcellona, dicendogli: «Dovrai sbrigare cose assai delicate». In tre anni, lui riesce a risollevare l'opera: viene allora nominato Ispettore di Spagna e Portogallo, contribuendo in modo importante allo sviluppo della Famiglia Salesiana in terra spagnola: fonda sedici nuove case. Arriva quindi la nomina a Prefetto generale della Congregazione e, poi, nel 1922 l'elezione a **terzo successore di don Bosco, con il compito di adattare lo spirito salesiano ai tempi nuovi**.

Egli dà un forte impulso ai Cooperatori Salesiani e alle missioni salesiane: fonda istituti missionari, riviste e associazioni; compie numerosi viaggi in Italia e in Europa. È sorretto nel suo operato da **un'assoluta confidenza in Dio e da un'illimitata fiducia in Maria Ausiliatrice**. Di lui, il salesiano don Francesia afferma: **«A don Rinaldi manca solo la voce di don Bosco»**.

Il 5 dicembre **1931**, a Torino, Filippo Rinaldi conclude silenziosamente la sua vita terrena, mentre è intento a leggere la vita di don Rua.

6 DICEMBRE

MERCOLEDÌ

1ª settimana di Avvento

bianco **1ª sett. salt.**

S. Nicola, vescovo (m)

SAN NICOLA:
dalla parte dei poveri.

La vita di Nicola, nato a Patara (Turchia) nel III secolo dopo Cristo, **è spesa per difendere i deboli**. Presto orfano di entrambi i genitori, mette l'intera eredità paterna a servizio dei bisognosi. Una delle storie tramandate su di lui riguarda infatti un suo vicino di casa che aveva tre figlie in età da marito, ma non abbastanza denaro per la loro dote. Per salvarle da un destino di prostituzione, Nicola, una notte, raccolto del denaro in un panno, lo lancia attraverso la finestra della casa del vicino e fugge per non farsi riconoscere. Il vicino riesce così a far sposare la primogenita. Il misterioso benefattore ripete il suo gesto altre due volte, per le altre figlie.
Eletto vescovo di Myra sotto l'imperatore Diocleziano, viene esiliato e, una volta liberato, nel 325 partecipa al Concilio di Nicea. Muore a Myra il 6 dicembre 343. Le sue spoglie si trovano a Bari perché vi sono state traslate nel 1087. Nei territori germanici la festa inver-

nale di San Nicola, e in particolare la sua protezione dei fanciulli, **ha dato origine alla tradizione dell'attesa dei doni**: alla vigilia della festa del Santo, i bambini preparano scarpe o calze e vanno a dormire fiduciosi di ritrovarle al mattino piene di dolci e di regali.

ANTIFONA D'INGRESSO - «Io cercherò le mie pecore», dice il Signore, «e susciterò un pastore che le pascerà: io, il Signore, sarò il loro Dio» *(Cfr. Ez 34,11.23-24)*.
Oppure: Ecco il servo fedele e prudente, che il Signore ha messo a capo della sua famiglia, per nutrirla al tempo opportuno *(Cfr. Lc 12,42)*.

COLLETTA - Imploriamo umilmente la tua misericordia, o Signore: per intercessione del santo vescovo Nicola salvaci da tutti i pericoli, perché procediamo sicuri sulla via della salvezza. Per il nostro Signore…

PRIMA LETTURA — Is 25,6-10a

Dal libro del profeta Isaìa

In quel giorno, preparerà il Signore degli eserciti per tutti i popoli, su questo monte, un banchetto di grasse vivande, un banchetto di vini eccellenti, di cibi succulenti, di vini raffinati. Egli strapperà su questo monte il velo che copriva la faccia di tutti i popoli e la coltre distesa su tutte le nazioni. Eliminerà la morte per sempre. Il Signore Dio asciugherà le lacrime su ogni volto, l'ignominia del suo popolo farà scomparire da tutta la terra, poiché il Signore ha parlato. E si dirà in quel giorno: «Ecco il nostro Dio; in lui abbiamo sperato perché ci salvasse. Questi è il Signore in cui abbiamo sperato; rallegriamoci, esultiamo per la sua salvezza, poiché la mano del Signore si poserà su questo monte». **Parola di Dio.**

SALMO RESPONSORIALE Salmo 22 (23)

℟. **Abiterò nella casa del Signore**
tutti i giorni della mia vita.

Il Signore è il mio pastore:
non manco di nulla.
Su pascoli erbosi mi fa riposare,
ad acque tranquille mi conduce.
Rinfranca l'anima mia. ℟.

Mi guida per il giusto cammino
a motivo del suo nome.
Anche se vado per una valle oscura,
non temo alcun male, perché tu sei con me.
Il tuo bastone e il tuo vincastro
mi danno sicurezza. ℟.

Davanti a me tu prepari una mensa
sotto gli occhi dei miei nemici.
Ungi di olio il mio capo;
il mio calice trabocca. ℟.

Sì, bontà e fedeltà mi saranno compagne
tutti i giorni della mia vita,
abiterò ancora nella casa del Signore
per lunghi giorni. ℟.

CANTO AL VANGELO

Alleluia, alleluia.
Ecco, viene il Signore a salvare il suo popolo:
beati coloro che sono preparati all'incontro.
Alleluia.

VANGELO Mt 15,29-37

✠ *Dal Vangelo secondo Matteo*

In quel tempo, Gesù giunse presso il mare di Galilea e, salito sul monte, lì si fermò. Attorno a lui si radunò molta folla, recando con sé zoppi, storpi, ciechi, sordi e molti altri malati; li deposero ai suoi piedi, ed egli li guarì, tanto che la folla era piena di stupore nel vedere i muti che parlavano, gli storpi guariti, gli zoppi che camminavano e i ciechi che vedevano. E lodava il Dio d'Israele. Allora Gesù chiamò a sé i suoi discepoli e disse: «Sento compassione per la folla. Ormai da tre giorni stanno con me e non hanno da mangiare. Non voglio rimandarli digiuni, perché non vengano meno lungo il cammino». E i discepoli gli dissero: «Come possiamo trovare in un deserto tanti pani da sfamare una folla così grande?». Gesù domandò loro: «Quanti pani avete?». Dissero: «Sette, e pochi pesciolini». Dopo aver ordinato alla folla di sedersi per terra, prese i sette pani e i pesci, rese grazie, li spezzò e li dava ai discepoli, e i discepoli alla folla. Tutti mangiarono a sazietà. Portarono via i pezzi avanzati: sette sporte piene. **Parola del Signore.**

SULLE OFFERTE - Guarda con bontà, o Signore, il sacrificio che presentiamo al tuo santo altare nella memoria di san Nicola, perché a noi ottenga il perdono e renda onore al tuo nome. Per Cristo nostro Signore.

Prefazio dei santi pastori I o II (materiale multimediale: pag. 17).

COMUNIONE - «Non voi avete scelto me», dice il Signore, «ma io ho scelto voi e vi ho costituiti perché andiate e portiate frutto e il vostro frutto rimanga» *(Gv 15,16).*

Oppure: Beato quel servo che il padrone troverà ancora sveglio, quando verrà e busserà alla porta *(Cfr. Lc 12,36-37).*

DOPO LA COMUNIONE - Saziati dai santi misteri, ti preghiamo umilmente, o Signore: fa' che sull'esempio di san Nicola professiamo la verità in cui egli ha creduto, e testimoniamo nelle opere l'insegnamento che ci ha trasmesso. Per Cristo nostro Signore.

Commenti

1ª LETTURA - La nostalgia dell'uomo è il poter vivere nel mondo di libertà, di giustizia, di pace che fu tolto ai progenitori Adamo ed Eva a causa del loro peccato. La conseguenza della loro ribellione fu la perdita di quello stato paradisiaco iniziale, e quindi il successivo perenne rimpianto, il desiderio di ritrovare quella condizione. Ovunque sia, l'uomo si sente in esilio. Anche nelle relazioni tra le persone c'è sempre qualcosa che non rende pieno e soddisfacente l'incontro. Isaìa è il grande cantore di questo rimpianto e ci descrive il ritorno alla pienezza con immagini di banchetti, di veli tolti dagli occhi, di volti sempre sorridenti, di vita pacifica. Sappiamo che in terra questo non sarà mai, e che solo il Paradiso e la vita eterna daranno piena soddisfazione ai nostri desideri. Con la venuta di Gesù (Natale) e con il dono dello Spirito (Pentecoste) le porte del Paradiso già si aprono, e gli uomini vedono nel volto di Cristo la strada eterna della felicità. Isaìa dà voce alla speranza per ogni uomo: non siamo più soli perché il Dio-con-noi, l'Emmanuele, è in arrivo.

Vangelo - È un momento grandioso nella vita del Signore e degli Apostoli in cui si verificano molti miracoli: malati che guariscono, ciechi che tornano a vedere e, apoteosi finale, cibo per tutti. Che cosa volere di meglio? Sanità di vita e possibilità di nutrirsi senza fatica. Il Signore compie questi miracoli per la sua pietà verso gli uomini; che bello per noi leggere ed entrare in quel «sento compassione…»! Le povertà degli uomini commuovono il cuore di Dio. Non c'è da stupirsi, dunque, che il Signore fosse molto popolare e amato dalle folle… Le cura in tutti i sensi, con le parole e con le opere. Dopo poco tempo però lo scenario cambia. Quando comincia a parlare di sofferenza, di passione, di morte di croce, la gente rimane perplessa, così come gli stessi Apostoli. Dunque, i miracoli sono "funzionali" a qualcosa d'altro. I guariti moriranno lo stesso; le folle sfamate dopo qualche giorno avranno di nuovo fame e dovranno procurarsi il pane con il loro lavoro. La vera missione di Gesù è infatti guarire le anime, morendo sulla croce per tutti noi e risorgendo dai morti. La pietà verso i bisogni richiama il vero bisogno dell'uomo, quello di essere salvato dal peccato.

PROPOSITO DEL GIORNO... Pregherò con il salmo odierno e sottolineerò le parole che più risuonano nel mio cuore.

PRATICHE E FESTE DEL GIORNO...

- Pratiche e preghiere di ogni giorno consigliate per il mese di dicembre *(pag. 724)*.
- Primo mercoledì del mese dedicato a san Giuseppe: atto di riparazione e ringraziamento al suo cuore castissimo (cod. 8001, 8115).
- Preghiera dei fidanzati a san Nicola di Bari *(pag. 729)*.
- 1° giorno novena a santa Virginia Centurione Bracelli.

ALTRI SANTI E BEATI DEL GIORNO

S. Apollinare di Trieste • S. Pietro Pascasio (Pedro Pascual) • B. János Scheffler • B. Stefano Vazquez Alonso

7 DICEMBRE

GIOVEDÌ

1ª settimana di Avvento

bianco **1ª sett. salt.**

S. Ambrogio, vescovo e dottore della Chiesa (m)

SANT'AMBROGIO: «Ambrogio vescovo!».

Il **7 dicembre 374**, mentre in una chiesa di Milano si discuteva animatamente per designare il nuovo vescovo della città, dalla folla si levò decisa una voce di bambino alla quale fece eco l'intera assemblea: «Ambrogio vescovo!». In occasione della scelta del nuovo vescovo, infatti, si erano amplificate le distanze tra cattolici e ariani: la negazione della divinità di Cristo, sostenuta da questi e combattuta dai primi, sembrava un ostacolo insormontabile nella scelta di un pastore che rappresentasse entrambi.
Fu chiamato allora il governatore di Lombardia, Liguria ed Emilia, noto per la sua imparzialità ed equità, si chiamava appunto Ambrogio ed era nato nel 340 a Treviri, in Germania, da una famiglia romana cristiana. Il suo invito al dialogo convinse il popolo a tal punto che lo nominarono vescovo: cattolici e ariani avevano trovato l'intesa. Lui, però, non era battezzato e si sentiva inadeguato. Si oppose quindi rivolgendosi all'imperatore, che tuttavia confer-

mò il volere popolare. Ambrogio allora fuggì, ma anche papa Damaso lo ritenne idoneo; quindi, comprendendo che era Dio stesso a chiamarlo a quella missione, **accettò divenendo, a soli 34 anni, vescovo di Milano**.

Distribuì ogni bene ai poveri e si dedicò allo studio dei testi sacri e dei padri della Chiesa: **«Quando leggo le Scritture, Dio passeggia con me in Paradiso»**, diceva. La sua predicazione fu in grado di catturare il giovane Agostino di Ippona, aprendolo alla conversione. La vita di Ambrogio era tutta spesa nello studio, nella preghiera, nell'ascolto e nella vicinanza ai poveri e al popolo di Dio. **«Se la Chiesa ha dell'oro non è per custodirlo, ma per donarlo a chi è nel bisogno»**, convinto di questo decise di fondere gli arredi liturgici per pagare il riscatto di alcuni fedeli sequestrati dai soldati nordici.

A seguito dell'eccidio di settemila persone in rivolta per la morte del governatore, Ambrogio **riuscì a suscitare il pentimento dell'imperatore Teodosio** che l'aveva ordinata: «L'imperatore è nella Chiesa, non sopra la Chiesa», pensava e, a dispetto della legge, non consegnò neanche una chiesa agli ariani. Riconobbe sempre il primato del vescovo di Roma: **«Dov'è Pietro, lì è la Chiesa»** e dai suoi scritti emerge l'amore a Cristo, alla Chiesa, a Maria. Costruttore di basiliche, inventore degli inni che rivoluzionarono la preghiera, instancabile nell'orazione, Ambrogio morì il 4 aprile, Sabato Santo, del 397.

ANTIFONA D'INGRESSO - In mezzo alla Chiesa gli ha aperto la bocca, il Signore lo ha colmato dello spirito di sapienza e d'intelligenza; gli ha fatto indossare una veste di gloria *(Cfr. Sir 15,5).*

COLLETTA - O Dio, che nel vescovo sant'Ambrogio ci hai dato un maestro della fede cattolica e un esempio di apostolica fortezza, suscita nella tua Chiesa uomini secondo il tuo cuore che la governino con coraggio e sapienza. Per il nostro Signore…

PRIMA LETTURA — Is 26,1-6

Dal libro del profeta Isaìa

In quel giorno si canterà questo canto nella terra di Giuda: «Abbiamo una città forte; mura e bastioni egli ha posto a salvezza. Aprite le porte: entri una nazione giusta, che si mantiene fedele. La sua volontà è salda; tu le assicurerai la pace, pace perché in te confida. Confidate nel Signore sempre, perché il Signore è una roccia eterna, perché egli ha abbattuto coloro che abitavano in alto, ha rovesciato la città eccelsa, l'ha rovesciata fino a terra, l'ha rasa al suolo. I piedi la calpestano: sono i piedi degli oppressi, i passi dei poveri». **Parola di Dio.**

SALMO RESPONSORIALE Dal Salmo 117 (118)

℞. **Benedetto colui che viene nel nome del Signore.**

Rendete grazie al Signore perché è buono,
perché il suo amore è per sempre.
È meglio rifugiarsi nel Signore
che confidare nell'uomo.
È meglio rifugiarsi nel Signore
che confidare nei potenti. ℞.

Apritemi le porte della giustizia:
vi entrerò per ringraziare il Signore.
È questa la porta del Signore:
per essa entrano i giusti.
Ti rendo grazie, perché mi hai risposto,
perché sei stato la mia salvezza. ℞.

Ti preghiamo, Signore: dona la salvezza!
Ti preghiamo, Signore: dona la vittoria!
Benedetto colui che viene nel nome del Signore.
Vi benediciamo dalla casa del Signore.
Il Signore è Dio, egli ci illumina. ℞.

CANTO AL VANGELO Is 55,6

Alleluia, alleluia.
Cercate il Signore, mentre si fa trovare,

invocatelo, mentre è vicino.
Alleluia.

VANGELO Mt 7,21.24-27

✠ *Dal Vangelo secondo Matteo*

In quel tempo, Gesù disse ai suoi discepoli: «Non chiunque mi dice: "Signore, Signore", entrerà nel regno dei cieli, ma colui che fa la volontà del Padre mio che è nei cieli. Perciò **chiunque ascolta queste mie parole e le mette in pratica**, sarà simile a un uomo saggio, che ha costruito la sua casa sulla roccia. Cadde la pioggia, strariparono i fiumi, soffiarono i venti e si abbatterono su quella casa, ma essa non cadde, perché era fondata sulla roccia. Chiunque ascolta queste mie parole e non le mette in pratica, sarà simile a un uomo stolto, che ha costruito la sua casa sulla sabbia. Cadde la pioggia, strariparono i fiumi, soffiarono i venti e si abbatterono su quella casa, ed essa cadde e la sua rovina fu grande». **Parola del Signore.**

SULLE OFFERTE - O Signore, lo Spirito Santo infonda in noi, che celebriamo i divini misteri, la stessa luce di fede che illuminò sempre sant'Ambrogio per la diffusione della tua gloria. Per Cristo nostro Signore.

Prefazio dei santi dottori della Chiesa I o II oppure dei santi pastori I o II (materiale multimediale: pag. 17).

Comunione - Chi medita la legge del Signore giorno e notte, darà frutto a suo tempo *(Cfr. Sal 1,2.3).*

Dopo la Comunione - O Dio, che ci hai fortificati con la potenza di questo sacramento, fa' che progrediamo sull'esempio di sant'Ambrogio, per camminare forti nelle tue vie e prepararci a gustare la dolcezza del banchetto eterno. Per Cristo nostro Signore.

Commenti

1ª lettura - Isaìa continua la proclamazione degli oracoli, che hanno un duplice livello di lettura: uno storico, nell'immediato, e uno in un orizzonte di tempo futuro, messianico e perenne. Nel primo intendimento il profeta annuncia la compattezza di Gerusalemme, contrapposta alla «città eccelsa» (probabilmente Babilonia) che pare dominasse il mondo, ma che invece viene invasa e distrutta da eserciti nemici. Nel secondo si rivolge idealmente al luogo dove Dio vive, che può intendersi la Gerusalemme riedificata ma, per noi, la Chiesa di Cristo, che non ha più una città fortificata, ma che è essa stessa una roccia eterna – «Le potenze degli inferi non prevarranno» (Mt 16,18), dice Gesù parlando della Chiesa –. È sempre un inno alla fiducia, perché «il Signore è una roccia eterna», e dove c'è lui c'è la stabilità, la pace, la sicurezza. Quando siamo abbattuti, restiamo saldi e ben piantati nella roccia: nulla ci potrà abbattere, nemmeno le forze demoniache scatenate contro di noi. In noi c'è uno ben più forte di tutte le avversità, perché l'amore è potenza.

Vangelo - Il tema della roccia, della prima lettura, viene ripreso nel Vangelo come simbolo dell'uomo che vive nella volontà di Dio. Chi ascolta la voce del Signore e capisce che contiene una volontà di bene, compie delle scelte pratiche in ordine a quella voce. Tutto, infatti, si compie nelle decisioni. E di decisioni noi ne prendiamo diverse, durante il giorno, da quelle più importanti (devo cambiare lavoro? Dove mandare i figli a scuola? Devo sposarmi o farmi sacerdote?) a quelle di minor rilevanza (meglio che compri le scarpe robuste, ma costose oppure quelle a minor prezzo?). Ebbene, è proprio nelle decisioni che si vede se edifichiamo noi stessi in "modo roccioso". Dio ci attende lì. Ma anche il diavolo, che è furbo, va ad aspettarci lì e ci sussurra sovente di prendere una decisione contraria a quella ispirata da Dio. Prima allora di prendere una decisione, soprattutto se siamo nel dubbio, raccogliamoci un momento e invochiamo lo Spirito Santo. Se ancora rimaniamo nel dubbio, rimandiamo e preghiamo ancora, senza fretta, con tanta docilità. Egli è sapienza e consiglio. Egli verrà in nostro soccorso, ci farà prendere la risoluzione corretta.

PROPOSITO DEL GIORNO... Oggi rispondo con cuore aperto alla volontà di Dio facendo il mio dovere quotidiano con gioia.

PRATICHE E FESTE DEL GIORNO...

- Pratiche e preghiere di ogni giorno consigliate per il mese di dicembre *(pag. 724)*.
- Dalle 23:00 alle 24:00 "prostrarsi con la faccia a terra", come chiesto da Gesù a santa Margherita Maria Alacoque, per riparare all'ingratitudine degli uomini e alla loro indifferenza.
- Primo giovedì del mese: adorazione al Santissimo Sacramento (cod. 8001, 8002, 8037, 8038, 8141, 8958).
- I sei primi giovedì del mese. Ricevere la Comunione e fare un'ora di adorazione davanti al tabernacolo (cod. 8001, 8002, 8141, 8958, 8037).
- Preghiera a sant'Ambrogio *(materiale multimediale: pag. 729)*.

ALTRI SANTI E BEATI DEL GIORNO

S. Maria Giuseppa Rossello • S. Sabino di Spoleto • S. Urbano • B. Aurelia (Clementina Francisca) Arambarri Fuente

8 DICEMBRE

VENERDÌ

Immacolata Concezione della beata Vergine Maria (s)

bianco **propria**

MARIA, IL FIORE DELL'UMANITÀ

Nel corso dei secoli la Chiesa ha preso coscienza che Maria, "colmata di grazia" da Dio, è stata redenta fin dal suo concepimento. È quanto afferma **il dogma dell'Immacolata Concezione**, proclamato da **Pio IX nel 1854**: «**La beatissima Vergine Maria** nel primo istante della sua concezione, per una grazia e un privilegio singolare di Dio onnipotente, in previsione dei meriti di Gesù Cristo salvatore del genere umano,

è stata preservata intatta da ogni macchia del peccato originale».

Come possiamo intendere questo straordinario dono di Dio a Maria? L'umanità, all'inizio del suo cammino, ha fatto naufragio nel rapporto con Dio: i primi uomini, lasciandosi ingannare dal maligno, hanno rifiutato il Signore rompendo l'alleanza con lui. Con la loro colpa hanno trascinato nello stato di lontananza da lui anche i loro discendenti: come in una famiglia, quando i genitori fanno una scelta sbagliata, le conseguenze ricadono anche sui figli. Così, ogni uomo nasce con questa tragica eredità. Dio, però, nel suo amore misericordioso ha promesso fin dall'inizio la vittoria dell'umanità sul male e ha poi inviato il Salvatore, figlio di una vergine. Gesù col suo sacrificio ha liberato gli uomini dal peccato che li teneva schiavi, lontani da Dio, e li ha riportati in braccio al Padre. Anche Maria è stata redenta da Cristo, ma in modo unico e molto speciale: è stata liberata dal peccato in modo "preventivo", cioè preservata dall'esperienza stessa del peccato. **Maria quindi è la prima redenta**.

Fin dal primo istante in cui Maria ha cominciato a esistere, nel grembo di sua madre, è stata tutta di Dio, avvolta dal suo amore, **senza che il peccato potesse mai sfiorarla, né allora, né in seguito. "Immacolata" significa infatti che è libera da ogni "macchia"**. Maria è la creatura perfettamente realizzata, nella quale

l'umanità raggiunge ed esprime il meglio di sé. È il "fiore dell'umanità" e di tutto il creato.
In Maria, santa e immacolata, Dio ha attuato in anticipo il suo progetto di salvezza riguardante l'intera umanità. Come lei, primizia e figura della Chiesa, anche noi siamo "santi e immacolati", in virtù del nostro Battesimo e di quel "nuovo Battesimo" che è il sacramento della Riconciliazione. Impariamo a contemplarla, amiamola e riconosciamola Madre, ci condurrà a Gesù!

ANTIFONA D'INGRESSO - Io gioisco pienamente nel Signore, la mia anima esulta nel mio Dio: mi ha rivestito delle vesti di salvezza, mi ha avvolto con il manto della giustizia, come una sposa si adorna di gioielli *(Is 61,10)*.

Si dice il Gloria *(pag. 10).*

COLLETTA - **Preghiamo:** O Padre, che nell'Immacolata Concezione della Vergine hai preparato una degna dimora per il tuo Figlio, e in previsione della morte di lui l'hai preservata da ogni macchia di peccato, concedi anche a noi, per sua intercessione, di venire incontro a te in santità e purezza di spirito. Per il nostro Signore... **Amen.**

PRIMA LETTURA Gen 3,9-15.20

Dal libro della Gènesi

[Dopo che l'uomo ebbe mangiato del frutto dell'albero,] il Signore Dio lo chiamò e gli disse: «Dove sei?». Rispose: «Ho udito la tua voce nel giardino: ho avuto paura, perché sono nudo, e mi sono nascosto». Riprese: «Chi ti ha fatto sapere che sei nudo? Hai forse mangiato dell'albero di cui ti avevo comandato di non mangiare?». Rispose l'uomo: «La donna che tu mi hai posto accanto mi ha dato dell'albero e io ne ho mangiato». Il Signore Dio disse alla donna: «Che hai fatto?». Rispose la donna: «Il serpente mi ha ingannata e io ho mangiato». Allora il Signore Dio disse al serpente: «Poiché hai fatto questo, maledetto tu fra tutto il bestiame e fra tutti gli animali selvatici! Sul tuo ventre camminerai e polvere mangerai per tutti i giorni della tua vita. Io porrò inimicizia fra te e la donna, fra la tua stirpe e la sua stirpe: questa ti schiaccerà la testa e tu le insidierai il calcagno». L'uomo chiamò sua moglie Eva, perché ella fu la madre di tutti i viventi. - Parola di Dio. ℟. **Rendiamo grazie a Dio.**

SALMO RESPONSORIALE Dal Salmo 97 (98)

℟. **Cantate al Signore un canto nuovo,**
perché ha compiuto meraviglie.

Cantate al Signore un canto nuovo,
perché ha compiuto meraviglie.
Gli ha dato vittoria la sua destra
e il suo braccio santo. R.

Il Signore ha fatto conoscere la sua salvezza,
agli occhi delle genti ha rivelato la sua giustizia.
Egli si è ricordato del suo amore,
della sua fedeltà alla casa d'Israele. R.

Tutti i confini della terra hanno veduto
la vittoria del nostro Dio.
Acclami il Signore tutta la terra,
gridate, esultate, cantate inni! R.

SECONDA LETTURA Ef 1,3-6.11-12

Dalla lettera di san Paolo apostolo agli Efesìni

Benedetto Dio, Padre del Signore nostro Gesù Cristo, che ci ha benedetti con ogni benedizione spirituale nei cieli in Cristo. In lui ci ha scelti prima della creazione del mondo per essere santi e immacolati di fronte a lui nella carità, predestinandoci a essere per lui figli adottivi mediante Gesù Cristo, secondo il disegno d'amore della sua volontà, a lode dello splendore della sua grazia, di cui ci ha gratificati nel Figlio amato. In lui siamo stati fatti anche eredi, predestinati – secondo il progetto di colui che tutto opera secondo la sua volontà – a essere lode della sua gloria, noi, che già prima abbiamo sperato nel Cristo. - Parola di Dio. ℟. **Rendiamo grazie a Dio.**

(in piedi)

CANTO AL VANGELO Cfr. Lc 1,28.42

Alleluia, alleluia.
Rallégrati, piena di grazia,
il Signore è con te,
benedetta tu fra le donne.
Alleluia.

VANGELO Lc 1,26-38

Il Signore sia con voi.
℟. **E con il tuo spirito.**
✠ *Dal Vangelo secondo Luca*
℟. **Gloria a te, o Signore.**

In quel tempo, l'angelo Gabriele fu mandato da Dio in una città della Galilea, chiamata Nàzaret, a una vergine, promessa sposa di un uomo della casa di Davide, di nome Giuseppe. La vergine si chiamava Maria. Entrando da lei, disse: «Rallégrati, piena di grazia: il Signore è con te». A queste parole ella fu molto turbata e si domandava che senso avesse un saluto come questo. L'angelo le disse: «Non temere, Maria, perché hai trovato grazia presso Dio. Ed ecco, concepirai un figlio, lo darai alla luce e lo chiamerai Gesù. Sarà grande e verrà chiamato Figlio dell'Altissimo; il Signore Dio gli darà il trono di Davide suo padre e regnerà per sempre sulla casa di Giacobbe e il suo regno non avrà fine». Allora Maria disse all'angelo: «Come avverrà questo, poiché non conosco uomo?». Le rispose l'angelo: «Lo Spirito Santo scenderà su di te e la potenza dell'Altissimo ti coprirà con la sua ombra. Perciò colui che nascerà sarà santo e sarà chiamato Figlio di Dio. Ed ecco, Elisabetta, tua parente, nella sua vecchiaia ha concepito anch'essa un figlio e questo è il sesto mese per lei, che era detta sterile: nulla è impossibile a Dio». Allora Maria disse: «**Ecco la serva del Signore**: avvenga per me secondo la tua parola». E l'angelo si allontanò da lei. - Parola del Signore. R. **Lode a te o Cristo.**

Si dice il Credo *(pag. 12).*

(in piedi)

SULLE OFFERTE - Accetta con benevolenza, o Signore, il sacrificio di salvezza che ti offriamo nella solennità dell'Immacolata Concezione della beata Vergine Maria, e come noi la riconosciamo preservata per tua grazia da ogni macchia di peccato, così, per sua intercessione, fa' che siamo liberati da ogni colpa. Per Cristo nostro Signore. **Amen.**

PREFAZIO - *Il mistero di Maria e della Chiesa.* È veramente cosa buona e giusta, nostro dovere e fonte di salvezza, rendere grazie sempre e in ogni luogo a te, Signore, Padre santo, Dio onnipotente ed eterno. Tu hai preservato la beata Vergine Maria da ogni macchia di peccato originale, per fare di lei, colmata di grazia, la degna Madre del tuo Figlio e segnare l'inizio della Chiesa, sposa di Cristo senza macchia e senza ruga, splendente di bellezza. Da lei vergine purissima doveva nascere il tuo Figlio, Agnello innocente che toglie i nostri peccati e sopra ogni altra creatura l'hai predestinata, per il tuo popolo, sublime modello di santità e avvocata di grazia. E noi, uniti ai cori degli angeli, proclamiamo esultanti la tua lode: **Santo...**

COMUNIONE - Grandi cose di te si cantano, o Maria: da te è nato il sole di giustizia, Cristo, nostro Dio.

DOPO LA COMUNIONE - **Preghiamo:** I sacramenti che abbiamo ricevuto, Signore Dio nostro, guariscano in noi le ferite di quella colpa da cui, in modo singolare, hai preservato la beata Vergine Maria nella sua Immacolata Concezione. Per Cristo nostro Signore. **Amen.**

Commenti

1ª LETTURA - Adamo ed Eva non obbediscono a Dio e, lusingati da Satana, decidono di diventare immortali – «non morirete affatto, anzi, diventerete come Dio» (cfr. Gen 3,4-5), aveva insinuato il serpente –. Vogliono inoltre conoscere "il bene e il male" e vogliono, come Dio, "dare la vita" a dei discendenti, ma senza docilità, senza attendere i tempi di Dio, volendo in sostanza decidere da soli quale fosse il loro vero bene. L'intervento successivo del Signore supera le aspettative, perché viene promessa una donna che, accogliendo docilmente l'invito di Dio a essere sua Madre, ribalterà l'intero sistema, dando al mondo l'autore della vita fatto Carne, Gesù, seconda Persona divina. Dio ha creato una sola inimicizia nel mondo – scrive san Luigi Maria Grignion de Montfort – quella tra la Vergine Maria e Satana. E ciò che è creato, lo è per sempre. E, seppur suoni strano alle nostre orecchie, tale inimicizia ci aiuta, perché ci indica quale sia la via da seguire, quella di accogliere Maria per Madre e farsi condurre da lei, in lei ottenere il perdono di Cristo ed essere resi di nuovo "vergini" nel mondo della grazia.

2ª LETTURA - Dio ci ha creati non perché vivessimo immersi nel male e senza speranza, ma per essere santi e immacolati. San Porfirio, un monaco del Monte Athos, scrive: «Con Cristo l'uomo diventa pieno di grazia e così vive al di sopra del male. Il male per lui non esiste. Esiste solo il bene, cioè Dio. Il male non può esistere. Ovvero, finché c'è la luce non può esserci la tenebra. Né la tenebra può impadronirsi di lui, perché egli vive nella luce». Siamo talmente abituati a vivere in situazioni di disagio, di peccato, di oscurità, a preoccuparci di tutto, che queste parole ci paiono esagerate. Eppure, in una creatura questa benedizione si è realizzata pienamente: nella Vergine Immacolata. La sua preoccupazione è Dio, l'amore, l'adorazione, il bene. Ella è tutta volta al Padre, contemplando la grandiosità del suo dono: Gesù, che ci salva dai peccati. Anche noi possiamo, nella Chiesa, possedere Gesù, lo Spirito, la grazia e tutti i carismi! Noi che siamo poveri peccatori abbiamo ottenuto, grazie al "sì" di Maria, la possibilità di vivere a lode della gloria di Dio. Maria è il nostro Paradiso in terra.

VANGELO - Leggiamo oggi il Vangelo che ha cambiato la storia dell'umanità. Quel giorno tutto avvenne nel nascondimento e nessuno se ne accorse, perché la redenzione avviene nell'intimo. La vera vita è quella del cuore: gli avvenimenti esterni passano, la vita in Cristo (o senza di lui) rimane. La Vergine Maria accetta l'inaudito piano di Dio, che chiede di nascere da lei. Dio avrebbe potuto incarnarsi scendendo direttamente dal cielo già da uomo adulto; non ci sarebbe stato nulla di strano perché nulla è impossibile a Dio. Egli, invece, ha voluto percorrere la vita dell'uomo dal suo inizio e assumere la sua umanità dall'umanità, e in questo caso specifico da una donna, una sua creatura. Da quel momento nulla di umano è estraneo a Dio e il coinvolgimento è totale. Egli vuole vivere in noi e dopo la risurrezione egli vive nell'uomo in grazia. Maria santissima accoglie ed esclama: «Avvenga». Questo è il principio mariano per eccellenza: «Fiat», si faccia. Tutto dipende da Dio, ma nulla avviene se l'uomo non collabora, non entra nel principio mariano. Da quel momento in poi Dio non è più "solo", ma con Maria, ma con me, e anche l'uomo non è più solo, ma con Dio e in Dio, se lo accetta e lo accoglie.

☐ **PROPOSITO DEL GIORNO...** Oggi nella recita del Rosario ringrazio il Padre per l'immenso dono di Maria. Invoco l'intercessione della Vergine perché come lei possa dire il mio «Eccomi» al Signore.

PRATICHE E FESTE DEL GIORNO...

- Pratiche e preghiere di ogni giorno consigliate per il mese di dicembre *(pag. 724)*.
- Giorno dedicato a Maria che scioglie i nodi (cod. 8558).
- Consacrazione alla Vergine immacolata *(pag. 730)*.
- Preghiera all'Immacolata (cod. 8155).
- Meditiamo la solennità odierna con sant'Alfonso (cod. 8243).
- **Immacolata Concezione della Beata Vergine Maria Patrona e Regina dell'Ordine Serafico**

  San Francesco aveva un'incredibile devozione per la Beatissima Madre di Dio come ci ricorda questo brano del Celano: «A Lei, san Francesco tributava uno speciale culto, componendo preghiere in suo onore e offrendole il suo affetto in misura tanta e tale che nessuna lingua umana può narrare. Ma quello che ci dà motivo di gioia, è che lui l'ha ***costituita Avvocata del suo Ordine****, e per la loro crescita e protezione mise i suoi figli, poco tempo prima di lasciarli,* ***sotto il suo manto****» (dal racconto del 2° Libro del Celano, 150).*

SANTI E BEATI DEL GIORNO

S. Macario di Alessandria • S. Narcisa di Gesù Martillo y Morán • B. Giuseppe Maria Zabal Blasco

9 DICEMBRE

SABATO

30ª settimana del Tempo Ordinario

viola (bianco se si celebra la memoria)

1ª sett. salt.

S. Giovanni Diego Cuauhtlatoatzin (mf)

Antifona d'ingresso - Vieni, e fa' splendere il tuo volto su di noi, o Signore, che siedi nei cieli, e noi saremo salvi *(Cfr. Sal 79,4.2).*

Colletta - O Dio, che per liberare l'uomo dalla schiavitù del peccato hai mandato il tuo Figlio unigenito in questo mondo, concedi a noi, che attendiamo con fede il dono della tua misericordia, di giungere al premio della vera libertà. Per il nostro Signore…

PRIMA LETTURA Is 30,19-21.23-26

Dal libro del profeta Isaìa

Popolo di Sion, che abiti a Gerusalemme, tu non dovrai più piangere. A un tuo grido di supplica [il Signore] ti farà grazia; appena udrà, ti darà risposta. Anche se il Signore ti darà il pane dell'afflizione e l'acqua della tribolazione, non si terrà più nascosto il tuo maestro; i tuoi occhi vedranno il tuo maestro, i tuoi orecchi sentiranno questa parola dietro di te: «Questa è la strada, percorretela», caso mai andiate a destra o a sinistra. Allora egli concederà la pioggia per il seme che avrai seminato nel terreno, e anche il pane, prodotto della terra, sarà abbondante e sostanzioso; in quel giorno il tuo bestiame pascolerà su un vasto prato. I buoi e gli asini che lavorano la terra mangeranno biada saporita, ventilata con la pala e con il vaglio. Su ogni monte e su ogni colle elevato scorreranno canali e torrenti d'acqua nel giorno della grande strage, quando cadranno le torri. La luce della luna sarà come la luce del sole e la luce del sole sarà sette volte di più, come la luce di sette giorni, quando il Signore curerà la piaga del suo popolo e guarirà le lividure prodotte dalle sue percosse. **Parola di Dio.**

SALMO RESPONSORIALE Dal Salmo 146 (147)

℟. **Beati coloro che aspettano il Signore.**

È bello cantare inni al nostro Dio,
è dolce innalzare la lode.
Il Signore ricostruisce Gerusalemme,
raduna i dispersi d'Israele. ℟.

Risana i cuori affranti
e fascia le loro ferite.
Egli conta il numero delle stelle
e chiama ciascuna per nome. ℟.

Grande è il Signore nostro,
grande nella sua potenza;
la sua sapienza non si può calcolare.
Il Signore sostiene i poveri,
ma abbassa fino a terra i malvagi. ℟.

CANTO AL VANGELO Cfr. Is 33,22

Alleluia, alleluia.
Il Signore è nostro giudice,
nostro legislatore, nostro re:
egli ci salverà.
Alleluia.

VANGELO Mt 9,35-38 – 10,1.6-8

✠ *Dal Vangelo secondo Matteo*

In quel tempo, Gesù percorreva tutte le città e i villaggi, insegnando nelle loro sinagoghe, annunciando il vangelo del Regno e guarendo ogni malattia e ogni infermità. Vedendo le folle, ne sentì compassione, perché erano stanche e sfinite come pecore che non hanno pastore. Allora disse ai suoi discepoli: «**La messe è abbondante, ma sono pochi gli operai!** Pregate dunque il signore della messe, perché mandi operai nella sua messe!». Chiamati a sé i suoi dodici discepoli, diede loro potere sugli spiriti impuri per scacciarli e guarire ogni malattia e ogni infermità. E li inviò ordinando loro: «Rivolgetevi alle pecore perdute della casa d'Israele. Strada facendo, predicate, dicendo che il regno dei cieli è vicino. Guarite gli infermi, risuscitate i morti, purificate i lebbrosi, scacciate i demòni. Gratuitamente avete ricevuto, gratuitamente date». **Parola del Signore.**

SULLE OFFERTE - Sempre si rinnovi, o Signore, l'offerta di questo sacrificio che attua il santo mistero da te istituito, e con la sua divina potenza renda efficace in noi l'opera della salvezza. Per Cristo nostro Signore.
Oppure: L'offerta di questo sacrificio, o Signore, ci liberi dall'antica schiavitù del peccato, perché possiamo camminare in novità di vita. Per Cristo nostro Signore.

Prefazio dell'Avvento I oppure I/A (materiale multimediale: pag. 17).

COMUNIONE - «Ecco, io vengo presto e ho con me

il mio salario», dice il Signore, «per rendere a ciascuno secondo le sue opere» *(Ap 22,12)*.
Oppure: Il regno dei cieli è vicino. Gratuitamente avete ricevuto, gratuitamente date *(Mt 10,7.8)*.

Dopo la Comunione - Imploriamo, o Signore, la tua misericordia: la forza divina di questo sacramento ci purifichi dal peccato e ci prepari alle feste del Natale. Per Cristo nostro Signore.
Oppure: Ci hai nutriti, Dio onnipotente, al tuo santo convito; fa' che ti onoriamo con fedele servizio e ci prodighiamo verso tutti con carità instancabile. Per Cristo nostro Signore.

Commenti

1ª lettura - Come sempre, il profeta Isaìa si serve di immagini del mondo agricolo e della natura per annunciare la benedizione del Signore: animali docili, piogge abbondanti, semine sostanziose, canali sempre gonfi d'acqua, luce esagerata del sole e della luna… È come se tutta la creazione partecipasse gioiosamente alla vita retta dell'uomo riconciliato con Dio. A noi sembrano cose impossibili, ma il messaggio rimane chiaro e inequivocabile:

proviamo a togliere il peccato dalla nostra vita e la creazione stessa ne trarrà beneficio. A La Salette la Madonna disse che i raccolti erano andati male perché gli uomini non avevano rispettato la domenica e bestemmiavano il nome di Dio. Dunque, non siamo lontani dalla verità se affermiamo che "percorrere la strada retta" significa anche avere la benedizione del Signore sulle nostre cose. La nostra preoccupazione sia allora quella di convertirci, di vivere fedelmente le indicazioni del Signore e della Chiesa, chiedendo la benedizione di Dio sul nostro lavoro, sulla nostra famiglia e sulle nostre vite. E tutto sarà benedetto, noi e le nostre cose!

Vangelo - Perché il Signore non fa tutto da solo? Egli è Dio e può ben tutto, perché sappiamo che «nulla è impossibile a Dio» (Lc 1,37). Egli vede gli uomini che lo cercano, constata che sono in tanti, ed è bello pensare che tutti cerchino lui e non altri falsi maestri o uomini che non salvano, eppure sospira dichiarando che gli operai sono pochi rispetto al raccolto. Egli non fa tutto da solo perché non vuole fare tutto da solo. Gesù desidera che i suoi apostoli facciano quello che fa lui, ossia che vivano la sua stessa vita. Don Divo Barsotti scrisse: «Dio ti fa un grande onore non quando ti dona qualcosa, ma quando ti chiede qualcosa». Ed è così! Quando il Signore ci chiede qualcosa, infatti, vuole che gli diamo tutto noi stessi per farci vivere come lui, partecipi dei suoi stessi atti divini. I miracoli li fa Dio, non gli Apostoli ma, avendo questi dato piena fiducia, ecco che essi divengono in grado di guarire i malati, risuscitare i morti e cacciare i demòni. Poi alla fine chiederà la piena conformazione a sé nella morte di croce, ossia nel sacrificio totale della propria esistenza, ma intanto chiede di essere "altri Gesù" nel predicare e fare miracoli. E questo vale anche per noi!

☐ **PROPOSITO DEL GIORNO...** Oggi prego per le vocazioni sacerdotali, affinché molti scelgano di seguire il Signore con cuore indiviso e di servirlo nei fratelli.

☐ **PRATICHE E FESTE DEL GIORNO...**

- Pratiche e preghiere di ogni giorno consigliate per il mese di dicembre *(pag. 724)*.

ALTRI SANTI E BEATI DEL GIORNO

S. Leucadia di Toledo • S. Siro di Pavia • B. Bernardo Maria di Gesù (Cesare Silvestrelli) • B. Giuseppe Ferrer Esteve

SAN GIOVANNI DIEGO CUAUHTLATOATZIN: il guardiano della "Virgen morenita".

È l'alba del 9 dicembre 1531 quando un indio di 57 anni, Giovanni Diego sta andando a Città del Messico per la catechesi. Prima di convertirsi al cattolicesimo, aveva un affascinante nome azteco, **Cuauhtlatoatzin**, che significa **"colui che parla come un'aquila"**. All'età di 50 anni aveva ricevuto il Battesimo e con lui era stata battezzata anche sua moglie. Rimasto vedovo dopo solo quattro anni di matrimonio, aveva orientato tutta la sua vita a Dio. Quel giorno, raggiunta la base del colle Teyepac, Giovanni Diego è attratto da un canto di uccelli mai sentito prima. Poi una voce dolce lo chiama per nome. L'uomo sale sulla cima del colle e si trova davanti a **una giovane donna dal vestito che brilla come un sole**. S'inginocchia stupito e la ascolta: **«Sono la Perfetta Sempre Vergine Maria, la Madre del verissimo ed unico Dio»**. La "Virgen morenita" dice a Giovanni Diego di riferire al vescovo l'apparizione perché si costruisca un tempio mariano. Dopo le apparizioni, egli vive per diciassette anni in una casetta che il vescovo gli fa costruire a fianco della cappella eretta in onore della **Vergine di Guadalupe**. Fino al 1548 resta il fedele guardiano della "Virgen morenita".

10 DICEMBRE

DOMENICA

2ª domenica di Avvento (B) *viola* **2ª sett. salt.**

ACCENDIAMO LA SECONDA CANDELA DELLA CORONA DELL'AVVENTO

I profeti tenevano accesa la speranza d'Israele. Noi, come simbolo, accendiamo questa seconda candela. Il vecchio tronco sta germogliando, fiorisce il deserto... L'umanità intera trasale di gioia perché Dio è nato nella nostra carne. Fa' che ognuno di noi, Signore, ti apra la sua vita perché germogli, perché fiorisca, perché nasca e si mantenga accesa nel nostro cuore la speranza. Vieni presto, Signore! Vieni, o Salvatore!

ANTIFONA D'INGRESSO - Popolo di Sion, il Signore verrà a salvare le genti, e farà udire la sua voce maestosa nella letizia del vostro cuore *(Cfr. Is 30,19.30)*.

Non si dice il Gloria.

COLLETTA - **Preghiamo:** Dio grande e misericordioso, fa' che il nostro impegno nel mondo non ci ostacoli nel cammino verso il tuo Figlio, ma la sapienza che viene dal cielo ci guidi alla comunione con il Cristo, nostro Salvatore. Egli è Dio… **Amen.**
Oppure: O Dio, Padre di ogni consolazione, che all'umanità pellegrina nel tempo hai promesso nuovi cieli e terra nuova, parla oggi al cuore del tuo popolo, perché, in purezza di fede e santità di vita, possa camminare verso il giorno in cui ti manifesterai pienamente e ogni uomo vedrà la tua salvezza. Per il nostro Signore… **Amen.**

(seduti)

PRIMA LETTURA Is 40,1-5.9-11

Dal libro del profeta Isaìa

«**Consolate, consolate il mio popolo** – dice il vostro Dio –. Parlate al cuore di Gerusalemme e gridatele che la sua tribolazione è compiuta, la sua colpa è scontata, perché ha ricevuto dalla mano del Signore il doppio per tutti i suoi peccati». Una voce grida: «Nel deserto preparate la via al Signore, spianate nella steppa la strada per il nostro Dio. Ogni valle sia innalzata, ogni monte e ogni colle siano abbassati; il terreno accidentato si trasformi in piano e quello scosceso in vallata. Allora si rivelerà la gloria del Signore e tutti gli uomini insieme la vedranno, perché la bocca del Signore ha parlato». Sali su un alto monte, tu che annunci liete notizie a Sion! Alza la tua voce con forza, tu che annunci liete notizie a Gerusalemme. Alza la voce, non temere; annuncia alle città di Giuda: «Ecco il vostro Dio! Ecco, il Signore Dio viene con potenza, il suo braccio esercita il dominio. Ecco, egli ha con sé il premio e la sua ricompensa lo precede. Come un pastore egli fa pascolare il gregge e con il suo braccio lo raduna; porta gli agnellini sul petto e conduce dolcemente le pecore madri». - Parola di Dio. ℟. **Rendiamo grazie a Dio.**

SALMO RESPONSORIALE Dal Salmo 84 (85)

℟. **Mostraci, Signore, la tua misericordia**
e donaci la tua salvezza.

Ascolterò che cosa dice Dio, il Signore:
egli annuncia la pace
per il suo popolo, per i suoi fedeli.

Sì, la sua salvezza è vicina a chi lo teme,
perché la sua gloria abiti la nostra terra. R.

Amore e verità s'incontreranno,
giustizia e pace si baceranno.
Verità germoglierà dalla terra
e giustizia si affaccerà dal cielo. R.

Certo, il Signore donerà il suo bene
e la nostra terra darà il suo frutto;
giustizia camminerà davanti a lui:
i suoi passi tracceranno il cammino. R.

SECONDA LETTURA 2Pt 3,8-14

Dalla seconda lettera di san Pietro apostolo

Una cosa non dovete perdere di vista, carissimi: davanti al Signore un solo giorno è come mille anni e mille anni come un solo giorno. Il Signore non ritarda nel compiere la sua promessa, anche se alcuni parlano di lentezza. Egli invece è magnanimo con voi, perché non vuole che alcuno si perda, ma che tutti abbiano modo di pentirsi. Il giorno del Signore verrà come un ladro; allora i cieli spariranno in un grande boato, gli elementi, consumati dal calore, si dissolveranno e la terra, con tutte le sue opere, sarà distrutta. Dato che tutte queste cose dovranno finire in questo modo, quale deve essere la vostra vita nella santità della condotta e nelle preghiere, mentre aspettate e affrettate la venuta del giorno di Dio, nel quale i cieli in fiamme si dissolveranno e gli elementi incendiati fonderanno! Noi infatti, secondo la sua promessa, aspettiamo nuovi cieli e una terra nuova, nei quali abita la giustizia. Perciò, carissimi, nell'attesa di questi eventi, fate di tutto perché Dio vi trovi in pace, senza colpa e senza macchia. - Parola di Dio. ℟. **Rendiamo grazie a Dio.**

(in piedi)

CANTO AL VANGELO Lc 3,4.6

Alleluia, alleluia.
Preparate la via del Signore,
raddrizzate i suoi sentieri!
Ogni uomo vedrà la salvezza di Dio!
Alleluia.

VANGELO Mc 1,1-8

Il Signore sia con voi.
℟. **E con il tuo spirito.**
✠ *Dal Vangelo secondo Marco*
℟. **Gloria a te, o Signore.**
Inizio del vangelo di Gesù, Cristo, Figlio di Dio. Come sta scritto nel profeta Isaìa: «Ecco, dinanzi

a te io mando il mio messaggero: egli preparerà la tua via. Voce di uno che grida nel deserto: Preparate la via del Signore, raddrizzate i suoi sentieri», vi fu Giovanni, che battezzava nel deserto e proclamava un battesimo di conversione per il perdono dei peccati. Accorrevano a lui tutta la regione della Giudea e tutti gli abitanti di Gerusalemme. E si facevano battezzare da lui nel fiume Giordano, confessando i loro peccati. Giovanni era vestito di peli di cammello, con una cintura di pelle attorno ai fianchi, e mangiava cavallette e miele selvatico. E proclamava: «Viene dopo di me colui che è più forte di me: io non sono degno di chinarmi per slegare i lacci dei suoi sandali. Io vi ho battezzato con acqua, ma egli vi battezzerà in Spirito Santo». - Parola del Signore. ℟. **Lode a te o Cristo.**

Si dice il Credo *(pag. 12).*

(in piedi)

SULLE OFFERTE - Guarda con benevolenza, o Signore, alle preghiere e al sacrificio che umilmente ti presentiamo: all'estrema povertà dei nostri meriti supplisca l'aiuto della tua misericordia. Per Cristo nostro Signore. **Amen.**

Prefazio dell'Avvento I oppure I/A (materiale multimediale: pag. 17).

COMUNIONE - Sorgi, o Gerusalemme, sta' in piedi sull'altura, osserva la gioia che ti viene da Dio *(Bar 5,5; 4,36)*.

Oppure: Voce di uno che grida nel deserto: Preparate la via del Signore, raddrizzate i suoi sentieri! *(Mt 3,3; Mc 1,3; Lc 3,4)*.

DOPO LA COMUNIONE - **Preghiamo:** Saziati del cibo spirituale, o Signore, a te innalziamo la nostra supplica: per la partecipazione a questo sacramento, insegnaci a valutare con sapienza i beni della terra e a tenere fisso lo sguardo su quelli del cielo. Per Cristo nostro Signore. **Amen.**

Commenti

1ª LETTURA - L'annunciatore di buone notizie deve salire su un alto monte, in modo che tutti lo possano vedere, e deve alzare molto la voce, in modo che tutti lo possano udire. Il periodo di deportazione è finito e finalmente si torna tutti a casa. Questo è l'annuncio tanto atteso, che desta grande gioia tra il popolo, come si può bene immaginare. Il contesto della lettura è storico, si proclama un rientro in patria che realmente avviene, ma si può leggere come attualità della vera liberazione, che è quella dal male e dal peccato, annunciata da Cristo e dalla Chiesa. Noi siamo chiamati ad andare in tutto il mondo e ad annunciare il Vangelo (Mt 28,19), come sentinelle che si rivolgono a genti stanche, deluse e sfiduciate. Dobbiamo sentire e avvertire questa responsabilità, perché la verità su Dio e sul mondo è proprio nella Chiesa e nel messaggio cristiano. Possiamo forse tacere? No, diventeremmo complici del male. Anche se non gridiamo o non saliamo sul monte, la nostra voce cristiana parli costantemente di Dio a tutti, perché tutti devono sentire la sua voce, conoscerlo e amarlo.

2ª LETTURA - La lettera di Pietro è l'unica, tra gli scritti del Nuovo Testamento, a descrivere la fine del mondo come un grande incendio che brucerà ogni cosa. Vi immaginate la terra intera che brucia in un unico grande impressionante falò che scioglie tutti gli elementi? Così è scritto. E di fronte a questa visione, che cosa sarà mai tutta la gloria umana? Che fine faranno tutte le sue realizzazioni? Finiranno. L'Apostolo ci ricorda come sia bene per noi avere sempre davanti agli occhi questa immagine in modo da relativizzare le cose del tempo presente e assolutizzare quelle eterne. Dal momento che questo mega-incendio finale può svilupparsi anche questo pomeriggio o domani mattina, quale deve essere la nostra preoccupazione dominante? Quella di essere in pace, ossia senza colpa e senza macchia. Nessuno dica che questo è impossibile (essere senza macchia), perché Gesù ci ha dato tutti i mezzi e gli strumenti, nella Chiesa, per vivere senza colpa e senza macchia: i sacramenti, la preghiera, la penitenza. Abbiamo il cosiddetto "kit da viaggio" che abbiamo ricevuto il giorno del Battesimo: usiamolo.

VANGELO - Giovanni Battista ha un grande successo. Infatti nel Vangelo di oggi si dice che accorrono a lui da tutta la regione e si fanno battezzare. L'attesa del Messia era spasmodica ed ora finalmente il momento è giunto: tutto il popolo capisce di avere bisogno di una sorta di bagno rituale per mettersi alla sua sequela. Essi pensano alla liberazione dal giogo della schiavitù romana, e il Battista è il personaggio giusto: austero, eroico, un vero leader ideologico. Per evitare fraintendimenti, egli però insiste nel dire che il suo ruolo è solo passeggero, di richiamo ad altro e che la liberazione sarebbe stata ben più ampia. L'equivoco può essere presente anche per noi oggi se pensiamo che l'annunciatore (la Chiesa) prometta la liberazione del mondo dai vari “imperi romani”, dalle varie oppressioni umane e sociali di oggi. Gesù si presenta mite e umile, ma il suo battesimo è mille volte più tremendo: è la vita di Dio onnipotente che entra nel piccolo cuore dell’uomo. L’Impero Romano rimase in piedi, al tempo di Gesù, ma tutto fu rovesciato nel mondo interiore. È lì che avviene tutto! «Il regno di Dio, dirà Gesù, è dentro di voi» (cfr. Lc 17,21).

PROPOSITO DEL GIORNO... Oggi chiamerò una persona che conosco che sta attreversando un periodo triste per dirle parole di consolazione.

PRATICHE E FESTE DEL GIORNO...

- Pratiche e preghiere di ogni giorno consigliate per il mese di dicembre *(pag. 724)*.
- Supplica alla Madonna di Loreto *(pag. 731)*.
- Litanie lauretane *(pag. 678)*.
- Preghiera per l’Italia recitata ogni giorno nella Santa Casa di Loreto (cod. 8100) *(materiale multimediale: pag. 730)*.
- Festa Traslazione della Santa Casa, Loreto (Ancona).

SANTI E BEATI DEL GIORNO

S. Eulalia • S. Gregorio III • S. Mauro di Roma • B. Marcantonio Durando • B. Marcellino Martín Rubio

BEATA VERGINE DI LORETO:
una casa aperta a tutti.

La Casa di Loreto è **una casa con tre sole pareti** e quindi **aperta al mondo**. Al di sotto del rivestimento marmoreo di epoca rinascimentale, si presenta così la Santa Casa di Nàzaret, secondo la tradizione trasportata dagli angeli su una pubblica strada a Loreto. È la dimora terrena della Vergine Maria, il luogo in cui ricevette l'annuncio dell'angelo Gabriele, **testimonianza dell'avvenimento dell'incarnazione. Le ricerche storiche, archeologiche e scientifiche sembrano confermarne l'autenticità**, sancita per la prima volta nel 1310 da una bolla papale di Clemente V. Un recente studio ha dimostrato che le pietre della costruzione sono state lavorate secondo l'uso dei Natabei, diffuso nella Galilea ai tempi di Gesù. Su di esse sono incisi graffiti giudicati dagli esperti di chiara origine giudeo-cristiana. Inoltre, **il perimetro combacerebbe perfettamente con le dimensioni delle fondamenta rimaste a Nàzaret**. Colpisce il fatto che questa casa sia stata collocata su "una pubblica via": «In questo aspetto è custodito il messaggio singolare di questa casa: **non è una casa privata, ma è aperta a tutti, sta sulla strada di tutti noi**. Siamo tutti in cammino verso un'altra abitazione: la Città Eterna» (Benedetto XVI).

11 DICEMBRE

LUNEDÌ

2ª settimana di Avvento

viola (bianco se si celebra la memoria)

2ª sett. salt.

S. Damaso I, papa (mf)

ANTIFONA D'INGRESSO - Ascoltate, genti, la parola del Signore, annunciatela alle isole più lontane: Coraggio, non temete! Ecco, giunge il vostro Dio *(Cfr. Ger 31,10; Is 35,4).*

COLLETTA - Salga a te, o Padre, la voce della nostra preghiera, perché il desiderio di servirti ci conduca a celebrare con cuore puro il grande mistero dell'incarnazione del tuo Figlio unigenito. Egli è Dio…

PRIMA LETTURA Is 35,1-10

Dal libro del profeta Isaìa

Si rallegrino il deserto e la terra arida, esulti e fiorisca la steppa. Come fiore di narciso fiorisca; sì, canti con gioia e con giubilo. Le è data la gloria del Libano, lo splendore del Carmelo e di Saron.

Essi vedranno la gloria del Signore, la magnificenza del nostro Dio. Irrobustite le mani fiacche, rendete salde le ginocchia vacillanti. Dite agli smarriti di cuore: «Coraggio, non temete! Ecco il vostro Dio, giunge la vendetta, la ricompensa divina. Egli viene a salvarvi». Allora si apriranno gli occhi dei ciechi e si schiuderanno gli orecchi dei sordi. Allora lo zoppo salterà come un cervo, griderà di gioia la lingua del muto, perché scaturiranno acque nel deserto, scorreranno torrenti nella steppa. La terra bruciata diventerà una palude, il suolo riarso sorgenti d'acqua. I luoghi dove si sdraiavano gli sciacalli diventeranno canneti e giuncaie. Ci sarà un sentiero e una strada e la chiameranno via santa; nessun impuro la percorrerà. Sarà una via che il suo popolo potrà percorrere e gli ignoranti non si smarriranno. Non ci sarà più il leone, nessuna bestia feroce la percorrerà o vi sosterà. Vi cammineranno i redenti. Su di essa ritorneranno i riscattati dal Signore e verranno in Sion con giubilo; felicità perenne splenderà sul loro capo; gioia e felicità li seguiranno e fuggiranno tristezza e pianto. **Parola di Dio.**

SALMO RESPONSORIALE Dal Salmo 84 (85)

℟. **Ecco il nostro Dio, egli viene a salvarci.**

Ascolterò che cosa dice Dio, il Signore:
egli annuncia la pace.
Sì, la sua salvezza è vicina a chi lo teme,
perché la sua gloria abiti la nostra terra. ℟.

Amore e verità s'incontreranno,
giustizia e pace si baceranno.
Verità germoglierà dalla terra
e giustizia si affaccerà dal cielo. ℟.

Certo, il Signore donerà il suo bene
e la nostra terra darà il suo frutto;
giustizia camminerà davanti a lui:
i suoi passi tracceranno il cammino. ℟.

CANTO AL VANGELO

Alleluia, alleluia.
Ecco verrà il Signore,
strapperà via il giogo della nostra schiavitù.
Alleluia.

VANGELO Lc 5,17-26

✠ *Dal Vangelo secondo Luca*

Un giorno Gesù stava insegnando. Sedevano là anche dei farisei e maestri della Legge, venuti da ogni villaggio della Galilea e della Giudea, e da Gerusalemme. E la potenza del Signore gli faceva operare guarigioni. Ed ecco, alcuni uomini, portando su un letto un uomo che era paralizzato, cercavano di farlo entrare e di metterlo davanti a lui. Non trovando da quale parte farlo entrare a causa della folla, salirono sul tetto e, attraverso le tegole, lo calarono con il lettuccio davanti a Gesù nel mezzo della stanza. Vedendo la loro fede, disse: «Uomo, ti sono perdonati i tuoi peccati». Gli scribi e i farisei cominciarono a discutere, dicendo: «Chi è costui che dice bestemmie? Chi può perdonare i peccati, se non Dio soltanto?». Ma Gesù, conosciuti i loro ragionamenti, rispose: «Perché pensate così nel vostro cuore? Che cosa è più facile: dire "Ti sono perdonati i tuoi peccati", oppure dire "Àlzati e cammina"? Ora, perché sappiate che il Figlio dell'uomo ha il potere sulla terra di perdonare i peccati, dico a te – disse al paralitico –: àlzati, prendi il tuo lettuccio e torna a casa tua». Subito egli si alzò davanti a loro, prese il lettuccio su cui era disteso e andò a casa sua, glorificando

Dio. Tutti furono colti da stupore e davano gloria a Dio; pieni di timore dicevano: «Oggi abbiamo visto cose prodigiose». **Parola del Signore.**

SULLE OFFERTE - Accogli, o Signore, il pane e il vino, dono della tua benevolenza, e concedi che il nostro sacrificio spirituale compiuto nel tempo sia per noi pegno della redenzione eterna. Per Cristo nostro Signore.

Oppure: Accogli benigno, o Signore, le nostre preghiere e donaci la tua protezione perché siamo degni di servire al tuo altare. Per Cristo nostro Signore.

Prefazio dell'Avvento I oppure I/A (materiale multimediale: pag. 17).

COMUNIONE - Vieni, o Signore, a visitarci nella pace, perché possiamo gioire davanti a te con cuore integro *(Cfr. Sal 105,4-5; Is 38,3).*

Oppure: Tutti furono colti da stupore e davano gloria a Dio dicendo: «Oggi abbiamo visto i prodigi del Signore» *(Cfr. Lc 5,26).*

DOPO LA COMUNIONE - La partecipazione a questo sacramento, che a noi pellegrini sulla terra rivela il senso cristiano della vita, ci sostenga, o Signore, nel nostro cammino e ci guidi ai beni eterni. Per Cristo nostro Signore.

Oppure: Dio onnipotente, questo santo convito raffor-zi e accresca i tuoi doni spirituali in tutti noi, perché custodiamo integra la fede e camminiamo sulla via della salvezza. Per Cristo nostro Signore.

Commenti

1ª LETTURA - Il profeta descrive uno scenario meraviglioso. Egli vede la via del ritorno nella Terra Santa dopo l'esilio come un cammino in un mondo rinnovato, quasi fosse un nuovo Eden, un nuovo paradiso terrestre. Qui vivono Adamo ed Eva prima del peccato, con animali feroci che non sono feroci, con acque fresche e piante rigogliose sempre a disposizione, con gli uomini in perfetta salute ecc. Sappiamo che in realtà nell'Eden non vi si torna più, perché un cherubino con la spada fiammeggiante sta alla porta e impedisce a chiunque di rientrarvi (cfr. Gen 3,23) ma, nonostante questo, la forza dell'oracolo mantiene tutta la sua verità, perché attraverso le immagini appare all'orizzonte un vero Paradiso, laddove non vi sarà più lutto, dove tutto sarà perfetto e realizzato nell'amore. Nello sfondo, dopo la morte, c'è dunque il regno di Dio dove, in virtù del sacrificio della croce e della risurrezione di Cristo, la comunità dei salvati vivrà realmente in perfetta armonia. Così è anche per noi: le promesse del "mondo migliore" si realizzano, non tanto qui in terra, quanto nel regno eterno di Dio.

VANGELO - L'episodio del paralitico calato dal tetto viene narrato da tutti e tre i Vangeli sinottici (Matteo, Marco e Luca); questo significa che si tratta di un fatto che gli evangelisti ritengono importante. E importante lo è davvero, anzi, è centrale per capire quale sia la missione di Gesù. Egli non è venuto nel mondo per sistemare le cose e togliere le malattie fisiche (se no, lo avrebbe fatto e oggi non esisterebbero gli ospedali), ma per togliere i peccati dal cuore dell'uomo. Infatti, oltre agli ospedali, esistono i confessionali. Al paralitico la guarigione non risolve tutta la vita: di fatto poi un giorno egli dovrà morire e presentarsi al giudizio di Dio, e in quel momento non gli servirà avere buona salute, ma avere l'anima pura. Però il Signore Gesù, nel Vangelo, guarisce anche i corpi e non lo fa a caso: lo fa per risvegliare le coscienze e annunciare che, come egli può guarire facilmente i corpi, così può risanare le anime. Per questa seconda operazione occorre tutta la potenza di Dio, perché il peccato è un male spirituale, più difficile da risanare. Dio è venuto nel mondo per questo. Ogni volta che gli chiediamo perdono, dunque, diamo a Dio di essere Dio.

PROPOSITO DEL GIORNO... Oggi cerco di fare verità nella mia vita e mi chiedo: di che cosa sono schiavo? Quali abitudini, quali attaccamenti mi allontanano dalla via del bene? Recito quindi un *Padre nostro*, un'*Ave Maria* e un *Gloria al Padre* chiedendo al Signore di liberarmi da tutto ciò che non viene da lui.

PRATICHE E FESTE DEL GIORNO...

- Pratiche e preghiere di ogni giorno consigliate per il mese di dicembre *(pag. 724)*.

ALTRI SANTI E BEATI DEL GIORNO

S. Daniele lo Stilita • **S. Mirabilia di Gesù Pidal y Chico de Guzmán** • B. Maria del Pilar Villalonga Villalba

SANTA MIRABILIA DI GESÙ PIDAL Y CHICO DE GUZMÁN:

«Che felicità morire carmelitana!».

Mirabilia di Gesù muore l'11 dicembre **1974**, dicendo: «Che felicità morire carmelitana!». La vocazione alla vita consacrata tra le Carmelitane è, infatti, l'essenza della sua vita. Maravillas Pidal y Chico de Guzmán, questo il suo nome da laica, nasce a Madrid il 4 novembre 1891 da una famiglia profondamente cristiana; presto sente la chiamata alla vita religiosa e nel 1919 entra nel monastero delle Carmelitane Scalze di El Escorial. Quando è ancora professa, si sente ispirata dal Signore a **fondare un monastero carmelitano nel Cerro de los Angeles (Getafe)**. Qui il re Alfonso XIII aveva inaugurato un monumento al cuore di Gesù e aveva fatto la consacrazione della Spagna al sacro cuore di Gesù. Il 19 maggio 1924 lascia l'Escorial e fonda il monastero a Getafe, di cui è nominata priora. Grande è il suo amore per la croce: **per penitenza dorme per più di trentacinque anni per sole tre ore al giorno**, vestita e seduta per terra con la testa appoggiata al letto. A causa della rivoluzione spagnola del 1936, madre Mirabilia è costretta a lasciare il monastero. Vi rientra tre anni dopo e invia le sue suore in tutta la Spagna e in terre di missione. Muore nel 1974 nel monastero della Aldehuela (Madrid).

12 DICEMBRE

MARTEDÌ

2ª settimana di Avvento

viola (bianco se si celebra la memoria)

2ª sett. salt.

Beata Vergine Maria di Guadalupe (mf)

ANTIFONA D'INGRESSO - Ecco, il Signore verrà e con lui tutti i suoi santi: in quel giorno risplenderà una grande luce *(Cfr. Zc 14,5.7)*.

COLLETTA - O Dio, che hai fatto giungere ai confini della terra il lieto annuncio del Salvatore, fa' che tutti gli uomini accolgano con sincera esultanza la gloria del suo Natale. Per il nostro Signore…

PRIMA LETTURA Is 40,1-11

Dal libro del profeta Isaìa

«Consolate, consolate il mio popolo – dice il vostro Dio. Parlate al cuore di Gerusalemme e gridatele che la sua tribolazione è compiuta, la sua colpa è scontata, perché ha ricevuto dalla mano del Signore il doppio per tutti i suoi peccati». Una voce grida: «Nel deserto preparate la via al Signore, spianate nella steppa la strada per il nostro Dio. Ogni valle sia innalzata, ogni monte e ogni colle siano abbassati; il terreno accidentato si trasformi in piano e quello scosceso in vallata. Allora si rivelerà la gloria del Signore e tutti gli uomini insieme la vedranno, perché la bocca del Signore ha parlato». Una voce dice: «Grida», e io rispondo: «Che cosa dovrò gridare?». Ogni uomo è come l'erba e tutta la sua grazia è come un fiore del campo. Secca l'erba, il fiore appassisce quando soffia su di essi il vento del Signore. Veramente il popolo è come l'erba. Secca l'erba, appassisce il fiore, ma la parola del nostro Dio dura per sempre. Sali su un alto monte, tu che annunci liete notizie a Sion! Alza la tua voce con forza, tu che annunci liete notizie a Gerusalemme. Alza la voce, non temere; annuncia alle città di Giuda: «Ecco il vostro Dio! Ecco, il Signore Dio viene con potenza, il suo braccio esercita il dominio. Ecco, egli ha con sé il premio e la sua ricompensa lo precede. Come un pastore egli fa pascolare il gregge e con il suo braccio lo raduna; porta gli agnellini sul petto e conduce dolcemente le pecore madri». **Parola di Dio.**

SALMO RESPONSORIALE Dal Salmo 95 (96)

℟. **Ecco, il nostro Dio viene con potenza.**

Cantate al Signore un canto nuovo,
cantate al Signore, uomini di tutta la terra.
Cantate al Signore, benedite il suo nome,
annunciate di giorno in giorno la sua salvezza. ℟.

In mezzo alle genti narrate la sua gloria,
a tutti i popoli dite le sue meraviglie.
Dite tra le genti: «Il Signore regna!».
Egli giudica i popoli con rettitudine. ℟.

Gioiscano i cieli, esulti la terra,
risuoni il mare e quanto racchiude;
sia in festa la campagna e quanto contiene,
acclamino tutti gli alberi della foresta. ℟.

Esultino davanti al Signore che viene:
sì, egli viene a giudicare la terra;
giudicherà il mondo con giustizia
e nella sua fedeltà i popoli. ℟.

CANTO AL VANGELO

Alleluia, alleluia.
Il giorno del Signore è vicino:
egli viene a salvarci.
Alleluia.

VANGELO Mt 18,12-14

✠ *Dal Vangelo secondo Matteo*

In quel tempo, Gesù disse ai suoi discepoli: «Che cosa vi pare? Se un uomo ha cento pecore e una di loro si smarrisce, non lascerà le novantanove sui monti e andrà a cercare quella che si è smarrita? In verità io vi dico: se riesce a trovarla, si rallegrerà per quella più che per le novantanove che non si erano smarrite. Così è volontà del Padre vostro che è nei cieli, che **neanche uno di questi piccoli si perda**».
Parola del Signore.

Sulle offerte - Guarda con benevolenza, o Signore, alle preghiere e al sacrificio che umilmente ti presentiamo: all'estrema povertà dei nostri meriti supplisca l'aiuto della tua misericordia. Per Cristo nostro Signore.

Oppure: Accogli, Dio onnipotente, il sacrificio che ti

offriamo, e donaci di esprimere nelle opere la passione del tuo Figlio che celebriamo nel mistero. Egli vive e regna nei secoli dei secoli.

Prefazio dell'Avvento I oppure I/A (materiale multimediale: pag. 17).

Comunione - Il giudice giusto darà la corona di giustizia a coloro che hanno atteso con amore la sua venuta *(Cfr. 2Tm 4,8).*
Oppure: Questa è la volontà del Padre vostro che è nei cieli, che neanche uno di questi piccoli si perda *(Cfr. Mt 18,14).*

Dopo la Comunione - Saziati del cibo spirituale, o Signore, a te innalziamo la nostra supplica: per la partecipazione a questo sacramento, insegnaci a valutare con sapienza i beni della terra e a tenere fisso lo sguardo su quelli del cielo. Per Cristo nostro Signore.
Oppure: Il pegno della redenzione eterna che abbiamo ricevuto, o Signore, ci sia di aiuto nella vita presente e ci guidi alla gloria futura. Per Cristo nostro Signore.

Commenti

1ª **LETTURA** - All'interno dell'annuncio della liberazione dalla schiavitù di Babilonia, troviamo un inciso che sembra fuori posto, ossia il discorso dell'uomo che come l'erba del campo appassisce. All'inizio il profeta viene invitato da Dio ad annunciare con forza e vigore che la colpa è stata scontata e che il popolo può tornare in patria; alla fine ribadisce che tale rientro glorioso è condotto da Dio, che come buon pastore difende il suo gregge. In mezzo Isaìa parla invece della fragilità e debolezza dell'uomo, la cui vita viene paragonata all'erba e ai fiori del campo che appassiscono in un giorno. Che cosa c'entra questo richiamo? Lo spiega l'apostolo Pietro nella sua lettera, citando proprio questo passo e affermando che, mentre la gloria e la vita dell'uomo sono deboli e fragili, la parola di Dio «rimane in eterno» (1Pt 1,25) e che quindi possiamo fidarci di quello che ci dice il Signore. Il senso dell'intero brano è allora quello di porre ogni nostra aspettativa e fiducia sulla parola e volontà di Dio, che realizza quello che dice, sempre. La fiducia è la forza dei deboli.

VANGELO - Lo zelo per le anime è una prerogativa del cristianesimo e della Chiesa, proprio perché risponde in pieno al cuore di Dio, che vuole tutti salvi. Chi crede, vuole che gli altri credano. Pensare diversamente sarebbe intollerabile, perché, se realmente la via del cielo è quella della Chiesa di Cristo, allora non possiamo disinteressarci della salvezza altrui. San Luigi Orione iniziava sovente le sue lettere con la frase: «Anime! anime!», come a dire che il suo unico desiderio era quello di avere delle anime da portare al Signore. Tale impegno è per la gloria di Dio, non nostra, perché ogni persona viene creata per amore, voluta dall'amore e se il demonio la trascina via dobbiamo fare di tutto per impedire che la pecora smarrita non venga più ritrovata e si perda per l'eternità. Possiamo esercitare questo zelo – che, ripetiamo, è costitutivo per la Chiesa – la carità fraterna, attraverso la preghiera, la supplica continua, l'offerta delle proprie sofferenze eccetera, ma qualcosa dobbiamo fare. Sì, dobbiamo sentirci tutti come il pastore della parabola di oggi. Zelo per le anime significa amore per Dio e per il prossimo.

PROPOSITO DEL GIORNO... Oggi recito il Santo Rosario *(pag. 662)* oppure il **Rosario di Guadalupe** *(inquadra il QR code per averlo a disposizione sul tuo smartphone o tablet)* con l'intenzione di pregare per tutti i familiari e conoscenti che si sono allontanati dalla fede.

PRATICHE E FESTE DEL GIORNO...

- Pratiche e preghiere di ogni giorno consigliate per il mese di dicembre *(pag. 724)*.
- Preghiera alla Madonna di Guadalupe *(pag. 733)*.
- Informiamoci e conosciamo la Madonna di Guadalupe (cod. 8590).
- Festa Beata Vergine di Guadalupe, Città del Messico (Messico).

SANTI E BEATI DEL GIORNO

S. Simone Phan Đàc Hòa • B. Corrado di Offida • B. Giacomo Capocci da Viterbo • B. Pio (Ludwik) Bartosik

BEATA VERGINE MARIA DI GUADALUPE:

la *tilma* e i fiori in inverno.

Il 9 dicembre 1531, mentre sta attraversando la collina del Tepeyac a Guadalupe (Messico), il povero indio Giovanni Diego è attratto da un canto di uccelli e dalla visione di una Donna che lo chiama per nome con tenerezza. **La Signora gli dice di essere «la perfetta sempre Vergine Maria»** e gli ordina di recarsi dal vescovo a riferirgli che desidera le si eriga un tempio ai piedi del colle. L'indio corre subito dal vescovo, ma non viene creduto. È il **12 dicembre** quando la Madonna lascia allora crescere sul terreno, **in pieno inverno, delle rose** e invita Giovanni Diego a raccoglierle nel suo mantello (la *tilma*) e a portarle al vescovo, come segno di autenticità. Quando l'indio, giunto di fronte al vescovo, apre il mantello, **sul tessuto appare l'immagine di Maria**, ritratta come una giovane indiana, la **"Virgen morenita"**. Nell'immagine impressa sul mantello, gli occhi di Maria restituiscono particolari di straordinaria precisione: nell'occhio destro appare un gruppo familiare indigeno. Nell'occhio sinistro compare un uomo anziano con la barba, identificato con il vescovo. Questa è l'esatta scena di quando Juan Diego apre il mantello davanti al vescovo e per la prima volta si svela l'immagine mariana.

13 DICEMBRE

MERCOLEDÌ

2ª settimana di Avvento

rosso **2ª sett. salt.**

S. Lucia, vergine e martire (m)

SANTA LUCIA: «I casti sono tempio di Dio».

«Lucia, sorella mia e Vergine del Signore, perché chiedi a me ciò che tu stessa puoi concedere? La tua fede è stata di grande giovamento a tua madre, essa è già guarita. E come per me è ricolma di grazie la città di Catania, così **per te sarà preservata la città di Siracusa**, perché **il Signore Nostro Gesù Cristo ha gradito che tu abbia serbato illibata la tua verginità**». Queste parole, pronunciate da sant'Agata quando Lucia cade in un sonno che assomiglia a un'estasi, danno alla giovane la forza di seguire il proposito che da tempo custodisce nel cuore. Lucia nasce a Siracusa alla fine del III secolo. A crescerla con amore è la madre Eutichia e lei è ancora fanciulla quando medita di consacrarsi a Dio, ma tiene per sé questo desiderio. Ignorando le intenzioni di sua figlia, Eutichia la promette in sposa a un giovane non cristiano. Lucia con vari pretesti rimanda le nozze, confidando nell'aiuto del Signore.

Nel 301 Lucia e la madre si recano in pellegrinaggio a Catania, al sepolcro di sant'Agata. Eutichia soffriva, infatti, di emorragie e nessuna cura l'aveva aiutata. Alla giovane martire catanese madre e figlia vogliono chiedere la grazia della guarigione. Dopo aver partecipato alla celebrazione eucaristica, Eutichia e Lucia si accostano quindi alla sepoltura di Agata. **Lucia prega per la madre e implora per sé di poter dedicare la propria vita a Dio** poi si assopisce ed è in questo momento che Agata le parla nel sonno. Ridestatasi, rivela alla madre di voler rinunciare a sposarsi e **chiede di poter vendere la sua dote per donarla ai poveri**.

Deluso e amareggiato, il giovane che avrebbe voluto sposarla la denuncia al prefetto Pascasio. Arrestata e condotta dal prefetto, Lucia rifiuta di sacrificare agli dèi e professa la sua fede: **«L'Apostolo ha detto: "I casti sono tempio di Dio e lo Spirito Santo abita in essi"»**, dice. Pascasio, per screditarla, comanda allora di condurla in una casa di prostituzione; Lucia dichiara che **qualunque violenza avesse subito il suo corpo contro la sua volontà, sarebbe rimasta casta, pura e incontaminata nello spirito e nella mente**. Prodigiosamente, però, i soldati non riescono a sospingerla; legata mani e piedi, non si riesce a trascinarla nemmeno con i buoi. Pascasio ordina quindi che la giovane venga bruciata, ma il fuoco non la offende. Furibondo decide, infine, che venga decapitata. È il 13 dicembre del 304.

Antifona d'ingresso - Beata la vergine che, rinunciando a se stessa e prendendo la croce, ha imitato il Signore, sposo delle vergini e principe dei martiri.

Colletta - Riempi di gioia e di luce il tuo popolo, o Signore, per l'intercessione gloriosa della santa vergine e martire Lucia, perché noi, che festeggiamo qui in terra la sua nascita al cielo, possiamo contemplare con i nostri occhi la tua gloria. Per il nostro Signore...

PRIMA LETTURA Is 40,25-31

Dal libro del profeta Isaìa

«A chi potreste paragonarmi, quasi che io gli sia pari?» dice il Santo. Levate in alto i vostri occhi e guardate: chi ha creato tali cose? Egli fa uscire in numero preciso il loro esercito e le chiama tutte per nome; per la sua onnipotenza e il vigore della sua forza non ne manca alcuna. Perché dici, Giacobbe, e tu, Israele, ripeti: «La mia via è nascosta al Signore e il mio diritto è trascurato dal mio Dio»? Non lo sai forse? Non l'hai udito? Dio eterno è il Signore, che ha creato i confini della terra. Egli non si affatica né

si stanca, la sua intelligenza è inscrutabile. Egli dà forza allo stanco e moltiplica il vigore allo spossato. Anche i giovani faticano e si stancano, gli adulti inciampano e cadono; ma quanti sperano nel Signore riacquistano forza, mettono ali come aquile, corrono senza affannarsi, camminano senza stancarsi.
Parola di Dio.

SALMO RESPONSORIALE Dal Salmo 102 (103)

℟. **Benedici il Signore, anima mia.**

Benedici il Signore, anima mia,
quanto è in me benedica il suo santo nome.
Benedici il Signore, anima mia,
non dimenticare tutti i suoi benefici. ℟.

Egli perdona tutte le tue colpe,
guarisce tutte le tue infermità,
salva dalla fossa la tua vita,
ti circonda di bontà e misericordia. ℟.

Misericordioso e pietoso è il Signore,
lento all'ira e grande nell'amore.
Non ci tratta secondo i nostri peccati
e non ci ripaga secondo le nostre colpe. ℟.

CANTO AL VANGELO

Alleluia, alleluia.
Ecco, viene il Signore a salvare il suo popolo:
beati coloro che sono preparati all'incontro.
Alleluia.

VANGELO

Mt 11,28-30

✠ *Dal Vangelo secondo Matteo*

In quel tempo, Gesù disse: «**Venite a me, voi tutti che siete stanchi e oppressi, e io vi darò ristoro**. Prendete il mio giogo sopra di voi e imparate da me, che sono mite e umile di cuore, e troverete ristoro per la vostra vita. Il mio giogo infatti è dolce e il mio peso leggero». **Parola del Signore.**

SULLE OFFERTE - I doni che ti presentiamo nel glorioso ricordo di santa Lucia ti siano graditi, o Signore, come fu preziosa ai tuoi occhi l'offerta della sua vita. Per Cristo nostro Signore.

Prefazio dei santi martiri (materiale multimediale: pag. 17).

COMUNIONE - L'Agnello assiso sul trono li guiderà alle sorgenti della vita *(Cfr. Ap 7,17).*

Dopo la Comunione - O Dio, che hai glorificato tra i santi la beata Lucia con la duplice corona della verginità e del martirio, per la potenza di questo sacramento donaci di superare con forza ogni male, per raggiungere la gloria del cielo. Per Cristo nostro Signore.

Commenti

1ª lettura - Il contesto del brano di Isaìa è quello dell'annuncio della liberazione dall'esilio in Babilonia a un popolo che, dopo quasi settant'anni, è stanco e sfiduciato. Gli Israeliti hanno capito la lezione: avevano rinnegato la Legge divina e per questo motivo erano stati deportati in una terra lontanissima. Essi attendevano di poter ritornare, ma non succedeva nulla. Finalmente arriva il decreto del re che lascia libero il popolo di ritornare in patria e il messaggero di questa attesa notizia grida che la deportazione è conclusa. Tuttavia il popolo è ancora incerto… Il messaggero allora invita a considerare le grandi opere di Dio e a rinvigorirsi, a ritrovare coraggio e slancio; egli promette la piena assistenza di Dio per tutto il viaggio di rientro. Questo vale anche per noi oggi, quando ci sembra che tutto vada male e che il Signore non intervenga. Certo, le vie di Dio non sono le nostre, ma il suo braccio non si è raccorciato e la sua potenza non è venuta meno. Isaìa ci dice con sicurezza: «Quanti sperano nel Signore riacquistano forza, [...] camminano senza stancarsi». Questo non è un invito vago, è una certezza.

VANGELO - Perché abbiamo timore di ricorrere al Signore quando le prove ci sfibrano? «Se anche avessi commesso tutti peccati del mondo da Adamo ed Eva fino a oggi – scrive santa Teresa di Gesù Bambino – non esiterei un attimo a gettarmi nelle braccia del Signore». Il cuore di Cristo è una fornace ardente, egli non vede l'ora di accoglierci, perdonarci, farci percepire la sua bontà assoluta. Nemmeno il peccato deve frenarci. Ascoltiamo l'appello accorato di Gesù: «Venite a me! Venite a me!». Le altre fonti non dissetano, gli altri fuochi non riscaldano. Gesù è il nostro Maestro, colui che ci compatisce, ci perdona. I santi fecero esperienza di lui e trovarono la forza per camminare sugli scorpioni e bere i veleni senza averne alcun danno. È quindi una questione di fiducia. In ogni occasione della vita, in ogni scelta e frangente, volgiamo allora la nostra fiducia nell'unico che ha ampiamente dimostrato di meritarla: Gesù, che è morto per noi, per me, per te, sulla croce. «Signore, da chi andremo? Tu hai parole di vita eterna» (Gv 6,68), esclama san Pietro in un momento di vera ispirazione. Ma non solo parole: Gesù solo è la stessa vita eterna. Prendiamo il giogo leggero e restiamoci ancorati per sempre a lui.

PROPOSITO DEL GIORNO... Durante la giornata rileggo più volte il Vangelo odierno e trascrivo su un foglio le parole che parlano di più al mio cuore.

PRATICHE E FESTE DEL GIORNO...

- Pratiche e preghiere di ogni giorno consigliate per il mese di dicembre *(pag. 724)*.
- Preghiera a santa Lucia *(pag. 734)*.
- 1° giorno novena a santa Francesca Saverio Cabrini.

ALTRI SANTI E BEATI DEL GIORNO

S. Antioco di Sulcis • S. Aristone • B. Antonio Grassi • B. Giovanni (Francesco) Marinoni

14 DICEMBRE

GIOVEDÌ

2ª settimana di Avvento

bianco **2ª sett. salt.**

S. Giovanni della Croce, presbitero e dottore della Chiesa (m)

SAN GIOVANNI DELLA CROCE:
«Oggi vado a cantare l'Ufficio in cielo».

Per san Giovanni della Croce quello che rende l'anima pura e libera è eliminare ogni dipendenza disordinata dalle cose e **collocare tutto in Dio come centro e fine della vita**. Una delle sue frasi più celebri è infatti: «Per giungere dove non sei, devi passare per dove non sei. **Per giungere a possedere tutto, non volere possedere niente**. Per giungere ad essere tutto, non volere che essere niente».

La vocazione religiosa e la chiamata al Carmelo sono chiari nella vita di Giovanni (al secolo Juan de Yepes Álvarez, figlio di una coppia poverissima della vecchia Castiglia, vicino Ávila) già al termine della sua formazione nel Collegio dei Gesuiti di Medina del Campo. Siamo nel 1563 e ancora diciottenne entra nell'Ordine. Diventa sacerdote nel 1567 e subito dopo **avviene l'incontro con Teresa di Gesù che cambia la vita a entrambi**. Giovanni la conosce da sacerdote e subito viene coinvolto e affascinato dal suo piano di riforma del Carmelo, anche nel ramo maschile dell'Ordine. Lavorano insieme, condividendo ideali e proposte, e insieme inaugurano la prima casa di Carmelitani Scalzi, nel 1568 a Duruelo, nella provincia di Ávila. È in quell'occasione che, formando insieme ad altri la prima comunità maschile riformata, **Giovanni adotta il nuovo nome, "della Croce"**, con il quale sarà in seguito universalmente conosciuto. A causa dell'adesione alla riforma viene incarcerato, in un convento di Toledo, per diversi mesi a seguito di accuse ingiuste. Riuscito a scappare in modo avventuroso, inizia un lungo cammino di incarichi, fino alla morte in seguito a una lunga malattia e a durissime sofferenze. Giovanni si congeda dai confratelli mentre recitavano l'Ufficio mattutino in un convento vicino a Jaén, tra il 13 e il 14 dicembre 1591. Le sue ultime parole sono: **«Oggi vado a cantare l'Ufficio in cielo»**.

Antifona d'ingresso - Non ci sia per me altro vanto che nella croce del Signore nostro Gesù Cristo, per mezzo della quale il mondo per me è stato crocifisso, come io per il mondo *(Cfr. Gal 6,14)*.

Colletta - O Dio, che hai reso il santo presbitero Giovanni [della Croce] maestro della rinuncia perfetta di sé e appassionato discepolo della croce, concedi a noi di restare sempre saldi nella sua imitazione per giungere alla contemplazione eterna della tua gloria. Per il nostro Signore…

PRIMA LETTURA Is 41,13-20

Dal libro del profeta Isaìa

Io sono il Signore, tuo Dio, che ti tengo per la destra e ti dico: «Non temere, io ti vengo in aiuto». Non temere, vermiciattolo di Giacobbe, larva d'Israele; io vengo in tuo aiuto – oràcolo del Signore –, tuo redentore è il Santo d'Israele. Ecco, ti rendo come una trebbia acuminata, nuova, munita di molte punte; tu trebbierai i monti e li stritolerai, ridurrai i colli in pula. Li vaglierai e il vento li porterà via, il turbine li disperderà. Tu, invece, gioirai nel Signore, ti vanterai del Santo d'Israele. I miseri e i poveri cercano acqua ma non c'è; la loro lingua è riarsa per la sete. Io, il Signore, risponderò loro, io, Dio d'Israele, non li abbandonerò. Farò scaturire fiumi su brulle colline, fontane in mezzo alle valli; cambierò il deserto in un lago d'acqua, la terra arida in zona di sorgenti. Nel deserto pianterò cedri, acacie, mirti e ulivi; nella steppa porrò cipressi, olmi e abeti; perché vedano e sappiano, considerino e comprendano a un tempo che questo ha fatto la mano del Signore, lo ha creato il Santo d'Israele. **Parola di Dio.**

SALMO RESPONSORIALE Dal Salmo 144 (145)

℟. **Il Signore è misericordioso e grande nell'amore.**

O Dio, mio re, voglio esaltarti
e benedire il tuo nome in eterno e per sempre.
Buono è il Signore verso tutti,
la sua tenerezza si espande su tutte le creature. ℟.

Ti lodino, Signore, tutte le tue opere
e ti benedicano i tuoi fedeli.
Dicano la gloria del tuo regno
e parlino della tua potenza. ℟.

Facciano conoscere agli uomini le tue imprese
e la splendida gloria del tuo regno.
Il tuo regno è un regno eterno,
il tuo dominio si estende per tutte le generazioni. ℟.

CANTO AL VANGELO Cfr. Is 45,8

Alleluia, alleluia.
Stillate, cieli, dall'alto
e le nubi facciano piovere il Giusto;
si apra la terra
e germogli il Salvatore.
Alleluia.

VANGELO Mt 11,11-15

✠ *Dal Vangelo secondo Matteo*

In quel tempo, Gesù disse alle folle: «In verità io vi dico: fra i nati da donna non è sorto alcuno più grande di Giovanni il Battista; ma il più piccolo nel regno dei cieli è più grande di lui. Dai giorni di Giovanni il Battista fino ad ora, il regno dei cieli subisce violenza e i violenti se ne impadroniscono. Tutti i Profeti e la Legge infatti hanno profetato fino a Giovanni. E, se volete comprendere, è lui quell'Elìa che deve venire. Chi ha orecchi, ascolti!».

Parola del Signore.

Sulle offerte - Accogli, Dio onnipotente, il sacrificio che ti offriamo nella memoria di san Giovanni, e donaci di testimoniare nella santità della vita la passione del Signore che celebriamo nel mistero. Per Cristo nostro Signore.

Prefazio dei santi dottori della Chiesa I o II oppure dei pastori I o II (materiale multimediale: pag. 17).

Comunione - «Se qualcuno vuol venire dietro a me, rinneghi se stesso, prenda la sua croce e mi segua», dice il Signore *(Mt 16,24)*.

Dopo la Comunione - O Dio, che in san Giovanni ci hai dato un mirabile testimone del mistero della Croce, concedi che, rinvigoriti dalla comunione a questo sacrificio, aderiamo con piena fedeltà a Cristo e operiamo nella Chiesa per la salvezza di tutti. Per Cristo nostro Signore.

Commenti

1ª lettura - Dopo gli anni della tristezza e dell'amarezza nell'esilio forzato, finalmente si può tornare nella propria terra e riprendere la vita nella fedeltà alla Legge di Dio. Dio stesso rende facile il rientro piantando alberi nel deserto da attraversare e dotando le impervie distese solitarie di fiumi e fontane, per far bere la gente che cammina. Sono immagini simboliche che indicano la benevolenza di Dio che ristabilisce la sua alleanza quando vede nei suoi amati figli il cuore pentito. Di più: egli prende per mano i suoi fedeli («ti tengo per la destra»), e pur essendo poveri, modesti e deboli come i lombrichi («vermiciattolo» non è un termine dispregiativo, ma indica solo piccolezza e fragilità), essi potranno vincere i nemici spazzandoli via come fa la trebbiatrice con la pula del grano. Così è anche oggi in ogni nostro tipo di esilio o tentazione. Non potremmo resistere alle passioni se cercassimo di superarle solo col ragionamento o la volontà: occorre la grazia di Dio, che va umilmente chiesta con insistenza. «Fatti capacità e mi farò torrente», diceva Gesù a santa Caterina da Siena.

VANGELO - Giovanni Battista si pone come spartiacque tra i due Testamenti. Prima di lui sono venuti tutti coloro che attendevano il vero liberatore: non quello che doveva portare il popolo fuori dall'Egitto, non quello che doveva combattere contro le nazioni pagane per mantenere la terra, ma colui che avrebbe liberato l'uomo dalla schiavitù ben più pesante di Satana e avrebbe debellato il peccato con la propria morte sacrificale e la risurrezione. Prima vi erano i combattenti che usavano violenza per tenere alta la bandiera della fede di fronte al mondo intero. Poi, finalmente, il Salvatore è arrivato, e da quel momento coloro che vogliono vivere nella libertà e nell'amore altro non devono fare che credere in Cristo e vivere il Vangelo. Non che non occorra più violenza, ma i nostri nemici ora sono le passioni, ossia avversari interni che fanno guerra contro la vita di grazia. Però la battaglia è già vinta e il vincitore è Gesù, e si può partecipare alla sua vita divina con la forza della buona volontà e la docilità alla sua azione interiore. Questa è la vera grande "buona notizia", il Vangelo che ha cambiato il mondo. Non v'è altra "rivoluzione" degna di nota, se non quella del Vangelo di Cristo.

PROPOSITO DEL GIORNO... Oggi, a imitazione del Signore che ci ama teneramente, voglio compiere gesti di tenerezza nei confronti dei miei familiari.

PRATICHE E FESTE DEL GIORNO...

- Pratiche e preghiere di ogni giorno consigliate per il mese di dicembre *(pag. 724)*.
- Preghiera a san Giovanni della Croce.

ALTRI SANTI E BEATI DEL GIORNO

Ss. Ares, Promo ed Elia • S. Pompeo di Pavia • B. Francesca Schervier • B. Protasio (Antonio) Cubells Minguell

15 DICEMBRE

VENERDÌ

2ª settimana di Avvento
viola — **2ª sett. salt.**

ANTIFONA D'INGRESSO - Ecco, il Signore verrà con splendore a visitare il suo popolo nella pace per fargli dono della vita eterna.

COLLETTA - Rafforza, o Padre, la nostra vigilanza nell'attesa del tuo Figlio, perché, illuminati dalla sua parola di salvezza, andiamo incontro a lui con le lampade accese. Egli è Dio…

PRIMA LETTURA — Is 48,17-19

Dal libro del profeta Isaìa

Così dice il Signore, tuo redentore, il Santo d'Israele: «Io sono il Signore, tuo Dio, che ti insegno per il tuo bene, che ti guido per la strada su cui devi andare. Se avessi prestato attenzione ai miei comandi, il tuo benessere sarebbe come un fiume, la tua giustizia come le onde del mare. La tua discendenza sarebbe come la sabbia e i nati dalle tue viscere come i granelli d'arena. Non sarebbe mai radiato né cancellato il suo nome davanti a me». **Parola di Dio.**

SALMO RESPONSORIALE Dal Salmo 1

℟. **Chi ti segue, Signore, avrà la luce della vita.**

Beato l'uomo che non entra nel consiglio dei malvagi,
non resta nella via dei peccatori
e non siede in compagnia degli arroganti,
ma nella legge del Signore trova la sua gioia,
la sua legge medita giorno e notte. ℟.

È come albero piantato lungo corsi d'acqua,
che dà frutto a suo tempo:
le sue foglie non appassiscono
e tutto quello che fa, riesce bene. ℟.

Non così, non così i malvagi,
ma come pula che il vento disperde;
poiché il Signore veglia sul cammino dei giusti,
mentre la via dei malvagi va in rovina. ℟.

CANTO AL VANGELO

Alleluia, alleluia.
Il Signore viene, andiamogli incontro:
egli è il principe della pace.
Alleluia.

VANGELO Mt 11,16-19

✠ *Dal Vangelo secondo Matteo*

In quel tempo, Gesù disse alle folle: «A chi posso paragonare questa generazione? È simile a bambini che stanno seduti in piazza e, rivolti ai compagni, gridano: "Vi abbiamo suonato il flauto e non avete ballato, abbiamo cantato un lamento e non vi siete battuti il petto!". È venuto Giovanni, che non mangia e non beve, e dicono: "È indemoniato". È venuto il Figlio dell'uomo, che mangia e beve, e dicono: "Ecco, è un mangione e un beone, un amico di pubblicani e di peccatori". Ma la sapienza è stata riconosciuta giusta per le opere che essa compie». **Parola del Signore.**

SULLE OFFERTE - Guarda con benevolenza, o Signore, alle preghiere e al sacrificio che umilmente ti presentiamo: all'estrema povertà dei nostri meriti supplisca l'aiuto della tua misericordia. Per Cristo nostro Signore.

Oppure: Il sacrificio che offriamo alla tua maestà, Signore, giovi alla nostra salvezza e sia gradito al tuo amore di Padre. Per Cristo nostro Signore.

Prefazio dell'Avvento I oppure I/A (materiale multimediale: pag. 17).

COMUNIONE - Aspettiamo il nostro Salvatore Gesù Cristo: egli trasfigurerà il nostro corpo mortale a immagine del suo corpo glorioso *(Cfr. Fil 3,20-21)*.
Oppure: Il Figlio dell'uomo è amico di pubblicani e di peccatori. La sapienza è stata riconosciuta giusta per le opere che essa compie *(Cfr. Mt 11,19)*.

DOPO LA COMUNIONE - Saziati del cibo spirituale, o Signore, a te innalziamo la nostra supplica: per la partecipazione a questo sacramento, insegnaci a valutare con sapienza i beni della terra e a tenere fisso lo sguardo su quelli del cielo. Per Cristo nostro Signore.
Oppure: Nutriti con il pane del cielo, umilmente ti preghiamo, Signore: fa' che otteniamo il perdono delle colpe, la salute del corpo, la grazia e la gloria eterna dell'anima. Per Cristo nostro Signore.

Commenti

1ª LETTURA - Quando sentiamo parlare di obbedienza, di regole e di norme, la nostra anima un po' si blocca o si irrigidisce. Abbiamo paura di perdere la nostra autonomia se obbediamo a un altro. Questo può accadere anche nei confronti di Dio: perché il Signore ci deve obbligare a fare certe cose e non farne altre? Il profeta Isaìa ci risponde: perché egli solo conosce realmente quale sia il nostro bene. Ci esorta a camminare per quella strada, che egli sa essere la sola valida, perché è Dio che ha creato l'uomo e conosce il suo fine; l'uomo non si è auto-creato da solo. Una lavatrice non si costruisce da sé stessa: un uomo la fa, ma nel venderla deve anche dare il libretto delle istruzioni per l'uso, perché il compratore non sa bene come funzioni. Così è l'uomo: se siamo stati creati da Dio, impariamo da lui come "funzionano" le cose della nostra vita per poter arrivare alla felicità eterna. Il demonio invece ci ha convinti del contrario: se obbedirete a Dio – ci dice – perderete la vostra libertà. La libertà l'ha persa lui, ribellandosi; noi invece l'abbiamo ritrovata proprio obbedendo al Signore.

VANGELO - È l'unica volta nel Vangelo in cui Gesù si autodefinisce «sapienza». Non si parla qui di uno spirito vago o di una sapiente cultura, ma di una sapienza che agisce e compie delle opere. Dio è giusto, ci dice la Scrittura, e Gesù è la divina sapienza, perché è Dio. Se poi chi ascolta non reagisce o non si comporta secondo quello che ha ascoltato, la colpa non è della voce, ma di chi ascolta. La sapienza ha parlato, ha effuso il suo insegnamento straordinario e liberante, ha detto a tutti che la potenza di Dio e dell'uomo consiste nell'amore, nel perdono al prossimo, nell'aiutarsi, nel comprendersi, nel sopportare le avversità... Se, di fronte a queste parole, gli uditori oppongono un rifiuto o fanno il contrario, non per questo la verità che esce dalla bocca del Verbo di Dio si tira indietro: continuerà fino alla fine dei tempi a proclamare il nostro bene e a compiere le opere giuste. Il brano evangelico è un accorato appello alla docilità: quando Gesù parla, apriamo il cuore alla divina sapienza, non opponiamo coriacee resistenze. Se Dio parla, è per amore, è per il nostro vero bene, è per farci simili a lui, è per elevarci al suo cospetto, è per nutrirci con la sua stessa divina sapienza.

☐ **PROPOSITO DEL GIORNO...** Faccio un attento esame di coscienza *(pag. 692)* e mi propongo di accostarmi quanto prima al sacramento della Riconciliazione.

☐ **PRATICHE E FESTE DEL GIORNO...**

- Pratiche e preghiere di ogni giorno consigliate per il mese di dicembre *(pag. 724)*.
- Preghiera a santa Virginia Centurione Bracelli *(materiale multimediale: pag. 735)*.

SANTI E BEATI DEL GIORNO

S. Massimino di Micy • S. Valeriano di Avensano • S. Virginia Centurione Bracelli • **B. Giovanni Brenner**

BEATO GIOVANNI BRENNER: «Tutto concorre al bene di coloro che amano Dio».

«Questo è il colmo dei miei desideri: essere santo, essere benedetto e benedire anche gli altri!», così scrive nel suo diario il giovane Giovanni Brenner, appena entrato in noviziato, e otterrà quello che spera. Nato a Szombathely (Ungheria), il 27 dicembre 1931 è secondo di tre figli. Nella sua casa, respira la fede vissuta: **sono molto importanti in famiglia la preghiera del Rosario, la partecipazione alla Messa e l'Eucaristia**.

L'8 agosto 1950, Giovanni viene ammesso presso i Cistercensi e, con la vestizione religiosa cambia nome in fra Anastasio. La situazione politica sempre più tesa gli rende impossibile, però, diventare religioso, e decide quindi che sarebbe stato un sacerdote diocesano. Il 19 giugno 1955 viene ordinato e focalizza la sua prima omelia sul passo della lettera di san Paolo ai Romani che diventerà **il suo motto: «Tutto concorre al bene di coloro che amano Dio»** (cfr. Rm 8,28).

La sua prima destinazione è quella di vicario parrocchiale presso la parrocchia di Rábakethely, al confine tra Ungheria e Austria. L'intesa con il parroco è evidente e grazie al loro impegno, la vita religiosa della parrocchia conosce un nuovo slancio, che non piace al regime comunista. Il vescovo propone al giovane sacerdote il trasferimento, ma lui replica: **«Non ho paura: resto qui volentieri»**.

Il pomeriggio di sabato 14 dicembre **1957**, il parroco si dirige a Farkasfa, sicuro che don Giovanni avrebbe celebrato la Messa dell'indomani. La mattina di domenica 15 dicembre, però, i fedeli non vedono arrivare don Giovanni e trovano chiuso il portone della chiesa. Poco dopo il sacrestano di Szentgotthárd arriva per dire: **«Il padre vicario giace a terra senza vita a Zaida, accanto alla scuola. Lo hanno ucciso»**.

Solo molti anni dopo si scopre che cosa era accaduto: verso la mezzanotte del 14 dicembre, un ragazzo di 17 anni, Tibor Koczán, era andato a chiamare don Giovanni, perché portasse allo zio morente gli ultimi sacramenti. Il sacerdote aveva messo l'Olio Santo e la teca con l'Eucaristia in un sacchetto appeso al collo. A circa cento metri dalla chiesa, era stato assalito da alcuni uomini. Riuscito a liberarsi, era arrivato alla casa dell'ammalato, ma altri aggressori lo aspettavano lì. Trattenuto alle spalle, aveva ricevuto trentadue coltellate, mentre cercava di proteggere il Santissimo che portava con sé. **Quando il suo cadavere fu ritrovato, nella mano sinistra teneva stretta la teca con l'Eucaristia**.

16 DICEMBRE

SABATO

2ª settimana di Avvento

viola **2ª sett. salt.**

ANTIFONA D'INGRESSO - Vieni, e fa' splendere il tuo volto su di noi, o Signore, che siedi nei cieli, e noi saremo salvi *(Cfr. Sal 79,4.2)*.

COLLETTA - Sorga nei nostri cuori, Dio onnipotente, lo splendore della tua gloria, perché, vinta ogni oscurità della notte, la venuta del tuo Figlio unigenito manifesti al mondo che siamo figli della luce. Egli è Dio…

PRIMA LETTURA Sir 48,1-4.9-11

Dal libro del Siràcide

In quei giorni, sorse Elìa profeta, come un fuoco; la sua parola bruciava come fiaccola. Egli fece venire su di loro la carestia e con zelo li ridusse a pochi. Per la parola del Signore chiuse il cielo e così fece scendere per tre volte il fuoco. Come ti rendesti glorioso, Elìa, con i tuoi prodigi! E chi può vantarsi di esserti uguale? Tu sei stato assunto in un turbine di fuoco, su un carro di cavalli di fuoco; tu sei stato designato a rimproverare i tempi futuri, per placare l'ira prima che divampi, per ricondurre il cuore del padre verso il figlio e ristabilire le tribù di Giacobbe. Beati coloro che ti hanno visto e si sono addormentati nell'amore. **Parola di Dio.**

SALMO RESPONSORIALE

Dal Salmo 79 (80)

℟. **Fa' splendere il tuo volto, Signore,**
e noi saremo salvi.

Tu, pastore d'Israele, ascolta.
Seduto sui cherubini, risplendi.
Risveglia la tua potenza
e **vieni a salvarci**. ℟.

Dio degli eserciti, ritorna!
Guarda dal cielo e vedi
e visita questa vigna,
proteggi quello che la tua destra ha piantato,
il figlio dell'uomo che per te hai reso forte. ℟.

Sia la tua mano sull'uomo della tua destra,

sul figlio dell'uomo che per te hai reso forte.
Da te mai più ci allontaneremo,
facci rivivere e noi invocheremo il tuo nome. ℟.

CANTO AL VANGELO Lc 3,4.6

Alleluia, alleluia.
Preparate la via del Signore,
raddrizzate i suoi sentieri!
Ogni uomo vedrà la salvezza di Dio.
Alleluia.

VANGELO Mt 17,10-13

✠ *Dal Vangelo secondo Matteo*

Mentre scendevano dal monte, i discepoli domandarono a Gesù: «Perché dunque gli scribi dicono che prima deve venire Elìa?». Ed egli rispose: «Sì, verrà Elìa e ristabilirà ogni cosa. Ma io vi dico: Elìa è già venuto e non l'hanno riconosciuto; anzi, hanno fatto di lui quello che hanno voluto. Così anche il Figlio dell'uomo dovrà soffrire per opera loro». Allora i discepoli compresero che egli parlava loro di Giovanni il Battista. **Parola del Signore.**

Sulle offerte - Sempre si rinnovi, o Signore, l'offerta di questo sacrificio che attua il santo mistero da te istituito, e con la sua divina potenza renda efficace in noi l'opera della salvezza. Per Cristo nostro Signore.

Oppure: Portando all'altare i nostri doni, supplichiamo la tua clemenza, o Signore, perché da questo sacrificio salga a te la lode perfetta e scenda su di noi la pienezza della tua grazia. Per Cristo nostro Signore.

Prefazio dell'Avvento I oppure I/A (materiale multimediale: pag. 17).

Comunione - «Ecco, io vengo presto e ho con me il mio salario», dice il Signore, «per rendere a ciascuno secondo le sue opere» *(Ap 22,12).*

Oppure: Elia è già venuto e non l'hanno riconosciuto. Così anche il Figlio dell'uomo *(Mt 17,12).*

Dopo la Comunione - Imploriamo, o Signore, la tua misericordia: la forza divina di questo sacramento ci purifichi dal peccato e ci prepari alle feste del Natale. Per Cristo nostro Signore.

Oppure: Custodisci in noi il tuo dono, o Signore, e il sacramento che abbiamo ricevuto dalla tua bontà diventi per noi sorgente di salvezza e di pace. Per Cristo nostro Signore.

Commenti

1ª LETTURA - La grande figura di Elìa è sempre abbinata al fuoco. Egli fece scendere il fuoco dal cielo davanti ai profeti di Baal e alla fine della vita fu visto entrare in un turbine di fuoco per essere sottratto alla vista degli uomini e rapito in cielo. Il fuoco è segno dell'amore divino: esso illumina, riscalda, purifica. Il fuoco è simbolo di Dio stesso. Non casualmente nel giorno di Pentecoste lo Spirito Santo prende possesso degli Apostoli sotto forma di «lingue come di fuoco» (At 2,3). La figura del grande profeta biblico può spaventare, ma non dobbiamo temere, perché la terribilità di Elìa è beatitudine. «Beati coloro che ti hanno visto», Elìa, perché una volta coinvolti nella divina realtà «si sono addormentati nell'amore». Così è ancora di più per Cristo, preannunciato dal nuovo Elìa Giovanni Battista: conoscerlo è beatitudine piena perché il fuoco altro non è che l'amore stesso di Dio, ed egli ce lo dona senza misura (Gv 3,34). Il fuoco c'è dappertutto: in Paradiso come potenza dell'amore di Dio, nell'Inferno in forma di tormento e in Purgatorio come fuoco che purifica.

VANGELO - La Bibbia ha un meraviglioso continuo rimando da un passo all'altro, da una persona all'altra, come una grande sinfonia il cui tema musicale viene ripreso continuamente e sviluppato in modi diversi. Ecco perché è bene leggere il Vangelo e l'Antico Testamento: tutto parla di Cristo, tutto annuncia lui, conoscerlo è vita eterna e senza di lui non possiamo essere salvati. Elìa è dell'Antico Testamento, ma era atteso di nuovo perché, essendo stato rapito in cielo, si riteneva che in qualche modo egli fosse ancora vivo e quindi potesse e dovesse tornare. Gesù non cancella questa opinione, anzi, la rafforza: «Sì, verrà Elìa». Poi continua sorprendendo l'uditorio: «È già venuto». Giovanni Battista non è precisamente Elìa, ma ha il suo spirito. Così è anche oggi nel tempo della Chiesa: ogni volta che qualcuno annuncia il Cristo, lo conferma, lo indica, lo difende, possiamo dire che possieda lo spirito di

Elìa e del Battista messi insieme. Giovanni Battista quindi è sempre presente nella Chiesa, non ha terminato la sua funzione: la voce che grida nel deserto non è cessata. E non cesserà mai, perché sempre abbiamo bisogno di essere scossi e "svegliati" per accogliere il Signore Gesù.

PROPOSITO DEL GIORNO... Oggi ripeto più volte durante la giornata quest'invocazione: «Signore, vieni a salvarmi. Signore, vieni a salvarci» per prepararmi con più consapevolezza al santo Natale.

PRATICHE E FESTE DEL GIORNO...

- Pratiche e preghiere di ogni giorno consigliate per il mese di dicembre *(pag. 724)*.
- 1° giorno novena di Natale *(pag. 715)*.
- Festa Madonna della Madia, Monopoli (Bari).

SANTI E BEATI DEL GIORNO

S. Adelaide • S. Aggeo • S. Macario da Collesano • B. Clemente Marchisio • **B. Giovanni Wauthier**

BEATO GIOVANNI WAUTHIER: martire di giustizia e di carità.

«Sin dal noviziato mi sono sentito preso dal desiderio di andare a portare il Vangelo in territorio laotiano. Ecco perché, Reverendissimo Padre, **vi domando d'inviarmi in Laos**», questo scrive Giovanni Wauthier, al Superiore generale dei Missionari Oblati di Maria Immacolata, di cui fa parte, appena dopo essere stato ordinato sacerdote, il 17 febbraio 1952. Giunge in Laos il 26 ottobre 1952 e si mette subito al servizio delle popolazioni di etnia kmhmu': genti molto povere e costrette a spostarsi spesso, a causa della guerra. Nel 1961 si salva all'ultimo minuto da un plotone d'esecuzione e i superiori, allora, lo allontanano per prudenza, ma finalmente, nel dicembre 1963, può tornare con i suoi fedeli kmhmu'. La sera del 16 dicembre **1967**, padre Giovanni si trova nel piccolo villaggio di Ban Na, presso cui c'è una piccola stazione militare. Per eliminarlo, i militari simulano un attacco da parte dei guerriglieri. Il missionario si alza e scappa, insieme a due bambini che abitavano con lui. Dopo averli messi al riparo, fa qualche passo per osservare la situazione, quando viene ferito al collo da un colpo d'arma da fuoco e poi ucciso da tre proiettili in pieno petto. Per la sua vita e per la sua morte, è diventato **"martire della giustizia e della carità"**.

17 DICEMBRE

DOMENICA

3ª domenica di Avvento (B) - «Gaudete»

viola o rosaceo **3ª sett. salt.**

ACCENDIAMO LA TERZA CANDELA DELLA CORONA DELL'AVVENTO

Questa terza fiamma illumini il nostro cammino verso il Natale! È la fiamma della gioia che offro e che ricevo per aver capito che tu, Signore Gesù, sei la nostra salvezza. È la gioia che vedo fiorire nel sorriso di un amico, nel volto di un anziano, nelle parole di chi mi vive accanto. È la gioia che ricevo da chi mi accoglie, mi aiuta e mi perdona. Vieni, Signore Gesù, tu sei la luce del mondo!

ANTIFONA D'INGRESSO - Rallegratevi sempre nel Signore, ve lo ripeto: rallegratevi. Il Signore è vicino! *(Cfr. Fil 4,4.5).*

Non si dice il Gloria.

COLLETTA - **Preghiamo:** Guarda, o Padre, il tuo popolo, che attende con fede il Natale del Signore, e fa' che giunga a celebrare con rinnovata esultanza il grande mistero della salvezza. Per il nostro Signore... **Amen.**

Oppure: O Dio, che chiami gli umili e i poveri a entrare nel tuo regno di pace, fa' germogliare tra noi la tua giustizia, perché viviamo nella gioia l'attesa del Salvatore che viene. Egli è Dio... **Amen.**

(seduti)

PRIMA LETTURA Is 61,1-2.10-11

Dal libro del profeta Isaìa

Lo spirito del Signore Dio è su di me, perché il Signore mi ha consacrato con l'unzione; **mi ha mandato a portare il lieto annuncio** ai miseri, a fasciare le piaghe dei cuori spezzati, a proclamare la libertà degli schiavi, la scarcerazione dei prigionieri, a promulgare l'anno di grazia del Signore. Io gioisco pienamente nel Signore, la mia anima esulta nel mio Dio, perché mi ha rivestito delle vesti della salvezza, mi ha avvolto con il mantello della giustizia, come uno sposo si mette il diadema e come una sposa si adorna di gioielli. Poiché, come la terra produce i suoi germogli e come un giardino fa germogliare i suoi semi, così il Signore Dio farà germogliare la giustizia e la lode davanti a tutte le genti. - Parola di Dio. ℟. **Rendiamo grazie a Dio.**

SALMO RESPONSORIALE Da Lc 1,46-54

℟. **La mia anima esulta nel mio Dio.**

L'anima mia magnifica il Signore
e il mio spirito esulta in Dio, mio salvatore,
perché ha guardato l'umiltà della sua serva.
D'ora in poi tutte le generazioni
mi chiameranno beata. ℟.

Grandi cose ha fatto per me l'Onnipotente
e Santo è il suo nome;
di generazione in generazione la sua misericordia
per quelli che lo temono. ℟.

Ha ricolmato di beni gli affamati,
ha rimandato i ricchi a mani vuote.
Ha soccorso Israele, suo servo,
ricordandosi della sua misericordia. ℟.

SECONDA LETTURA 1Ts 5,16-24

Dalla prima lettera di san Paolo apostolo ai Tessalonicési

Fratelli, siate sempre lieti, pregate ininterrottamente, in ogni cosa rendete grazie: questa infatti è volontà di Dio in Cristo Gesù verso di voi. Non spegnete lo Spirito, non disprezzate le profezie. Vagliate ogni cosa e tenete ciò che è buono. Astenetevi da ogni specie di male. Il Dio della pace vi santifichi interamente, e tutta la vostra persona, spirito, anima e corpo, si conservi irreprensibile per la venuta del Signore nostro Gesù Cristo. Degno di fede è colui che vi chiama: egli farà tutto questo! - Parola di Dio.

℟. **Rendiamo grazie a Dio.**

(in piedi)

CANTO AL VANGELO Is 61,1 (cit. in Lc 4,18)

Alleluia, alleluia.

Lo Spirito del Signore è sopra di me,
mi ha mandato a portare ai poveri il lieto annuncio.
Alleluia.

VANGELO Gv 1,6-8.19-28

Il Signore sia con voi.

R. **E con il tuo spirito.**

✠ *Dal Vangelo secondo Giovanni*

R. **Gloria a te, o Signore.**

Venne un uomo mandato da Dio: il suo nome era Giovanni. Egli venne come testimone per dare testimonianza alla luce, perché tutti credessero per mezzo di lui. Non era lui la luce, ma doveva dare testimonianza alla luce. Questa è la testimonianza di Giovanni, quando i Giudei gli inviarono da Gerusalemme sacerdoti e levìti a interrogarlo: «Tu, chi sei?». Egli confessò e non negò. Confessò: «Io non sono il Cristo». Allora gli chiesero: «Chi sei, dunque? Sei tu Elia?». «Non lo sono», disse. «Sei tu il profeta?». «No», rispose. Gli dissero allora: «Chi sei? Perché possiamo dare una risposta a coloro che ci hanno mandato. Che cosa dici di te stesso?». Rispose: «Io sono voce di uno che grida nel deserto: Rendete diritta la via del Signore, come disse il profeta Isaìa». Quelli che erano stati inviati venivano dai farisei. Essi lo interrogarono e gli dissero: «Perché dunque tu battezzi, se non sei il Cristo, né Elia, né il profeta?». Giovanni rispose loro: «Io battezzo nell'acqua. In mezzo a voi sta uno che voi non co-

noscete, colui che viene dopo di me: a lui io non sono degno di slegare il laccio del sandalo». Questo avvenne in Betània, al di là del Giordano, dove Giovanni stava battezzando. - Parola del Signore.
℟. **Lode a te o Cristo.**

Si dice il Credo *(pag. 12).*

(in piedi)

SULLE OFFERTE - Sempre si rinnovi, o Signore, l'offerta di questo sacrificio che attua il santo mistero da te istituito, e con la sua divina potenza renda efficace in noi l'opera della salvezza. Per Cristo nostro Signore. **Amen.**

Prefazio dell'Avvento I o I/A, oppure II o II/A (materiale multimediale: pag. 17).

COMUNIONE - Dite agli smarriti di cuore: «Coraggio, non temete! Ecco il vostro Dio. Egli viene a salvarvi» *(Cfr. Is 35,4).*
Oppure: In mezzo a voi sta uno che voi non conoscete: a lui non sono degno di slegare il laccio del sandalo *(Gv 1,26-27).*

Dopo la Comunione - Preghiamo: Imploriamo, o Signore, la tua misericordia: la forza divina di questo sacramento ci purifichi dal peccato e ci prepari alle feste ormai vicine. Per Cristo nostro Signore. **Amen.**

Commenti

1ª lettura - Il profeta Isaìa qui parla di un personaggio che si dichiara «consacrato con l'unzione». Non può essere che il re, il cui rito di intronizzazione avveniva proprio attraverso l'unzione rituale. Ma anche i sacerdoti dell'antico Israele venivano consacrati con l'olio profumato, per il servizio dell'altare e per affermare davanti a tutti una loro "sacralità". Dunque, la persona di cui si parla viene presentata come re e sacerdote. A queste due funzioni si aggiunge quella del profeta, perché si dice che viene mandato nel mondo a portare il lieto annuncio. Il tutto si realizza naturalmente in Cristo; egli è infatti re eterno, unico sommo sacerdote della nuova alleanza, e anche unico vero interprete della Parola di Dio, in quanto Logos egli stesso, Parola incarnata. Questa triplice funzione continua anche oggi nella

Chiesa, attraverso il Battesimo la persona viene unta con il sacro crisma e partecipa, con l'effusione dello Spirito Santo, alla triplice funzione di Cristo: anche il battezzato è re, sacerdote e profeta, nel proprio ambito e nel proprio modo.

2ª LETTURA - In tre semplici espressioni san Paolo definisce tutta la vita cristiana. Primo: «Siate sempre lieti»; secondo: «Pregate ininterrottamente» e terzo: «In ogni cosa rendete grazie». Sono tre assoluti. Come è possibile essere *sempre* lieti? Come è possibile pregare *ininterrottamente*? E come è possibile rendere grazie *in ogni cosa*? Eppure dobbiamo prendere le cose alla lettera e non accomodarle a modo nostro. Essere sempre lieti dipende da noi, perché ogni cosa, anche penosa, può essere trasformata in evento di grazia se vista nella volontà di Dio. Pregare ininterrottamente non significa dire parole di preghiera anche quando si lavora o quando si mangia; significa vivere sempre nella divina presenza e avere la disposizione interiore della comunione con Cristo risorto, mantenendo ovunque un certo raccoglimento. Rendere grazie a Dio in tutto significa avere facilmente sulle labbra e nel cuore la parola della lode, e rivolgersi al Padre dandogli gloria a prescindere dagli avvenimenti esterni che ci accadono. Lo Spirito Santo rende possibile tutto questo; a noi spetta la fede piena nell'opera di Dio in noi.

VANGELO - Giovanni Battista definisce sé stesso "voce". Tutta la sua missione è quella di indicare il Salvatore presente e operante nel mondo. Egli ha un grande credito, perché vive una vita ascetica straordinaria, ma quando indica il Cristo, pochi dei suoi discepoli seguono l'Agnello di Dio, e il motivo sta nel fatto che la dottrina di Gesù è troppo esigente. Il Battista potevi ascoltarlo, poi tornare a casa ammirato, ma nessuno si sognava di vivere la sua vita troppo austera, mentre la proposta di Cristo, assai più semplice, in realtà è molto impegnativa, perché esige la conversione del cuore, cambiare modo di vivere, pur restando ognuno nella propria condizione e nel proprio ambiente. La voce del deserto dice di seguire Gesù, il che significa amare Dio e il prossimo, pregare, essere umili, buoni, caritatevoli. Ciò comporta una rottura col mondo dell'egoismo e del peccato, e pochi sono disposti a farsi cambiare il cuore. Più facile ammirare il Battista e stare a distanza. Scrive Kierkegaard: «Io credo che se un giorno diventerò cristiano sul serio, dovrò vergognarmi soprattutto di non esserlo diventato prima, ma di avere tentato tutte le scappatoie».

PROPOSITO DEL GIORNO... Voglio vivere questa domenica della gioia con animo lieto e festante: ormai il tempo sta per compiersi e il Dio-con-noi sta per giungere. Cercherò di trasmettere questa gioia a chiunque incontrerò attraverso un sorriso e un saluto.

PRATICHE E FESTE DEL GIORNO...

- Pratiche e preghiere di ogni giorno consigliate per il mese di dicembre *(pag. 724)*.

SANTI E BEATI DEL GIORNO

S. Cristoforo di Collesano • S. Giovanni de Matha • S. Giuseppe Manyanet y Vives • S. Modesto

18 DICEMBRE

LUNEDÌ

Ferie di Avvento 17-24 dicembre

viola **3ª sett. salt.**

Antifona d'ingresso - Verrà il Cristo, il nostro re, l'Agnello annunciato da Giovanni.

Colletta - Oppressi a lungo sotto il giogo del peccato, aspettiamo, o Padre, la nostra redenzione; la nuova nascita del tuo Figlio unigenito ci liberi dalla schiavitù antica. Per il nostro Signore…

PRIMA LETTURA Ger 23,5-8

Dal libro del profeta Geremìa

«Ecco, verranno giorni – oracolo del Signore – nei quali susciterò a Davide un germoglio giusto, che regnerà da vero re e sarà saggio ed eserciterà il diritto e la giustizia sulla terra. Nei suoi giorni Giuda sarà salvato e Israele vivrà tranquillo, e lo chiameranno con questo nome: Signore-nostra-giustizia. Pertanto, ecco, verranno giorni – oracolo del Signore – nei quali non si dirà più: "Per la vita del Signore che ha fatto uscire gli Israeliti dalla terra d'Egitto!", ma piuttosto: "Per la vita del Signore che ha fatto uscire e ha ricondotto la discendenza della casa d'Israele dalla terra del settentrione e da tutte le regioni dove li aveva dispersi!"; costoro dimoreranno nella propria terra». **Parola di Dio.**

SALMO RESPONSORIALE Dal Salmo 71 (72)

℟. **Nei suoi giorni fioriranno giustizia e pace.**

O Dio, affida al re il tuo diritto,
al figlio di re la tua giustizia;
egli giudichi il tuo popolo secondo giustizia
e i tuoi poveri secondo il diritto. ℟.

Perché egli libererà il misero che invoca
e il povero che non trova aiuto.
Abbia pietà del debole e del misero
e salvi la vita dei miseri. ℟.

Benedetto il Signore, Dio d'Israele:
egli solo compie meraviglie.
E benedetto il suo nome glorioso per sempre:
della sua gloria sia piena tutta la terra.
Amen, amen. ℟.

CANTO AL VANGELO

Alleluia, alleluia.

O Signore, guida della casa d'Israele,

che hai dato la Legge a Mosè sul monte Sinai:
vieni a liberarci con braccio potente.
Alleluia.

VANGELO

Mt 1,18-24

✠ *Dal Vangelo secondo Matteo*

Così fu generato Gesù Cristo: sua madre Maria, essendo promessa sposa di Giuseppe, prima che andassero a vivere insieme si trovò incinta per opera dello Spirito Santo. Giuseppe suo sposo, poiché era uomo giusto e non voleva accusarla pubblicamente, pensò di ripudiarla in segreto. Mentre però stava considerando queste cose, ecco, gli apparve in sogno un angelo del Signore e gli disse: «Giuseppe, figlio di Davide, non temere di prendere con te Maria, tua sposa. Infatti il bambino che è generato in lei viene dallo Spirito Santo; ella darà alla luce un figlio e tu lo chiamerai Gesù: egli infatti salverà il suo popolo dai suoi peccati». Tutto questo è avvenuto perché si compisse ciò che era stato detto dal Signore per mezzo del profeta: «Ecco, la vergine concepirà e darà alla luce un figlio: a lui sarà dato il nome di Emmanuele», che significa «Dio con noi». Quando si destò dal sonno, **Giuseppe fece come gli aveva ordinato l'angelo** del Signore e prese con sé la sua sposa. **Parola del Signore.**

Sulle offerte - Il sacrificio che celebriamo, o Signore, ci renda graditi al tuo nome, perché possiamo partecipare alla vita eterna del tuo Figlio che, facendosi mortale, ha guarito la nostra mortalità. Egli vive e regna nei secoli dei secoli.

Prefazio dell'Avvento II oppure II/A (materiale multimediale: pag. 17).

Comunione - Gli sarà dato il nome di Emmanuele, che significa Dio con noi *(Mt 1,23).*

Dopo la Comunione - Disponi, o Padre, i nostri cuori a ricevere nel tempio vivo della Chiesa la tua misericordia, perché possiamo prepararci con devota esultanza alla festa ormai vicina della nostra redenzione. Per Cristo nostro Signore.

Commenti

1ª lettura - La storia d'Israele è sempre vista e interpretata come storia di liberazione. Il primo libro scritto della Bibbia è l'Esodo, nel quale si narra l'uscita del popolo dalla terra dove era schiavo verso un territorio dove avrebbe potuto vivere liberamente, come popolo consacrato a Dio. Lo stesso titolo, "Esodo", significa "uscita", cammino verso altro luogo. Dopo qualche secolo il popolo fu deportato nella lontana Babilonia, come castigo per la sua infedeltà, ma tale periodo durò poco; poi fu liberato e ritornò nella terra d'Israele: anche questo fu un viaggio di liberazione da una triste condizione servile a una di libertà. Se vogliamo, questi viaggi di ritorno al bene sono anche il simbolo e lo specchio della nostra vita: anche noi partiamo da una condizione di schiavitù, il peccato originale, e tutta la nostra vita altro non è che un lungo viaggio verso la piena liberazione dal male e la vita eterna in Paradiso. E chi ci guida verso la piena liberazione? Chi è per noi il nuovo e vero Mosè? Uno solo: il Signore Gesù, l'unico che conosce la via per andare in cielo e rimanervi eternamente.

VANGELO - Ci troviamo di fronte alla grande prova di Giuseppe. Egli si accorge che la sua promessa sposa è incinta e sa bene di non essere lui il padre. Tutto crolla. Dio permette questa grande tristezza di Giuseppe e ci chiediamo il perché. L'angelo poteva dire, in sogno, che la sposa era incinta per opera dello Spirito Santo prima che Giuseppe si accorgesse del suo stato particolare; certamente egli, che era un santo, avrebbe creduto e avrebbe adorato la volontà di Dio senza soffrire così tanto. Invece, Dio permette (quindi vuole) che Giuseppe provi questa angoscia. È la purificazione grande della fede. Giuseppe non smette di credere in Dio, ma non capisce il suo modo di agire. Qui sta la grandezza di questo santo: rimane fedele, non accusa, tace, attende. Poi finalmente l'angelo gli dice la verità e la gioia esplode: la fede è stata purificata e ora è anche più grande. Dio non fa nulla di sbagliato: se permette la prova è perché poi il dono sia maggiore. In tutto questo, anche la Vergine tace, attende, lascia fare a Dio. Da Maria e Giuseppe impariamo a credere, consegnarci, lasciar fare a Dio, anche se ci sembra che l'evidenza ci dica il contrario.

PROPOSITO DEL GIORNO... Durante la recita del Rosario chiedo l'intercessione della Vergine perché io possa avere la stessa docilità del suo castissimo sposo al progetto di Dio sulla mia vita.

PRATICHE E FESTE DEL GIORNO...

- Pratiche e preghiere di ogni giorno consigliate per il mese di dicembre *(pag. 724)*.
- 1° giorno novena a san Giovanni apostolo.

SANTI E BEATI DEL GIORNO

S. Graziano (Gaziano) di Tours • B. Nemesia (Giulia) Valle • **Ven. Maria Laura Baraggia**

VENERABILE MARIA LAURA BARAGGIA:

«Dal mio cuore otterrai forza, aiuto, soccorso».

È il 2 febbraio 1879 quando Maria Laura finalmente comprende quale sia il progetto di Dio su di lei: a San Babila si svolgono le Quarantore e lei è in chiesa. Mentre chiede al Signore come possa amarlo e farlo amare, le sembra di avere di fronte una rete, nella quale sono impigliate molte anime. Poco dopo, la scena cambia: vede parrocchie, scuole, varie opere. «**Ecco il tuo compito, coraggio, Laura, io sono con te e tu dal mio cuore otterrai lumi, forza, aiuto, soccorso...** Non temere!», questo l'incoraggiamento che sente. Il Signore la chiama a fondare una nuova realtà, una Famiglia consacrata al cuore di Gesù.

Nata il 1° maggio 1851 a Brentana, è la nona dei dodici figli di Cesare Baraggia e Giovannina Ravanelli. Ha circa 7 anni quando, mentre gioca con la sua bambola e ha di fronte un crocifisso, sente interiormente una voce: **«Laura, che ci guadagni giocando con la bambola? Non ti sarei più caro io che questa bambola?»**. Commossa, stacca il corpo di Gesù dalla croce e lo sostituisce alla bambola, coprendolo con un vestitino di seta.

Da allora comincia un cammino di fede e di confidenza

con Gesù che non si interrompe più, anche se la strada per realizzare la sua vocazione sarà lunga. Laura ha 15 anni quando viene mandata a servizio presso il cavaliere Francesco Biffi a Milano; pregando continua a chiedersi come far coincidere il suo desiderio di essere del Signore con le abitudini della società in cui doveva vivere. Le sue domande trovano risposta il 2 febbraio 1879 come abbiamo detto prima. Il suo direttore spirituale la indirizza allora alle Orsoline e il 22 settembre 1880 Laura con altre compagne comincia la vita comunitaria a Sulbiate.

Due anni dopo, trasferisce la comunità a Brentana di Sulbiate, ma è tormentata dai dubbi e dai malintesi tra le "sue" Orsoline e quelle di Milano: aveva infatti fatto alcune modifiche e integrazioni alla Regola di sant'Angela Merici, fondatrice delle Orsoline. Il 4 gennaio 1883, vengono approvate le Costituzioni: nasce la Pia Casa delle Orsoline di Brentana, con la specifica "del Cuore di Gesù". Il nome diventerà poi **Famiglia del Sacro Cuore di Gesù**. La salute di madre Maria Laura comincia a declinare sulla soglia dei 60 anni. Ai primi di ottobre del 1923 lei convoca tutte le suore per l'ultima volta, **esortandole ad amare Gesù nell'Eucaristia, all'osservanza della Regola, all'obbedienza, alla carità fraterna**, alla santità. Muore serenamente il 18 dicembre **1923**.

19 DICEMBRE

MARTEDÌ

Ferie di Avvento 17-24 dicembre

viola **3ª sett. salt.**

ANTIFONA D'INGRESSO - L'Atteso verrà e non tarderà; non ci sarà più timore sulla nostra terra: egli è il nostro Salvatore *(Cfr. Eb 10,37).*

COLLETTA - O Dio che, con il parto della santa Vergine, hai rivelato al mondo lo splendore della tua gloria, fa' che veneriamo con fede viva e celebriamo con fervente amore il grande mistero dell'incarnazione. Per il nostro Signore…

PRIMA LETTURA Gdc 13,2-7.24-25a

Dal libro dei Giudici

In quei giorni, c'era un uomo di Sorèa, della tribù dei Danìti, chiamato Manòach; **sua moglie era sterile e non aveva avuto figli**. L'angelo del Signore apparve a questa donna e le disse: «Ecco, tu sei sterile e non hai avuto figli, ma concepirai e partorirai un figlio. Ora guardati dal bere vino o bevanda inebriante e non mangiare nulla d'impuro. Poiché, ecco, tu concepirai e partorirai un figlio sulla cui testa non passerà rasoio, perché il fanciullo sarà un nazireo di Dio fin dal seno materno; egli comincerà a salvare Israele dalle mani dei Filistei». La donna andò a dire al marito: «Un uomo di Dio è venuto da me; aveva l'aspetto di un angelo di Dio, un aspetto maestoso. Io non gli ho domandato da dove veniva ed egli non mi ha rivelato il suo nome, ma mi ha detto: "Ecco, tu concepirai e partorirai un figlio; ora non bere vino né bevanda inebriante e non mangiare nulla d'impuro, perché il fanciullo sarà un nazireo di Dio dal seno materno fino al giorno della sua morte"». E la donna partorì un figlio che chiamò Sansone. Il bambino crebbe e il Signore lo benedisse. Lo spirito del Signore cominciò ad agire su di lui. **Parola di Dio.**

SALMO RESPONSORIALE — Dal Salmo 70 (71)

℞. **Canterò senza fine la tua gloria, Signore.**

Sii tu la mia roccia,
una dimora sempre accessibile;
hai deciso di darmi salvezza:
davvero mia rupe e mia fortezza tu sei!
Mio Dio, liberami dalle mani del malvagio. ℞.

Sei tu, mio Signore, la mia speranza,
la mia fiducia, Signore, fin dalla mia giovinezza.
Su di te mi appoggiai fin dal grembo materno,
dal seno di mia madre sei tu il mio sostegno. R.

Verrò a cantare le imprese del Signore Dio:
farò memoria della tua giustizia, di te solo.
Fin dalla giovinezza, o Dio, mi hai istruito
e oggi ancora proclamo le tue meraviglie. R.

CANTO AL VANGELO

Alleluia, alleluia.
O Radice di Iesse,
che t'innalzi come segno per i popoli:
vieni a liberarci, non tardare.
Alleluia.

VANGELO Lc 1,5-25

✠ *Dal Vangelo secondo Luca*

Al tempo di Erode, re della Giudea, vi era un sacerdote di nome Zaccarìa, della classe di Abìa, che aveva in moglie una discendente di Aronne, di nome Elisabetta. Ambedue erano giusti davanti a Dio e osservavano irreprensibili tutte le leggi e le prescrizioni del Signore. Essi non avevano figli, perché Elisabetta era sterile e tutti e due erano avanti negli anni. Avvenne che, mentre Zaccarìa svolgeva le sue funzioni sacerdotali davanti al Signore durante il turno della sua classe, gli toccò in sorte, secondo l'usanza del servizio sacerdotale, di entrare nel tempio del Signore per fare l'offerta dell'incenso. Fuori, tutta l'assemblea del popolo stava pregando nell'ora dell'incenso. Apparve a lui un angelo del Signore, ritto alla destra dell'altare dell'incenso. Quando lo vide, Zaccarìa si turbò e fu preso da timore. Ma l'angelo gli disse: «Non temere, Zaccarìa, la tua preghiera è stata esaudita e tua moglie Elisabetta ti darà un figlio, e tu lo chiamerai Giovanni. Avrai gioia ed esultanza, e molti si rallegreranno della sua nascita, perché egli sarà grande davanti al Signore; non berrà vino né bevande inebrianti, sarà colmato di Spirito Santo fin dal seno di sua madre e ricondurrà molti figli d'Israele al Signore loro Dio. Egli camminerà innanzi a lui con lo spirito e la potenza di Elìa, per ricondurre i cuori dei padri verso i figli e i ribelli alla saggezza dei giusti e preparare al Signore un popolo ben disposto». Zaccarìa disse all'angelo: «Come potrò mai conoscere questo? Io sono vecchio e mia moglie è avanti negli anni». L'angelo gli rispose: «Io sono Gabriele, che sto dinanzi a Dio e sono stato mandato a parlarti e a portarti questo lieto annuncio. Ed ecco, tu sarai muto e non potrai parlare fino al giorno in cui queste cose avverranno, perché non hai creduto alle mie parole, che si compiranno a loro tempo». Intanto il popolo stava in attesa di Zaccarìa, e si meravigliava per il suo indugiare nel tempio. Quando poi uscì e non poteva parlare loro, capirono che nel tempio aveva avuto una visione. Faceva loro dei cenni e restava muto. Compiuti i giorni del suo servizio, tornò a casa. Dopo quei giorni Elisabetta, sua moglie, concepì e si tenne nascosta per cinque mesi e diceva: «Ecco che cosa ha fatto per me il Signore, nei giorni in cui si è degnato di togliere la mia vergogna fra gli uomini». **Parola del Signore.**

SULLE OFFERTE - Guarda con bontà, o Signore, i doni che deponiamo sul tuo altare, perché ciò che la nostra povertà ti presenta sia consacrato dalla tua potenza. Per Cristo nostro Signore.

Prefazio dell'Avvento II oppure II/A (materiale multimediale: pag. 17).

COMUNIONE - Verrà a visitarci un sole che sorge dall'alto, per dirigere i nostri passi sulla via della pace *(Cfr. Lc 1,78-79).*

Oppure: Egli ricondurrà i cuori dei padri verso i figli e preparerà al Signore un popolo ben disposto *(Cfr. Lc 1,17).*

Dopo la Comunione - Ti ringraziamo, Dio onnipotente, per i doni che ci hai dato; suscita in noi il desiderio dei beni promessi, perché con spirito rinnovato possiamo celebrare la nascita del nostro Salvatore. Egli vive e regna nei secoli dei secoli.

Commenti

1ª lettura - Il filosofo danese Søren Kierkegaard scrisse: «Ogni volta che la storia del mondo deve fare un significativo passo in avanti e superare un passaggio difficile, allora arriva subito anche una formazione di veri cavalli da tiro: i celibi, gli uomini solitari che vivono solo per un'idea». Nella storia d'Israele in effetti è così: ogni volta che vi è un intervento particolare di Dio per manifestare qualcosa di nuovo, la persona prescelta viene benedetta in modo speciale, come se vi fosse la "firma" di Dio su di lui. Sansone nasce, per diretto intervento di Dio, da una madre che non riusciva ad avere figli, poi viene consacrato con la formula di "nazireato", una sorta di stato religioso esistente in Israele, e la grazia del Signore è su di lui, donandogli una forza straordinaria per il combattimento contro i Filistei. Così fu anche per Isacco, per Giacobbe, per Samuele, per Giovanni Battista: tutte figure, che preparano il grande evento della nascita di Gesù da Maria, tutti squilli di tromba che dall'Antico Testamento annunciano il vero unico immenso cambiamento nella storia: la venuta di Dio nella carne.

VANGELO - Affinché si sappia che la venuta del Messia è prossima e che non si tratta di un evento normale, feriale, periferico, anche la nascita del precursore deve avere una risonanza specialissima. Egli poteva nascere da Elisabetta quando era una giovane sposa, e nessuno avrebbe avuto da ridire. No, l'evento deve scuotere le coscienze e meravigliare le folle, per cui si esige il "segno" del miracolo. In fondo l'incredulità di Zaccarìa aumenta la portata del segno, perché rimanere improvvisamente muti non capita sovente… Di fatto le persone di fuori «capirono che nel tempio aveva avuto una visione». I segni sono dati per i distratti, i tiepidi; di per sé chi ha fede non avrebbe bisogno di segni particolari. Proprio per destare la gente dal sonno (che Zaccarìa poi chiamerà, una volta riacquistata la parola, «tenebre e ombra della morte», nel *Benedictus* Lc 1,68-80), l'angelo annuncia il miracolo in arrivo, il concepimento del bambino nel grembo di una donna ormai vecchia, cosa che avverrà nonostante i dubbi di Zaccarìa. Dobbiamo quindi stare sempre attenti ai segni dei tempi, perché essi servono per svegliarci dal nostro torpore, dal nostro "sonno della morte", che è il peccato. E i segni ci sono anche oggi!

PROPOSITO DEL GIORNO... Oggi prego per tutte le donne che non riescono ad avere figli, perché possano provare insieme ai loro coniugi la gioia di una vita nuova. Se questo dono non arriva possano pensare serenamente e con generosità alla via dell'adozione o dell'affido.

PRATICHE E FESTE DEL GIORNO...

- Pratiche e preghiere di ogni giorno consigliate per il mese di dicembre *(pag. 724)*.
- 1° giorno novena ai santi Innocenti.
- 1° giorno novena alla beata Mattia Nazzarei.

SANTI E BEATI DEL GIORNO

S. Gregorio di Auxerre • B. Guglielmo di Fenoglio • **Bb. Maria della Provvidenza e Maria Marta di Gesù**

BEATE MARIA DELLA PROVVIDENZA E MARIA MARTA DI GESÙ:

dare la vita per Cristo.

«Proprio oggi stiamo celebrando la vittoria di coloro che, nei nostri tempi, diedero la vita per Cristo diedero la vita temporale, per possederla per i secoli nella sua gloria», con queste parole il 13 giugno 1999 a Varsavia papa Giovanni Paolo II salutava e beatificava **un gruppo di 108 martiri polacchi della Seconda guerra mondiale**, rappresentanti del clero e dei laici, giovani e anziani, persone di vario ceto e stato.

Tra di essi, ci sono suore che perseverarono nel servizio della carità e nell'offrire i loro tormenti per il prossimo. In particolare, vengono ricordate nel giorno del loro martirio, il 19 dicembre **1942**, le beate **Maria della Provvidenza**, al secolo Ewa Noiszewska, nata a Osaniszki in Lituania l'11 giugno 1885, e **Maria Marta di Gesù**, al secolo Casimira Wolowska, nata a Lublin in Polonia il 30 novembre 1879. Entrambe erano religiose professe della Congregazione delle **Suore dell'Immacolata Concezione della Beata Vergine Maria** e condivisero il martirio: furono fucilate in odio alla fede cristiana presso Góra Pietralewicka.

20 DICEMBRE

MERCOLEDÌ

Ferie di Avvento 17-24 dicembre

viola **3ª sett. salt.**

ANTIFONA D'INGRESSO - Un germoglio spunterà dal tronco di Iesse: tutta la terra sarà piena della gloria del Signore e ogni uomo vedrà la salvezza di Dio *(Cfr. Is 11,1;40,5; Lc 3,6).*

COLLETTA - Tu hai voluto, o Padre, che all'annuncio dell'angelo la Vergine immacolata concepisse il tuo Verbo eterno, e avvolta dalla luce dello Spirito Santo divenisse tempio della nuova alleanza: fa' che aderiamo umilmente al tuo volere, come la Vergine si affidò alla tua parola. Per il nostro Signore…

PRIMA LETTURA Is 7,10-14

Dal libro del profeta Isaìa

In quei giorni, il Signore parlò ad Àcaz: «Chiedi per te un segno dal Signore, tuo Dio, dal profondo degli inferi oppure dall'alto». Ma Àcaz rispose: «Non lo chiederò, non voglio tentare il Signore». Allora Isaìa disse: «Ascoltate, casa di Davide! Non vi basta stancare gli uomini, perché ora vogliate stancare anche il mio Dio? Pertanto il Signore stesso vi darà un segno. Ecco: la vergine concepirà e partorirà un figlio, che chiamerà Emmanuele». **Parola di Dio.**

SALMO RESPONSORIALE Dal Salmo 23 (24)

℟. **Ecco, viene il Signore, re della gloria.**

Del Signore è la terra e quanto contiene:
il mondo, con i suoi abitanti.
È lui che l'ha fondato sui mari
e sui fiumi l'ha stabilito. ℟.

Chi potrà salire il monte del Signore?
Chi potrà stare nel suo luogo santo?
Chi ha mani innocenti e cuore puro,
chi non si rivolge agli idoli. ℟.

Egli otterrà benedizione dal Signore,
giustizia da Dio sua salvezza.
Ecco la generazione che lo cerca,
che cerca il tuo volto, Dio di Giacobbe. ℟.

CANTO AL VANGELO

Alleluia, alleluia.
O Chiave di Davide,
che apri le porte del Regno dei cieli: vieni,
e libera l'uomo prigioniero che giace nelle tenebre.
Alleluia.

VANGELO

Lc 1,26-38

✠ *Dal Vangelo secondo Luca*

Al sesto mese, l'angelo Gabriele fu mandato da Dio in una città della Galilea, chiamata Nàzaret, a una vergine, promessa sposa di un uomo della casa di Davide, di nome Giuseppe. La vergine si chiamava Maria. Entrando da lei, disse: «**Rallégrati, piena di grazia: il Signore è con te**». A queste parole ella fu molto turbata e si domandava che senso avesse un saluto come questo. L'angelo le disse: «Non temere, Maria, perché hai trovato grazia presso Dio. Ed ecco, concepirai un figlio, lo darai alla luce e lo chiamerai Gesù. Sarà grande e verrà chiamato Figlio dell'Altissimo; il Signore Dio gli darà il trono di Davide suo padre e regnerà per sempre sulla casa di Giacobbe e il suo regno non avrà fine». Allora Maria disse all'angelo: «Come avverrà questo, poiché non conosco uomo?». Le rispose l'angelo: «Lo Spirito Santo scenderà su di te e la potenza dell'Altissimo ti coprirà con la sua ombra. Perciò colui che nascerà sarà santo e sarà chiamato Figlio di Dio. Ed ecco, Elisabetta, tua parente, nella sua vecchiaia ha concepito anch'essa un figlio e questo è il sesto mese per lei, che era detta sterile: nulla è impossibile a Dio». Allora Maria disse: «Ecco la serva del Signore: avvenga per me secondo la tua parola». E l'angelo si allontanò da lei. **Parola del Signore.**

SULLE OFFERTE - Guarda, o Signore, quest'unico mirabile sacrificio e concedi che per la partecipazione a questo santo mistero riceviamo i beni che la fede ci fa sperare. Per Cristo nostro Signore.

Prefazio dell'Avvento II oppure II/A (materiale multimediale: pag. 17).

COMUNIONE - L'angelo disse a Maria: «Ecco, concepirai un figlio, lo darai alla luce e lo chiamerai Gesù» *(Cfr. Lc 1,31).*

DOPO LA COMUNIONE - O Signore, che ci nutri con

i doni del cielo, custodisci con la divina protezione coloro che partecipano ai tuoi misteri perché possano godere la vera pace. Per Cristo nostro Signore.

Commenti

1ª LETTURA - Chiedere un segno era una cosa buona e giusta: Dio voleva confortare il re dandogli un segnale della sua presenza, del suo "esserci", che la nazione non si sentisse abbandonata da lui nel momento del pericolo (l'esercito nemico, enorme, era alle porte e angosciava la nazione intera). Ma il re non lo vuole perché pensa di non averne bisogno; ritiene di saper fare da sé senza bisogno di alcun segno speciale di conferma. L'uomo si intestardisce, non vuole avere necessità di aiuti esterni. Questo è puro orgoglio. Il segno invece è necessario e Dio promette un segno che manifesta il suo amore: un bambino, un neonato indifeso, che apparentemente non "serve" per la battaglia. Posso credere che proprio quel segno vincerà il mondo? Posso credere, allo stesso modo, che una preghiera possa fermare una guerra? Posso credere che un atto di amore e di fede possa ottenere un miracolo? I segni che Dio dà non sono mai per schiacciare, ferire, demolire, ma perché noi possiamo entrare nella sua via, quella della piccolezza: ci basti credere che egli è presente ("Emmanuele" significa questo), poi il resto lo fa lui.

Vangelo - L'evento dell'incarnazione, il fatto che Dio si faccia carne e assuma la natura umana, è ancora oggi l'evento più grande e incredibile che sia mai successo nella storia dell'umanità. Né la creazione dell'universo, né l'insieme delle grandi scoperte degli uomini, né alcun atto o fenomeno straordinario potrà mai compararsi con il fatto assolutamente abnorme di un Dio di natura infinita che si "comprime" nel grembo della Vergine Maria, che si fa "poche cellule", che forma pian piano un corpo umano, e che nasce nel mondo come bambino, che ha bisogno di essere accudito, nutrito, custodito. Ci vuole un grande atto di fede. E se questo è vero per noi, che cosa sarà successo a Maria santissima nel giorno dell'annunciazione? È lei che compie per prima questo atto di fede: non che Dio si incarni in generale da qualche parte, ma che venga a vivere nel suo corpo, in lei, come piccolo embrione che si forma per diventare poi uomo perfetto. Dal momento del "fiat", tutto Dio è in lei. Cosa incredibile, diremmo, ma lei crede. Maria è la madre di tutti i credenti. Adoriamo oggi Gesù "in" Maria, mai senza di lei.

PROPOSITO DEL GIORNO... Oggi recito in modo sentito l'*Ave Maria*, cercando di riflettere sul significato del testo della preghiera più bella rivolta alla Madonna. Faccio silenzio, mi soffermo sulle singole parole e penso a ciò che sto dicendo. Lascio che esse risuonino nel mio cuore.

PRATICHE E FESTE DEL GIORNO...

- Pratiche e preghiere di ogni giorno consigliate per il mese di dicembre *(pag. 724)*.

SANTI E BEATI DEL GIORNO

S. Domenico di Silos • S. Vincenzo Romano • S. Zeffirino (o Zefirino) • **Ven. Bernardo Maria Clausi**

VENERABILE BERNARDO MARIA CLAUSI:

il frate dei miracoli.

La fama che presto circonda padre Bernardo Maria Clausi (al secolo Vincenzo Maria), è quella del "frate che fa i miracoli", girando su e giù per l'Italia. Frate dell'ordine dei Minimi di San Francesco di Paola, per sessant'anni di vita monastica **non fa che viaggiare e testimoniare l'amore di Gesù partendo da Paola per raggiungere Roma, Napoli, Torino, Palermo**.

Nato a San Sisto dei Valdesi (Cosenza), il 26 novembre 1789, entra giovanissimo nel noviziato dei Minimi a Paola nel 1805, ma ne esce appena tre anni dopo a causa del decreto napoleonico di soppressione degli Ordini e Congregazioni religiose.

Vi ritorna da sacerdote, nel 1828, e professa il 17 aprile prendendo il nome di Bernardo Maria. Viene quindi inviato a Roma, al Convento Collegio San Francesco di Paola ai Monti, dove arriva preceduto dalla fama di santità e viene accolto dal popolo festante.

Stimato dai confratelli, è eletto superiore ai Monti nel 1831, incarico più volte rinnovato, e si reca quindi dal nuovo pontefice, Gregorio XVI, per portargli un messaggio di tranquillità. A Roma vive un periodo di forte testimonianza religiosa tra i fedeli e tra gli infermi con umiltà, semplicità e spirito di carità.

Dovunque va, lo segue una folla desiderosa di affidarsi alle preghiere del «padre santo». Le sue celebrazioni sono così affollate che spesso deve intervenire la polizia per aprirgli la strada.

Molte le grazie celesti di cui è ricolmato, tra esse il dono di compiere miracoli, che egli attribuisce alla "Madonnina miracolosa", raffigurata in un medaglione che tiene sempre tra le mani e con cui benedice. Inoltre, ha i doni delle estasi, della profezia, dello scrutare i cuori e il potere sui demòni, ma **tutto questo non altera la sua profonda umiltà**. Altrettanto intense sono le prove che deve affrontare: oscurità di spirito, tentazioni violente del maligno, nell'ultimo anno di vita è assalito da grandi desolazioni interiori, ma la sua fiducia nella misericordia di Dio è incrollabile.

Il re Carlo Alberto di Savoia, nel 1842, lo invita a recarsi in Liguria e Piemonte e lui porta ovunque una testimonianza esemplare e manifestazioni di grazie molto spesso prodigiose. In questo periodo **incontra Giovanni Bosco e gli profetizza la fondazione dell'Ordine dei Salesiani**. È il novembre del 1849 quando fa ritorno al Santuario di Paola, dove il 20 dicembre dello stesso anno muore, come da lui profetizzato.

21 DICEMBRE

GIOVEDÌ

Ferie di Avvento 17-24 dicembre

viola **3ª sett. salt.**

S. Pietro Canisio, presbitero e dottore della Chiesa (comm)

ANTIFONA D'INGRESSO - Ecco, viene il Signore potente: sarà chiamato Emmanuele, Dio con noi *(Cfr. Is 7,14; 8,10).*

COLLETTA - Esaudisci con bontà le preghiere del tuo popolo, o Padre, perché coloro che si rallegrano per la venuta del tuo Figlio unigenito nella nostra carne possano giungere al premio della vita eterna quando verrà nella gloria. Egli è Dio…

PRIMA LETTURA Ct 2,8-14

Dal Cantico dei Cantici

Una voce! L'amato mio! Eccolo, viene saltando per i monti, balzando per le colline. L'amato mio somiglia a una gazzella o ad un cerbiatto. Eccolo, egli sta dietro il nostro muro; guarda dalla finestra, spia dalle inferriate. Ora l'amato mio prende a dirmi: «Àlzati, amica mia, mia bella, e vieni, presto! Perché, ecco, l'inverno è passato, è cessata la pioggia, se n'è andata; i fiori sono apparsi nei campi, il tempo del canto è tornato e la voce della tortora ancora si fa sentire nella nostra campagna. Il fico sta maturando i primi frutti e le viti in fiore spandono profumo. Àlzati, amica mia, mia bella, e vieni, presto! O mia colomba, che stai nelle fenditure della roccia, nei nascondigli dei dirupi, mostrami il tuo viso, fammi sentire la tua voce, perché la tua voce è soave, il tuo viso è incantevole». **Parola di Dio.**

Oppure: Sof 3,14-17

Dal libro del profeta Sofonìa

Rallégrati, figlia di Sion, grida di gioia, Israele, esulta e acclama con tutto il cuore, figlia di Gerusalemme! Il Signore ha revocato la tua condanna, ha disperso il tuo nemico. Re d'Israele è il Signore in mezzo a te, tu non temerai più alcuna sventura. In quel giorno si dirà a Gerusalemme: «Non temere, Sion, non lasciarti cadere le braccia! Il Signore, tuo Dio, in mezzo a te è un salvatore potente. Gioirà per te, ti rinnoverà con il suo amore, esulterà per te con grida di gioia». **Parola di Dio.**

SALMO RESPONSORIALE Dal Salmo 32 (33)

℟. **Esultate, o giusti, nel Signore; cantate a lui un canto nuovo.**

Oppure:

℟. **Cantiamo al Signore un canto nuovo.**

Lodate il Signore con la cetra,
con l'arpa a dieci corde a lui cantate.
Cantate al Signore un canto nuovo,
con arte suonate la cetra e acclamate. ℟.

Il disegno del Signore sussiste per sempre,
i progetti del suo cuore per tutte le generazioni.
Beata la nazione che ha il Signore come Dio,
il popolo che egli ha scelto come sua eredità. ℟.

L'anima nostra attende il Signore:
egli è nostro aiuto e nostro scudo.
È in lui che gioisce il nostro cuore,
nel suo santo nome noi confidiamo. ℟.

CANTO AL VANGELO

Alleluia, alleluia.

O Astro che sorgi,
splendore della luce eterna, sole di giustizia:
vieni, illumina chi giace nelle tenebre

e nell'ombra di morte.
Alleluia.

VANGELO

Lc 1,39-45

✠ *Dal Vangelo secondo Luca*

In quei giorni **Maria si alzò e andò in fretta** verso la regione montuosa, in una città di Giuda. Entrata nella casa di Zaccarìa, salutò Elisabetta. Appena Elisabetta ebbe udito il saluto di Maria, il bambino sussultò nel suo grembo. Elisabetta fu colmata di Spirito Santo ed esclamò a gran voce: «Benedetta tu fra le donne e benedetto il frutto del tuo grembo! A che cosa devo che la madre del mio Signore venga da me? Ecco, appena il tuo saluto è giunto ai miei orecchi, il bambino ha sussultato di gioia nel mio grembo. E beata colei che ha creduto nell'adempimento di ciò che il Signore le ha detto». **Parola del Signore.**

SULLE OFFERTE - Accetta con bontà, o Signore, i doni della tua Chiesa: nella tua misericordia li hai posti nelle nostre mani, con la tua potenza trasformali per noi in sacramento di salvezza. Per Cristo nostro Signore.

Prefazio dell'Avvento II oppure II/A (materiale multimediale: pag. 17).

Comunione - Beata sei tu, Vergine Maria, perché hai creduto: in te si è compiuta la parola del Signore *(Cfr. Lc 1,45)*.

Dopo la Comunione - La partecipazione ai divini misteri, o Signore, sia per il tuo popolo continua difesa, perché nella piena obbedienza alla tua volontà ottenga in abbondanza la salvezza dell'anima e del corpo. Per Cristo nostro Signore.

Commenti

1ª lettura - Il libro del Cantico dei Cantici si adatta perfettamente alla liturgia natalizia, alla quale ci avviciniamo in una danza d'amore. Dio viene nel mondo e offre il dono di sé stesso alle sue creature, a coloro che ama senza misura. Il linguaggio è poetico e come tutte le poesie esso ha nel suo rimando evocativo la sua forza. Non importa interpretare alla lettera le varie espressioni: Dio canta il suo poema con parole umane e l'anima risponde con altrettanto slancio mistico. Quando si ama, le parole superano sé stesse: «Fammi sentire la tua voce… il tuo viso è incantevole…», esprimono un amore esuberante. Dio viene e chiede alla sua amata di lasciarsi coinvolgere da quella che padre Marie-Dominique Molinié chiama "la danza trinitaria". «Àlzati, amica mia, mia bella, e vieni, presto!» è l'appello struggente dello sposo che invoca la presenza dell'anima sposa. Non restiamo fermi, non dormiamo, alziamoci rapidamente e andiamo anche noi verso la grotta di Betlemme ad adorare il Bambino, dicendo il nostro "sì" alla grazia divina, sapendo che Dio viene a me per amore, solo per amore, perché egli è amore infinito.

Oppure - Riusciamo a immaginarci Dio che esulta per noi con «grida di gioia»? Certo, la consapevolezza dei nostri peccati ci deve rendere umili, ma questo non significa essere ritrosi o impauriti davanti allo splendore della gloria di Dio. Piuttosto dobbiamo chiederci: «Tutto questo, per me? Ma è proprio vero?». Sì, Dio ci chiede di credere al suo amore infinito, quindi di lasciarlo esultare per noi. Egli vede il nostro stato di peccatori, ma non può permettere che ci perdiamo, perché egli «vuole che tutti gli uomini siano salvati» (1Tm 2,4). Dunque, egli fa precedere dal cielo il suo canto di gioia, e lo fa esultando con gli angeli, mentre osserva il suo Figlio divino «salvatore potente», nato nella grotta di Betlemme. Sentiamo noi questa voce? Oppure è più forte la voce del mondo, che ci parla di sfiducia, di amarezza, di cattiveria? Dio non sarebbe in mezzo a noi un "salvatore potente" se lasciasse prevalere il male azzerando la sua voce. Non sentiremo tali grida di gioia con le orecchie, ma nell'intimo della coscienza, dove la sua soavissima voce parla nel silenzio e nella fede.

VANGELO - La Madonna viene proclamata beata per aver creduto, ossia per la sua fede. L'opera è tutta di Dio: a Maria santissima vengono chieste solo la fede e l'accoglienza, che non sono affatto un atteggiamento passivo, ma sono un conformare pienamente la propria vita alla volontà di un Altro che la ama. Tutta la vita della Vergine viene cambiata dal "fiat" che ella pronuncia all'arcangelo Gabriele: da quel momento Maria non ha più una sua volontà, un suo pensiero, un suo progetto, un suo sentimento, ma tutto plasma sull'opera di Dio, concreta e quotidiana. Tale volontà oggi la porta dalla cugina Elisabetta, poi la porterà nella grotta di Betlemme, poi nel lontano Egitto, poi nella casetta di Nàzaret, poi sotto la croce, poi in cielo con anima e corpo. E dove arriva la Vergine, perfettamente conformata alla volontà di Dio, le anime buone esultano, perché in lei c'è sempre Gesù. Il compito della Vergine è quello di portare il Signore nel mondo e introdurlo nei cuori. Non c'è quindi presenza del Cristo che non sia stata preparata dalla fedeltà di questa donna eccelsa, della quale non si finirà mai di esaltare ogni virtù. Il tempo natalizio è quindi anche il suo tempo. Prepariamoci con lei al santo Natale.

PROPOSITO DEL GIORNO... Oggi medito queste parole di papa Francesco: «[Maria] va sempre in fretta, Lei non si dimentica dei suoi figli. E quando i suoi figli sono nelle difficoltà, hanno un bisogno e la invocano, Lei in fretta va. E questo ci dà una sicurezza... di avere la Mamma accanto, al nostro fianco sempre. Si va, si cammina meglio nella vita quando abbiamo la mamma vicina».

PRATICHE E FESTE DEL GIORNO...

- Pratiche e preghiere di ogni giorno consigliate per il mese di dicembre *(pag. 724)*.
- 1° giorno novena alla Santa Famiglia (cod. 8001, 8469).
- Preghiera a san Pietro Canisio.

ALTRI SANTI E BEATI DEL GIORNO

S. Michea • S. Temistocle di Licia • B. Domenico Spadafora • B. Pietro Friedhofen • B. Tommaso Vitali

SAN PIETRO CANISIO: catechista per secoli.

«Nella sua amorevole provvidenza, Dio fece di san Pietro Canisio il proprio ambasciatore in un periodo in cui la voce dell'annuncio cattolico di fede nei Paesi di lingua tedesca rischiava di tacere» (san Giovanni Paolo II).

Nel Diario di Pietro, si trova infatti questa annotazione: «Tu conosci, Signore, **in quanti modi e quante volte in quello stesso giorno mi hai affidato la Germania** per la quale in seguito avrei continuato ad essere sollecito, per la quale **avrei desiderato vivere e morire**».

Pietro è figlio del sindaco di Nimenga (Olanda), città dove nasce nel 1521, e ha perciò la possibilità di studiare diritto canonico e diritto civile. In questa città ama trascorrere il tempo libero nel monastero dei Certosini e la lettura del breve opuscolo sugli *Esercizi spirituali*, che sant'Ignazio di Loyola ha scritto da poco, determina la svolta decisiva della sua vita. Sotto la direzione di padre Faber, **entra nella Compagnia di Gesù ed è l'ottavo gesuita a emettere i voti solenni**. A lui si deve la pubblicazione delle opere di san Cirillo di Alessandria, di san Leone Magno, di san Girolamo e di Osio di

Cordova. «**Ma i suoi scritti più diffusi furono i tre Catechismi composti tra il 1555 e il 1558**.
Il primo Catechismo era destinato agli studenti in grado di comprendere nozioni elementari di teologia; il secondo ai ragazzi del popolo per una prima istruzione religiosa; il terzo ai ragazzi con una formazione scolastica a livello di scuole medie e superiori. La dottrina cattolica era esposta con domande e risposte, brevemente, in termini biblici, con molta chiarezza e senza accenni polemici. Solo nel tempo della sua vita sono state ben 200 le edizioni di questo Catechismo! E centinaia di edizioni si sono succedute fino al Novecento. Così in Germania, la gente chiamava il Catechismo semplicemente il Canisio: **è realmente il catechista per secoli, ha formato la fede di persone per secoli**» (Benedetto XVI).
Pietro Canisio prende parte attiva al Concilio di Trento, come teologo del cardinale Truchsess e consigliere del Papa. Sant'Ignazio lo chiama in Italia, mandandolo dapprima in Sicilia, poi a Bologna, per rimandarlo quindi in Germania, dove resta per trent'anni, come superiore provinciale.
Pio V gli offre il cardinalato, ma Pietro Canisio **prega il Papa di lasciarlo all'umile servizio della comunità**. Muore a Friburgo il 21 dicembre 1597.

22 DICEMBRE

VENERDÌ

Ferie di Avvento 17-24 dicembre

viola **3ª sett. salt.**

ANTIFONA D'INGRESSO - Sollevate, o porte, i vostri frontali, alzatevi, soglie antiche, ed entri il re della gloria *(Cfr. Sal 23,7)*.

COLLETTA - O Dio, che vedendo l'uomo precipitato nella morte hai voluto redimerlo con la venuta del tuo Figlio unigenito, concedi a coloro che confessano con pietà sincera la sua incarnazione di condividere anche la gloria del redentore. Egli è Dio…

PRIMA LETTURA 1Sam 1,24-28

Dal primo libro di Samuèle

In quei giorni, Anna portò con sé Samuèle, con un giovenco di tre anni, un'efa di farina e un otre di vino, e lo introdusse nel tempio del Signore a Silo: era ancora un fanciullo. Immolato il giovenco, presentarono il fanciullo a Eli e lei disse: «Perdona, mio signore. Per la tua vita, mio signore, io sono quella donna che era stata qui presso di te a pregare il Signore. Per questo fanciullo ho pregato e il Signore mi ha concesso la grazia che gli ho richiesto. Anch'io lascio che il Signore lo richieda: per tutti i giorni della sua vita egli è richiesto per il Signore». E si prostrarono là davanti al Signore. **Parola di Dio.**

SALMO RESPONSORIALE

1Sam 2,1.4-8

℟. **Il mio cuore esulta nel Signore, mio Salvatore.**

Il mio cuore esulta nel Signore,
la mia forza s'innalza grazie al mio Dio.
Si apre la mia bocca contro i miei nemici,
perché io gioisco per la tua salvezza. ℟.

L'arco dei forti s'è spezzato,
ma i deboli si sono rivestiti di vigore.
I sazi si sono venduti per un pane,
hanno smesso di farlo gli affamati.
La sterile ha partorito sette volte
e la ricca di figli è sfiorita. ℟.

fa morire e fa vivere,
scendere agli inferi e risalire.
Il Signore rende povero e arricchisce,
abbassa ed esalta. ℟.

Solleva dalla polvere il debole,

dall'immondizia rialza il povero,
per farli sedere con i nobili
e assegnare loro un trono di gloria. R.

CANTO AL VANGELO

Alleluia, alleluia.
O Re delle genti e pietra angolare della Chiesa:
vieni, e salva l'uomo che hai formato dalla terra.
Alleluia.

VANGELO

Lc 1,46-55

✠ *Dal Vangelo secondo Luca*

In quel tempo, Maria disse: «L'anima mia magnifica il Signore e il mio spirito esulta in Dio, mio salvatore, perché ha guardato l'umiltà della sua serva. D'ora in poi tutte le generazioni mi chiameranno beata. Grandi cose ha fatto per me l'Onnipotente e Santo è il suo nome; di generazione in generazione la sua misericordia per quelli che lo temono. Ha spiegato la potenza del suo braccio, ha disperso i superbi nei pensieri del loro cuore; ha rovesciato i potenti dai troni, ha innalzato gli umili; ha ricolmato di beni gli affamati, ha rimandato i ricchi a mani vuote. Ha soccorso Israele, suo servo, ricordandosi della sua misericordia, come aveva detto ai nostri padri, per Abramo e la sua discendenza, per sempre». **Parola del Signore.**

SULLE OFFERTE - Fiduciosi nella tua misericordia, o Signore, veniamo con doni al tuo santo altare perché, purificati dalla tua grazia, siamo rinnovati dai misteri che celebriamo. Per Cristo nostro Signore.

Prefazio dell'Avvento II oppure II/A (materiale multimediale: pag. 17).

COMUNIONE - L'anima mia magnifica il Signore: grandi cose ha fatto per me l'Onnipotente *(Lc 1,46.49)*.

DOPO LA COMUNIONE - Ci rafforzi, o Signore, la partecipazione al tuo sacramento, perché con opere di giustizia possiamo andare incontro al Salvatore che viene e ottenere il premio della beatitudine eterna. Per Cristo nostro Signore.

Commenti

1ª LETTURA - La madre sa che il bambino, pur sviluppandosi nel suo grembo, non gli appartiene. Anna aveva pregato che se avesse potuto avere un bambino, lo avrebbe offerto a Dio. Di fatto, questo avviene: Samuèle nasce e si trasferisce fin dalla primissima età presso la casa di Dio, come un suo consacrato. Egli diventerà una figura di spicco nella storia sacra d'Israele, ma dietro questa maturazione vi è la grandezza di una madre che offre il proprio figlio, avendo a cuore per prima cosa la gloria di Dio. Madre e figlio trovano la pienezza del loro rapporto nella volontà di Dio. «Tutto è vostro! Ma voi siete di Cristo e Cristo è di Dio», dice san Paolo (1Cor 3,22-23). Questo c'insegna a non sentire come personale possesso ciò che abbiamo, fosse anche l'affetto più bello e santo. Dio non ci toglie niente di quanto gli offriamo, perché «tutto ciò che è mio è tuo» (Lc 15,31), dice il padre al figlio maggiore della parabola del figlio prodigo; Dio purifica ciò che gli doniamo senza "togliercelo" affatto.

Vangelo - Ci avviciniamo al Natale ascoltando ancora una volta il sublime canto della Vergine Maria, intriso di sapienza biblica. Il brano è tutta una citazione di versetti dell'Antico Testamento, ma composto così, dalla Madre di Dio, "Sede della Sapienza", acquista un valore del tutto nuovo. Tutte le promesse e le profezie si realizzano in quel bambino che ancora non si vede, perché nascosto nel grembo della madre. Ogni sera, ai Vespri, la Chiesa ci fa ripetere questo cantico per tenere vivo il senso di Dio nascosto, nella Chiesa e nel mondo. Anche oggi egli dispiega la potenza del suo braccio, anche oggi disperde i superbi, anche se a noi sembra che, nel mondo, le cose continuino senza cambiare, perché non vediamo i ricchi a mani vuote e gli affamati ricolmi di beni. Ma tutto avviene nell'intimo e nel mistero, perché Dio si rivela proprio agli umili. Scrive don Divo Barsotti: «La tua vera vita non è mai pienamente in quello che fai, ma nell'atto interiore di una conformità al volere divino, che è essenzialmente la virtù della carità. Così tu vivi in te stesso: la tua vita si consuma nell'intimo».

PROPOSITO DEL GIORNO... Oggi voglio fare un'offerta alla Caritas diocesana che è sempre a fianco dei poveri.

PRATICHE E FESTE DEL GIORNO...

- Pratiche e preghiere di ogni giorno consigliate per il mese di dicembre *(pag. 724)*.
- Preghiera a santa Francesca Saverio Cabrini *(materiale multimediale: pag. 735)*.
- 1° giorno novena a santa Caterina Labouré (cod. 8332).
- Festa Madonna del Latte, S. Giovanni Valdarno (Arezzo).

SANTI E BEATI DEL GIORNO

S. Flaviano • **S. Francesca Saverio Cabrini** • S. Ischirione di Alessandria • B. Tommaso Holland

SANTA FRANCESCA SAVERIO CABRINI: «La vostra Cina sono gli Stati Uniti».

Francesca accoglie da Dio una **vocazione missionaria particolare** che, come riconosce papa Francesco, è quella di: «**Formare e inviare per tutto il mondo donne consacrate, con un orizzonte missionario senza limiti**, che si dedicavano all'annuncio del Vangelo».

Nata a Sant'Angelo Lodigiano, in Lombardia, il 15 luglio 1850 e rimasta presto orfana di padre e di madre, Francesca coltiva il sogno della missione in Cina, avendo nel cuore l'esempio di san Francesco Saverio, intrepido missionario. Il vescovo di Lodi le propone di fondare un istituto religioso per l'assistenza degli emigrati italiani in America. L'America non era la Cina che lei sognava, ma l'ideale missionario si poteva comunque realizzare, quindi accetta e **fonda le Missionarie del Sacro Cuore di Gesù**, poste sotto la protezione di san Francesco Saverio, di cui, quando pronuncia i voti religiosi, assume il nome. Accetta poi la proposta di dirigere una scuola e un asilo a New York. Questo significava l'addio per sempre alla Cina. D'altra parte, è papa Leone XIII a indicarle la strada, dicendo: **«Non a Oriente, Cabrini, ma all'Occidente. La vo-**

stra Cina sono gli Stati Uniti, vi sono tanti italiani emigrati che hanno bisogno di assistenza». Francesca parte nel 1889: destinazione New York e, anche se la accompagna una salute malferma, non si risparmia mai. Al vescovo Corrigan, che vorrebbe rimandarla a casa, risponde decisa: «Questo mai, Eccellenza. **Io sono qui per ordine della Santa Sede e qui devo restare**». Lavora per tutta la vita, viaggiando moltissimo con ogni mezzo: a piedi, in treno, in nave... Crea settantasette opere, tra cui asili, scuole, collegi, ospedali... Il suo fine è diffondere il Vangelo e inserire gli emigrati nella realtà sociale americana, facendone dei buoni cittadini, ma allo stesso tempo rafforzando la loro identità italiana e cattolica. A chi si congratulava con lei per il successo delle sue opere, madre Cabrini era solita rispondere: **«Tutte queste cose non le ha fatte forse il Signore?»**.

La morte la coglie durante l'ennesimo viaggio a Chicago il 22 dicembre **1917**. La mattina del giorno della sua morte, dopo aver avuto le notizie dal fronte della Prima guerra mondiale, con animo fiducioso aveva detto: «Succeda quel che succeda, io chiudo i miei occhi e non alzo più la mia testa dal cuore di Gesù». Nei suoi quaderni di viaggio aveva scritto: **«Oggi è tempo che l'amore non sia nascosto, ma diventi operoso, vivo e vero»**, un messaggio ancora attuale.

23 DICEMBRE

SABATO

Ferie di Avvento 17-24 dicembre

viola **3ª sett. salt.**

S. Giovanni da Kęty, presbitero (comm)

ANTIFONA D'INGRESSO - Nascerà per noi un bambino e il suo nome sarà: Dio potente; in lui saranno benedette tutte le stirpi della terra *(Cfr. Is 9,5; Sal 71,17).*

COLLETTA - Dio onnipotente ed eterno, contemplando ormai vicina la nascita del tuo Figlio, rivolgiamo a te la nostra preghiera: ci soccorra nella nostra indegnità il Verbo che si è fatto uomo nascendo dalla Vergine Maria e si è degnato di abitare in mezzo a noi. Egli è Dio…

PRIMA LETTURA Ml 3,1-4.23-24

Dal libro del profeta Malachìa

Così dice il Signore: «Ecco, io manderò un mio messaggero a preparare la via davanti a me e subito entrerà nel suo tempio il Signore che voi cercate; e l'angelo dell'alleanza, che voi sospirate, eccolo venire, dice il Signore degli eserciti. Chi sopporterà il giorno della sua venuta? Chi resisterà al suo apparire? Egli è come il fuoco del fonditore e come la lisciva dei lavandai. Siederà per fondere e purificare l'argento; purificherà i figli di Levi, li affinerà come oro e argento, perché possano offrire al Signore un'offerta secondo giustizia. Allora l'offerta di Giuda e di Gerusalemme sarà gradita al Signore come nei giorni antichi, come negli anni lontani. Ecco, io invierò il profeta Elìa prima che giunga il giorno grande e terribile del Signore: egli convertirà il cuore dei padri verso i figli e il cuore dei figli verso i padri, perché io, venendo, non colpisca la terra con lo sterminio». **Parola di Dio.**

SALMO RESPONSORIALE — Dal Salmo 24 (25)

℟. **Leviamo il capo: è vicina la nostra salvezza.**

Fammi conoscere, Signore, le tue vie,
insegnami i tuoi sentieri.
Guidami nella tua fedeltà e istruiscimi,
perché sei tu il Dio della mia salvezza. ℟.

Buono e retto è il Signore,
indica ai peccatori la via giusta;

guida i poveri secondo giustizia,
insegna ai poveri la sua via. ℟.

Tutti i sentieri del Signore sono amore e fedeltà
per chi custodisce la sua alleanza e i suoi precetti.
Il Signore si confida con chi lo teme:
gli fa conoscere la sua alleanza. ℟.

CANTO AL VANGELO

Alleluia, alleluia.
O **Emmanuele, Dio con noi**,
attesa dei popoli e loro liberatore:
vieni a salvarci con la tua presenza.
Alleluia.

VANGELO Lc 1,57-66

✠ *Dal Vangelo secondo Luca*

In quei giorni, per Elisabetta si compì il tempo del parto e diede alla luce un figlio. I vicini e i parenti udirono che il Signore aveva manifestato in lei la sua grande misericordia, e si rallegravano con lei. Otto giorni dopo vennero per circoncidere il bambino e volevano chiamarlo con il nome di suo padre, Zaccarìa. Ma sua madre intervenne: «No, si chiamerà Giovanni». Le dissero: «Non c'è nessuno della

tua parentela che si chiami con questo nome». Allora domandavano con cenni a suo padre come voleva che si chiamasse. Egli chiese una tavoletta e scrisse: «Giovanni è il suo nome». Tutti furono meravigliati. All'istante gli si aprì la bocca e gli si sciolse la lingua, e parlava benedicendo Dio. Tutti i loro vicini furono presi da timore, e per tutta la regione montuosa della Giudea si discorreva di tutte queste cose. Tutti coloro che le udivano, le custodivano in cuor loro, dicendo: «Che sarà mai questo bambino?». E davvero la mano del Signore era con lui.
Parola del Signore.

SULLE OFFERTE - Questo sacrificio, nel quale ci fu data la pienezza del culto divino, sia per noi, o Signore, riconciliazione perfetta con te, perché con animo purificato possiamo celebrare la nascita del nostro redentore. Egli vive e regna nei secoli dei secoli.

Prefazio dell'Avvento II oppure II/A (materiale multimediale: pag. 17).

COMUNIONE - Ecco: sto alla porta e busso. Se qualcuno ascolta la mia voce e mi apre la porta, io verrò da lui, cenerò con lui ed egli con me *(Ap 3,20)*.

Oppure: A Zaccaria si sciolse la lingua e parlava benedicendo Dio. Il popolo che udiva, diceva: «Che sarà mai questo bambino?». Davvero la mano del Signore era con lui *(Cfr. Lc 1,64.66)*.

Dopo la Comunione - O Signore, che ci hai saziati con il dono del cielo, accordaci la tua pace, perché siamo pronti ad andare incontro con le lampade accese al tuo amatissimo Figlio che viene. Egli vive e regna nei secoli dei secoli.

Commenti

1ª lettura - Le ultime parole dell'Antico Testamento ci parlano di una purificazione della classe sacerdotale. Il passaggio, l'anello di congiunzione tra l'Antica alleanza e la Nuova avviene sul piano della liturgia. Quello che viene chiamato «angelo dell'alleanza», preparato dal nuovo Elìa, entrerà nel tempio ed eserciterà il suo sacerdozio «secondo giustizia». Gli antichi riti cesseranno, lasciando il posto all'unico vero valido sacrificio; il tempio sarà distrutto e non sarà mai più ricostruito, la Chiesa di Cristo sostituirà la sinagoga. Il giorno dell'arrivo del Messia è presentato nella lettura come «grande e terribile», ma non dobbiamo immaginare questo come avvenimenti grandiosi esteriori e visibili: sarà proprio la sostituzione degli antichi riti con il sacrificio stesso di Dio (morte di croce e risurrezione) a essere terribile nell'economia della salvezza, perché il demonio, il male e la morte saranno sconfitti dal potere di Cristo. Anche oggi, nella santa Messa, nessuno si accorge di niente, sul piano esteriore, ma nella realtà tutto accade ed è presente: il sangue di Cristo che cancella i peccati.

Vangelo - Nella vita di Giovanni Battista tutto appare una meraviglia: il modo con il quale viene annunciato (da un angelo), la sua nascita da una mamma vecchia, il suo sobbalzare nel grembo materno alla venuta di Gesù nascosto in Maria santissima, il fatto del padre che resta muto fino a otto giorni dopo la sua nascita, per poi ritrovare miracolosamente la voce… Con tali premesse si capisce come la gente dicesse: «Che sarà mai questo bambino?» (Lc 1,66). Ma non finisce qui: verso i dodici anni lascia la casa paterna per andare a vivere da solo nel deserto, senza alcun sostentamento, per prepararsi ad annunciare il Messia, conducendo una vita ai limiti dell'immaginabile. Non c'è da stupirsi se molti credevano che fosse lui il Messia. La vita di Gesù in confronto appare meno appariscente e austera, tanto che quando si presenta per essere battezzato tutti lo ritengono semplicemente il figlio del falegname di Nàzaret. Così è anche oggi: Gesù entra nella sfera quotidiana senza attirare l'attenzione, perché non è venuto per stupire le folle, ma per far conoscere il vero volto del Padre, che è amore, perdono, pace, bellezza. Sì, Gesù lo conosci proprio sprofondando nella sua divina umiltà.

PROPOSITO DEL GIORNO... Dio si rivela nella storia come l'Emmanuele, il Dio-con-noi. Ma prima ancora è Dio in noi e attraverso noi. Oggi voglio rendergli testimonianza compiendo ogni gesto per la maggior gloria di Dio.

PRATICHE E FESTE DEL GIORNO...

- Pratiche e preghiere di ogni giorno consigliate per il mese di dicembre *(pag. 724)*.
- 1° sabato di Pompei.

ALTRI SANTI E BEATI DEL GIORNO

S. Ivo di Chartres • B. Paolo Meléndez Gonzalo • **Ven. Angela Maria del Cuore di Gesù**

VENERABILE ANGELA MARIA DEL CUORE DI GESÙ:

un raggio di sole nell'inferno più profondo.

Che cosa fa una suora in un campo di concentramento? Continua a essere fedele alla sua vocazione. Questo è quello che ha fatto Maria del Cuore di Gesù. Un detenuto ha riferito: **«Il suo sorriso e il suo coraggio erano un raggio di sole nell'inferno più profondo»**.

Maria Cecilia Autsch nasce in Germania, il 26 marzo 1900, quinta di sette figli. Avverte molto presto la chiamata alla consacrazione religiosa, ma la sua famiglia, dopo la perdita della mamma, si trova in difficoltà economiche e lei quindi aiuta come può, mettendo il proprio futuro nelle mani di Gesù.

Finalmente, il 27 settembre 1933, entra nel monastero della Congregazione delle Suore della Santissima Trinità, in Austria: la missione di queste suore consisteva nel lavorare come infermiere e come insegnanti e nell'aiuto ai poveri e ai bisognosi.

Il 4 luglio 1934, Maria Cecilia Autsch riceve l'abito e assume il nome di Angela Maria del Cuore di Gesù. Quando, quattro anni dopo, emette i voti perpetui, i nazisti avevano già invaso l'Austria e volevano impossessarsi del monastero dove vivevano le suore. Suor Angela, in quel frangente, riesce a difendere la propria casa e la casa delle consorelle, ma il suo nome rimane segnalato. **Il 10 agosto 1940 il più quotidiano dei momenti cambia per sempre la sua vita**: va a comprare il latte e incontra alcune donne che conosce. Mentre parlano, suor Angela dice loro di aver appreso che gli alleati avevano affondato una nave tedesca e che molti tedeschi erano morti nel disastro e conclude affermando che pensava che **Hitler fosse una calamità per l'Europa**.

Una di quelle donne austriache era una simpatizzante nazista e denuncia Angela alla Gestapo. Essendo già segnalata, viene arrestata il 12 agosto. Tutti i tentativi delle suore di ottenere la sua liberazione vengono semplicemente ignorati. Suor Angela Maria trascorre diciassette giorni nel brutale centro di detenzione della polizia di Innsbruck e poi internata nel campo di concentramento di Ravensbrück Il 16 agosto 1942 viene trasferita ad Auschwitz e assegnata all'infermeria. A causa del suo costante buon umore, della sua disponibilità altruistica e del suo sforzo per alleviare quanta più miseria possibile, è conosciuta come **"l'Angelo di Auschwitz"**.

Nell'ottobre del 1942 contrae il tifo e viene ricoverata in infermeria. Suor Angela muore il 23 dicembre **1943** mentre è in corso un bombardamento.

24 DICEMBRE

DOMENICA

4ª domenica di Avvento (B) *viola* **4ª sett. salt.**

ACCENDIAMO LA QUARTA CANDELA DELLA CORONA DELL'AVVENTO

Questa quarta fiamma illumini il nostro cammino verso il Natale ormai vicino! È la fiamma della fiducia in te, Signore Gesù: tu sei la buona notizia attesa dalle genti, perché hai preso su di te la nostra debolezza e hai innalzato ogni creatura umana a dignità perenne. Ma è anche la fiamma del desiderio di fare la tua volontà nella vita di tutti i giorni. Vieni, Signore Gesù, tu sei la luce del mondo!

Antifona d'ingresso - Stillate, cieli, dall'alto, le nubi facciano piovere il Giusto; si apra la terra e germogli il Salvatore *(Cfr. Is 45,8)*.

Non si dice il Gloria.

Colletta - **Preghiamo:** Infondi nel nostro spirito la tua grazia, o Padre: tu, che all'annuncio dell'angelo ci hai rivelato l'incarnazione di Cristo tuo Figlio, per la sua passione e la sua croce guidaci alla gloria della risurrezione. Per il nostro Signore… **Amen.**

Oppure: Dio grande e misericordioso, che tra gli umili poni la tua dimora, concedi alla tua Chiesa la fecondità dello Spirito, perché, sull'esempio di Maria, accolga il Verbo della vita e, come madre gioiosa, lo consegni all'attesa delle genti. Per il nostro Signore… **Amen.**

(seduti)

PRIMA LETTURA 2Sam 7,1-5.8b-12.14a.16

Dal secondo libro di Samuèle

Il re Davide, quando si fu stabilito nella sua casa, e il Signore gli ebbe dato riposo da tutti i suoi nemici all'intorno, disse al profeta Natan: «Vedi, io abito in una casa di cedro, mentre l'arca di Dio sta sotto i teli di una tenda». Natan rispose al re: «Va', fa' quanto hai in cuor tuo, perché il Signore è con te». Ma quella stessa notte fu rivolta a Natan questa parola del Signore: «Va' e di' al mio servo Davide: "Così dice il Signore: Forse tu mi costruirai una casa, perché io vi abiti? Io ti ho preso dal pascolo, mentre seguivi il gregge, perché tu fossi capo del mio popolo Israele. Sono stato con te dovunque sei andato, ho distrutto tutti i tuoi nemici davanti a te e renderò il tuo nome grande come quello dei grandi che sono sulla terra. Fisserò un luogo per Israele, mio popolo, e ve lo pianterò perché vi abiti e non tremi più e i malfattori non lo opprimano come in passato e come dal giorno in cui avevo stabilito dei giudici sul mio popolo Israele. Ti darò riposo da tutti i tuoi nemici. Il Signore ti annuncia che farà a te una casa. Quando i tuoi giorni saranno compiuti e tu dormirai con i tuoi padri, io susciterò un tuo discendente dopo di te, uscito dalle tue viscere, e renderò stabile il suo regno. Io sarò per lui padre ed egli sarà per me figlio. La tua casa e il tuo regno saranno saldi per sempre davanti a me, il tuo trono sarà reso stabile per sempre"». - Parola di Dio. R. **Rendiamo grazie a Dio.**

SALMO RESPONSORIALE Dal Salmo 88 (89)

℟. **Canterò per sempre l'amore del Signore.**

Canterò in eterno l'amore del Signore,
di generazione in generazione
farò conoscere con la mia bocca la tua fedeltà,
perché ho detto: «È un amore edificato per sempre;
nel cielo rendi stabile la tua fedeltà». ℟.

«Ho stretto un'alleanza con il mio eletto,
ho giurato a Davide, mio servo.
Stabilirò per sempre la tua discendenza,
di generazione in generazione
edificherò il tuo trono». ℟.

«Egli mi invocherà: "Tu sei mio padre,
mio Dio e roccia della mia salvezza".
Gli conserverò sempre il mio amore,
la mia alleanza gli sarà fedele». ℟.

SECONDA LETTURA Rm 16,25-27

Dalla lettera di san Paolo apostolo ai Romani

Fratelli, a colui che ha il potere di confermarvi nel mio vangelo, che annuncia Gesù Cristo, secondo la rivelazione del mistero, avvolto nel silenzio per secoli eterni, ma ora manifestato mediante le scritture

dei Profeti, per ordine dell'eterno Dio, annunciato a tutte le genti perché giungano all'obbedienza della fede, a Dio, che solo è sapiente, per mezzo di Gesù Cristo, la gloria nei secoli. Amen. - Parola di Dio.
℞. **Rendiamo grazie a Dio.**

(in piedi)

CANTO AL VANGELO Lc 1,38

Alleluia, alleluia.
Ecco la serva del Signore:
avvenga per me secondo la tua parola.
Alleluia.

VANGELO Lc 1,26-38

Il Signore sia con voi.
℞. **E con il tuo spirito.**
✠ *Dal Vangelo secondo Luca*
℞. **Gloria a te, o Signore.**

In quel tempo, l'angelo Gabriele fu mandato da Dio in una città della Galilea, chiamata Nàzaret, a una vergine, promessa sposa di un uomo della casa di Davide, di nome Giuseppe. La vergine si chiamava Maria. Entrando da lei, disse: «Rallègrati, piena di grazia: il Signore è con te». A queste parole ella fu molto turbata e si domandava che senso avesse un saluto come questo. L'angelo le disse: «Non temere, Maria, perché hai trovato grazia presso Dio. Ed ecco, concepirai un figlio, lo darai alla luce e lo chiamerai Gesù. Sarà grande e verrà chiamato Figlio dell'Altissimo; il Signore Dio gli darà il trono di Davide suo padre e regnerà per sempre sulla casa di Giacobbe e il suo regno non avrà fine». Allora Maria disse all'angelo: «Come avverrà questo, poiché non conosco uomo?». Le rispose l'angelo: «Lo Spirito Santo scenderà su di te e la potenza dell'Altissimo ti coprirà con la sua ombra. Perciò colui che nascerà sarà santo e sarà chiamato Figlio di Dio. Ed ecco, Elisabetta, tua parente, nella sua vecchiaia ha concepito anch'essa un figlio e questo è il sesto mese per lei, che era detta sterile: nulla è impossibile a Dio». Allora Maria disse: «Ecco la serva del Signore: avvenga per me secondo la tua parola». E l'angelo si allontanò da lei. - Parola del Signore. ℟. **Lode a te o Cristo.**

Si dice il Credo *(pag. 12).*

(in piedi)

SULLE OFFERTE - Accogli, o Signore, i doni che abbiamo deposto sull'altare e consacrali con la potenza del tuo Spirito che santificò il grembo della Vergine Maria. Per Cristo nostro Signore. **Amen.**

Prefazio dell'Avvento II oppure II/A (materiale multimediale: pag. 17).

COMUNIONE - Ecco, la Vergine concepirà e darà alla luce un figlio: lo chiamerà Emmanuele, Dio con noi *(Cfr. Is 7,14).*
Oppure: Ecco la serva del Signore: avvenga per me secondo la tua parola *(Lc 1,38).*

DOPO LA COMUNIONE - **Preghiamo:** Dio onnipotente, che ci hai dato il pegno della redenzione eterna, ascolta la nostra preghiera: quanto più si avvicina il grande giorno della nostra salvezza, tanto più cresca il nostro fervore, per celebrare degnamente il mistero della nascita del tuo Figlio. Egli vive e regna nei secoli dei secoli. **Amen.**

Commenti

1ª LETTURA - Il re Davide è un vero credente, un israelita autentico. Nonostante i peccati commessi e varie debolezze, è un uomo molto generoso: si rende conto che l'arca dell'alleanza necessita di un luogo solenne e decoroso, che non può essere custodita in una tenda, come durante il viaggio nel deserto dall'Egitto alla terra promessa. Dio risponde a questa sua istanza manifestandogli una generosità infinitamente maggiore, ribaltando il discorso della casa, promettendo a Davide un casato. Il tempio verrà costruito (non da Davide, ma dal figlio), intanto però il regno di Davide si consolida in una dimensione eterna, perché da lui nascerà non un semplice re che dominerà nelle cose umane, ma colui che toglierà dal mondo il peccato, distruggendo l'opera di Satana e ottenendo agli uomini la filiazione divina. In questo senso Gesù, che pure è Dio, viene chiamato "figlio di Davide", un suo discendente sulla linea generazionale. Impariamo da Davide ad azionare la generosità di Dio, che è una delle sue prerogative principali. Se siamo generosi col prossimo, "costringiamo" Dio a essere generosi con noi.

2ª LETTURA - Quella che abbiamo letto è la chiusura della lettera ai Romani. Dopo tutti i saluti, l'Apostolo eleva lo sguardo a Dio e lo loda, pregando che tutte le genti giungano all'«obbedienza della fede». Questo, alla fin fine, è il desiderio che tutti dovremmo avere, ossia che coloro che ci hanno ascoltato vengano confermati nel Vangelo e obbediscano alle cose che sono state insegnate per la loro salvezza. A Paolo non interessa una gentilezza soltanto umana e non gli importa di essere né un maestro né un apostolo rinomato: gli preme solo che la gente si salvi. E questo è possibile solo se le persone entrano nel mistero di Dio e si lasciano coinvolgere, cambiando modalità e usanze errate, per vivere nella libertà dei figli di Dio. Così, l'autore della lettera promette la sua preghiera ai lontani Romani, perché si sentano sostenuti nelle loro battaglie spirituali dalla grazia divina, ma anche dall'assistenza degli apostoli e dei credenti in Cristo. Se, quando andiamo a trovare un nostro amico, terminassimo l'incontro con una preghiera simile, avremmo dato a questa amicizia un contenuto assai elevato.

VANGELO - La storia della Redenzione comincia con un'apparizione. Il "mondo di Dio" si fa presente in modo inaspettato al cospetto della giovanissima Vergine di Nàzaret, con l'annunciazione dell'angelo. Il Vangelo termina con un'altra apparizione, quella di Gesù risorto agli apostoli. Dunque, la storia del Signore si racchiude entro i confini di due apparizioni, che pertanto non sono fenomeni casuali. Questo vale anche per le apparizioni della Madonna ai vari veggenti nel corso dei secoli: ella viene e si fa presente nel tempo per comunicare qualcosa di grande alle persone. La più importante apparizione della storia è senz'altro questa: non è "della" Madonna ma è "alla" Madonna. Da qui parte tutto. Da quel momento la Vergine Maria diventa non soltanto la messaggera, ma la portatrice, la "teofora" di Dio, colei che parla e porta Gesù. Il mistero dell'incarnazione avviene una volta nel tempo e nella storia, ma tutti i giorni noi riceviamo Gesù da lei. Il Figlio non è mai senza la Madre. Non disprezziamo mai le apparizioni mariane, quando sono autentiche, perché gli annunci continuano nel tempo, affinché ci risvegliamo dal torpore e apriamo gli occhi della fede alla presenza di Cristo.

PROPOSITO DEL GIORNO... Oggi cercherò di riflettere insieme ai miei familiari sul vero significato del Natale. Per favorire il clima dell'attesa ascolteremo alcuni canti di Natale *(inquadra il QR code per averli a disposizione sul tuo smartphone o tablet)*.

PRATICHE E FESTE DEL GIORNO...

- Pratiche e preghiere di ogni giorno consigliate per il mese di dicembre *(pag. 724)*.

SANTI E BEATI DEL GIORNO

S. Delfino di Bordeaux • S. Paola Elisabetta (Costanza) Cerioli • B. Bartolomeo Maria Dal Monte

TEMPO DI NATALE

È nato per noi Gesù, il Salvatore!

La nascita di Gesù viene presentata dalla Liturgia sotto due aspetti diversi:

- *Gesù è il Salvatore, il dono del Padre (Natale).*
- *La sua salvezza viene donata a tutti i popoli della terra, rappresentati dai Magi (Epifania).*

Celebrare il Natale significa riconoscere che il Figlio di Dio si è fatto uomo (si è incarnato), perché l'uomo diventasse Dio.

Perché facciamo festa a Natale? Perché Dio Padre ha tanto amato gli uomini da donare per loro il suo Figlio Gesù.

Natale è la festa di Gesù, il Salvatore

Gesù, questo semplice nome voluto dal cielo (Mt 1,21), significa "Dio salva" e in esso è racchiuso tutto il progetto di Dio, ciò che si può dire di più profondo dell'uomo e di Dio. Il nome di Gesù ***parla prima di tutto dell'uomo****. Quando noi pronunciamo «Gesù», riveliamo noi stessi, la nostra necessità di essere salvati, la nostra incapacità di arrivare a Dio.*

Il nome di Gesù ***ci parla di Dio****, del suo amore e della sua azione:* ***«Dio, nessuno lo ha mai visto: il Figlio unigenito, che è Dio ed è nel seno del Padre, è lui che lo ha rivelato» (Gv 1,18).***

Quando noi pronunciamo il nome di Gesù non ci rivolgiamo a uno dei più grandi personaggi del mondo, ma al Figlio di Dio: ***«Egli è irradiazione della sua gloria e impronta della sua sostanza» (Eb 1,3)****.*

Il Tempo di Natale inizia con i primi vespri del Natale del Signore e termina con la festa del Battesimo del Signore, la domenica dopo l'Epifania.

L'ottava di Natale in questo anno è ordinata nel modo seguente:

- *il 26 dicembre si celebra la festa di Santo Stefano;*
- *il 28 dicembre si celebra la festa dei Santi Innocenti;*
- *il 31 dicembre si celebra la festa della Santa Famiglia di Gesù, Maria e Giuseppe;*
- *il 1° gennaio si celebra la solennità di Maria santissima Madre di Dio.*

Il 6 gennaio si celebra la solennità dell'Epifania del Signore. Nelle domeniche, solennità e feste si dice il Gloria*; nelle domeniche e solennità si fa la professione di fede con il* Credo*. Il colore liturgico di questo Tempo è il bianco: è il colore della luce, della vita e della festa.*

Valore da vivere

Accogliere Gesù nella propria vita
come luce che illumina e guida ogni passo.

25 DICEMBRE

LUNEDÌ

Natale del Signore (s) *bianco* **propria**

IL FIGLIO DI DIO È NATO PER NOI

«Cristo nasce, cantate gloria, Cristo scende dal cielo, andategli incontro; Cristo è in terra, alzatevi… La festa che noi oggi celebriamo è la venuta di Dio tra gli uomini, perché noi possiamo accedere a Dio o (per meglio dire) ritornare a Dio, affinché, abbandonato l'uomo vecchio, ci rivestiamo del nuovo; e come siamo morti nel vecchio Adamo, così viviamo in Cristo» (Gregorio di Nazianzo, *Oratio* 38, I s. 4).

Il Natale è la festa che rivela il progetto di Dio il quale

non ha voluto rimanere unicamente Dio, ma ha deciso di farsi anche creatura. Non ha voluto comunicare solamente il suo bene, la sua verità, la sua bellezza. Egli ha voluto fare qualcosa di molto più grande. Ha voluto donarsi: Dio dà sé stesso. Il Verbo si è fatto carne nel seno della Vergine Maria. Non è rimasto nella sua onnipotenza eterna; è penetrato nella fragilità della creatura.
Il Santo Padre Francesco ci ricorda che: «Gesù nasce in mezzo a noi, è *Dio-con-noi*. Viene per accompagnare il nostro vivere quotidiano, per condividere tutto con noi, gioie e dolori, speranze e inquietudini. Viene come bambino inerme. Nasce al freddo, povero tra i poveri. Bisognoso di tutto, bussa alla porta del nostro cuore per trovare calore e riparo. Come i pastori di Betlemme, lasciamoci avvolgere dalla luce e andiamo a vedere il segno che Dio ci ha dato. Vinciamo il torpore del sonno spirituale e le false immagini della festa che fanno dimenticare chi è il festeggiato. Usciamo dal frastuono che anestetizza il cuore e ci induce a preparare addobbi e regali più che a contemplare l'Avvenimento: il Figlio di Dio nato per noi».

MESSA VESPERTINA NELLA VIGILIA

ANTIFONA D'INGRESSO - Oggi saprete che il Signore viene a salvarvi: domani vedrete la sua gloria *(Cfr. Es 16,6-7)*.

Si dice il Gloria *(pag. 10).*

COLLETTA - **Preghiamo:** O Padre, che ci allieti ogni anno con l'attesa della nostra redenzione, concedi che possiamo guardare senza timore, quando verrà come giudice, il tuo unigenito Figlio che accogliamo in festa come redentore. Egli è Dio... **Amen.**

(seduti)

PRIMA LETTURA Is 62,1-5

Dal libro del profeta Isaìa

Per amore di Sion non tacerò, per amore di Gerusalemme non mi concederò riposo, finché non sorga come aurora la sua giustizia e la sua salvezza non risplenda come lampada. Allora le genti vedranno la tua giustizia, tutti i re la tua gloria; sarai chiamata con un nome nuovo, che la bocca del Signore indicherà. Sarai una magnifica corona nella mano del Signore, un diadema regale nella palma del tuo Dio. Nessuno ti chiamerà più Abbandonata, né la tua terra sarà più detta Devastata, ma sarai chiamata Mia Gioia e la tua terra Sposata, perché il Signore troverà in te la sua delizia e la tua terra avrà uno sposo. Sì, come un giovane sposa una vergine, così ti sposeranno i tuoi figli; come gioisce lo sposo per

la sposa, così il tuo Dio gioirà per te. - Parola di Dio.
℟. **Rendiamo grazie a Dio.**

SALMO RESPONSORIALE Dal Salmo 88 (89)

℟. **Canterò per sempre l'amore del Signore.**

«Ho stretto un'alleanza con il mio eletto,
ho giurato a Davide, mio servo.
Stabilirò per sempre la tua discendenza,
di generazione in generazione
edificherò il tuo trono». ℟.

Beato il popolo che ti sa acclamare:
camminerà, Signore, alla luce del tuo volto;
esulta tutto il giorno nel tuo nome,
si esalta nella tua giustizia. ℟.

«Egli mi invocherà: "Tu sei mio padre,
mio Dio e roccia della mia salvezza".
Gli conserverò sempre il mio amore,
la mia alleanza gli sarà fedele». ℟.

SECONDA LETTURA At 13,16-17.22-25

Dagli Atti degli Apostoli
Paolo, [giunto ad Antiòchia di Pisìdia, nella sina-

goga,] si alzò e, fatto cenno con la mano, disse: «Uomini d'Israele e voi timorati di Dio, ascoltate. Il Dio di questo popolo d'Israele scelse i nostri padri e rialzò il popolo durante il suo esilio in terra d'Egitto, e con braccio potente li condusse via di là. Poi suscitò per loro Davide come re, al quale rese questa testimonianza: "Ho trovato Davide, figlio di Iesse, uomo secondo il mio cuore; egli adempirà tutti i miei voleri". Dalla discendenza di lui, secondo la promessa, Dio inviò, come salvatore per Israele, Gesù. Giovanni aveva preparato la sua venuta predicando un battesimo di conversione a tutto il popolo d'Israele. Diceva Giovanni sul finire della sua missione: "Io non sono quello che voi pensate! Ma ecco, viene dopo di me uno, al quale io non sono degno di slacciare i sandali"». - Parola di Dio.
℟. **Rendiamo grazie a Dio.**

(in piedi)

CANTO AL VANGELO

Alleluia, alleluia.
Domani sarà distrutto il peccato della terra
e regnerà su di noi il Salvatore del mondo.
Alleluia.

VANGELO

Mt 1,1-25
Forma breve: [ ] Mt 1,18-25

Il Signore sia con voi.
R. **E con il tuo spirito.**
✠ *Dal Vangelo secondo Matteo*
R. **Gloria a te, o Signore.**

Genealogia di Gesù Cristo figlio di Davide, figlio di Abramo. Abramo generò Isacco, Isacco generò Giacobbe, Giacobbe generò Giuda e i suoi fratelli, Giuda generò Fares e Zara da Tamar, Fares generò Esrom, Esrom generò Aram, Aram generò Aminadàb, Aminadàb generò Naassòn, Naassòn generò Salmon, Salmon generò Booz da Racab, Booz generò Obed da Rut, Obed generò Iesse, Iesse generò il re Davide. Davide generò Salomone da quella che era stata la moglie di Urìa, Salomone generò Roboamo, Roboamo generò Abìa, Abìa generò Asaf, Asaf generò Giòsafat, Giòsafat generò Ioram, Ioram generò Ozìa, Ozìa generò Ioatàm, Ioatàm generò Àcaz, Àcaz generò Ezechìa, Ezechìa generò Manasse, Manasse generò Amos, Amos generò Giosìa, Giosìa generò Ieconìa e i suoi fratelli, al tempo della deportazione in Babilonia. Dopo la deportazione in Babilonia, Ieconìa generò Salatièl, Salatièl generò Zorobabele,

Zorobabele generò Abiùd, Abiùd generò Eliachìm, Eliachìm generò Azor, Azor generò Sadoc, Sadoc generò Achim, Achim generò Eliùd, Eliùd generò Eleàzar, Eleàzar generò Mattan, Mattan generò Giacobbe, Giacobbe generò Giuseppe, lo sposo di Maria, dalla quale è nato Gesù, chiamato Cristo. In tal modo, tutte le generazioni da Abramo a Davide sono quattordici, da Davide fino alla deportazione in Babilonia quattordici, dalla deportazione in Babilonia a Cristo quattordici. [Così fu generato Gesù Cristo: sua madre Maria, essendo promessa sposa di Giuseppe, prima che andassero a vivere insieme si trovò incinta per opera dello Spirito Santo. Giuseppe suo sposo, poiché era uomo giusto e non voleva accusarla pubblicamente, pensò di ripudiarla in segreto. Mentre però stava considerando queste cose, ecco, gli apparve in sogno un angelo del Signore e gli disse: «Giuseppe, figlio di Davide, non temere di prendere con te Maria, tua sposa. Infatti il bambino che è generato in lei viene dallo Spirito Santo; ella darà alla luce un figlio e tu lo chiamerai Gesù: egli infatti salverà il suo popolo dai suoi peccati». Tutto questo è avvenuto perché si compisse ciò che era stato detto dal Signore per mezzo del profeta: «Ecco, la vergine concepirà e darà alla luce un figlio: a lui sarà dato il nome di Emmanuele», che significa «Dio con noi». Quando si destò dal sonno, Giuseppe fece come gli aveva ordinato l'angelo del Signore e prese con sé la sua sposa; senza che egli la conoscesse, ella diede alla luce un figlio ed egli lo chiamò Gesù]. - Parola del Signore. ℟. **Lode a te o Cristo.**

Si proclama il Credo. *Alle parole:* e per opera dello Spirito Santo… *fino a* si è fatto uomo, *si genuflette (pag. 12).*

(in piedi)

SULLE OFFERTE - Concedi al tuo popolo, o Signore, di celebrare con rinnovato fervore questo sacrificio, nella vigilia del grande giorno che ha dato inizio alla nostra redenzione. Per Cristo nostro Signore. **Amen.**

Prefazio di Natale I (materiale multimediale: pag. 17).

COMUNIONE - Si rivelerà la gloria del Signore e tutti gli uomini vedranno la salvezza del nostro Dio *(Cfr. Is 40,5).*

Oppure: Giuseppe, non temere: Maria darà alla luce un figlio e tu lo chiamerai Gesù. Egli salverà il suo popolo *(Cfr. Mt 1,20.21).*

Dopo la Comunione - Preghiamo: Concedi a noi, o Padre, di attingere nuova vita da questa annuale memoria della nascita del tuo Figlio unigenito, che si fa nostro cibo e bevanda nel sacramento di salvezza. Egli vive e regna nei secoli dei secoli. **Amen.**

MESSA DELLA NOTTE

Antifona d'ingresso - Il Signore mi ha detto: «Tu sei mio figlio, io oggi ti ho generato» *(Sal 2,7).*
Oppure: Rallegriamoci tutti nel Signore: il nostro Salvatore è nato nel mondo. Oggi la pace vera è scesa per noi dal cielo.

Si dice il Gloria *(pag. 10).*

Colletta - Preghiamo: O Dio, che hai illuminato questa santissima notte con lo splendore di Cristo, vera luce del mondo, concedi a noi, che sulla terra contempliamo i suoi misteri, di partecipare alla sua gloria nel cielo. Egli è Dio… **Amen.**

(seduti)

PRIMA LETTURA

Is 9,1-6

Dal libro del profeta Isaìa

Il popolo che camminava nelle tenebre ha visto una grande luce; su coloro che abitavano in terra tenebrosa una luce rifulse. Hai moltiplicato la gioia, hai aumentato la letizia. Gioiscono davanti a te come si gioisce quando si miete e come si esulta quando si divide la preda. Perché tu hai spezzato il giogo che l'opprimeva, la sbarra sulle sue spalle, e il bastone del suo aguzzino, come nel giorno di Màdian. Perché ogni calzatura di soldato che marciava rimbombando e ogni mantello intriso di sangue saranno bruciati, dati in pasto al fuoco. Perché un bambino è nato per noi, ci è stato dato un figlio. Sulle sue spalle è il potere e il suo nome sarà: Consigliere mirabile, Dio potente, Padre per sempre, Principe della pace. Grande sarà il suo potere e la pace non avrà fine sul trono di Davide e sul suo regno, che egli viene a consolidare e rafforzare con il diritto e la giustizia, ora e per sempre. Questo farà lo zelo del Signore degli eserciti. - Parola di Dio.

℟. **Rendiamo grazie a Dio.**

SALMO RESPONSORIALE Dal Salmo 95 (96)

℟. **Oggi è nato per noi il Salvatore.**

Cantate al Signore un canto nuovo,
cantate al Signore, uomini di tutta la terra.
Cantate al Signore, benedite il suo nome. ℟.

Annunciate di giorno in giorno la sua salvezza.
In mezzo alle genti narrate la sua gloria,
a tutti i popoli dite le sue meraviglie. ℟.

Gioiscano i cieli, esulti la terra,
risuoni il mare e quanto racchiude;
sia in festa la campagna e quanto contiene,
acclamino tutti gli alberi della foresta. ℟.

Davanti al Signore che viene:
sì, egli viene a giudicare la terra;
giudicherà il mondo con giustizia
e nella sua fedeltà i popoli. ℟.

SECONDA LETTURA Tt 2,11-14

Dalla lettera di san Paolo apostolo a Tito

Figlio mio, è apparsa la grazia di Dio, che porta salvezza a tutti gli uomini e ci insegna a rinnegare l'empietà e i desideri mondani e a vivere in questo mondo con sobrietà, con giustizia e con pietà, nell'attesa della beata speranza e della manifestazione della gloria del nostro grande Dio e salvatore Gesù Cristo. Egli ha dato se stesso per noi, per riscattarci da ogni iniquità e formare per sé un popolo puro che gli appartenga, pieno di zelo per le opere buone. - Parola di Dio. ℟. **Rendiamo grazie a Dio.**

(in piedi)

CANTO AL VANGELO Lc 2,10-11

Alleluia, alleluia.
Vi annuncio una grande gioia:
oggi è nato per voi un Salvatore, Cristo Signore.
Alleluia.

VANGELO Lc 2,1-14

Il Signore sia con voi.
℟. **E con il tuo spirito.**
✠ *Dal Vangelo secondo Luca*
℟. **Gloria a te, o Signore.**

In quei giorni un decreto di Cesare Augusto ordinò che si facesse il censimento di tutta la terra. Questo primo censimento fu fatto quando Quirinio era governatore della Siria. Tutti andavano a farsi censire, ciascuno nella propria città. Anche Giuseppe, dalla Galilea, dalla città di Nàzaret, salì in Giudea alla città di Davide chiamata Betlemme: egli apparteneva infatti alla casa e alla famiglia di Davide. Doveva farsi censire insieme a Maria, sua sposa, che era incinta. Mentre si trovavano in quel luogo, si compirono per lei i giorni del parto. Diede alla luce il suo figlio primogenito, lo avvolse in fasce e lo pose in una mangiatoia, perché per loro non c'era posto nell'alloggio. C'erano in quella regione alcuni pastori che, pernottando all'aperto, vegliavano tutta la notte facendo la guardia al loro gregge. Un angelo del Signore si presentò a loro e la gloria del Signore li avvolse di luce. Essi furono presi da grande timore, ma l'angelo disse loro: «Non temete: ecco, vi annuncio una grande gioia, che sarà di tutto il popolo: oggi, nella città di Davide, è nato per voi un Salvatore, che è Cristo Signore. Questo per voi il segno: troverete un bambino avvolto in fasce, adagiato in una mangiatoia». E subito apparve con l'angelo una moltitudine dell'esercito celeste, che lodava Dio e diceva: «Gloria a Dio nel più alto dei cieli e sulla terra pace agli uomini, che egli ama». - Parola del Signore. ℟. **Lode a te o Cristo.**

Si proclama il Credo. *Alle parole:* e per opera dello Spirito Santo… *fino a* si è fatto uomo, *si genuflette (pag. 12).*

(in piedi)

SULLE OFFERTE - Ti sia gradita, o Padre, la nostra offerta in questa notte di luce, e per questo santo scambio di doni trasformaci in Cristo tuo Figlio, che ha innalzato l'uomo accanto a te nella gloria. Per Cristo nostro Signore. **Amen.**

Prefazio di Natale I (materiale multimediale: pag. 17).

COMUNIONE - Il Verbo si fece carne e noi abbiamo contemplato la sua gloria *(Gv 1,14).*
Oppure: Oggi, nella città di Davide, è nato un Salvatore, che è Cristo Signore *(Lc 2,11).*

DOPO LA COMUNIONE - **Preghiamo:** Signore Dio nostro, che ci doni la grazia di celebrare nella gioia la nascita del redentore, fa' che giungiamo con la santità della vita a condividere la sua gloria. Egli vive e regna nei secoli dei secoli. **Amen.**

MESSA DELL'AURORA

ANTIFONA D'INGRESSO - Oggi la luce splenderà su di noi: è nato per noi il Signore. Il suo nome sarà: Consigliere mirabile, Dio potente, Padre per sempre, Principe della pace. Il suo regno non avrà fine *(Cfr. Is 9,1.5; Lc 1,33).*

Si dice il Gloria *(pag. 10).*

COLLETTA - **Preghiamo:** Signore, Dio onnipotente, che ci avvolgi della nuova luce del tuo Verbo fatto uomo, fa' che risplenda nelle nostre opere il mistero della fede che rifulge nel nostro spirito. Per il nostro Signore... **Amen.**

(seduti)

PRIMA LETTURA Is 62,11-12

Dal libro del profeta Isaìa

Ecco ciò che il Signore fa sentire all'estremità della terra: «Dite alla figlia di Sion: Ecco, arriva il tuo salvatore; ecco, egli ha con sé il premio e la sua ricompensa lo precede. Li chiameranno Popolo santo, Redenti del Signore. E tu sarai chiamata Ricercata, Città non abbandonata». - Parola di Dio.

℟. **Rendiamo grazie a Dio.**

SALMO RESPONSORIALE Dal Salmo 96 (97)

℟. **Oggi la luce risplende su di noi.**

Il Signore regna: esulti la terra,
gioiscano le isole tutte.
Annunciano i cieli la sua giustizia
e tutti i popoli vedono la sua gloria. ℟.

Una luce è spuntata per il giusto,
una gioia per i retti di cuore.
Gioite, giusti, nel Signore,
della sua santità celebrate il ricordo. ℟.

SECONDA LETTURA Tt 3,4-7

Dalla lettera di san Paolo apostolo a Tito

Figlio mio, quando apparvero la bontà di Dio, salvatore nostro, e il suo amore per gli uomini, egli ci ha salvati, non per opere giuste da noi compiute, ma per la sua misericordia, con un'acqua che rigenera e rinnova nello Spirito Santo, che Dio ha effuso su di noi in abbondanza per mezzo di Gesù Cristo, salvatore nostro, affinché, giustificati per la sua grazia, diventassimo, nella speranza, eredi della vita eterna. - Parola di Dio. ℟. **Rendiamo grazie a Dio.**

(in piedi)

CANTO AL VANGELO

Lc 2,14

Alleluia, alleluia.
Gloria a Dio nel più alto dei cieli
e sulla terra pace agli uomini, che egli ama.
Alleluia.

VANGELO

Lc 2,15-20

Il Signore sia con voi.
℟. **E con il tuo spirito.**
✠ *Dal Vangelo secondo Luca*
℟. **Gloria a te, o Signore.**

Appena gli angeli si furono allontanati da loro, verso il cielo, i pastori dicevano l'un l'altro: «Andiamo dunque fino a Betlemme, vediamo questo avvenimento che il Signore ci ha fatto conoscere». Andarono, senza indugio, e trovarono Maria e Giuseppe e il bambino, adagiato nella mangiatoia. E dopo averlo visto, riferirono ciò che del bambino era stato detto loro. Tutti quelli che udivano si stupirono delle cose dette loro dai pastori. Maria, da parte sua, custodiva tutte queste cose, meditandole nel suo cuore. I pastori se ne tornarono, glorificando e lodando Dio per tutto quello che avevano udito e visto, com'era stato detto loro. - Parola del Signore. ℟. **Lode a te o Cristo.**

Si proclama il Credo. *Alle parole:* e per opera dello Spirito Santo… *fino a* si è fatto uomo, *si genuflette (pag. 12).*

(in piedi)

Sulle offerte - Le nostre offerte, o Padre, siano degne dei misteri che oggi celebriamo: come il tuo Figlio, generato nella carne, si manifestò Dio e uomo, così questi frutti della terra ci comunichino la vita divina. Per Cristo nostro Signore. **Amen.**

Prefazio di Natale I (materiale multimediale: pag. 17).

Comunione - Esulta grandemente, figlia di Sion, giubila, figlia di Gerusalemme! Ecco, viene il tuo Re, il Santo e Salvatore del mondo *(Cfr. Zc 9,9).*
Oppure: I pastori se ne tornarono, glorificando e lodando Dio per tutto quello che avevano udito e visto *(Lc 2,20).*

Dopo la Comunione - **Preghiamo:** O Dio, che ci hai radunato a celebrare in devota letizia la nascita del tuo Figlio, concedi alla tua Chiesa di conoscere con la fede le profondità del tuo mistero e di viverlo con amore intenso e generoso. Per Cristo nostro Signore. **Amen.**

MESSA DEL GIORNO

ANTIFONA D'INGRESSO - Un bambino è nato per noi, ci è stato dato un figlio. Sulle sue spalle è il potere e il suo nome sarà: Consigliere mirabile *(Is 9,5)*.

Si dice il Gloria *(pag. 10).*

COLLETTA - **Preghiamo:** O Dio, che in modo mirabile ci hai creati a tua immagine e in modo più mirabile ci hai rinnovati e redenti, fa' che possiamo condividere la vita divina del tuo Figlio, che oggi ha voluto assumere la nostra natura umana. Egli è Dio… **Amen.**

(seduti)

PRIMA LETTURA Is 52,7-10

Dal libro del profeta Isaìa

Come sono belli sui monti i piedi del messaggero che annuncia la pace, del messaggero di buone notizie che annuncia la salvezza, che dice a Sion: «Regna il tuo Dio». Una voce! Le tue sentinelle alzano la voce, insieme esultano, poiché vedono con gli occhi il ritorno del Signore a Sion. Prorompete insieme in canti di gioia, rovine di Gerusalemme, perché il Signore ha consolato il suo popolo, ha riscattato Gerusalemme. Il Signore ha snudato il suo santo braccio davanti a tutte le nazioni; tutti i confini della terra vedranno la salvezza del nostro Dio. - Parola di Dio. ℟. **Rendiamo grazie a Dio.**

SALMO RESPONSORIALE Dal Salmo 97 (98)

℟. **Tutta la terra ha veduto**
la salvezza del nostro Dio.

Cantate al Signore un canto nuovo,
perché ha compiuto meraviglie.
Gli ha dato vittoria la sua destra
e il suo braccio santo. ℟.

Il Signore ha fatto conoscere la sua salvezza,
agli occhi delle genti ha rivelato la sua giustizia.
Egli si è ricordato del suo amore,
della sua fedeltà alla casa d'Israele. ℟.

Tutti i confini della terra hanno veduto
la vittoria del nostro Dio.
Acclami il Signore tutta la terra,
gridate, esultate, cantate inni! ℟.

Cantate inni al Signore con la cetra,
con la cetra e al suono di strumenti a corde;

con le trombe e al suono del corno
acclamate davanti al re, il Signore. ℟.

SECONDA LETTURA Eb 1,1-6

Dalla lettera agli Ebrei

Dio, che molte volte e in diversi modi nei tempi antichi aveva parlato ai padri per mezzo dei profeti, ultimamente, in questi giorni, ha parlato a noi per mezzo del Figlio, che ha stabilito erede di tutte le cose e mediante il quale ha fatto anche il mondo. Egli è irradiazione della sua gloria e impronta della sua sostanza, e tutto sostiene con la sua parola potente. Dopo aver compiuto la purificazione dei peccati, sedette alla destra della maestà nell'alto dei cieli, divenuto tanto superiore agli angeli quanto più eccellente del loro è il nome che ha ereditato. Infatti, a quale degli angeli Dio ha mai detto: «Tu sei mio figlio, oggi ti ho generato»? E ancora: «Io sarò per lui padre ed egli sarà per me figlio»? Quando invece introduce il primogenito nel mondo, dice: «Lo adorino tutti gli angeli di Dio». - Parola di Dio.

℟. **Rendiamo grazie a Dio.**

(in piedi)

CANTO AL VANGELO

Alleluia, alleluia.
Un giorno santo è spuntato per noi:
venite tutti ad adorare il Signore;
oggi una splendida luce è discesa sulla terra.
Alleluia.

VANGELO

Gv 1,1-18
Forma breve: [ ] Gv 1,1-5.9-14

Il Signore sia con voi.
℟. **E con il tuo spirito.**
✠ *Dal Vangelo secondo Giovanni*
℟. **Gloria a te, o Signore.**

[In principio era il Verbo, e il Verbo era presso Dio e il Verbo era Dio. Egli era, in principio, presso Dio: tutto è stato fatto per mezzo di lui e senza di lui nulla è stato fatto di ciò che esiste. In lui era la vita e la vita era la luce degli uomini; la luce splende nelle tenebre e le tenebre non l'hanno vinta.] Venne un uomo mandato da Dio: il suo nome era Giovanni. Egli venne come testimone per dare testimonianza alla luce, perché tutti credessero per mezzo di lui. Non era lui la luce, ma doveva dare testimonianza alla luce. [Veniva nel mondo la luce vera, quella che

illumina ogni uomo. Era nel mondo e il mondo è stato fatto per mezzo di lui; eppure il mondo non lo ha riconosciuto. Venne fra i suoi, e i suoi non lo hanno accolto. A quanti però lo hanno accolto ha dato potere di diventare figli di Dio: a quelli che credono nel suo nome, i quali, non da sangue né da volere di carne né da volere di uomo, ma da Dio sono stati generati. E il Verbo si fece carne e venne ad abitare in mezzo a noi; e noi abbiamo contemplato la sua gloria, gloria come del Figlio unigenito che viene dal Padre, pieno di grazia e di verità.] Giovanni gli dà testimonianza e proclama: «Era di lui che io dissi: Colui che viene dopo di me è avanti a me, perché era prima di me». Dalla sua pienezza noi tutti abbiamo ricevuto: grazia su grazia. Perché la Legge fu data per mezzo di Mosè, la grazia e la verità vennero per mezzo di Gesù Cristo. Dio, nessuno lo ha mai visto: il Figlio unigenito, che è Dio ed è nel seno del Padre, è lui che lo ha rivelato. - Parola del Signore.
℟. **Lode a te o Cristo.**

Si proclama il Credo. *Alle parole:* e per opera dello Spirito Santo… *fino a* si è fatto uomo, *si genuflette (pag. 12).*

(in piedi)

SULLE OFFERTE - Nel Natale del tuo Figlio ti sia gradito, o Padre, questo sacrificio, dal quale venne il perfetto compimento della nostra riconciliazione e prese origine la pienezza del culto divino. Per Cristo nostro Signore. **Amen.**

Prefazio di Natale I (materiale multimediale: pag. 17).

COMUNIONE - Tutti i confini della terra hanno veduto la salvezza del nostro Dio *(Cfr. Sal 97,3).*

Oppure: Il Verbo si fece carne e noi abbiamo contemplato la sua gloria *(Gv 1,14).*

DOPO LA COMUNIONE - **Preghiamo:** Dio misericordioso, il Salvatore del mondo, che oggi è nato e nel quale siamo stati generati come tuoi figli, ci comunichi il dono della vita immortale. Per Cristo nostro Signore. **Amen.**

Commenti

MESSA VESPERTINA NELLA VIGILIA

1ª LETTURA - Tutta una città, in questo oracolo del profeta Isaìa, diventa come una persona: viene chiamata con un nome nuovo, diventa la sposa di Dio che viene presentato come sposo. Si tratta, Gerusalemme, che finalmente torna a essere il vero luogo di Dio, dopo gli anni nei quali il popolo era stato deportato lontano e la città era stata abbandonata e giaceva in uno stato di desolazione e abbandono. Le personificazioni di città e cose non sono nuove nel linguaggio dell'Antico Testamento e annunciano sempre qualcosa d'altro che dovrà venire. Allora oggi, mettiamoci in quella Gerusalemme ideale e facciamo nostre le parole dell'antico profeta: siamo noi a non essere più desolati, a essere pieni di gioia, a non essere più né abbandonati né devastati, e il motivo è perché Dio si è fatto uomo, è l'Emmanuele (che significa Dio-con-noi), è Gesù. Egli è venuto da noi per aprirci le porte del cielo e non ci lascerà mai: «Io sono con voi tutti i giorni, fino alla fine del mondo» (Mt 28,20), ci ha assicurato il Signore. Questa è la fonte di tutta la nostra gioia, e oggi siamo chiamati a farne viva esperienza nello Spirito.

2ª LETTURA - Nel primo viaggio apostolico, Paolo viene a trovarsi in piena Asia minore ad Antiòchia di Psìdia (oggi Turchia) e predica ai Giudei là residenti. Essi non sanno ancora niente di Cristo, questa è la prima volta che ne sentono parlare. Paolo presenta subito Gesù come Salvatore, senza tanti giri di parole. Per argomentare bene il suo discorso, afferma che Giovanni Battista (la cui fama era giunta probabilmente anche in quelle regioni lontane) aveva dichiarato che egli era solo il precursore e il vero inviato dal Padre era Gesù. Anche oggi la Chiesa non fa che proclamare alle genti che abbiamo un solo Salvatore, uno solo che ha riparato i peccati degli uomini, uno solo che fa da tramite e ponte tra noi e il cielo, un solo sommo sacerdote. La forza d'urto del messaggio sta tutta in queste affermazioni, sono parole che possono aprire i cuori, poiché tutti abbiamo bisogno di capire perché siamo al mondo, che cosa ci sarà dopo la nostra morte, che valore hanno i nostri atti. Tutto converge allora nella fede in Cristo. Poi verrà tutto il resto, che sarà conseguenza del nostro atto di fede.

VANGELO - Matteo parla del Signore Gesù partendo da lontano, per confermare che tutto quello che è stato detto di lui è vero. Il Vangelo non ci presenta uno sterile elenco di nomi, ma un vero albero genealogico per dimostrare a tutti che Gesù è della stirpe di Davide, dal quale, come era stato detto, doveva venire il Messia. Poi riprende la profezia di Isaìa per la quale si attende la nascita di un bambino da una donna vergine. Così avviene per Gesù, "nato da Maria", come ben si specifica nel Vangelo. Tutto quindi torna. Ci sono tutti gli elementi per credere che Gesù è l'atteso, il Messia predetto. Poi si può anche non credere, perché Dio ci lascia liberi, ma la sua parola ci mette decisamente sulla strada per aprire il cuore alla fede e farci condurre per mano dalle antiche profezie, che portano sulla strada di Betlemme. I Magi, pur senza conoscere le Scritture d'Israele, ci arrivarono grazie alla lettura del cielo e delle stelle, e adorarono. Tutti i segni portano a lui, perché tutte le cose sono state create per mezzo di lui e in vista di lui (Col 1,16). La creazione, la storia dei popoli, tutto converge verso questo unico punto: la divina incarnazione di Dio. E da lì tutto riparte.

MESSA DELLA NOTTE

1ª LETTURA - L'intervento di Dio nella storia sorprende lo stesso profeta Isaìa, che contempla nella nascita di un bambino l'evento più importante da annunciare al popolo. Niente di più comune e normale della venuta al mondo di un bimbo, eppure questo fatto è caricato di un'importanza strepitosa. Al suo tempo, Isaìa probabilmente si riferiva al re d'Israele, per il quale la nascita del figlio costituiva la garanzia della continuazione del regno d'Israele in tempi difficili, ma giustamente sia gli evangelisti che la tradizione della Chiesa vedono in questo oracolo l'annuncio del vero Messia e re, che è unico ed è Gesù. Il bambino annunciato porta titoli altisonanti: «Consigliere mirabile, Dio potente, Padre per sempre, Principe della Pace». L'attesa di tutto il mondo e di tutte le generazioni giunge a termine e si raccoglie nella grotta di Betlemme. Si realizza l'evento degli eventi: Dio stesso si fa uomo, entra con la sua umano-divinità nel tempo e nello spazio, si relaziona in modo umano con noi. E parte dall'inizio: si fa bambino, per conoscere tutte le fasi della vita umana, percorrerle, assumerle e salvarle tutte.

2ª LETTURA - Riconoscere nella nascita di un bambino in una grotta la «grazia di Dio, che porta salvezza a tutti gli uomini» non è per niente facile. Ma proprio questo salto di fede ci rende pienamente uomini, perché tutte le cose sono state create per mezzo di lui e in vista di lui (Col 1,16). Senza Cristo noi siamo lontani da Dio e non riusciamo a capire il senso pieno delle cose, non capiamo nemmeno perché siamo nati e che cosa stiamo al mondo a fare. In Cristo realizziamo tutto, perché noi uomini siamo fatti per lui, siamo costituiti per amare ed essere amati; non abbiamo altra felicità che nell'amore. Tuttavia non siamo noi ad amare per primi: è Dio che ha amato noi. Il Natale è l'occasione per vivere la somma adorazione e contemplazione del mistero di Dio che «ha tanto amato il mondo da dare il Figlio unigenito» (Gv 3,16). Non ci sono parole da aggiungere oggi, ma solo da accogliere e da vivere nel silenzio. Proviamo a ripetere più volte, nel nostro cuore, le parole che questa notte abbiamo ascoltato: «Egli ha dato sé stesso per noi». Ripetiamole, assaporiamole, viviamole.

VANGELO - Dio entra nella storia del mondo in modo totalmente silenzioso e segreto. Di per sé, "l'umanizzazione" di Dio avrebbe dovuto o potuto portare un totale rinnovamento o innalzamento dell'intero creato. Invece pare che tutto rimanga normale: Gesù nasce, e il silenzio rimane. La via per conoscere e riconoscere Dio in un bambino la insegnano, per primi, Maria e Giuseppe: essi credono, adorano, sperano. Non si fanno tante domande, ma credono perfettamente e assolutamente che quel bambino è Dio. Poi arrivano i pastori, che ascoltano l'annuncio e cominciano a credere. Poi arriviamo noi, dopo tanti anni, tanta storia e tante vicende anche contraddittorie dell'umanità. Il mondo sembra rimasto lo stesso, anche oggi, ma in realtà tutto è cambiato. Il rinnovamento avviene nella sfera intima, personale, nel cuore. La via della liberazione dal male è come un fiume carsico, sotterraneo, invisibile. I pastori sono i primi a farsi coinvolgere dall'atto intimo e personale, di adorazione. Non ci sono più gli angeli da vedere nel cielo, spettacolo affascinante e grandioso: c'è da andare e riconoscere Dio nella visione più umile che si possa immaginare, quella del bambino. E, se lo accogliamo, tutto cambia.

MESSA DELL'AURORA

1ª LETTURA - Isaìa è il profeta dalle larghe vedute. Altri profeti dell'Antico Testamento si rivolgono al popolo d'Israele con richiami specifici, con argomenti riguardanti la vita religiosa, i doveri delle singole persone e via dicendo; Isaìa invece vede Israele come prima delle nazioni perché da questa nascerà il Messia, il Salvatore, che sarà per tutto il mondo e per tutte le generazioni fino alla fine dei tempi. Ecco perché Gerusalemme è chiamata «Ricercata»: perché è essenziale per la vita di tutto il mondo; ed è detta «Città non abbandonata» perché a essa è data per sempre la sorgente della verità e del bene, Cristo Signore. Questo annuncio dell'Antico Testamento ben si presta al Natale, perché il "cercato" non è un luogo, ma una persona. Gesù. La città non abbandonata non è un insieme di case e palazzi, ma l'insieme di tutti i credenti in Cristo che, accogliendo il Signore che viene, non sono e non saranno mai più abbandonati a sé stessi. Tutta l'attesa del mondo, tutte le lacrime versate, tutti i desideri espressi, si raccolgono ora nella luce della grotta di Betlemme, perché il Salvatore è nato.

2ª LETTURA - Per capire bene l'amore di Dio dobbiamo entrare nella sua gratuità. Niente ci era dovuto, ma l'opera di salvezza nasce dall'esuberanza del suo amore. Adamo aveva peccato e tutta la creazione era precipitata nella ribellione. Può l'amore di Dio permettere che la creatura, amata e voluta da lui, rimanga in questa condizione di pena? Dio vuole che tutti siamo salvati e per questo nella pienezza dei tempi appare, non solo Gesù nella sua condizione umana, ma la bontà di Dio e il suo amore per gli uomini. Teniamo sempre bene in mente questi due aspetti: la bontà di Dio e il suo amore. Dio vuole non solo salvarci dal male, ma farci partecipi pienamente della sua vita divina. Gesù altro non è che la manifestazione della bontà e dell'amore di Dio. È vero che Gesù è anche il giudice dei vivi e dei morti, è vero che è il redentore e salvatore, ma tutto va sempre visto e capito all'interno di queste due comprensioni omniavvolgenti: la bontà e l'amore di Dio. Noi uomini siamo buoni a tratti e amiamo imperfettamente, ma Dio si manifesta come bontà perfetta e amore assoluto, in Cristo Gesù.

Vangelo - Consideriamo la grandezza di questi semplici pastori. Per prima cosa, credono. Avevano visto degli angeli nel cielo che annunciavano la venuta del Messia in una maniera inaspettata, ossia in un bambino nato in una grotta. Non discutono: credono. Secondo: vanno, camminano. Non stanno fermi, non rimandano, lasciano lì il gregge e partono. Hanno nel cuore il desiderio di vedere ciò in cui già credono. Terzo: riferiscono. Non hanno timore di apparire ridicoli dicendo che sono lì perché l'hanno detto degli angeli (avrebbero potuto essere presi per esaltati o allucinati); dicono la verità dei fatti, che è confermata dall'esistenza reale di quel bambino di cui parlavano tali angeli. Entrano nella storia sacra come protagonisti, accogliendo le cose sentite e riferendole con piena sincerità. Infine, tornano, glorificano e lodano Dio. Eppure non hanno visto segni prodigiosi, il bambino non ha fatto alcun miracolo, tutto è stato normale ai loro occhi, tranne il fatto degli angeli. La loro fede esplode nel canto gioioso: non fanno altro che unirsi agli angeli che nel frattempo si erano ritirati nelle sedi celesti; il canto degli uomini si sostituisce così a quello delle corti angeliche.

MESSA DEL GIORNO

1ª LETTURA - Già nell'Antico Testamento risuona il canto di lode per la venuta del Signore. Nel testo si parla del ritorno di Dio nella sua casa (Sion) dopo il periodo di esilio, ma la profezia si dilata e annuncia un altro arrivo e un altro regno. Non si tratta più di un singolo popolo che esulta per la fine dell'esilio, ma del mondo intero che riconosce la salvezza del nostro Dio. Tutto avviene nel nascondimento del Natale, perché non si tratta di una conquista sociale, del potere umano su tutto il mondo: si parla della venuta di Cristo nei cuori, perché gli uomini che lo accolgono abbiano la vita eterna. Tutto ciò che nell'Antico Testamento è parziale, si avvera nell'universale. Oggi, quindi, ci uniamo agli uomini di tutte le nazioni e di tutti i tempi per glorificare la venuta di Cristo in terra. E se il nostro grido non raggiungerà ancora tutti materialmente, non possiamo rinunciare ad avere lo sguardo su tutti gli uomini di tutti i tempi, non possiamo non abbracciare tutti e annunciare con fede certa, unendoci a tutti gli angeli del cielo, che Dio è con noi, l'Emmanuele.

2ª LETTURA - L'annuncio è solenne. Il fatto che Dio sia Figlio e che si renda visibile nel mondo assumendo un corpo umano è un evento clamoroso, davanti al quale non possiamo mai abituarci. «Lo adorino tutti gli angeli», dice il testo della lettera agli Ebrei. Tanto più noi, associandoci a loro, oggi adoriamo Gesù, vero Dio e vero uomo. Prima ancora di sapere e capire che cosa egli farà nel mondo, la sua accondiscendenza oggi ci pare senza limiti: poterlo vedere e adorare nella debolezza della natura umana (un bambino di poche ore) scardina tutti i pensieri che possiamo farci su Dio. Dio ora è tutto lì, come se il Paradiso si fosse svuotato, perché il Padre è nel Figlio e Gesù nella culla possiede tutto lo Spirito Santo. No, non si è svuotato: il Paradiso è venuto in terra. Adorare è la cosa più utile che possiamo fare. Non possiamo vivere di sole cose evidenti: abbiamo bisogno del Mistero e di adorare. La nostra vera natura è infatti l'adorazione, perché noi uomini siamo fatti per l'incontro, l'abbraccio, il dono. E Dio si fa visibile nel bambino Gesù per essere adorato, amato, accolto.

VANGELO - Il Vangelo della terza Messa del Natale proclama il solenne prologo di san Giovanni. Egli contempla ciò che ha visto ed esprime il suo significato. Giovanni è un vero grande teologo, che ci fa conoscere Dio. Dio nessuno l'ha mai visto, ci dice, ed è il Figlio che l'ha rivelato. La parola rivelare deriva dal latino *retro velum dare*, che significa sollevare il velo. A teatro si alza il sipario e l'opera inizia. Prima nessuno vede niente, ma quando si alza il velo tutti si mettono in silenzio e vedono la scena che era già pronta. Questo avviene quando appare Gesù nella carne umana: gli uomini vedono Dio perché solo il Figlio può "sollevare il velo" e mostrarci il volto del Padre. Egli solo lo conosce, egli solo vive di lui. Sì, senza Gesù tutto appare senza senso e anche "Dio" rimane una parola vuota, anzi, inaccessibile. Ma in Cristo ora possediamo la pienezza e i nostri occhi interiori contemplano il volto del Padre. In Paradiso non ci sarà dato nulla di più, perché il Paradiso è già iniziato in terra. Il Paradiso è una persona: Cristo risorto. Non cerchiamo altro, non cerchiamo oltre: abbiamo già tutto. Venite, adoriamo in silenzio, e contempliamo Dio nel bambino che è nato.

☐ **PROPOSITO DEL GIORNO...** Oggi, davanti al presepe, adoro Gesù Bambino. Se non trovo le parole giuste mi faccio aiutare dalla preghiera presente nel materiale multimediale *(pag. 735)*.

☐ **PRATICHE E FESTE DEL GIORNO...**

- Pratiche e preghiere di ogni giorno consigliate per il mese di dicembre *(pag. 724)*.
- Preghiera a Gesù bambino *(pag. 735)*.
- Preghiera davanti al presepe (cod. 8001) *(materiale multimediale: pag. 735)*.
- Litanie a Gesù bambino (cod. 8001, 8139).
- Corona biblica per il dono dei figli (cod. 8443).

SANTI E BEATI DEL GIORNO

S. Alberto (Adamo) Chmielowski • S. Eugenia di Roma • B. Antonia Maria Verna • B. Michele Nakashima

26 DICEMBRE

MARTEDÌ

Ottava di Natale
Santo Stefano, primo martire (f)
rosso **propria**

SANTO STEFANO:
un martire muore perdonando.
«Signore, non imputare loro questo peccato», grida forte Stefano, pochi attimi prima di morire sotto i colpi dei suoi lapidatori.
Stefano è uno dei primi a seguire gli Apostoli ed è molto apprezzato nella comunità di Gerusalemme, tanto che il suo nome compare negli Atti come primo fra i sette diaconi che vennero eletti per aiutare gli Apostoli nella loro missione. **«Uomo pieno di fede e di Spirito Santo»**, fa prodigi e miracoli, ma alcuni della sinagoga sobillano il popolo, gli anziani e gli scribi dicendo di averlo udito pronunciare espressioni blasfeme. Stefano viene quindi trascinato davanti al sinedrio, dove falsi testimoni lo accusano di averlo sentito dire che Gesù il Nazareno avrebbe distrutto quel luogo e sovvertito i costumi tramandati da Mosè.
Allora Stefano pronuncia un discorso forte, in cui ripercorre la storia della salvezza e poi conclude: **«Ecco,**

io contemplo i cieli aperti e il Figlio dell'uomo che sta alla destra di Dio», Queste parole firmano la sua condanna a morte: viene trascinato fuori e lapidato. **Fra coloro che assistono e approvano la sua uccisione c'era Saulo**, che da persecutore dei cristiani diventerà poi l'Apostolo delle genti, san Paolo. Ai suoi piedi viene deposto il mantello di Stefano e, mentre le pietre lo colpivano, il giovane chiede a Gesù di accogliere il suo spirito e di perdonare i suoi assassini.

ANTIFONA D'INGRESSO - Si aprirono le porte del cielo per santo Stefano; egli è il primo della schiera dei martiri: ha ricevuto in cielo la corona di gloria.

Si dice il Gloria *(pag. 10).*

COLLETTA - Donaci, o Padre, di esprimere con la vita il mistero che celebriamo nel giorno natalizio di santo Stefano primo martire e insegnaci ad amare anche i nostri nemici sull'esempio di lui, che morendo pregò per i suoi persecutori. Per il nostro Signore…

PRIMA LETTURA At 6,8-10.12;7,54-60

Dagli Atti degli Apostoli

In quei giorni, Stefano, pieno di grazia e di potenza, faceva grandi prodigi e segni tra il popolo. Allora alcuni della sinagoga detta dei Liberti, dei Cirenei, degli Alessandrini e di quelli della Cilìcia e dell'Asia, si alzarono a discutere con Stefano, ma non riuscivano a resistere alla sapienza e allo Spirito con cui egli parlava. E così sollevarono il popolo, gli anziani e gli scribi, gli piombarono addosso, lo catturarono e lo condussero davanti al Sinedrio. Tutti quelli che sedevano nel Sinedrio, [udendo le sue parole,] erano furibondi in cuor loro e digrignavano i denti contro Stefano. Ma egli, pieno di Spirito Santo, fissando il cielo, vide la gloria di Dio e Gesù che stava alla destra di Dio e disse: «Ecco, contemplo i cieli aperti e il Figlio dell'uomo che sta alla destra di Dio». Allora, gridando a gran voce, si turarono gli orecchi e si scagliarono tutti insieme contro di lui, lo trascinarono fuori della città e si misero a lapidarlo. E i testimoni deposero i loro mantelli ai piedi di un giovane, chiamato Saulo. E lapidavano Stefano, che pregava e diceva: «Signore Gesù, accogli il mio spirito». Poi piegò le ginocchia e gridò a gran voce: «**Signore, non imputare loro questo peccato**». Detto questo, morì. **Parola di Dio.**

SALMO RESPONSORIALE Dal Salmo 30 (31)

℟. **Alle tue mani, Signore, affido il mio spirito.**

Sii per me una roccia di rifugio,
un luogo fortificato che mi salva.
Perché mia rupe e mia fortezza tu sei,
per il tuo nome guidami e conducimi. ℟.

Alle tue mani affido il mio spirito;
tu mi hai riscattato, Signore, Dio fedele.
Esulterò e gioirò per la tua grazia,
perché hai guardato alla mia miseria. ℟.

Liberami dalla mano dei miei nemici
e dai miei persecutori:
sul tuo servo fa' splendere il tuo volto,
salvami per la tua misericordia. ℟.

CANTO AL VANGELO Salmo 117 (118),26a.27a

Alleluia, alleluia.
Benedetto colui che viene nel nome del Signore;
il Signore è Dio, egli ci illumina.
Alleluia.

VANGELO Mt 10,17-22

✠ *Dal Vangelo secondo Matteo*

In quel tempo, Gesù disse ai suoi apostoli: «Guardatevi dagli uomini, perché vi consegneranno ai tribunali e vi flagelleranno nelle loro sinagoghe; e sarete condotti davanti a governatori e re per causa mia, per dare testimonianza a loro e ai pagani. Ma, quando vi consegneranno, non preoccupatevi di come o di che cosa direte, perché vi sarà dato in quell'ora ciò che dovrete dire: infatti non siete voi a parlare, ma è lo Spirito del Padre vostro che parla in voi. Il fratello farà morire il fratello e il padre il figlio, e i figli si alzeranno ad accusare i genitori e li uccideranno. Sarete odiati da tutti a causa del mio nome. Ma chi avrà perseverato fino alla fine sarà salvato».

Parola del Signore.

SULLE OFFERTE - Ti siano graditi, o Signore, i doni del servizio sacerdotale che oggi ti presentiamo nella gloriosa memoria del santo martire Stefano. Per Cristo nostro Signore.

Prefazio di Natale I (materiale multimediale: pag. 17).

Comunione - Lapidavano Stefano, che pregava e diceva: «Signore Gesù, accogli il mio spirito» *(At 7,59)*.

Dopo la Comunione - Ti rendiamo grazie per i molteplici doni della tua misericordia, o Padre, che ci salvi con la nascita del tuo Figlio e ci allieti con la celebrazione del santo martire Stefano. Per Cristo nostro Signore.

Commenti

1ª lettura - Dopo avere operato la redenzione dell'uomo, dopo essersi umiliato fino alla morte di croce, Gesù viene esaltato dal Padre perché nel suo nome «ogni ginocchio si pieghi nei cieli, sulla terra e sotto terra» (Fil 2,10). Stefano è il primo che ha la grazia di contemplare il Signore nella sua vera posizione, nel luogo che gli spetta: alla destra del Padre, costituito giudice dei vivi e dei morti. Non si dice che il Signore gli viene incontro per accoglierlo in Paradiso, non ci sono parole particolari: Stefano semplicemente vede Gesù alla destra del Padre, e questo basta. Poi piega il ginocchio, perché questo è il vero gesto dell'uomo che riconosce la signoria di Dio, che contempla l'opera del Signore e il Paradiso aperto per noi. Sì, in cielo ci si entra stando in ginocchio. Stefano non muore in piedi. Le ultime parole sono di assoluzione, perché il cristiano non odia nessuno. Dopo avere visto Gesù, il cuore si riempie del suo perdono per gli uccisori.

Vangelo - Quando ci sentiamo perseguitati, derisi, non capiti o addirittura odiati per la nostra fede in Cristo e nella Chiesa, non valgono gli argomenti che possiamo opporre, perché l'odio satanico è sempre irrazionale. Se chiediamo ai persecutori perché odiano dei semplici cristiani che chiedono di andare a Messa alla domenica e di pregare, che non fanno del male a nessuno, probabilmente non sapranno che cosa rispondere. E, in effetti, non v'è motivo. Il male si scaglia contro il bene perché Satana vuole distruggere tutto quello che Dio ha fatto, e soprattutto vuole rovinare la sua opera più importante: l'uomo. La difesa allora va lasciata all'avvocato difensore, lo Spirito Santo (la parola "Paraclito" significa proprio "avvocato"), unico che possa contrastare efficacemente il male. E siccome lo Spirito di Dio è verità, tutto quello che diremo nello Spirito

Santo avrà l'effetto di urtare ancora di più gli avversari (come fu per Stefano) oppure di far crollare le resistenze dei nemici e aprire il loro cuore (come fu poi per Paolo, che assistette alla lapidazione di Stefano) alla salvezza. La voce dello Spirito Santo è al tempo stesso dolce come una musica e resistente come l'acciaio.

PROPOSITO DEL GIORNO... Oggi voglio imitare santo Stefano e perdonare sinceramente nel mio cuore tutti coloro che mi hanno fatto del male.

PRATICHE E FESTE DEL GIORNO...

- Pratiche e preghiere di ogni giorno consigliate per il mese di dicembre *(pag. 724)*.
- Preghiera a Gesù bambino *(pag. 735)*.
- Litanie a Gesù bambino (cod. 8001, 8139).
- Preghiera a santo Stefano.
- 1° giorno novena a santa Angela da Foligno (cod. 8902).

ALTRI SANTI E BEATI DEL GIORNO

S. Dionigi • S. Eutimio • S. Vincenza Maria López Vicuña • S. Zenone • B. Secondo Pollo

27 DICEMBRE

MERCOLEDÌ

Ottava di Natale
San Giovanni, apostolo ed evangelista (f)
bianco **propria**

SAN GIOVANNI APOSTOLO: il discepolo che Gesù amava.

“Il discepolo che Gesù amava”, semplicemente così, nel suo Vangelo, si autodefinisce Giovanni. Effettivamente, insieme a Maria, egli riveste un ruolo particolare nella storia della salvezza: Gesù, in punto di morte gli affida Maria e a lei affida Giovanni insieme a tutta l’umanità. E da quel momento le loro vite si stringono in un abbraccio.

È il più giovane e il più longevo dei Dodici. È originario della Galilea e proviene da una famiglia di pescatori. Suo padre è Zebedeo e sua madre Salomè; il fratello Giacomo, detto il Maggiore, e anche lui un apostolo. **Giovanni è un amico intimo di Gesù, è nella cerchia di quelli che lo accompagnano nelle occasioni più importanti**, come quando viene risuscitata la figlia di Giairo, nella trasfigurazione sul Monte Tabor e durante l’agonia nel Getsemani. Anche nel corso dell’Ultima Cena siede in un posto d’onore, alla sua destra, e gli poggia il capo sul petto in un gesto d'affetto: è proprio in quel momento che, secondo la tradizione, lo Spirito Santo gli infonde la sapienza del racconto evangelico che scrive in vecchiaia. **È l'unico a stare ai piedi della croce insieme a Maria** ed è il primo ad arrivare al sepolcro vuoto dopo l'annuncio di Maria Maddalena. Poi si trasferisce con Maria a Efeso, da dove si occupa dell'evangelizzazione dell'Asia Minore. Sembra anche che abbia subito la persecuzione di Domiziano e sia stato esiliato nell'isola di Patmos, dalla quale torna infine a Efeso per finire qui i suoi giorni da ultracentenario, intorno al 104.

ANTIFONA D'INGRESSO - Questi è Giovanni, che nella cena posò il capo sul petto del Signore, apostolo beato che conobbe i segreti del cielo e diffuse nel mondo intero le parole della vita.
Oppure: In mezzo alla Chiesa gli ha aperto la bocca, il Signore lo ha colmato dello spirito di sapienza e d'intelligenza; gli ha fatto indossare una veste di gloria *(Cfr. Sir 15,5).*

Si dice il Gloria *(pag. 10).*

COLLETTA - O Dio, che per mezzo del santo apostolo Giovanni ci hai dischiuso le misteriose profondità del tuo Verbo, donaci intelligenza e sapienza per comprendere l'insegnamento che egli ha fatto mirabilmente risuonare ai nostri orecchi. Per il nostro Signore…

PRIMA LETTURA — 1Gv 1,1-4

Dalla prima lettera di san Giovanni apostolo

Figlioli miei, quello che era da principio, quello che noi abbiamo udito, quello che abbiamo veduto con i nostri occhi, quello che contemplammo e che le nostre mani toccarono del Verbo della vita – la vita infatti si manifestò, noi l'abbiamo veduta e di ciò diamo testimonianza e vi annunciamo la vita eterna, che era presso il Padre e che si manifestò a noi –, quello che abbiamo veduto e udito, noi lo annunciamo anche a voi, perché anche voi siate in comunione con noi. E la nostra comunione è con il Padre e con il Figlio suo, Gesù Cristo. Queste cose vi scriviamo, perché la nostra gioia sia piena. **Parola di Dio.**

SALMO RESPONSORIALE — Dal Salmo 96 (97)

℟. **Gioite, giusti, nel Signore.**

Il Signore regna: esulti la terra,
gioiscano le isole tutte.

Nubi e tenebre lo avvolgono,
giustizia e diritto sostengono il suo trono. ℟.

I monti fondono come cera davanti al Signore,
davanti al Signore di tutta la terra.
Annunciano i cieli la sua giustizia,
e tutti i popoli vedono la sua gloria. ℟.

Una luce è spuntata per il giusto,
una gioia per i retti di cuore.
Gioite, giusti, nel Signore,
della sua santità celebrate il ricordo. ℟.

CANTO AL VANGELO

Alleluia, alleluia.
Noi ti lodiamo, Dio, ti proclamiamo Signore;
ti acclama il coro degli apostoli.
Alleluia.

VANGELO

Gv 20,2-8

✠ *Dal Vangelo secondo Giovanni*

Il primo giorno della settimana, Maria di Màgdala corse e andò da Simon Pietro e dall'altro discepolo, quello che Gesù amava, e disse loro: «Hanno portato via il Signore dal sepolcro e non sappiamo dove l'hanno posto!». Pietro allora uscì insieme all'altro discepolo e si recarono al sepolcro. Correvano insieme tutti e due, ma l'altro discepolo **corse più veloce** di Pietro e giunse per primo al sepolcro. Si chinò, vide i teli posati là, ma non entrò. Giunse intanto anche Simon Pietro, che lo seguiva, ed entrò nel sepolcro e osservò i teli posati là, e il sudario – che era stato sul suo capo – non posato là con i teli, ma avvolto in un luogo a parte. Allora entrò anche l'altro discepolo, che era giunto per primo al sepolcro, e vide e credette. **Parola del Signore.**

SULLE OFFERTE - Santifica, o Signore, i doni che ti offriamo e fa' che attingiamo la conoscenza viva del mistero del Verbo eterno da questo santo convito, che fu per il tuo apostolo Giovanni fonte di rivelazione. Per Cristo nostro Signore.

Prefazio di Natale I (materiale multimediale: pag. 17).

COMUNIONE - Il Verbo si fece carne e venne ad abitare in mezzo a noi. Dalla sua pienezza noi tutti abbiamo ricevuto: grazia su grazia *(Gv 1,14.16).*

DOPO LA COMUNIONE - Dio onnipotente, per questo mistero che abbiamo celebrato fa' che il tuo Verbo fatto carne, annunciato dal santo apostolo Giovanni, dimori sempre in noi. Per Cristo nostro Signore.

Commenti

1ª LETTURA - Non si può andare a Dio se si vuole ignorare l'incarnazione del Verbo. «Nessuno conosce il Padre se non il Figlio» (Mt 11,27), ma il Figlio non è un'idea, un concetto mentale, un angelo del cielo: è una persona in carne e ossa. È un uomo, Gesù, che è anche Dio. Il cristianesimo è realmente la religione dell'incarnazione e tutta la nostra gioia sta nel conoscere il Figlio, nell'ascoltarlo, nel vederlo, nel nutrirci della sua carne divina lasciata a noi nell'Eucaristia. Mia mamma – nella sua saggezza popolare di fede semplice – divideva il mondo in due parti: chi andava a Messa e chi non andava a Messa. I primi gli piacevano, a prescindere, i secondi invece li considerava persone che non vivevano in pienezza la loro vita, quindi degli "infelici". Forse vi era esagerazione in questo suo argomentare, perché non basta andare a Messa per essere buoni cristiani. Tuttavia, in fondo non mi sento di darle torto al cento per cento, perché noi cristiani, se entriamo nel mistero di Cristo, siamo coloro che, pur nella nostra fragilità e debolezza di creature, abbiamo creduto all'apostolo Giovanni: egli ha visto Gesù, lo ha toccato, ce lo ha trasmesso, e la nostra comunione con Dio è realizzata.

Vangelo - Nella corsa di Pietro e Giovanni noi vediamo oggi l'uomo che incede verso il suo Dio, per cercare di raggiungerlo e non lasciarselo più scappare. La Maddalena pensa che qualcuno abbia portato via il corpo di Cristo, non che egli sia risorto e sia vivo. Alla notizia, Pietro balza in piedi e si mette a correre, forse nella speranza di vederlo in qualche modo da qualche parte, animato quindi da un senso vivo di speranza. Anch'egli non ha ancora una fede certa nella risurrezione, ma intanto non sta fermo: gli corre incontro. Poi lo vedrà, poco dopo, nel cenacolo, risorto dai morti, e finalmente dichiarerà la sua fede nella risurrezione; per il momento lo vediamo tutto proteso verso il Signore, che amava più di sé stesso, seppur ancora imperfettamente. Tutta la nostra vita è questa corsa verso di lui, nella speranza di incontrarlo; non possiamo sopportare di stare fermi e vederci scorrere sotto gli occhi una vita senza speranza, senza Gesù. E, se in certi giorni ci pare di averlo smarrito, imitiamo gli Apostoli, corriamo con le gambe della fede verso di lui, nella preghiera, al primo tabernacolo e chiediamogli di mostrarsi a noi, perché realmente senza di lui non possiamo vivere.

PROPOSITO DEL GIORNO... Prima di inizare i doveri della giornata invoco l'intercessione di san Giovanni perché io possa essere spedito nell'annuncio della Buona Notizia testimoniando con la vita il mio essere cristiano.

PRATICHE E FESTE DEL GIORNO...

- Pratiche e preghiere di ogni giorno consigliate per il mese di dicembre *(pag. 724)*.
- Preghiera a Gesù bambino *(pag. 735)*.
- Litanie a Gesù bambino (cod. 8001, 8139).
- Ore 17:30 (possibilmente): Supplica alla Vergine Maria della Medaglia Miracolosa *(pag. 707)*.
- Preghiera a san Giovanni evangelista.

ALTRI SANTI E BEATI DEL GIORNO

S. Fabiola di Roma • Ss. Teodoro e Teofane • B. Alfredo Parte • B. Francesco Spoto • B. Sara Salkaházi

28 DICEMBRE

GIOVEDÌ

Ottava di Natale

Santi Innocenti, martiri (f)

rosso **propria**

SANTI INNOCENTI MARTIRI:
"fiori dei martiri".

L'evangelista Matteo racconta che Erode il Grande «mandò a uccidere tutti i bambini che stavano a Betlemme e in tutto il suo territorio e che avevano da due anni in giù» (Mt 2,16). La Chiesa venera questi innocenti come martiri fin dai primi secoli e li ricorda al ridosso del Natale perché sono stati strappati alla vita poco dopo la venuta al mondo di Cristo. Per volere di papa Pio V la celebrazione è stata elevata a festa.

La morte dei santi Innocenti ci pone di fronte al paradosso per cui essi sono morti al posto di Cristo, venuto a morire per loro! Cristo, Principe della pace, era venuto a riconciliare il mondo con Dio, a portare il perdono ai peccatori e a farci partecipare alla sua vita divina. I santi Innocenti, che hanno perso la loro giovane vita per Cristo e per il suo Vangelo, sono stati fra i primi a entrare nella gioia della vita eterna.

Prudenzio, poeta del IV secolo, li definisce per questo

"fiori dei martiri". I santi Innocenti sono la piccola avanguardia dell'esercito di martiri che hanno testimoniato e continuano a testimoniare col sangue la loro appartenenza a Cristo.
Papa Francesco esorta infatti ancora oggi ad «**ascoltare il lamento e il pianto di tante madri, di tante famiglie, per la morte dei loro figli, dei loro figli innocenti**. Un gemito che anche oggi possiamo continuare ad ascoltare, che ci tocca l'anima e che non possiamo e non vogliamo ignorare né far tacere».

ANTIFONA D'INGRESSO - I santi Innocenti furono uccisi per Cristo, Agnello senza macchia, e in cielo lo seguono cantando sempre: Gloria a te, o Signore.

Si dice il Gloria *(pag. 10).*

COLLETTA - O Dio, che oggi nei santi Innocenti sei stato glorificato non a parole ma con il martirio, concedi anche a noi di esprimere nella vita la fede che professiamo con le labbra. Per il nostro Signore…

PRIMA LETTURA

1Gv 1,5 – 2,2

Dalla prima lettera di san Giovanni apostolo

Figlioli miei, questo è il messaggio che abbiamo udito da lui e che noi vi annunciamo: Dio è luce e in lui non c'è tenebra alcuna. Se diciamo di essere in comunione con lui e camminiamo nelle tenebre, siamo bugiardi e non mettiamo in pratica la verità. Ma se camminiamo nella luce, come egli è nella luce, siamo in comunione gli uni con gli altri, e il sangue di Gesù, il Figlio suo, ci purifica da ogni peccato. Se diciamo di essere senza peccato, inganniamo noi stessi e la verità non è in noi. Se confessiamo i nostri peccati, egli è fedele e giusto tanto da perdonarci i peccati e purificarci da ogni iniquità. Se diciamo di non avere peccato, facciamo di lui un bugiardo e la sua parola non è in noi. Figlioli miei, vi scrivo queste cose perché non pecchiate; ma se qualcuno ha peccato, abbiamo un Paràclito presso il Padre: Gesù Cristo, il giusto. È lui la vittima di espiazione per i nostri peccati; non soltanto per i nostri, ma anche per quelli di tutto il mondo. **Parola di Dio.**

SALMO RESPONSORIALE Dal Salmo 123 (124)

℟. **Chi dona la sua vita risorge nel Signore.**

Oppure:

℟. **A te grida, Signore, il dolore innocente.**

Se il Signore non fosse stato per noi,
quando eravamo assaliti,

allora ci avrebbero inghiottiti vivi,
quando divampò contro di noi la loro collera. R.

Allora le acque ci avrebbero travolti,
un torrente ci avrebbe sommersi;
allora ci avrebbero sommersi
acque impetuose. R.

Siamo stati liberati come un passero
dal laccio dei cacciatori.
Il nostro aiuto è nel nome del Signore:
egli ha fatto cielo e terra. R.

CANTO AL VANGELO

Alleluia, alleluia.
Noi ti lodiamo, Dio, ti proclamiamo Signore;
ti acclama la candida schiera dei martiri.
Alleluia.

VANGELO

Mt 2,13-18

✠ *Dal Vangelo secondo Matteo*

I Magi erano appena partiti, quando un angelo del Signore apparve in sogno a Giuseppe e gli disse: «Àlzati, prendi con te il bambino e sua madre, fuggi in Egitto e resta là finché non ti avvertirò: Erode infatti vuole cercare il bambino per ucciderlo». Egli si alzò, nella notte, prese il bambino e sua madre e si rifugiò in Egitto, dove rimase fino alla morte di Erode, perché si compisse ciò che era stato detto dal Signore per mezzo del profeta: «Dall'Egitto ho chiamato mio figlio». Quando Erode si accorse che i Magi si erano presi gioco di lui, si infuriò e mandò a uccidere tutti i bambini che stavano a Betlemme e in tutto il suo territorio e che avevano da due anni in giù, secondo il tempo che aveva appreso con esattezza dai Magi. Allora si compì ciò che era stato detto per mezzo del profeta Geremìa: «Un grido è stato udito in Rama, un pianto e un lamento grande: Rachele piange i suoi figli e non vuole essere consolata, perché non sono più». **Parola del Signore.**

SULLE OFFERTE - Accogli, o Signore, i doni dei tuoi servi fedeli e purifica coloro che celebrano con devozione i tuoi misteri, fonte di salvezza anche per quelli che ancora non ti conoscono. Per Cristo nostro Signore.

Prefazio di Natale I (materiale multimediale: pag. 17).

COMUNIONE - Sono stati redenti tra gli uomini come primizie per Dio e per l'Agnello e lo seguono ovunque vada *(Cfr. Ap 14,4).*

DOPO LA COMUNIONE - O Padre, concedi con abbondanza la tua salvezza ai fedeli nutriti dei tuoi santi misteri nella festa dei martiri Innocenti che, ancora incapaci di confessare il nome del tuo Figlio, per la sua nascita furono coronati di grazia celeste. Per Cristo nostro Signore.

Commenti

1ª LETTURA - In questo passo della lettera di Giovanni, la parola "peccato" viene ripetuta in continuazione. L'Apostolo insiste perché sa bene come sia centrale, nella vita del credente, lo scontro continuo tra peccato e grazia. Occorre avere sempre ben chiaro il fatto che il peccato esiste e ci toglie dalla luce facendoci precipitare nelle tenebre. Questa non è una cattiva notizia, ma ottima. Il disastro nasce quando si cancella la nozione di peccato pensando che in fondo noi viviamo abbastanza bene; quindi, si finisce col non chiedere mai perdono a Dio delle proprie mancanze; i peccati, magari, saranno quelli degli altri (le guerre, le ingiustizie...). Contro questa visione, l'Apostolo insorge: è proprio quando riconosciamo la nostra miseria e il nostro peccato che ci umiliano e chiediamo perdono, attirando la luce di

Cristo che è venuto per i malati e non per i sani. Chi sa vedere i propri peccati, dice sant'Efrem il Siro, è più grande di chi parla con gli angeli. Confessare i propri peccati, come chiede la lettura di oggi, è cuore della spiritualità autenticamente cristiana.

Vangelo - Dio è venuto nel mondo per salvare, e per prima cosa deve essere salvato. È Giuseppe che difende il bambino dalla furia omicida di Erode e lo porta in Egitto, laddove il malvagio non può arrivare. La presenza di Cristo scatena sempre l'odio di Satana, contro il quale tutti abbiamo sempre a che fare. «Sarete odiati da tutti a causa del mio nome» (Lc 21,17), dirà Gesù nella sua predicazione successiva. Nell'episodio odierno l'odio entra nella vita di Cristo nella maniera più spaventosa, arrivando all'omicidio immotivato. Ma è sempre così: l'odio non ha ragione d'essere, perché noi uomini siamo stati creati per amare e amarci tra noi, non per detestarci. Dio è amore, ma l'amore attira misteriosamente la malvagità del demonio che si scaglia contro le persone buone, contro coloro che amano e vogliono solo vivere in pace. Per questo i bambini innocenti, uccisi per rabbia satanica, sono il "segno" della presenza di Dio. La morte violenta non li ha sottratti all'amore di Dio, al contrario, li ha stabiliti per sempre in lui. Il demonio è omicida fin dal principio, e il buon cristiano lo tiene lontano, sapendo peraltro che la testimonianza della nostra unione con Cristo tende di per sé al martirio.

PROPOSITO DEL GIORNO... Rileggo più volte il salmo odierno e ripeto mentalmente le parole che più mi colpiscono.

PRATICHE E FESTE DEL GIORNO...

- Pratiche e preghiere di ogni giorno consigliate per il mese di dicembre *(pag. 724)*.
- Preghiera a Gesù bambino *(pag. 735)*.
- Litanie a Gesù bambino (cod. 8001, 8139).
- Preghiera a san Gaspare del Bufalo *(pag. 736)*.
- Preghiera alla beata Mattia Nazzarei (cod. 8292).
- Informiamoci e conosciamo la beata Mattia Nazzarei (cod. 8292).
- Preghiera ai santi Innocenti.
- 1° giorno novena ai santi Magi.

ALTRI SANTI E BEATI DEL GIORNO

S. Antonio di Lerins • S. Caterina Volpicelli • S. Teona (Teone) • B. Gregorio Khomyšyn • B. Mattia Nazzarei

29 DICEMBRE

VENERDÌ

5° giorno fra l'ottava di Natale

bianco **propria**

S. Tommaso Becket, vescovo e martire (comm)

ANTIFONA D'INGRESSO - Dio ha tanto amato il mondo da dare il Figlio unigenito, perché chiunque crede in lui non vada perduto, ma abbia la vita eterna *(Gv 3,16).*

Si dice il Gloria *(pag. 10).*

COLLETTA - Onnipotente e invisibile Dio, che nella venuta del Cristo, vera luce, hai vinto le tenebre del mondo, volgiti a noi con sguardo sereno, perché possiamo celebrare con lode unanime la nascita gloriosa del tuo unico Figlio. Egli è Dio…

PRIMA LETTURA 1Gv 2,3-11

Dalla prima lettera di san Giovanni apostolo

Figlioli miei, da questo sappiamo di avere conosciuto Gesù: se osserviamo i suoi comandamenti. Chi dice: «Lo conosco», e non osserva i suoi comandamenti, è bugiardo e in lui non c'è la verità. Chi invece osserva la sua parola, in lui l'amore di Dio è veramente perfetto. Da questo conosciamo di essere in lui. Chi dice di rimanere in lui, deve anch'egli comportarsi come lui si è comportato. Carissimi, non vi scrivo un nuovo comandamento, ma un comandamento antico, che avete ricevuto da principio. Il comandamento antico è la Parola che avete udito. Eppure vi scrivo un comandamento nuovo, e ciò è vero in lui e in voi, perché le tenebre stanno diradandosi e già appare la luce vera. Chi dice di essere nella luce e odia suo fratello, è ancora nelle tenebre. **Chi ama suo fratello, rimane nella luce** e non vi è in lui occasione di inciampo. Ma chi odia suo fratello, è nelle tenebre, cammina nelle tenebre e non sa dove va, perché le tenebre hanno accecato i suoi occhi. **Parola di Dio.**

SALMO RESPONSORIALE Dal Salmo 95 (96)

℟. **Gloria nei cieli e gioia sulla terra.**

Cantate al Signore un canto nuovo,
cantate al Signore, uomini di tutta la terra.
Cantate al Signore, benedite il suo nome. ℟.

Annunciate di giorno in giorno la sua salvezza.
In mezzo alle genti narrate la sua gloria,
a tutti i popoli dite le sue meraviglie. ℟.

Il Signore ha fatto i cieli;
maestà e onore sono davanti a lui,
forza e splendore nel suo santuario. ℟.

CANTO AL VANGELO Lc 2,32

Alleluia, alleluia.
Luce per rivelarti alle genti
e gloria del tuo popolo, Israele.
Alleluia.

VANGELO Lc 2,22-35

✠ *Dal Vangelo secondo Luca*

Quando furono compiuti i giorni della loro purificazione rituale, secondo la legge di Mosè, [Maria e Giuseppe] portarono il bambino [Gesù] a Gerusalemme per presentarlo al Signore – come è scritto nella legge del Signore: «Ogni maschio primogenito sarà sacro al Signore» – e per offrire in sacrificio una coppia di tortore o due giovani colombi, come prescrive la legge del Signore. Ora a Gerusalemme c'era un uomo di nome Simeone, uomo giusto e pio, che aspettava la consolazione d'Israele, e lo Spirito Santo era su di lui. Lo Spirito Santo gli aveva preannunciato che non avrebbe visto la morte senza prima aver veduto il Cristo del Signore. Mosso dallo Spirito, si recò al tempio e, mentre i genitori vi portavano il bambino Gesù per fare ciò che la Legge prescriveva a suo riguardo, anch'egli lo accolse tra le braccia e benedisse Dio, dicendo: «Ora puoi lasciare, o Signore, che il tuo servo vada in pace, secondo la tua parola, perché i miei occhi hanno visto la tua salvezza, preparata da te davanti a tutti i popoli: luce per rivelarti alle genti e gloria del tuo popolo, Israele». Il padre e la madre di Gesù si stupivano delle cose che si dicevano di lui. Simeone li benedisse e a Maria, sua madre, disse: «Ecco, egli è qui per la caduta e la risurrezione di molti in Israele e come segno di contraddizione – e anche a te una spada trafiggerà l'anima –, affinché siano svelati i pensieri di molti cuori». **Parola del Signore.**

SULLE OFFERTE - Accogli, o Signore, i nostri doni in questo misterioso incontro tra la nostra povertà e la tua grandezza: noi ti offriamo le cose che ci hai dato, tu donaci in cambio te stesso. Per Cristo nostro Signore.

Prefazio di Natale I (materiale multimediale: pag. 17).

COMUNIONE - Grazie alla tenerezza e misericordia del nostro Dio, verrà a visitarci un sole che sorge dall'alto *(Cfr. Lc 1,78).*

Oppure: Ecco, egli è qui, come segno di contraddizione, affinché siano svelati i pensieri di molti cuori *(Lc 2,34-35).*

Dopo la Comunione - Dio onnipotente, fa' che la forza inesauribile di questi santi misteri ci sostenga in ogni momento della nostra vita. Per Cristo nostro Signore.

Commenti

1ª lettura - Notiamo l'insistenza continua dell'apostolo Giovanni sull'amore fraterno. Colui che più di tutti ci ha parlato dell'amore di Dio, il grande teologo, colui che ha scrutato il volto del Signore dal primo momento della vita pubblica e che lo ha amato tanto da essere chiamato "il prediletto", non fa altro che parlarci dell'amore del prossimo. Il motivo è semplice. Dire: «Io amo Dio» non ci costa niente e infatti lo diciamo, ma poi la nostra esistenza continua come prima. Per dire a Dio che lo amiamo, ecco che il Signore ci mette davanti un prossimo, una persona concreta, che magari ci ha fatto del male. Ma è proprio nel superamento di me, nell'amore concreto e toccabile nei confronti del fratello che io raggiungo Dio e gli dico – attraverso il gesto che compio verso il fratello – che lo amo. L'amore verso Dio pertanto è fatto di gesti, di mani che lavano i panni altrui, di gambe che vanno a fare la spesa per la vecchina del piano di sopra, di cuori che sopportano pazientemente, di sorrisi accoglienti, di silenzi che acquietano le dispute. L'amore per Dio è concretissimo, perché passa attraverso l'uomo.

VANGELO - La scena è regale: Gesù entra nel tempio, luogo suo perché casa di Dio suo Padre, entra nel sacro vestibolo per essere consacrato, offerto. Il sacerdote compie il rito come lo faceva di norma con gli altri bambini primogeniti, senza sapere che quel bambino era il suo Dio. Tutto avviene nel mistero, ma ecco che dal buio salta fuori un anonimo figlio d'Israele che riconosce il Messia e vuole prenderlo tra le braccia. Prima è il sacerdote che consacra il bambino, poi è un uomo del popolo. È il secondo però che, riconoscendolo, si mette dalla parte di coloro che devono essere salvati. Egli parla di sé stesso e annuncia alla madre che egli è qui «affinché siano svelati i pensieri di molti cuori». Simeone si è schierato dalla parte della luce, e i primi pensieri a essere svelati sono i suoi. Non è più possibile essere neutrali davanti a Dio che viene nel mondo. Dobbiamo prendere posizione, non c'è nulla da fare.

Delle due l'una: caduta o risurrezione. «Chi non è con me è contro di me» (Lc 11,23; Mt 12,30), dirà poi in seguito Gesù, affermando che la sua presenza svela quello che è nei cuori degli uomini. Il tempo natalizio ci aiuta a leggere dentro di noi e ci esorta a riconoscere Gesù come salvatore, come per primo fece il vecchio Simeone.

PROPOSITO DEL GIORNO... Oggi voglio amare concretamente chiunque il Signore metterà sulla mia strada: con un sorriso, un saluto, un silenzio che porti pace, un fare il primo passo verso chi ha un qualsiasi bisogno...

PRATICHE E FESTE DEL GIORNO...

- Pratiche e preghiere di ogni giorno consigliate per il mese di dicembre *(pag. 724)*.
- Preghiera a Gesù bambino *(pag. 735)*.
- Litanie a Gesù bambino (cod. 8001, 8139).
- Onorare tutti gli angeli.
- Festa Apparizione Madonna dei Fiori, Bra (Cuneo).

ALTRI SANTI E BEATI DEL GIORNO

S. Davide • S. Trófimo di Arles • B. Gerardo Cagnoli • B. José Aparicio Sanz • B. Guglielmo Howard

SAN TOMMASO BECKET: «Sono un vescovo e sacerdote di Dio».

«Accetto la morte per il nome di Gesù e per la Chiesa», sono queste le parole che Tommaso Becket pronuncia poco prima di morire. Lui, che era stato un uomo potente, muore martire pur di non rinnegare la fede e la libertà della Chiesa cattolica. Nato a Londra nel 1118 da una famiglia di origine normanna, Tommaso fin da giovane viene avviato alla carriera ecclesiastica. Nel 1154 diviene arcidiacono della diocesi di Canterbury e l'anno successivo il nuovo re d'Inghilterra, Enrico II, lo nomina cancelliere del regno. È l'uomo di fiducia del re, apprezza i privilegi del potere, ma **sa essere generoso verso i poveri e consiglia il re salvaguardando la propria libertà interiore**. Il 1161 è l'anno della svolta nella vita di Tommaso Becket: il re lo vuole arcivescovo di Canterbury ed egli accetta, ma sussurra ad Enrico II: **«Se Dio permette che io diventi arcivescovo di Canterbury, perderò l'amicizia di Vostra Maestà»**, perché sa già che difenderà la Chiesa che il re vorrebbe poter controllare. Infatti, il contrasto tra i due si fa evidente quando Enrico II vuole limitare la libertà e l'indipendenza della Chiesa cattolica in Inghilterra. A Tommaso viene

chiesto di firmare le Costituzioni di Clarendon, un insieme di leggi finalizzate a limitare le prerogative della Chiesa, ma lui si oppone con fermezza: «Nel nome di Dio onnipotente, non porrò il mio sigillo».
A causa di questa presa di posizione, Tommaso deve fuggire in Francia, dove rimane in esilio per sei anni. Quando torna a Canterbury, accolto trionfalmente dai suoi fedeli, dice: **«Sono tornato per morire in mezzo a voi»**.
Un giorno Enrico II esclama che qualcuno lo liberi da quello scomodo vescovo. Quattro cavalieri lo sentono e, pensando che il re ordini la sua eliminazione fisica, partono subito da Londra alla volta di Canterbury. Tommaso viene avvertito, ma non si nasconde e non vuole far sbarrare le porte della cattedrale. Qui lo colpiscono a morte, davanti all'altare. È il 29 dicembre 1170. Si narra che alla domanda degli assassini: «Dov'è Tommaso il traditore?», egli abbia risposto: **«Sono qui, ma non sono un traditore, bensì un vescovo e sacerdote di Dio»**. Padre John Hogan, autore di una biografia del Santo, afferma: «Tommaso ha accettato il suo destino e ha resistito fino all'ultimo, anche quando i suoi amici e più stretti collaboratori pensavano che avrebbe dovuto cedere. **A sostenere Becket era una fede profondissima che gli aveva trasmesso sua mamma, quando era ancora piccolo, e una intensissima vita di preghiera**».

30 DICEMBRE

SABATO

6° giorno fra l'ottava di Natale

bianco **propria**

ANTIFONA D'INGRESSO - Mentre un profondo silenzio avvolgeva tutte le cose e la notte era a metà del suo rapido corso, la tua parola onnipotente, o Signore, è scesa dai cieli, dal tuo trono regale *(Sap 18,14-15).*

Si dice il Gloria *(pag. 10).*

COLLETTA - Dio grande e misericordioso, la nascita del tuo Figlio unigenito nella nostra carne mortale ci liberi dalla schiavitù antica che ci tiene sotto il giogo del peccato. Per il nostro Signore…

PRIMA LETTURA 1Gv 2,12-17

Dalla prima lettera di san Giovanni apostolo

Scrivo a voi, figlioli, perché vi sono stati perdonati i peccati in virtù del suo nome. Scrivo a voi, padri, perché avete conosciuto colui che è da principio. Scrivo a voi, giovani, perché avete vinto il Maligno. Ho scritto a voi, figlioli, perché avete conosciuto il Padre. Ho scritto a voi, padri, perché avete conosciuto colui che è da principio. **Ho scritto a voi, giovani, perché siete forti** e la parola di Dio rimane in voi e avete vinto il Maligno. Non amate il mondo, né le cose del mondo! Se uno ama il mondo, l'amore del Padre non è in lui; perché tutto quello che è nel mondo – la concupiscenza della carne, la concupiscenza degli occhi e la superbia della vita – non viene dal Padre, ma viene dal mondo. E il mondo passa con la sua concupiscenza; ma chi fa la volontà di Dio rimane in eterno! **Parola di Dio.**

SALMO RESPONSORIALE Dal Salmo 95 (96)

℞. **Gloria nei cieli e gioia sulla terra.**

Oppure:

℞. **Lode, a te, Signore, re di eterna gloria.**

Date al Signore, o famiglie dei popoli,
date al Signore gloria e potenza,
date al Signore la gloria del suo nome. ℞.

Portate offerte ed entrate nei suoi atri,
prostratevi al Signore nel suo atrio santo.
Tremi davanti a lui tutta la terra. ℞.

Dite tra le genti: «Il Signore regna!».
È stabile il mondo, non potrà vacillare!
Egli giudica i popoli con rettitudine. ℞.

CANTO AL VANGELO

Alleluia, alleluia.
Un giorno santo è spuntato per noi:
venite, popoli, adorate il Signore,
oggi una grande luce è discesa sulla terra.
Alleluia.

VANGELO Lc 2,36-40

✠ *Dal Vangelo secondo Luca*

[Maria e Giuseppe portarono il bambino a Gerusalemme per presentarlo al Signore.] C'era una profetessa, Anna, figlia di Fanuèle, della tribù di Aser. Era molto avanzata in età, aveva vissuto con il marito sette anni dopo il suo matrimonio, era poi rimasta vedova e ora aveva ottantaquattro anni. Non si allontanava mai dal tempio, servendo Dio notte e giorno con digiuni e preghiere. Sopraggiunta in quel momento, si mise anche lei a lodare Dio e parlava del bambino a quanti aspettavano la redenzione di Gerusalemme. Quando ebbero adempiuto ogni cosa secondo la legge del Signore, fecero ritorno in Galilea, alla loro città di Nàzaret. Il bambino cresceva e si fortificava, pieno di sapienza, e la grazia di Dio era su di lui. **Parola del Signore.**

Sulle offerte - Accogli con bontà, o Signore, l'offerta del tuo popolo e per questo sacramento di salvezza donaci di conseguire il possesso dei beni eterni, nei quali crediamo con amore di figli. Per Cristo nostro Signore.

Prefazio di Natale I (materiale multimediale: pag. 17).

Comunione - Dalla sua pienezza noi tutti abbiamo ricevuto: grazia su grazia *(Gv 1,16).*
Oppure: La profetessa Anna si mise a lodare Dio e parlava del bambino a quanti aspettavano la redenzione *(Lc 2,38).*

Dopo la Comunione - O Dio, che vieni a noi nella partecipazione al tuo sacramento, rendi efficace nei nostri cuori la sua potenza, perché il dono ricevuto ci prepari a riceverlo ancora. Per Cristo nostro Signore.

Commenti

1ª lettura - Giovanni esalta le varie categorie dei destinatari della lettera dicendo che sono stati bravi a vincere il Maligno e a conoscere il Padre. L'Apostolo, con una solenne dichiarazione, decisa, netta, tagliente, com'è nel suo stile, lo stile del discepolo prediletto che sa quel che dice, proclama: «Se uno ama il mondo, l'amore del Padre non è in lui». In sostanza: non fatevi illusioni, non si può stare con un piede in due scarpe. Il cristiano, essendo figlio di Dio, non è uno che sta in equilibrio nel mezzo, un po' qua e un po' là, cercando di essere fedele ai comandamenti di Dio, ma in fondo senza esagerare perché il mondo ha le sue attrattive innocenti. Questo tipo di cristiano nel Vangelo non esiste. Se uno ama il mondo è senza amore («l'amore del Padre non è in lui») e, se vuole stare nel mondo, allora è destinato a "passare" come passano le varie mondanità e le concupiscenze (se non altro con la morte), fino a morire di solitudine. Chi ha vinto il Maligno vive nella luce, e nulla può più turbarlo. E noi siamo nella luce.

VANGELO - L'anziana profetessa Anna è una limpida figura di donna che prega e che ama. Il digiuno ha ulteriormente purificato la sua vista interiore, e quando ella si trova davanti al bambino (esteriormente uguale a tutti gli altri) subito lo riconosce: ecco il Messia, ecco l'Atteso, ecco il Liberatore. Gesù non ha alcun segno di splendore, l'intuizione è tutta spirituale. Questo significa che anche noi abbiamo un modo di vedere esteriore, con gli occhi del corpo che vedono tutto quello che ci circonda, e un modo di vedere interiore, fatto di intuito, di conoscenza spirituale. Anna vede il bambino, e subito "sa" chi egli sia. Lo vede con gli occhi della fede, allenati alle cose di Dio da anni di preghiera e digiuno. Come il centometrista che, volendo vincere la medaglia d'oro alle Olimpiadi, si allena in continuazione con grande spirito di sacrificio, così l'atleta del Signore, per vederlo e riconoscerlo nelle varie situazioni della vita, si allena con il digiuno e la preghiera. «Beati i puri di cuore, perché vedranno Dio». Anna è la donna pura di cuore, che incontra, vede Dio e ne parla a tutti, senza timore di essere presa per invasata. Ella sa, perché ha visto.

PROPOSITO DEL GIORNO... Oggi, durante la recita del Rosario, ricordo tutti i giovani che conosco, li affido alla materna intercessione della Vergine perché seguano sempre la via del bene.

PRATICHE E FESTE DEL GIORNO...

- Pratiche e preghiere di ogni giorno consigliate per il mese di dicembre *(pag. 724)*.
- Preghiera a Gesù bambino *(pag. 735)*.
- Litanie a Gesù bambino (cod. 8001, 8139).
- Festa Santa Maria dei Miracoli, Milano.

SANTI E BEATI DEL GIORNO

S. Felice I • S. Ruggero di Canne • **B. Eugenia Ravasco** • B. Giovanni Maria Boccardo • B. Margherita Colonna

BEATA EUGENIA RAVASCO:
nel cuore di Gesù.

Nasce a Milano il 4 gennaio 1845 in una nobile famiglia animata dalla fede; rimane presto orfana e viene affidata agli zii. Erede di un grande patrimonio, è destinata al matrimonio, ma il suo cuore le suggerisce altro. La sera del 31 maggio 1863, passa davanti alla chiesa di Santa Sabina. Entra per una visita e proprio in quel momento, un sacerdote sta chiedendo ai fedeli: **«Non c'è proprio nessuno tra voi che si voglia dedicare al bene per amore del cuore di Gesù?»**. Eugenia è inquieta. Accoglie quindi le parole del sacerdote come una chiamata: «**O Gesù, se io devo essere quest'anima scelta da voi per fare questo bene, insegnatemi il modo**, datemene l'opportunità; prendetemi per mano, mandatemi qualcuno a picchiare alla mia porta». A bussare alla sua porta sono due ragazze che le propongono di aiutarle a insegnare il catechismo. Da qui comincia l'avventura che porta Eugenia a fondare la famiglia religiosa delle **Figlie dei Sacri Cuori di Gesù e di Maria**. Nella formazione delle sue suore aveva un motto **«Dio solo»**: insegnava a mettere il Signore al centro e raccomandava l'allegria e la vigilanza. È il 30 dicembre **1900** quando muore, dicendo alle sue suore: **«Vi lascio tutte nel cuore di Gesù»**.

31 DICEMBRE

DOMENICA

Santa Famiglia di Gesù, Maria e Giuseppe (f) (B)
bianco

propria

IL PROGETTO DI DIO AL CENTRO

Se c'è un immenso bene per tutti noi – genitori e figli – una vera scuola di vita è la famiglia. In questo tempo di crisi profonda del matrimonio e dei legami familiari, **la Chiesa ci propone la Santa Famiglia come il più eccellente modello e la più sicura protezione di tutte le famiglie.**

Giuseppe e Maria ci ricordano il disegno che Dio ha sulla coppia; ci mostrano che **amarsi è possibile; re-**

stare fedeli è possibile; crescere in un progetto è possibile.

Giuseppe e Maria, nel loro amore pieno di tenerezza e di fatica, ci dicono che **Dio ha scelto di nascere in una famiglia**, di vivere le dinamiche familiari, di vivere le fatiche del rapporto di coppia. La Santa Famiglia ci ricorda come sia indispensabile **mettere al centro il progetto di Dio**. Ci accorgiamo che Dio chiede ospitalità nella nostra quotidianità? Che Dio è presente nella nostra casa, nei nostri luoghi di lavoro? Che siamo chiamati a riconoscerlo nello sguardo di nostra moglie, di nostro marito, dei nostri figli?

Guardiamo alla famiglia di Nàzaret, come spesso ripete papa Francesco: «È un esempio che fa tanto bene alle nostre famiglie, le aiuta a diventare **sempre più comunità di amore e di riconciliazione**, in cui si sperimenta la tenerezza, l'aiuto vicendevole, il perdono reciproco. Ricordiamo le tre parole-chiave per vivere in pace e gioia in famiglia: **permesso, grazie, scusa**. Quando in una famiglia non si è invadenti e si chiede "permesso", quando in una famiglia non si è egoisti e si impara a dire "grazie", e quando in una famiglia uno si accorge che ha fatto una cosa brutta e sa chiedere "scusa", in quella famiglia c'è pace e c'è gioia».

ANTIFONA D'INGRESSO - I pastori andarono, senza indugio, e trovarono Maria e Giuseppe e il bambino adagiato nella mangiatoia *(Lc 2,16)*.

Si dice il Gloria *(pag. 10).*

COLLETTA - **Preghiamo:** O Dio, che nella santa Famiglia ci hai dato un vero modello di vita, fa'che nelle nostre famiglie fioriscano le stesse virtù e lo stesso amore, perché, riuniti insieme nella tua casa, possiamo godere la gioia senza fine. Per il nostro Signore... **Amen.**

Oppure: O Dio, nostro creatore e Padre, tu hai voluto che il tuo Figlio crescesse in sapienza, età e grazia nella famiglia di Nazaret; ravviva in noi la venerazione per il dono e il mistero della vita, perché diventiamo partecipi della fecondità del tuo amore. Per il nostro Signore... **Amen.**

(seduti)

PRIMA LETTURA

Gen 15,1-6;21,1-3

Dal libro della Gènesi

In quei giorni, fu rivolta ad Abram, in visione, questa parola del Signore: «Non temere, Abram. Io sono il tuo scudo; la tua ricompensa sarà molto grande». Rispose Abram: «Signore Dio, che cosa mi darai? Io me ne vado senza figli e l'erede della mia casa è Elièzer di Damasco». Soggiunse Abram: «Ecco, a me non hai dato discendenza e un mio domestico sarà mio

erede». Ed ecco, gli fu rivolta questa parola dal Signore: «Non sarà costui il tuo erede, ma uno nato da te sarà il tuo erede». Poi lo condusse fuori e gli disse: «Guarda in cielo e conta le stelle, se riesci a contarle» e soggiunse: «Tale sarà la tua discendenza». Egli credette al Signore, che glielo accreditò come giustizia. Il Signore visitò Sara, come aveva detto, e fece a Sara come aveva promesso. Sara concepì e partorì ad Abramo un figlio nella vecchiaia, nel tempo che Dio aveva fissato. Abramo chiamò Isacco il figlio che gli era nato, che Sara gli aveva partorito. - Parola di Dio.
℟. **Rendiamo grazie a Dio.**

SALMO RESPONSORIALE Dal Salmo 104 (105)

℟. **Il Signore è fedele al suo patto.**

Rendete grazie al Signore e invocate il suo nome,
proclamate fra i popoli le sue opere.
A lui cantate, a lui inneggiate,
meditate tutte le sue meraviglie. ℟.

Gloriatevi del suo santo nome:
gioisca il cuore di chi cerca il Signore.
Cercate il Signore e la sua potenza,
ricercate sempre il suo volto. ℟.

Ricordate le meraviglie che ha compiuto,
i suoi prodigi e i giudizi della sua bocca,
voi, stirpe di Abramo, suo servo,
figli di Giacobbe, suo eletto. ℟.

Si è sempre ricordato della sua alleanza,
parola data per mille generazioni,
dell'alleanza stabilita con Abramo
e del suo giuramento a Isacco. ℟.

SECONDA LETTURA Eb 11,8.11-12.17-19

Dalla lettera agli Ebrei

Fratelli, per fede, Abramo, chiamato da Dio, obbedì partendo per un luogo che doveva ricevere in eredità, e partì senza sapere dove andava. Per fede, anche Sara, sebbene fuori dell'età, ricevette la possibilità di diventare madre, perché ritenne degno di fede colui che glielo aveva promesso. Per questo da un uomo solo, e inoltre già segnato dalla morte, nacque una discendenza numerosa come le stelle del cielo e come la sabbia che si trova lungo la spiaggia del mare e non si può contare. Per fede, Abramo, messo alla prova, offrì Isacco, e proprio lui, che aveva ricevuto le promesse, offrì il suo unigenito figlio, del quale era stato detto: «Mediante Isacco avrai una tua discendenza».

Egli pensava infatti che Dio è capace di far risorgere anche dai morti: per questo lo riebbe anche come simbolo. - Parola di Dio. ℟. **Rendiamo grazie a Dio.**

(in piedi)

CANTO AL VANGELO Eb 1,1-2

Alleluia, alleluia.
Molte volte e in diversi modi nei tempi antichi
Dio ha parlato ai padri per mezzo dei profeti,
ultimamente, in questi giorni,
ha parlato a noi per mezzo del Figlio.
Alleluia.

VANGELO Lc 2,22-40

Forma breve: [ ] Lc 2,22.39-40

Il Signore sia con voi.
℟. **E con il tuo spirito.**
✠ *Dal Vangelo secondo Luca*
℟. **Gloria a te, o Signore.**

[Quando furono compiuti i giorni della loro purificazione rituale, secondo la legge di Mosè, [Maria e Giuseppe] portarono il bambino [Gesù] a Gerusalemme per presentarlo al Signore] – come è scritto nella legge del Signore: «Ogni maschio primogenito sarà sacro al Signore» – e per offrire in sacrificio una coppia di tortore o due giovani colombi, come prescrive la legge del Signore. Ora a Gerusalemme c'era un uomo di nome Simeone, uomo giusto e pio, che aspettava la consolazione d'Israele, e lo Spirito Santo era su di lui. Lo Spirito Santo gli aveva preannunciato che non avrebbe visto la morte senza prima aver veduto il Cristo del Signore. Mosso dallo Spirito, si recò al tempio e, mentre i genitori vi portavano il bambino Gesù per fare ciò che la Legge prescriveva a suo riguardo, anch'egli lo accolse tra le braccia e benedisse Dio, dicendo: «Ora puoi lasciare, o Signore, che il tuo servo vada in pace, secondo la tua parola, perché i miei occhi hanno visto la tua salvezza, preparata da te davanti a tutti i popoli: luce per rivelarti alle genti e gloria del tuo popolo, Israele». Il padre e la madre di Gesù si stupivano delle cose che si dicevano di lui. Simeone li benedisse e a Maria, sua madre, disse: «Ecco, egli è qui per la caduta e la risurrezione di molti in Israele e come segno di contraddizione – e anche a te una spada trafiggerà l'anima –, affinché siano svelati i pensieri di molti cuori». C'era anche una profetessa, Anna, figlia di Fanuèle, della tribù di Aser. Era molto avanzata in età, aveva vissuto con il marito sette anni dopo il suo matrimonio, era poi rimasta vedova e ora aveva ottantaquattro anni. Non si allontanava mai dal tempio, servendo Dio notte e giorno con digiuni e preghiere. Sopraggiunta in quel momento, si mise anche lei a lodare Dio e parlava del bambino a quanti aspettavano la redenzione di Gerusalemme. [Quando ebbero adempiuto ogni cosa secondo la legge del Signore, fecero ritorno in Galilea, alla loro città di Nàzaret. Il bambino cresceva e si fortificava, pieno di sapienza, e la grazia di Dio era su di lui.] - Parola del Signore. ℟. **Lode a te o Cristo.**

Si dice il Credo *(pag. 12).*

(in piedi)

SULLE OFFERTE - Ti offriamo, o Signore, il sacrificio di riconciliazione e, per intercessione della Vergine Madre e di san Giuseppe, ti preghiamo di rendere salde le nostre famiglie nella tua grazia e nella tua pace. Per Cristo nostro Signore. **Amen.**

Prefazio di Natale I (materiale multimediale: pag. 17).

COMUNIONE - Il nostro Dio è apparso sulla terra e ha vissuto fra gli uomini *(Cfr. Bar 3,38).*
Oppure: Il padre e la madre di Gesù si stupivano delle cose dette di lui. Simeone li benedisse e parlò a Maria, sua madre *(Cfr. Lc 2,33-34).*

DOPO LA COMUNIONE - Preghiamo: Padre clementissimo, che ci nutri con questi sacramenti, concedi a noi di seguire con fedeltà gli esempi della santa Famiglia, perché, dopo le prove della vita, siamo associati alla sua gloria in cielo. **Amen.**

Commenti

1ª LETTURA - Abramo è centenario, l'età nella quale un uomo sta a malapena in piedi e fatica a fare ogni cosa. La moglie, novantenne, non è messa meglio di lui. Eppure, Dio gli aveva predetto che avrebbe avuto una grande discendenza, ma queste parole ormai sono passate, perché a novant'anni una donna non può più rimanere incinta. Dunque Abramo aveva capito male? O, peggio, Dio lo aveva prima illuso e poi ingannato? I fatti dicono questo e, come si dice, «contro i fatti ragion non vale»; la promessa non si può realizzare. Ed ecco che ora Dio sembra peggiorare la cosa: lo conduce fuori e gli fa vedere il cielo stellato, continuando a promettergli una realtà inverosimile. Ma, sul più bello, anziché scoraggiarsi o chiudersi in un'ennesima amara delusione, Abramo compie il salto della fede: si butta, crede. In quelle due semplici parole c'è tutta la grandezza di Abramo: «Egli credette». Credette l'incredibile, ritenne possibile l'impossibile. Lo sappiamo, il nostro Dio è il Dio dell'impossibile, perché «nulla è impossibile a Dio» (Lc 1,37). Proprio quando tutto sembra buio, il nostro: «Io credo, Signore» squarcia le tenebre.

2ª LETTURA - La vita di Abramo è un assalto alla ragione per il trionfo della fede. Dio gli chiede tutto ed egli, non senza lotta, crede tutto. Questo straordinario patriarca e iniziatore del popolo d'Israele non viene mai esaltato nella Bibbia per le sue capacità organizzative e nemmeno per le sue qualità morali, ma sempre e soltanto per la sua fede, che è granitica, assoluta ed eroica. È Dio che parla? Se la risposta è "sì", allora io credo e agisco. Non vi è mediazione in Abramo: la sua fede è cieca, verticale, immediata. Ed ebbe molti figli e numerosa discendenza. Pensiamo allora all'eredità che noi lasceremo ai figli e ai nipoti, al nostro testamento. Che cosa daremo loro? Una casa, qualche soldo che abbiamo conservato in banca? Qualche bene materiale? Queste sono tutte cose che passano e che si consumano col tempo. Se invece avremo lasciato loro il ricordo della nostra fede, avremo dato in eredità il bene più prezioso. La fede di Abramo, la ricordiamo ancora oggi, e sono passati quasi quattromila anni. Una bella eredità, non vi pare? La nostra fede, per quanti secoli sarà ricordata?

VANGELO - Nel passo di oggi sembrano dominare le figure del vecchio Simeone, uno sconosciuto che dopo la profezia torna subito nell'ombra, e di Anna, carismatica profetessa; in realtà viene manifestata la funzione della Santa Famiglia di Nàzaret. Sono Maria e Giuseppe che portano il bambino al tempio, sono loro che lo porgono al sacerdote, sono loro che ascoltano stupiti le parole di Simeone, sono loro che, al termine, conducono il bambino a Nàzaret e lo fanno crescere nella pace, nella serenità della famiglia, fino ai suoi trent'anni. Dio è entrato nel mondo ma non come un solitario eroe che fa tutto da solo; egli vive da subito in una famiglia, che quindi viene immediatamente santificata dalla sua presenza. Gesù non è mai senza Maria e Giuseppe. Anche oggi sappiamo bene che i meriti della redenzione sono di Cristo, ma egli sembra sempre agire e riferirsi alla sua famiglia. A Fatima, nell'apparizione conclusiva, i tre bambini vedono in cielo Giuseppe, seduto con Gesù sulle ginocchia, e Maria santissima in piedi accanto ai due. Ed è Giuseppe che benedice l'umanità insieme a Gesù bambino. La benedizione ci arriva dalla santa famiglia riunita.

PROPOSITO DEL GIORNO... Oggi partecipo al Te Deum di ringraziamento per l'anno trascorso.

PRATICHE E FESTE DEL GIORNO...

- Pratiche e preghiere di ogni giorno consigliate per il mese di dicembre *(pag. 724)*.
- Preghiera a Gesù bambino *(pag. 735)*.
- Litanie a Gesù bambino (cod. 8001, 8139).
- Consacrazione alla santa Famiglia *(pag. 736)*.
- Preghiera alla santa Famiglia (cod. 8187) *(materiale multimediale: pag. 737)*.
- Il Rosario alla santa Famiglia (cod. 8187).
- Informiamoci e conosciamo la Santa Famiglia (cod. 8469).
- *Te Deum* di ringraziamento per l'anno trascorso *(pag. 737)*.
- Preghiera a santa Caterina Labouré (cod. 8814).
- Informiamoci e conosciamo la storia e i prodigi de "La Medaglia Miracolosa e Caterina Labouré" (cod. 8332, 8814).

SANTI E BEATI DEL GIORNO

S. Caterina Labouré • S. Melania la Giovane • S. Giovanni Francesco Régis • S. Silvestro I • B. Giuseppina Nicoli

PREGHIERE PRIMA E DOPO LA COMUNIONE

PREGHIERE PRIMA DELLA COMUNIONE

Fra pochi istanti Gesù sarà dentro di te. È questo il momento più bello e più importante della tua giornata. Preparati bene. Presenta a Gesù un cuore ardente di amore e di desiderio. Sentiti indegno di tanta predilezione e non accostarti a lui con l'anima macchiata dal peccato mortale. Ricorda che la Comunione fervorosa:

1. conserva e aumenta in te la grazia;

2. ti rimette i peccati veniali;

3. ti preserva dai mortali;

4. ti dà consolazione e conforto, accrescendo la carità e la speranza della vita eterna.

Apri il mio cuore

Ti amo Gesù, ti adoro. Manda lo Spirito Santo perché durante questa celebrazione eucaristica possa rinunciare alle distrazioni, e i miei occhi, il mio cuore non vedano e non sentano altro che te, la tua presenza, e possa sentire la tua voce in me.

Ti prego Gesù, rendi il mio cuore capace di riceverti. In questo tempo di preparazione ti chiedo di aprire il mio cuore alla carità, all'amore, al dono della vita, affinché per me sia un vero cambiamento, senza perdermi dietro al caos della mia vita.

Ti prego Gesù, fa' che d'ora in poi sia sempre pron-

to a riceverti e a restare unito a te nel mio cuore.
Gesù mio, ti amo, e desidero che tu venga nel mio cuore e vi rimanga per sempre.
Fa' che il mio cuore sia una cosa sola con il tuo, spalanca le sue porte perché possa riempirsi dell'immenso amore che vuoi dare a me e a ogni uomo. **Amen.**

«Mi ami?»

Grazie, Gesù, perché mi dai la possibilità di prepararmi a riceverti nella Comunione eucaristica trascorrendo questo tempo con te. Grazie perché sono stato chiamato da te.
Tu ti sei rivelato a Saulo sulla via di Damasco dicendogli solo: «Perché mi perseguiti?»; con queste poche parole hai distrutto le barriere di paura e scetticismo che non lasciavano penetrare il tuo amore e hai trasformato l'uomo Saulo in san Paolo, che seppe far ardere la propria vita nelle fiamme del tuo amore. Anche a me ogni giorno ripeti solo una domanda: «Mi ami?». Tu non ti stanchi mai di ripeterla; ti prego, Gesù, fa' che non mi stanchi mai di risponderti: «Sì, ti amo».
Fa' che sia il mio cuore a rispondere e non solo le mie labbra, distruggi le barriere che ancora non mi

permettono di gettarmi con slancio nel tuo amore.
Spesso non ti ho riconosciuto, Gesù, perché distratto dalla vita, a volte perché mi sembravano troppo complicate le vie che mi mostravi.
Ti chiedo perdono, Gesù, per non aver compreso che quelle scelte scomode, che a volte vedevo come punizioni, erano atti di amore, erano vie già tracciate, percorrendo le quali potevo contare costantemente sul tuo sostegno.
Ti ringrazio, Gesù, perché tu in ogni momento della mia vita ti sei rivelato a me in modo discreto, delicato, perché mi hai lasciato sempre la libertà di poter decidere se vivere con te e di te. **Amen.**

PREGHIERE DOPO LA COMUNIONE

Ora che Gesù è dentro di te, sei un tabernacolo vivente. Raccogliti interiormente e adora il tuo Signore; esprimigli tutta la gioia di averlo ricevuto. Apri a lui il tuo cuore e parlagli con grande confidenza, almeno per ***un quarto d'ora, finché non si sono consumate le specie sacramentali****.*

Litanie dell'umiltà

Santa Teresa di Gesù Bambino aveva l'abitudine di dire che «l'umiltà è la vita vissuta nella verità». Per coltivarla e farla crescere, il cardinale Merry del Val (1865-1930), che fu Nunzio, Segretario di stato di san Pio X e servo di Dio, ha redatto le Litanie dell'umiltà. Egli le recitava ogni giorno dopo la celebrazione della santa Messa, come ringraziamento alla Comunione.

O Gesù, mite e umile di cuore **esaudiscimi**
Dal desiderio di essere stimato **liberami, Gesù**
Dal desiderio di essere amato ”
Dal desiderio di essere esaltato ”
Dal desiderio di essere onorato ”
Dal desiderio di essere lodato ”
Dal desiderio di essere preferito agli altri ”
Dal desiderio di essere consultato ”
Dal desiderio di essere approvato ”
Dal timore di essere umiliato ”
Dal timore di essere disprezzato ”
Dal timore di essere rifiutato ”
Dal timore di essere calunniato ”
Dal timore di essere dimenticato ”
Dal timore di essere preso in ridicolo ”
Dal timore di essere ingiuriato ”
Dal timore di essere sospettato ”
Che gli altri siano amati più di me
Gesù, dammi la grazia di desiderarlo
Che gli altri siano stimati più di me ”

Che gli altri possano crescere nell'opinione
del mondo e che io possa diminuire
Gesù, dammi la grazia di desiderarlo
Che gli altri possano essere prescelti
e io messo in disparte ”
Che gli altri possano essere lodati e io dimenticato ”
Che gli altri possano essere
preferiti a me in ogni cosa ”
Che gli altri possano essere più santi di me,
purché io divenga santo in quanto posso ”

Caro Gesù

Caro Gesù, credo che tu sei davvero presente in questo piccolo pane che ho appena mangiato. Sono felice che tu sia venuto ad abitare nel mio cuore perché so che insieme a te non avrò più paura di nulla e mi insegnerai a fare quello che hai fatto tu.
Ti dono tutta la mia volontà, i miei affetti, i miei desideri e tutte le mie cose: custodiscile e trasformale come vuoi tu perché la mia gioia sia piena e chi mi incontra possa vedere te in me.
Grazie Gesù, perché tu sei con me. Grazie perché vuoi che io sia con te. Fa' che io desideri sempre stare con te. **Amen.**

Fragranza di grazia

(San Bonaventura)

Gesù, pane degli angeli, cibo degli eletti, nostro pane quotidiano, più di ogni altro nutriente e fragrante di dolcezza: di te, che gli angeli contemplano, abbia sempre fame e si nutra l'anima mia. Il mio cuore abbia sempre sete di te, o mio Dio, sorgente di vita, fonte di sapienza e di scienza, origine d'eterna luce, inesauribile torrente di delizie, tesoro della casa di Dio.

Te sempre desideri il mio cuore, te cerchi, a te aneli, te trovi, a te giunga, te mediti, di te parli, tutto operi a gloria tua, con umiltà e discrezione, con amore e piacere, con spontaneità e costanza.

Tu solo sii sempre la mia speranza, mia unica gioia e mia pace, tu mio riposo e mia serenità, tu mio unico rifugio e aiuto, tu mia eredità, mio bene e mio tesoro; in te sempre siano fissi, sicuri e fermamente radicati il mio cuore e la mia mente. **Amen.**

Magnificat *(pag. 684)*

Preghiera per la comunione spirituale

Gesù mio, io credo che tu sei realmente presente nel Santissimo Sacramento.
Ti amo sopra ogni cosa e ti desidero nell'anima mia. Poiché ora non posso riceverti sacramentalmente, vieni almeno spiritualmente nel mio cuore.

(Breve pausa di raccoglimento)

Come già venuto, io ti abbraccio e tutto mi unisco a te; non permettere che io mi abbia mai a separare da te.
Eterno Padre, io ti offro il sangue preziosissimo di Gesù Cristo in sconto dei miei peccati, in suffragio delle anime del Purgatorio e per i bisogni della santa Chiesa. **Amen.**

Vieni nel mio cuore

(Beata Alexandrina Maria da Costa)

Gesù, ti adoro in ogni luogo dove abiti sacramentato, ti faccio compagnia per coloro che ti disprezzano, ti amo per coloro che non ti amano, ti do sollievo per coloro che ti offendono.
Gesù, vieni nel mio cuore! Gesù, vieni nel mio cuore! **Amen.**

IL SANTO ROSARIO

*Per essere apostoli del Rosario, occorre fare esperienza in prima persona della bellezza e della profondità di questa preghiera, semplice e accessibile a tutti. È necessario anzitutto lasciarsi condurre per mano dalla Vergine Maria a contemplare il volto di Cristo: volto gioioso, luminoso, doloroso e glorioso. Chi, come Maria e insieme con lei, custodisce e medita assiduamente i misteri di Gesù, assimila sempre più i suoi sentimenti e si conforma a lui. Mi piace, al riguardo, citare una bella considerazione del beato Bartolo Longo: «Come due amici – egli scrive –, praticando frequentemente insieme, sogliono conformarsi anche nei costumi, così noi, conversando familiarmente con Gesù e la Vergine, nel meditare i Misteri del Rosario, e formando insieme una medesima vita con la Comunione, possiamo diventare, per quanto ne sia capace la nostra bassezza, simili ad essi, ed apprendere da questi sommi esemplari il vivere umile, povero, nascosto, paziente e perfetto». Il Rosario è scuola di contemplazione e di silenzio. A prima vista, potrebbe sembrare una preghiera che accumula parole, difficilmente quindi conciliabile con il silenzio che viene giustamente raccomandato per la meditazione e la contemplazione. In realtà, questa cadenzata ripetizione dell'*Ave Maria *non turba il silenzio interiore, anzi, lo richiede e lo alimenta (Benedetto XVI).*

STRUTTURA DI OGNI DECINA

1. **Per ogni mistero, prega così:**
Enuncia il mistero e leggi il versetto biblico appropriato, seguito da una breve pausa di riflessione. Fermati qualche attimo a meditare il mistero che stai celebrando. Apri il tuo cuore alla Vergine Maria e chiedi al Signore di farti dono della grazia o della virtù di cui hai particolarmente bisogno.

2. **Prega ogni decina nel seguente modo:**
Padre nostro • 10 Ave Maria • Gloria al Padre

3. **Puoi concludere la preghiera di ogni decina con canti o con alcune invocazioni secondo gli usi locali, ad esempio:**

• «O Gesù, perdona le nostre colpe, preservaci dal fuoco dell'Inferno, porta in cielo tutte le anime, specialmente le più bisognose della tua misericordia».

La Madonna a Fatima, 13 luglio 1917

• «Mio Dio, io credo, adoro, spero e ti amo. Ti domando perdono per quelli che non credono, non adorano, non sperano e non ti amano».

L'Angelo della pace ai tre bambini di Fatima, 1916

• «Santissima Trinità, Padre e Figlio e Spirito Santo, io ti adoro profondamente e ti offro il preziosissimo corpo, sangue, anima e divinità di nostro Signore Gesù Cristo, presente in tutti i tabernacoli del mondo, in riparazione degli oltraggi, sacrilegi e indifferenze con cui egli stesso è offeso. E per i meriti infiniti del suo sacratissimo cuore e del cuore immacolato di Maria, ti domando la conversione dei poveri peccatori».

L'Angelo della pace ai tre bambini di Fatima, 1916

Regina della pace, prega per noi.

San Giuseppe, prega per noi.

Santi Michele, Raffaele e Gabriele arcangeli, pregate per le nostre famiglie e intercedete per tutti noi perché non cadiamo in tentazione.

Angelo di Dio

O Maria, concepita senza peccato, prega per noi che a te ricorriamo e per quanti a te non ricorrono, in particolare per i nemici della santa Chiesa e per quelli che ti sono raccomandati. **Amen.**

L'eterno riposo

4. Quando avrai percorso tutte le cinque decine e quindi avrai meditato i cinque misteri, per concludere la preghiera del Rosario, recita il Salve Regina *(pag. 678)*, **le Litanie lauretane** *(pag. 678)* **e le preghiere conclusive** *(pagg. 682-685).*

PREGHIERE INIZIALI

Nel nome del Padre e del Figlio e dello Spirito Santo. Amen.

O Dio vieni a salvarmi. Signore vieni presto in mio aiuto.

Gloria al Padre

Riconosciamoci tutti peccatori

Confesso… *(pag. 7)*

Sequenza allo Spirito Santo

1. Vieni, Santo Spirito,
manda a noi dal cielo
un raggio della tua luce.

2. Vieni, padre dei poveri,
vieni, datore dei doni,
vieni, luce dei cuori.

3. Consolatore perfetto,
ospite dolce dell'anima,
dolcissimo sollievo.

4. Nella fatica, riposo,
nella calura, riparo,
nel pianto, conforto.

5. O luce beatissima,
invadi nell'intimo
il cuore dei tuoi fedeli.

6. Senza la tua forza,
nulla è nell'uomo,
nulla senza colpa.

7. Lava ciò che è sordido,
bagna ciò che è arido,
sana ciò che sanguina.

8. Piega ciò che è rigido,
scalda ciò che è gelido,
drizza ciò che è sviato.

9. Dona ai tuoi fedeli,
che solo in te confidano,
i tuoi santi doni.

10. Dona virtù e premio,
dona morte santa,
dona gioia eterna. **Amen.**

Preghiamo con le parole di san Luigi Maria Grignion di Montfort

Io mi unisco a tutti i santi che sono nel cielo, a tutti i giusti che sono sulla terra; mi unisco a te, Signore Gesù, per lodare degnamente la tua santa Madre e lodare te in lei e per mezzo di lei.

Rinuncio a tutte le distrazioni che potranno venirmi durante questo Rosario.

Vergine santa, ti offro questo *Credo* per onorare la tua fede sulla terra e chiederti di rendermi partecipe di questa tua stessa fede.

Credo *(pag. 668)*

Ti offro questo *Padre nostro*, o Signore, per adorarti nella tua unità e riconoscere che tu sei il primo principio e il fine ultimo di ogni realtà.

Padre nostro

Trinità santissima, ti offro queste tre *Ave Maria* per ringraziarti di tutti i doni da te concessi a Maria e di quelli che hai elargito a noi per sua intercessione.

3 Ave Maria • Gloria al Padre

Credo
(Simbolo degli apostoli)

Io credo in **Dio**, Padre onnipotente,
creatore del cielo e della terra;
e in **Gesù Cristo**, suo unico Figlio, nostro Signore,
a queste parole ci si inchina
il quale fu concepito di Spirito Santo,
nacque da Maria Vergine,
patì sotto Ponzio Pilato,
fu crocifisso, morì e fu sepolto;
discese agli inferi;
il terzo giorno risuscitò da morte;
salì al cielo,
siede alla destra di Dio Padre onnipotente;
di là verrà a giudicare i vivi e i morti.
Credo nello **Spirito Santo**,
la santa Chiesa cattolica,
la comunione dei santi,
la remissione dei peccati,
la risurrezione della carne,
la vita eterna. **Amen.**

Lunedì e sabato

1. L'annuncio dell'angelo a Maria

[L'angelo] entrando da lei, disse: «Rallégrati, piena di grazia: il Signore è con te. Ed ecco, concepirai un figlio, lo darai alla luce e lo chiamerai Gesù» (Lc 1,28.31).

Maria è la donna del "sì". Totalmente aperta al volere di Dio, la sua volontà si conforma perfettamente al disegno dell'Altissimo. Il nostro cuore sia aperto per accogliere il dono dello Spirito.

2. La visita di Maria a santa Elisabetta

Maria si alzò e andò in fretta verso la regione montuosa, in una città di Giuda. Entrata nella casa di Zaccaria, salutò Elisabetta. Maria rimase con lei circa tre mesi (Lc 1,39-40.56).

«Sia in ciascuno di noi l'anima di Maria per magnificare il Signore» (sant'Ambrogio). Maria canti, lodi, glorifichi in noi il Signore per le meraviglie che ancora opera nella nostra storia personale e comunitaria. La dolce fanciulla di Nàzaret ci venga incontro ogni giorno e ci comunichi la gioia di credere.

3. La nascita di Gesù a Betlemme

«Vi annuncio una grande gioia, che sarà di tutto il popolo: oggi, nella città di Davide, è nato per voi un Salvatore» (Lc 2,10-11).

Il Bimbo divino è fra le braccia della Madre; neppure Dio ha voluto rinunciare al calore di un grembo umano. D'ora innanzi la vicenda di ogni uomo è, consapevolmente o meno, unita a quella di Cristo, indissolubilmente.

4. La presentazione di Gesù al tempio

[Simeone,] mosso dallo Spirito, si recò al tempio e, mentre i genitori vi portavano il bambino Gesù per fare ciò che la Legge prescriveva a suo riguardo, anch'egli lo accolse tra le braccia e benedisse Dio (Lc 2,27-28).

Giuseppe e Maria portano Gesù al tempio, per offrire al Padre, che è nei cieli, il piccolo Figlio nel quale palpita la divinità. Dio, accolga l'offerta delle nostre azioni, delle nostre fatiche, del nostro lavoro, delle nostre preghiere, del nostro amore.

5. Il ritrovamento di Gesù nel tempio

«Non sapevate che io devo occuparmi delle cose del

Padre mio?». Sua madre custodiva tutte queste cose nel suo cuore (Lc 2,49b.51b).

Tre giorni di ricerca ansiosa da parte di Maria e Giuseppe. Alla fine, il ritrovamento di Gesù nel tempio di Gerusalemme, intento a dialogare con i dottori della legge. Anche con noi Dio usa la stessa tattica: si nasconde affinché lo possiamo cercare con maggiore amore e ardore.

MISTERI DELLA LUCE

Giovedì

1. Gesù è battezzato nel Giordano

Appena battezzato, Gesù uscì dall'acqua: ed ecco, si aprirono per lui i cieli ed egli vide lo Spirito di Dio discendere come una colomba e venire sopra di lui. Ed ecco una voce dal cielo che diceva: «Questi è il Figlio mio, l'amato: in lui ho posto il mio compiacimento» (Mt 3,16-17).

Maria, aurora di luce, nello stupore del tuo sguardo possiamo anche noi metterci alla sequela del tuo Figlio, «l'amato», per trovare in lui parole di vita e senso al nostro cammino, oggi e sempre.

2. Gesù manifesta la sua gloria alle nozze di Cana

Sua madre disse ai servitori: «Qualsiasi cosa vi dica, fatela». Questo, a Cana di Galilea, fu l'inizio dei segni compiuti da Gesù; egli manifestò la sua gloria e i suoi discepoli credettero in lui (Gv 2,5.11).

O Maria, bella fra tutte le donne, la tua sensibilità e la tua attenzione a chiunque sia nel bisogno ci invitano ad aprire gli occhi perché non possiamo mai essere felici da soli. Fa' che riconosciamo nell'amore chi è il nostro prossimo.

3. Gesù annuncia il regno di Dio

«Il tempo è compiuto e il regno di Dio è vicino; convertitevi e credete nel Vangelo» (Mc 1,15).

Stella del mattino, aiutaci ad accettare Dio nella nostra vita, per costruire insieme con lui una storia che non si ripieghi su poveri interessi, ma si apra a orizzonti ultraterreni.

4. Gesù è trasfigurato sul monte Tabor

Sei giorni dopo, Gesù prese con sé Pietro, Giacomo e Giovanni e li condusse su un alto monte, in disparte, loro soli. Fu trasfigurato davanti a loro (Mc 9,2).

Vergine gloriosa, vogliamo seguire Gesù anche quando portiamo la croce. Fa' che non manchino momenti di gioia per noi e per tutti coloro che sono di Cristo, per credere nella trasfigurazione senza fine.

5. Gesù istituisce l'Eucaristia

«Prendete, questo è il mio corpo». E disse loro: «Questo è il mio sangue dell'alleanza, che è versato per molti» (Mc 14,22b.24).

O Tutta santa, il Figlio tuo, Gesù, continua a farsi nostro cibo, per darci forza nel cammino e per renderci degni del Padre suo; insegnaci a fare della nostra vita un dono senza risparmio.

MISTERI DEL DOLORE

Martedì e venerdì

1. L'agonia di Gesù nel Getsèmani

Entrato nella lotta, pregava più intensamente, e il suo sudore diventò come gocce di sangue che cadono a terra (Lc 22,44).

Gocce di sangue cadevano al suolo mentre Gesù,

l'innocente, prendeva sulle sue spalle il peccato del mondo. Se solo riflettessimo più spesso su quanto gli siamo costati, potremmo capire che a causa dei nostri peccati «Gesù è in agonia fino alla fine del mondo» (Pascal).

2. La flagellazione di Gesù alla colonna

Allora Pilato fece prendere Gesù e lo fece flagellare (Gv 19,1).

O Dio, ti preghiamo per tutti coloro che prolungano nella loro carne la tua passione: gli ammalati, i sofferenti, i perseguitati per causa della giustizia. Venga presto il tuo Regno, Signore, regno di amore e di pace.

3. Gesù è coronato di spine

[I soldati] intrecciarono una corona di spine, gliela posero sul capo e gli misero una canna nella mano destra (Mt 27,29a).

Signore, se tu hai saputo patire tanto per noi, forse noi non potremo sopportare qualche pena per amore tuo? Nulla ci separi mai da te, o Signore.

4. La salita di Gesù al Calvario

Allora [Pilato] lo consegnò loro perché fosse crocifisso. Essi presero Gesù ed egli, portando la croce, si avviò verso il luogo detto del Cranio, in ebraico Gòlgota (Gv 19,16-17).

Lungo il cammino della croce non può mancare la Madre. Anche lei è strettamente associata alla tua opera di redenzione per la salvezza del mondo; eppure, dentro a tanto dolore e a tanta pena, già si nasconde un'aurora di luce.

5. La crocifissione e morte di Gesù

Gesù allora, vedendo la madre e accanto a lei il discepolo che egli amava, disse alla madre: «Donna, ecco tuo figlio!». Poi disse al discepolo: «Ecco tua madre!». E da quell'ora il discepolo l'accolse con sé. Dopo aver preso l'aceto, Gesù disse: «È compiuto!». E, chinato il capo, consegnò lo spirito (Gv 19,26-27.30).

Maria, ai piedi della croce, contempla il Figlio sospeso fra cielo e terra; ella genera con lui un'umanità nuova, lavata nel suo sangue e liberata dalla schiavitù del peccato. Maria, per i meriti della passione del tuo Figlio, sorreggici nella lotta contro il male.

MISTERI DELLA GLORIA

Mercoledì e domenica

1. La risurrezione di Gesù dai morti

L'angelo disse alle donne: «Voi non abbiate paura! So che cercate Gesù, il crocifisso. Non è qui. È risorto, infatti, come aveva detto» (Mt 28,5-6a).

Cristo, spezzando le catene della morte e dell'Inferno, è risorto trionfante e glorioso. Cieli e terra stupiti esultano e prorompono in un inno di lode: alleluia.

2. L'ascensione di Gesù al cielo

Il Signore Gesù, dopo aver parlato con loro, fu elevato in cielo e sedette alla destra di Dio (Mc 16,19).

Signore, fa' che, risorti con te, cerchiamo le cose del cielo. Il nostro cuore sia sempre orientato verso i beni di lassù, per vivere in questo mondo, uniti a te, diffondendo la tua luce e il profumo della tua carità.

3. La discesa dello Spirito Santo

Apparvero loro lingue come di fuoco, che si dividevano, e si posarono su ciascuno di loro, e tutti furono colmati di Spirito Santo (At 2,3-4a).

Lo Spirito scende dove trova un'anima che prega: «Vieni o Santo Spirito, riempi i cuori dei tuoi fedeli e accendi in essi il fuoco del tuo amore» (Liturgia).

4. L'assunzione di Maria al cielo

Ella manifesta la sua nobile origine vivendo in comunione con Dio, poiché il Signore dell'universo l'ha amata (Sap 8,3).

Non poteva conoscere la corruzione della terra, colei che aveva portato nel grembo l'autore della vita. O Madre, proteggi anche noi, tuoi figli, nel nostro pellegrinaggio terreno.

5. Maria incoronata regina del cielo e della terra

Un segno grandioso apparve nel cielo: una donna vestita di sole, con la luna sotto i suoi piedi e, sul capo, una corona di dodici stelle (Ap 12,1).

Il nostro corpo risorgerà glorioso alla fine dei tempi, e saremo simili a Cristo, perché lo contempleremo così come egli è. Maria è il preludio di questa umanità nuova, la prima redenta, la prediletta del Padre, poiché ella è la Madre.

Salve Regina

Salve, Regina, madre di misericordia, vita, dolcezza e speranza nostra, salve.
A te ricorriamo, esuli figli di Eva; a te sospiriamo, gementi e piangenti in questa valle di lacrime.
Orsù dunque, avvocata nostra, rivolgi a noi gli occhi tuoi misericordiosi. E mostraci, dopo questo esilio, Gesù, il frutto benedetto del tuo seno.
O clemente, o pia, o dolce Vergine Maria.

Litanie lauretane

Signore, pietà **Signore, pietà**
Cristo, pietà **Cristo, pietà**
Signore, pietà **Signore, pietà**

Cristo, ascoltaci **Cristo, ascoltaci**
Cristo, esaudiscici **Cristo, esaudiscici**

Padre del cielo, che sei Dio **abbi pietà di noi**
Figlio, Redentore del mondo, che sei Dio ”
Spirito Santo, che sei Dio ”
Santa Trinità, unico Dio ”

Santa Maria **prega per noi**
Santa Madre di Dio ”
Santa Vergine delle vergini ”

Madre di Cristo	**prega per noi**
Madre della Chiesa	”
Madre della misericordia	”
Madre della divina grazia	”
Madre della speranza	”
Madre purissima	”
Madre castissima	”
Madre sempre vergine	”
Madre immacolata	”
Madre degna d’amore	”
Madre ammirabile	”
Madre del buon consiglio	”
Madre del Creatore	”
Madre del Salvatore	”
Madre di misericordia	”
Vergine prudente	”
Vergine degna di onore	”
Vergine degna di lode	”
Vergine potente	”
Vergine clemente	”
Vergine fedele	”
Specchio di perfezione	”
Sede della Sapienza	”
Fonte della nostra gioia	”
Tempio dello Spirito Santo	”

Tabernacolo dell'eterna gloria	**prega per noi**
Dimora consacrata di Dio	"
Rosa mistica	"
Torre della santa città di Davide	"
Fortezza inespugnabile	"
Santuario della divina presenza	"
Arca dell'alleanza	"
Porta del cielo	"
Stella del mattino	"
Salute degli infermi	"
Rifugio dei peccatori	"
Conforto dei migranti	"
Consolatrice degli afflitti	"
Aiuto dei cristiani	"
Regina degli angeli	"
Regina dei patriarchi	"
Regina dei profeti	"
Regina degli Apostoli	"
Regina dei martiri	"
Regina dei confessori della fede	"
Regina delle vergini	"
Regina di tutti i santi	"
Regina concepita senza peccato	"
Regina assunta in cielo	"
Regina del rosario	"

Regina della famiglia **prega per noi**
Regina della pace **"**

Agnello di Dio, che togli i peccati del mondo,
perdonaci, Signore.
Agnello di Dio, che togli i peccati del mondo,
ascoltaci, Signore.
Agnello di Dio, che togli i peccati del mondo,
abbi pietà di noi.
Prega per noi, santa Madre di Dio.
E saremo degni delle promesse di Cristo.

Preghiamo
Concedi ai tuoi fedeli, Signore Dio nostro, di godere sempre la salute del corpo e dello spirito, e per la gloriosa intercessione di Maria santissima, sempre vergine, salvaci dai mali che ora ci rattristano e guidaci alla gioia senza fine. Per Cristo nostro Signore. **Amen.**

Oppure
O Dio, il tuo unico Figlio ci ha procurato i beni della salvezza eterna con la sua vita, morte e risurrezione: a noi, che con il santo Rosario della beata Vergine Maria abbiamo meditato questi misteri, concedi di imitare ciò che essi contengono e di raggiungere ciò che essi promettono. Per Cristo nostro Signore. **Amen.**

Sotto la tua protezione

Sotto la tua protezione cerchiamo rifugio,
santa Madre di Dio:
non disprezzare le suppliche
di noi che siamo nella prova,
e liberaci da ogni pericolo,
o Vergine gloriosa e benedetta. **Amen.**

San Michele arcangelo

San Michele arcangelo,
difendici nella lotta,
sii il nostro aiuto contro la malvagità
e le insidie del demonio.
Supplichevoli preghiamo che Dio lo domini
e tu, Principe della milizia celeste,
con il potere che ti viene da Dio,
incatena nell'Inferno Satana
e gli spiriti maligni,
che si aggirano per il mondo
per far perdere le anime. **Amen.**

A te, o beato Giuseppe *(Papa Leone XIII)*

A te, o beato Giuseppe,
stretti dalla tribolazione ricorriamo
e fiduciosi invochiamo il tuo patrocinio,
insieme a quello della tua santissima Sposa.
Per quel sacro vincolo di carità,
che ti strinse all'immacolata vergine Madre di Dio,
e per l'amore paterno che portasti al fanciullo Gesù,
riguarda, te ne preghiamo,
con occhio benigno la cara eredità
che Gesù Cristo acquistò col suo sangue,
e col tuo potere e aiuto soccorri ai nostri bisogni.
Proteggi, o provvido Custode della divina Famiglia,
l'eletta prole di Gesù Cristo;
allontana da noi, o Padre amantissimo,
la peste di errori e di vizi che ammorba il mondo;
assistici propizio dal cielo
in questa lotta contro il potere delle tenebre,
o nostro fortissimo protettore;
e come un tempo salvasti dalla morte
la minacciata vita del bambino Gesù,
così ora difendi la santa Chiesa di Dio
dalle ostili insidie e da ogni avversità;
e copri ciascuno di noi con il tuo patrocinio,
affinché col tuo esempio e con il tuo soccorso
possiamo virtuosamente vivere, piamente morire
e conseguire l'eterna beatitudine in cielo. **Amen.**

Magnificat

Il Magnificat è il cantico contenuto nel Vangelo di Luca (1,46-56) con il quale Maria loda e ringrazia Dio perché, nella sua immensa bontà, ha liberato il suo popolo. È talmente bello che non basterebbero centinaia di volumi per analizzarne la poesia.

Il Magnificat ci aiuta a capire le beatitudini annunciate da Gesù. Le beatitudini sono rivolte ai poveri, agli afflitti, agli affamati di giustizia… un messaggio controcorrente, profezia di un modo nuovo di vivere.

Il mondo, infatti, dice che per avere la felicità devi essere ricco, potente, bello, sempre giovane e forte, godere di fama e di successo. Invece le beatitudini ci dicono di farci piccoli e affidarci a Dio.

La Vergine Santa ci insegni, come ha fatto lei a lodare con gioia il Signore che "rovescia i potenti dai troni e innalza gli umili".

Terminiamo la preghiera del santo Rosario recitando il* Magnificat *per ringraziare Dio delle grazie che abbiamo ricevuto in questa giornata e di quelle che riceveremo.

L'anima mia magnifica il Signore
e il mio spirito esulta in Dio, mio salvatore,
perché ha guardato l'umiltà della sua serva.

D'ora in poi tutte le generazioni
mi chiameranno beata.
Grandi cose ha fatto per me l'Onnipotente
e Santo è il suo nome;
di generazione in generazione la sua misericordia
per quelli che lo temono.

Ha spiegato la potenza del suo braccio,
ha disperso i superbi nei pensieri del loro cuore;
ha rovesciato i potenti dai troni,
ha innalzato gli umili;
ha ricolmato di beni gli affamati,
ha rimandato i ricchi a mani vuote.

Ha soccorso Israele, suo servo,
ricordandosi della sua misericordia,
come aveva detto ai nostri padri,
per Abramo e la sua discendenza, per sempre.

Gloria al Padre e al Figlio
e allo Spirito Santo.
Come era nel principio, e ora e sempre
nei secoli dei secoli. **Amen.**

PREGHIERE PER OGNI GIORNO

«La preghiera apre la porta a Dio»
(Papa Francesco)

Sante benedizioni per noi o i nostri cari

Invocare la benedizione di Dio è il compito di ogni cristiano perché Gesù ha raccomandato molto di benedire anche i propri nemici. Ricordiamo anche il passo della lettera ai Romani in cui l'Apostolo esorta: «Benedite coloro che vi perseguitano, benedite e non maledite» (Rm 12,14).

Ci sono bellissime benedizioni che possono essere invocate sia su di sé che sugli altri, sostituendo il «discenda su di me» con «discenda su di te o su di voi», il «mi benedica» con «ti o vi benedica». Si consiglia molto ai genitori di invocare la benedizione sui propri figli e familiari malati e non.

Di seguito ne proponiamo una.
(Mentre si dice la benedizione seguente si fa il segno di croce).

Mi benedica la potenza del Padre celeste,
la sapienza del Figlio divino,
l'amore dello Spirito Santo.
Amen.

Angelus

L'angelo del Signore portò l'annuncio a Maria,
ed ella concepì per opera dello Spirito Santo.
Ave Maria

Eccomi, sono la serva del Signore,
si compia in me la tua parola.
Ave Maria

E il Verbo si fece carne,
e venne ad abitare in mezzo a noi.
Ave Maria

Prega per noi, santa Madre di Dio,
e saremo degni delle promesse di Cristo.

Preghiamo
Infondi nel nostro spirito la tua grazia, o Padre; tu che nell'annuncio dell'angelo ci hai rivelato l'incarnazione del tuo Figlio, per la sua passione e la sua croce guidaci alla gloria della risurrezione. Per Cristo nostro Signore. **Amen.**

3 Gloria al Padre
Angelo di Dio
L'eterno riposo

Accogli Signore

(Sant'Ignazio di Loyola)

Accogli, Signore, la mia totale libertà. Ricevi la mia memoria, l'intelligenza e la volontà, incondizionatamente. Quanto ho e possiedo, mi è stato donato da te. A te lo riconsegno. A te lo affido.
Guidami secondo la tua volontà. Regalami soltanto l'amore a te, Signore. Questo mi basta. Non ti chiedo altro. **Amen.**

Preghiera per la santificazione dei sacerdoti

Vieni, Spirito Santo, e da' ai tuoi ministri, dispensatori dei misteri di Dio, un cuore nuovo, che ravvivi in loro la grazia ricevuta, e avverta, come una sorprendente rivelazione, il sacramento ricevuto.
Un cuore che risponda sempre con freschezza nuova ai doveri incessanti del loro ministero verso il tuo corpo eucaristico e verso il tuo corpo mistico, un cuore nuovo, sempre giovane e lieto.
Maria, nostra madre e mediatrice e Gesù, Figlio di Dio, nostro Signore, ti aiutino a presentare al Padre questa nostra orazione.
Spirito Santo, santifica i tuoi sacerdoti. **Amen.**

Coroncina alla Divina Misericordia

Per la preghiera si usa una comune corona del santo Rosario.

La Coroncina alla Divina Misericordia è stata dettata da Gesù a santa Faustina Kowalska a Vilnius nel 1935. Nelle rivelazioni successive Gesù ha mostrato il valore e l'efficacia di questa preghiera assieme alle promesse ad essa legate.

Si tratta delle tre grandi promesse:

1. *Chiunque reciterà questa Coroncina, otterrà tanta Misericordia nell'ora della morte. Anche se si trattasse del peccatore più incallito e la recita anche una volta sola, otterrà la grazia della mia infinita Misericordia.*

2. *Nell'ora della morte difenderò come mia gloria ogni anima che reciterà questa Coroncina, oppure altri la reciteranno vicino ad un agonizzante, ed otterranno per l'agonizzante lo stesso perdono. Quando vicino ad un agonizzante viene recitata questa Coroncina, si placa l'ira di Dio e l'imperscrutabile Misericordia avvolge l'anima.*

3. *Tutte le anime che adoreranno la mia Misericordia e ne diffonderanno il culto [...] queste anime nell'ora della morte non avranno paura. La mia Misericordia le proteggerà in quell'ultima lotta.*

Nel nome del Padre e del Figlio e dello Spirito Santo. Amen.
O Dio, vieni a salvarmi. Signore, vieni presto in mio aiuto.
Gloria al Padre

Padre nostro • Ave Maria
Credo *(pag. 668)*

Sui grani del Padre nostro *si prega:*
Eterno Padre, ti offro il corpo e il sangue, l'anima e la divinità del tuo dilettissimo Figlio e Signore nostro Gesù Cristo.
In espiazione dei nostri peccati e di quelli del mondo intero.

*Sui grani dell'*Ave Maria *si prega:*
Per la sua dolorosa passione.
Abbi Misericordia di noi e del mondo intero.

Per finire si ripete tre volte l'invocazione:
Santo Dio, Santo Forte, Santo Immortale.
Abbi pietà di noi e del mondo intero.

ESAME DI COSCIENZA

L'esame di coscienza è una delle pratiche più importanti per crescere nella vita spirituale. È un ***incontro personale con Dio*** *nel quale consideriamo, prima di tutto, che Dio è presente nella nostra vita. La sua misericordia si apre per noi e ci chiama a unirci a lui. Infatti, quando ci vediamo al centro della cura amorosa di Dio, smettiamo di fissare l'attenzione sul peccato e la fissiamo sulla sua misericordia. Durante l'esame di coscienza si tratta di vedere come Dio, nel suo amore per noi, desidera la nostra risposta a tale amore negli avvenimenti quotidiani. Quindi,* ***l'esame di coscienza è la verifica per capire se durante il giorno abbiamo risposto all'amore di Dio****.*
Trovare un momento a metà giornata e alla sera per fermarsi e mettersi di fronte a Dio ci aiuterà a essere ***più attenti al suo modo delicato di esserci accanto, a conoscere più profondamente noi stessi****, a* ***camminare più speditamente sulla via della santità*** *e, come insegna papa Francesco, a* ***difenderci dal male****.*

Lo schema che segue può aiutarci a scoprire se abbiamo corrisposto all'amore di Dio.

Il mio rapporto con Dio

1. Ho fede in Dio anche nel momento della prova e della sofferenza?

2. Ho sempre fiducia nella provvidenza di Dio?

3. Pensando alla mia vita, posso dire di confidare in Dio o nella ricchezza? Confido nel dominio, nella carriera? Dov'è il mio cuore, il mio pensiero, la mia attenzione? Sono servo o padrone del denaro?

4. Sono superstizioso?

5. Credo veramente nella vita eterna?

6. Ascolto e pratico ciò che suggerisce la Chiesa tramite il magistero del Papa e dei vescovi o mi accodo ai falsi pregiudizi diffusi da stampa, tv e internet? Vivo una fede solitaria in cui rischio solo di adorare me stesso e i miei bisogni?

7. Professo con coraggio e dovunque la mia fede cristiana? Sono convinto che la mia fede non è qualcosa di privato, ma un dono che posso fare ai fratelli?

Il mio rapporto con il prossimo

1. Vivo la mia vita familiare con spirito cristiano? Sono capace di affetto, fiducia e obbedienza verso i miei genitori? Di amicizia, gentilezza, comprensione, fedeltà nei confronti delle persone a cui voglio bene? Quali sono le mie relazioni con

parenti anziani? Accolgo il loro dono, li so ascoltare, rispettare e valorizzare? Sono disponibile a prendermi cura di loro come posso?

2. Vivo la mia sessualità come un'esperienza di crescita, rispetto reciproco e amore, oppure la piego al mio bisogno?

3. Ho sentimenti di odio, rancore, gelosia? Ho giurato il falso? Ho mentito? Ho parlato dietro le spalle? Ho mormorato e detto male degli altri? Desidero conoscere gli altri, oppure mi affido a ciò che si dice, a ciò che sembra?

4. Voglio sempre avere ragione? Sono capace di collaborare, attendere, portare aiuto servizievole o cerco solo di farmi servire? Aiuto i malati, i deboli, gli emarginati?

- Dopo aver esaminato la coscienza, chiedo umilmente perdono a Dio con parole mie, in attesa di potermi accostare al sacramento della Riconciliazione.
- Propongo di correggermi e formulo un piccolo proposito da mettere in pratica affinché, da questo esame di coscienza, possa iniziare una vera conversione.

PREGHIERE PER NOVEMBRE

Intenzioni di preghiera del Santo Padre affidate alla sua Rete Mondiale di Preghiera

Padre infinitamente buono, so che tu sei sempre con me, eccomi in questo nuovo giorno. Metti il mio cuore, una volta ancora, vicino al cuore del tuo Figlio Gesù, che si offre per me e che viene a me nell'Eucaristia. Che lo Spirito Santo faccia di me il suo amico e apostolo, disponibile alla sua missione di compassione. Metto nelle tue mani le mie gioie e le mie speranze, le mie attività e le mie sofferenze, tutto ciò che ho e possiedo, in comunione con i miei fratelli e sorelle di questa Rete Mondiale di Preghiera. Con Maria ti offro questa giornata per la missione della Chiesa e per le intenzioni del Papa e del mio Vescovo in questo mese. Amen.

Per il Papa

Preghiamo per il Papa, perché nell'esercizio della sua missione continui ad accompagnare nella fede il gregge a lui affidato, con l'aiuto dello Spirito Santo.

Intenzione mariana

Perché seguiamo Maria sulla strada della santità che suo Figlio ci indica.

PRATICHE E PREGHIERE DI OGNI GIORNO CONSIGLIATE PER IL MESE DI NOVEMBRE

«Chi prega impara a dire “grazie”».
(Papa Francesco)

- Santa Messa.
- Liturgia delle Ore.
- Santo Rosario: misteri gioia, luce, dolore, gloria *(pag. 662).*
- Coroncina alla Divina Misericordia *(pag. 690).*
- Corona angelica *(pag. 35).*
- Preghiera per i nostri defunti *(pag. 699).*
- Preghiera per le anime del Purgatorio *(pag. 700).*
- Far celebrare in questo mese una santa Messa per i famigliari viventi.
- Digiuno a pane e acqua secondo le proprie possibilità (cod. 8246) *(mercoledì e venerdì).*
- Via Crucis (cod. 8001, 8137) *(venerdì).*
- Il sacramento della Riconciliazione (cod. 8344, 8629) *(tutte le settimane o almeno una volta al mese; esame di coscienza pag. 692).*
- Piccolo Ufficio dell’Immacolata *(sabato).*

Preghiera per i defunti

(Padre Antonio Rungi)

Dio di infinita misericordia, affidiamo alla tua immensa bontà quanti hanno lasciato questo mondo per l'eternità, dove tu attendi l'intera umanità, redenta dal sangue prezioso di Cristo, tuo Figlio, morto in riscatto per i nostri peccati.

Non guardare, Signore, alle tante povertà, miserie e debolezze umane, quando ci presenteremo davanti al tuo tribunale, per essere giudicati per la felicità o la condanna.

Volgi su di noi il tuo sguardo pietoso, che nasce dalla tenerezza del tuo cuore, e aiutaci a camminare sulla strada di una completa purificazione.

Nessuno dei tuoi figli vada perduto nel fuoco eterno dell'Inferno, dove non ci può essere più pentimento.

Ti affidiamo, Signore, le anime dei nostri cari, delle persone che sono morte senza il conforto sacramentale, o non hanno avuto modo di pentirsi nemmeno al termine della loro vita.

Nessuno abbia da temere di incontrare te, dopo il pellegrinaggio terreno, nella speranza di essere accolto nelle braccia della tua infinita misericordia.

Sorella morte corporale ci trovi vigilanti nella preghiera e carichi di ogni bene fatto nel corso della nostra breve o lunga esistenza. Signore, niente ci allontani da te su questa terra, ma tutto e tutti ci sostengano nell'ardente desiderio di riposare serenamente ed eternamente in te. **Amen.**

Preghiera per le anime del Purgatorio

Anime sante del Purgatorio, noi ci ricordiamo di voi per alleggerire la vostra purificazione con i nostri suffragi; voi ricordatevi di noi per aiutarci, perché è vero che per voi stesse non potete far nulla, ma per gli altri potete moltissimo.

Le vostre preghiere sono molto potenti e giungono presto al trono di Dio.

Otteneteci la liberazione da tutte le disgrazie, le miserie, le malattie, le angosce e i travagli.

Otteneteci la pace dello spirito, assisteteci in tutte le azioni, soccorreteci prontamente nei nostri bisogni spirituali e temporali, consolateci e difendeteci nei pericoli.

Pregate per il Santo Padre, per la glorificazione della santa Chiesa, per la pace delle nazioni, perché i princìpi cristiani siano amati e rispettati da tutti i popoli e fate che un giorno possiamo venire con voi nella pace e nella gioia del Paradiso.

3 Gloria al Padre • 3 L'eterno riposo

A tutti i santi

1º novembre

O Dio, Padre buono e misericordioso, ti ringraziamo perché in ogni tempo tu rinnovi e vivifichi la tua Chiesa, suscitando nel suo seno i santi: attraverso di essi tu fai risplendere la varietà e la ricchezza dei doni del tuo Spirito di amore. Noi sappiamo che i santi, deboli e fragili come noi, hanno capito il vero senso della vita, sono vissuti nell'eroismo della fede, della speranza e della carità, hanno imitato perfettamente il Figlio tuo, e ora, vicini a Gesù nella gloria, sono nostri modelli e intercessori. Ti ringraziamo perché hai voluto che continuasse tra noi e i santi la comunione di vita nell'unità dello stesso corpo mistico di Cristo.

Ti chiediamo, o Signore, la grazia e la forza di poter seguire il cammino che essi ci hanno tracciato, affinché alla fine della nostra esistenza terrena possiamo giungere con loro al beatificante possesso della luce e della tua gloria. **Amen.**

Gloria al Padre

MATERIALE MULTIMEDIALE

Alle anime sante del Purgatorio (2 novembre). *Inquadra il QR code per avere la preghiera sul tuo smartphone o tablet.*

Preghiera a san Carlo Borromeo

(Cardinale Angelo Comastri)

4 novembre

O coraggioso san Carlo, le particolari condizioni della tua epoca potevano spingerti a fare della vita un percorso di sola ambizione. E, invece, tu hai cercato l'unica ambizione legittima per un vero discepolo di Gesù: hai coraggiosamente cercato di essere santo. Aiutaci a fare la stessa scelta. Aiutaci a capire che la nostra società, frivola e scontenta, ha bisogno di Gesù e noi siamo chiamati a preparare i cuori all'incontro con lui.

O umile san Carlo, tu hai incontrato ostacoli, contrasti e vera persecuzione, ma hai vinto la cattiveria con la tua tenace e umile bontà. E hai estirpato la corruzione con l'esempio di una vita limpida e coerente. Aiutaci a non limitarci a condannare il buio, ma a vincerlo con fatti e azioni che diffondano luce: la luce vera, che è Gesù.

Carissimo san Carlo, tu hai capito che la santità dei sacerdoti è una condizione indispensabile per guidare il popolo di Dio nella fedeltà gioiosa al Vangelo. Prega per noi, affinché i sacerdoti di oggi siano attraversati da un deciso fremito di santità, capace di abbattere i muri dell'attuale vuota indifferenza con l'esempio di una vita che profumi di vero ed eroico e appassionato amore per Cristo e per le anime. San Carlo, prega per noi perché abbiamo urgentemente bisogno di santi sacerdoti. Prega per noi. **Amen.**

3 Padre nostro • Ave Maria • Gloria al Padre.

MATERIALE MULTIMEDIALE

Inquadra il QR code per averlo a disposizione sul tuo smartphone o tablet.

- 5 novembre › **La Pira uomo di fede** *approfondimento*
- 8 novembre › **Preghiera al B. Giovanni Duns Scoto**
- 9 novembre › **Preghiera alla Trinità di santa Elisabetta della Trinità**
- 11 novembre › **Preghiera a san Martino di Tours**

Preghiera a sant'Artemide Zatti per gli infermi e per gli operatori sanitari

13 novembre

O Padre, tu hai voluto che il tuo unico Figlio, medico dei corpi e delle anime, prendesse su di sé le nostre infermità per soccorrerci nell'ora della prova e santificarci nell'esperienza del dolore. Per intercessione di sant'Artemide Zatti, l'infermiere santo della Patagonia che testimoniò una singolare carità verso gli infermi, consola coloro che si trovano nel dolore e nella malattia e assisti con la tua grazia i medici, gli infermieri e gli operatori sanitari perchè stiano accanto con premurosa sollecitudine ai fratelli e alle sorelle malati. Ascolta la preghiera che ti presentiamo affinché anche noi seguiamo il cammino di santità che sant'Artemide ha luminosamente percorso. Per Cristo nostro Signore. **Amen.**

MATERIALE MULTIMEDIALE

Preghiera a S. Alberto Magno (15 novembre). ***Inquadra il QR code per averla a disposizione sul tuo smartphone o tablet.***

Preghiera a san Giuseppe Moscati

16 novembre

Amabilissimo Gesù, che ti degnasti di venire sulla terra per curare la salute spirituale e corporale degli uomini e fosti tanto largo di grazie per san Giuseppe Moscati, facendolo un medico secondo il tuo cuore, insigne nella sua arte e zelante nell'amore apostolico, e santificandolo nella tua imitazione con l'esercizio di questa duplice, amorevole carità verso il prossimo, ardentemente ti prego di voler glorificare, in terra, il tuo servo nella gloria dei santi, concedendomi la grazia che ti chiedo *(chiedere la grazia che si desidera)*, se è per la tua maggior gloria e per il bene delle anime nostre. **Amen.**

Padre nostro • Ave Maria • Gloria al Padre.

Preghiera per chiedere l'intercessione della beata Armida Barelli

19 novembre

Padre, che hai plasmato in Armida – col cuore del Figlio tuo – un'anima capace di orientare giovani di ogni tempo verso la piena esperienza di Cristo e della Chiesa attraverso "Eucaristia, Apostolato, Eroismo", donaci di continuare a essere fedeli al suo messaggio. Alimenta la nostra speranza per la sua glorificazione ecclesiale e sostienici, per sua intercessione, nelle nostre necessità. **Amen.**

MATERIALE MULTIMEDIALE

Preghiera per la presentazione della beata Vergine Maria (21 novembre). ***Inquadra il QR code per averla a disposizione sul tuo smartphone o tablet.***

Preghiera alla venerabile Margherita Occhiena

(Loredana Simeone – salesiana cooperatrice)

25 novembre

Mamma Margherita, con la semplicità della tua vita, che suscita la nostra ammirazione, hai fatto respirare ai tuoi figli l'incanto e la vastità della creazione, nello stupore delle notti stellate, nella fatica del lavoro dei campi, nelle difficoltà di ogni giorno, facendoli maturare nella fede.

Mamma Margherita, maestra del dialogo, ispiratrice del sistema preventivo, donaci la calma, l'allegria, l'affabilità, il sorriso, con cui sapevi correggere amorevolmente i tuoi figli, con cui sapevi trasmettere il sentimento d'amore e di venerazione verso il Signore.

Mamma Margherita, maestra di vita, ispira a noi genitori il tuo coraggio, l'amabilità, il senso della fatica e del dovere, il rispetto degli anziani, come tesoro di sapienza. Coltiva in noi la costanza nella pratica del bene, la risolutezza della volontà, la franchezza e la prudenza nei giudizi, il giusto equilibrio tra sentimento e ragione, azione e riflessione.

Il tuo nome, mamma Margherita, non è rimasto scritto né su una tomba né su una lapide; ma la tua esistenza, intreccio sapiente di vita e fede, è un'eredità preziosa per i nostri cuori. Grazie del dono che rappresenti per ognuno di noi, e di averci offerto quel figlio esemplare che è stato Don Bosco. **Amen.**

MATERIALE MULTIMEDIALE

Inquadra il QR code per averlo a disposizione sul tuo smartphone o tablet.

- 26 novembre › **Preghiera del B. Giacomo Alberione**
- 27 novembre › **Consacrazione dei bambini alla Vergine della Medaglia Miracolosa**
- 28 novembre › **Preghiera di liberazione per intercessione di S. Giacomo della Marca**
- 30 novembre › **Preghiera a sant'Andrea apostolo**

Supplica alla Vergine della Medaglia Miracolosa

27 novembre

O Vergine immacolata, noi sappiamo che sempre e ovunque sei disposta a esaudire le preghiere dei tuoi figli esuli in questa valle di pianto, ma sappiamo pure che vi sono giorni e ore in cui ti compiaci di spargere più abbondantemente i tesori delle tue grazie. Ebbene, o Maria, eccoci qui prostràti davanti a te, proprio in quello stesso giorno e ora benedetti, da te prescelti per la manifestazione della tua Medaglia. Noi veniamo a te, ripieni di immensa gratitudine e illimitata fiducia, in quest'ora a te sì cara, per ringraziarti del gran dono che ci hai fatto dandoci la tua immagine, affinché fosse per noi attestato d'affetto e pegno di protezione.

Noi dunque ti promettiamo che, secondo il tuo desiderio, la santa Medaglia sarà il segno della tua presenza presso di noi, sarà il nostro libro su cui impareremo a conoscere, seguendo il tuo consiglio, quanto ci hai amato e ciò che noi dobbiamo fare, perché non siano inutili tanti sacrifici tuoi e del tuo divin Figlio. Sì, il tuo cuore trafitto, rappresentato sulla Medaglia, poggerà sempre sul nostro e lo farà palpitare all'unisono col tuo. Lo accenderà d'amore per Gesù e lo fortificherà per portare ogni giorno la propria croce dietro a lui.

Questa è l'ora tua, o Maria, l'ora della tua bontà inesauribile, della tua misericordia trionfante, l'ora in cui facesti sgorgare, per mezzo della tua Medaglia, quel torrente di grazie e di prodigi che inondò la terra. Fa', o Madre, che quest'ora che ricorda la dolce commozione del tuo cuore, la quale ti spinse a venirci a visitare e a portarci il rimedio di tanti mali, sia anche l'ora nostra: l'ora della nostra sincera conversione e l'ora del pieno esaudimento dei nostri voti. Tu che hai promesso, pro-

prio in quest'ora fortunata, che grandi sarebbero state le grazie per chi le avesse domandate con fiducia, volgi benigna i tuoi sguardi alle nostre suppliche.
Confessiamo di non meritare le tue grazie, ma a chi ricorreremo, o Maria, se non a te, che sei la madre nostra, nelle cui mani Dio ha posto tutte le sue grazie? Abbi dunque pietà di noi. Te lo domandiamo per la tua immacolata concezione e per l'amore che ti spinse a darci la tua preziosa Medaglia.
O Consolatrice degli afflitti, che già ti inteneristi sulle nostre miserie, guarda ai mali da cui siamo oppressi. Fa' che la tua Medaglia sparga su di noi e su tutti i nostri cari i tuoi raggi benefici: guarisca i nostri ammalati, dia la pace alle nostre famiglie, ci scampi da ogni pericolo. Porti la tua Medaglia conforto a chi soffre, consolazione a chi piange, luce e forza a tutti. Ma specialmente permetti, o Maria, che in quest'ora solenne ti domandiamo la conversione dei peccatori, particolarmente di quelli che sono più bisognosi della tua misericordia. Ricordati che anch'essi sono tuoi figli, che per essi hai sofferto, pregato e pianto.
Salvali, o Rifugio dei peccatori, affinché dopo averti tutti amata, invocata e servita sulla terra, possiamo venirti a ringraziare e lodare eternamente in cielo. **Amen.**

Salve Regina *(pag. 678)*

NOVENE

Introduzione

Che cos'è la novena

La novena di preghiera e d'intercessione è un'antica pratica della Chiesa. È una preghiera insistente, fatta con fede, determinazione e costanza, che si ripete per nove giorni consecutivi, nella fiducia di poter ottenere qualcosa. È «pregare senza stancarsi», come la vedova importuna del capitolo 18 del Vangelo di Luca. Oppure come quell'uomo di cui parla Gesù nel capitolo 11 dello stesso Vangelo: con la sua insistenza ottiene dall'amico il pane di cui ha bisogno, nonostante sia mezzanotte.

Perché ricorrere all'intercessione della Vergine o di un santo

La parola di Dio dice: «Pregate gli uni per gli altri» (Gc 5,16), «sostenetevi a vicenda» (1Ts 5,11). Perciò possiamo chiedere con fiducia a Maria e ai santi di pregare per noi dal cielo e di intercedere perché otteniamo le grazie di cui abbiamo bisogno.

Alcuni suggerimenti

*Come insegna la santa madre Chiesa, la vita spirituale, gli esercizi di pietà e le devozioni sono strettamente legati alla vita sacramentale e sono tanto più efficaci e fruttuosi quanto più si corrisponde alla grazia del Signore. Pertanto, durante la novena **è consigliabile** accostarsi al sacramento della **Riconciliazione** per chiedere perdono a Dio dei propri peccati, partecipare alla **santa Messa*** *quotidiana (**quando è possibile**) e ricevere la santa Eucaristia, fonte e culmine di tutta la vita cristiana.*

Inoltre, ogni giorno della novena è opportuno:

1. ***Lodare, benedire e ringraziare la Santissima Trinità:***
   Dio Padre per il dono della creazione;
   Dio Figlio per il dono della redenzione;
   Dio Spirito Santo per quello della santificazione.
2. ***Perdonare** sempre e chiunque.*
3. *Vivere con impegno e costanza la **preghiera personale, familiare e comunitaria.***
4. ***Compiere opere di carità.***
5. ***Abbandonarsi alla volontà di Dio.***

*Seguendo questi suggerimenti e impegnandosi quotidianamente in un **cammino di conversione**, che operi un reale cambiamento di vita, si vedranno realizzate le meraviglie che Dio ha in serbo per ciascuno dei suoi figli, secondo i suoi tempi e la sua volontà.*

Le novene sono molto efficaci, se si crede fermamente, per superare periodi di sofferenza, di malattia, di angoscia, di rovina morale, di problemi familiari, matrimonio in crisi, mancanza di lavoro, per essere illuminati nelle scelte fondamentali (vocazionali e, se si è chiamati al matrimonio, nella scelta di un compagno o compagna per la vita); nelle scelte più difficili da prendere, per essere guariti, consolati e per chiedere qualsiasi aiuto nelle piccole e grandi difficoltà di ogni giorno; ma anche per ringraziare delle immense grazie che continuamente riceviamo dal Signore.

TRIDUO ALL'IMMACOLATA

Si recita senza interruzione dal 5 al 7 dicembre.

«Ama l'Immacolata con tutto il tuo cuore, rivolgiti spesso a lei, mediante le giaculatorie, anche con il pensiero soltanto ed ella ti insegnerà a ricambiare Gesù con un amore senza misura, per l'amore che egli ha dimostrato sulla croce e nel Santissimo Sacramento dell'altare. In concreto l'amore consiste nella santa obbedienza».

San Massimiliano Kolbe

Nel nome del Padre e del Figlio e dello Spirito Santo. Amen.
O Dio vieni a salvarmi. Signore vieni presto in mio aiuto.

Gloria al Padre

Sequenza allo Spirito Santo *(pag. 666)*

Credo *(pag. 668)*

O Immacolata, Regina del cielo e della terra, io so di non essere degno di avvicinarmi a te, di cadere in ginocchio dinanzi a te con la faccia a terra, ma poiché ti amo tanto, oso supplicarti di essere tanto buona da volermi dire chi sei tu. Desidero, infatti, conoscerti sempre di più, sconfinatamente di più, e amarti in modo sempre più ardente, con un ardore senza la minima barriera.

Inoltre, desidero rivelare anche ad altre anime chi sei

tu, affinché un numero sempre crescente di anime ti conosca sempre più perfettamente e ti ami sempre più ardentemente, cosicché tu divenga la regina di tutti i cuori che battono sulla terra e batteranno in qualsiasi tempo, e ciò quanto prima, al più presto possibile.

Alcuni non conoscono affatto il tuo nome, neppure al giorno d'oggi; altri, immersi nel fango dell'immoralità, non ardiscono sollevare lo sguardo verso di te; altri ancora credono di non aver bisogno di te per raggiungere lo scopo della loro vita; ma vi sono pure taluni ai quali Satana – il quale non volle riconoscerti per sua regina e, perciò, da angelo si tramutò in demonio – non permette di piegare le ginocchia davanti a te. Molti sono quelli che ti amano, che ti vogliono bene, ma quanto pochi sono quelli che per amore verso di te sono disposti a tutto, alle fatiche, alle sofferenze e perfino al sacrificio della vita.

Quando, o Signora, dominerai sovrana in tutti i cuori e in ciascuno singolarmente?

Quando tutti gli abitanti della terra riconosceranno te quale Madre, il Padre celeste quale padre e in tal modo, finalmente, si sentiranno tutti fratelli?

Padre nostro • Ave Maria • Gloria al Padre

O Maria concepita senza peccato,
prega per noi che ricorriamo a te.

NOVENA DI NATALE

Si recita senza interruzione dal 16 al 24 dicembre.

Introduzione *(pag. 711)*

PRIMO GIORNO – 16 DICEMBRE

Nel nome del Padre e del Figlio e dello Spirito Santo. Amen.
O Dio vieni a salvarmi. Signore vieni presto in mio aiuto.
Gloria al Padre

Sequenza allo Spirito Santo *(pag. 666)*
Credo *(pag. 668)*

«Ecco: la Vergine concepirà e partorirà un figlio, che chiamerà Emmanuele [Dio-con-noi]» (Is 7,14b).

O Gesù, fa' che possa camminare spedito sulla via che mi conduce all'incontro con te, e che questi giorni di novena mi aiutino a farti posto nel mio cuore e nella mia vita.

Padre nostro • Ave Maria • Gloria al Padre

Impegno: Pregherò Gesù perché mi accompagni in questo cammino di preparazione al Natale.

Preghiera finale

Signore Gesù, noi ti adoriamo. Ci siamo raccolti intorno a te per prepararci ad accoglierti generosamente con un rinnovato e ardente desiderio della tua venuta. Vieni, Signore Gesù, nell'anima nostra per santificarla; nelle famiglie per unirle nell'amore scambievole; nella nostra patria affinché, fedele al tuo insegnamento, operi per il bene di tutti i cittadini; nel mondo intero, ora più che mai bisognoso della tua immensa misericordia e della tua pace. Vergine Maria, che nel più puro amore e nel più tenero raccoglimento hai atteso la nascita del tuo Figlio Gesù, aiutaci a preparare il cuore per ricevere a Natale la rinnovata effusione della sua grazia. **Amen.**

SECONDO GIORNO – 17 DICEMBRE

Nel nome del Padre e del Figlio e dello Spirito Santo. Amen.
O Dio vieni a salvarmi. Signore vieni presto in mio aiuto.
Gloria al Padre

Sequenza allo Spirito Santo *(pag. 666)*
Credo *(pag. 668)*

«Preparate la via del Signore, raddrizzate i suoi sentieri! Ogni uomo vedrà la salvezza di Dio!» (Lc 3,4b.6).
O Dio, nostro Padre, donami di preparare il mio cuore con la preghiera e le opere buone, per accogliere Gesù e vivere del suo amore.

Padre nostro • Ave Maria • Gloria al Padre

Impegno: Cercherò di apprezzare i doni e i talenti che hanno i miei familiari e amici.

Preghiera finale *(pag. 715)*

TERZO GIORNO – 18 DICEMBRE

Nel nome del Padre e del Figlio e dello Spirito Santo. Amen.

O Dio vieni a salvarmi. Signore vieni presto in mio aiuto.

Gloria al Padre

Sequenza allo Spirito Santo *(pag. 666)*

Credo *(pag. 668)*

L'angelo le disse: «Non temere, Maria, perché hai trovato grazia presso Dio. Ed ecco, concepirai un figlio, lo darai alla luce e lo chiamerai Gesù» (Lc 1,30-31).

Dio, pieno di amore, donami il tuo Santo Spirito affinché faccia crescere Gesù in me e lo testimoni con tutta la mia vita.

Padre nostro • Ave Maria • Gloria al Padre

Impegno: Nella preghiera personale, ringrazio il Signore che, in Gesù, mi dona di essere suo figlio.

Preghiera finale *(pag. 715)*

QUARTO GIORNO – 19 DICEMBRE

Nel nome del Padre e del Figlio e dello Spirito Santo. Amen.

O Dio vieni a salvarmi. Signore vieni presto in mio aiuto.

Gloria al Padre

Sequenza allo Spirito Santo *(pag. 666)*

Credo *(pag. 668)*

Allora Maria disse: «Ecco la serva del Signore: avvenga per me secondo la tua parola» (Lc 1,38).

Maria, tu che sei stata disponibile al progetto di Dio Padre e hai sempre compiuto la sua volontà, aiuta anche me a scegliere la via della disponibilità a fare la sua volontà.

Padre nostro • Ave Maria • Gloria al Padre

Impegno: Oggi cercherò di dire "sì" al Signore per qualcosa che mi costa o non riesco a capire.

Preghiera finale *(pag. 715)*

QUINTO GIORNO – 20 DICEMBRE

Nel nome del Padre e del Figlio e dello Spirito Santo. Amen.
O Dio vieni a salvarmi. Signore vieni presto in mio aiuto.
Gloria al Padre

Sequenza allo Spirito Santo *(pag. 666)*

Credo *(pag. 668)*

«Benedetta tu fra le donne e benedetto il frutto del tuo grembo!» (Lc 1,42b).

Gesù, tu che hai donato gioia a Elisabetta e a Giovanni, concedi ai genitori di accogliere con gioia la nascita dei figli, dono del tuo amore.

Padre nostro • Ave Maria • Gloria al Padre

Impegno: Oggi andrò a trovare una persona a me cara e pregherò con lei.

Preghiera finale *(pag. 715)*

SESTO GIORNO – 21 DICEMBRE

Nel nome del Padre e del Figlio e dello Spirito Santo. Amen.

O Dio vieni a salvarmi. Signore vieni presto in mio aiuto.

Gloria al Padre

Sequenza allo Spirito Santo *(pag. 666)*

Credo *(pag. 668)*

«Giuseppe, figlio di Davide, non temere di prendere con te Maria, tua sposa. Infatti il bambino che è generato in lei viene dallo Spirito Santo» (Mt 1,20b).

Gesù, fa' che, come san Giuseppe, impari ad ascoltare la tua parola per lasciarmi condurre nella mia esistenza dalla fede in te.

Padre nostro • Ave Maria • Gloria al Padre

Impegno: Prego e rifletto sulla figura di san Giuseppe, leggendo il brano di Matteo 1,18-25.

Preghiera finale *(pag. 715)*

SETTIMO GIORNO – 22 DICEMBRE

Nel nome del Padre e del Figlio e dello Spirito Santo. Amen.

O Dio vieni a salvarmi. Signore vieni presto in mio aiuto.

Gloria al Padre

Sequenza allo Spirito Santo *(pag. 666)*
Credo *(pag. 668)*

[Maria] diede alla luce il suo figlio primogenito, lo avvolse in fasce e lo pose in una mangiatoia (Lc 2,7a).
Gesù, sei la luce che orienta e illumina il cammino: fa' che le luci effimere che in questi giorni mi circondano, non offuschino la luce vera che viene da te.

Padre nostro • Ave Maria • Gloria al Padre

Impegno: Oggi farò attenzione a tutto ciò che mi circonda per cogliere i segni dell'amore di Dio per me!

Preghiera finale *(pag. 715)*

OTTAVO GIORNO – 23 DICEMBRE

Nel nome del Padre e del Figlio e dello Spirito Santo. Amen.
O Dio vieni a salvarmi. Signore vieni presto in mio aiuto.
Gloria al Padre

Sequenza allo Spirito Santo *(pag. 666)*
Credo *(pag. 668)*

«Abbiamo visto spuntare la sua stella e siamo venuti ad adorarlo» (Mt 2,2b).
Gesù, donami il desiderio di cercarti, sapendo che soltanto tu sei la risposta a ogni desiderio e che solo in te è la mia vera gioia.

Padre nostro • Ave Maria • Gloria al Padre

Impegno: Mi metto a disposizione di chi mi chiede aiuto, soprattutto di chi mi ha già chiesto accoglienza ma ha trovato la porta del mio cuore chiusa.

Preghiera finale *(pag. 715)*

NONO GIORNO – 24 DICEMBRE

Nel nome del Padre e del Figlio e dello Spirito Santo. Amen.

O Dio vieni a salvarmi. Signore vieni presto in mio aiuto.

Gloria al Padre

Sequenza allo Spirito Santo *(pag. 666)*

Credo *(pag. 668)*

[I pastori] andarono, senza indugio, e trovarono Maria e Giuseppe e il bambino, adagiato nella mangiatoia (Lc 2,16).

Ti aspetto, Signore Gesù! Attendo la tua venuta, la tua luce, il tuo messaggio, il tuo amore! Aiutami a preparare il mio cuore alla tua venuta.

Padre nostro • Ave Maria • Gloria al Padre

Impegno: Parteciperò alla Messa di Natale per incontrare Gesù e adorarlo con tutto il cuore.

Preghiera finale *(pag. 715)*

PREGHIERE PER DICEMBRE

Intenzioni di preghiera del Santo Padre affidate alla sua Rete Mondiale di Preghiera

Padre infinitamente buono, so che tu sei sempre con me, eccomi in questo nuovo giorno. Metti il mio cuore, una volta ancora, vicino al cuore del tuo Figlio Gesù, che si offre per me e che viene a me nell'Eucaristia. Che lo Spirito Santo faccia di me il suo amico e apostolo, disponibile alla sua missione di compassione. Metto nelle tue mani le mie gioie e le mie speranze, le mie attività e le mie sofferenze, tutto ciò che ho e possiedo, in comunione con i miei fratelli e sorelle di questa Rete Mondiale di Preghiera. Con Maria ti offro questa giornata per la missione della Chiesa e per le intenzioni del Papa e del mio Vescovo in questo mese. Amen.

Per le persone con disabilità

Preghiamo perché le persone con disabilità siano al centro dell'attenzione della società, e le istituzioni promuovano programmi di inclusione che valorizzino la loro partecipazione attiva.

Intenzione mariana

Perché impariamo da Maria la disposizione interiore della vigilante attesa.

PRATICHE E PREGHIERE DI OGNI GIORNO CONSIGLIATE PER IL MESE DI DICEMBRE

«La preghiera è così: lasciarsi portare da Dio».
(Papa Francesco)

- Santa Messa.
- Liturgia delle Ore.
- Santo Rosario: misteri gioia, luce, dolore, gloria *(pag. 662)*.
- Coroncina alla Divina Misericordia *(pag. 690)*.
- Corona angelica *(pag. 35)*.
- Litanie all'Immacolata *(pag. 725)*.
- Far celebrare in questo mese una santa Messa per i famigliari viventi.
- Digiuno a pane e acqua secondo le proprie possibilità (cod. 8246) *(mercoledì e venerdì)*.
- Via Crucis (cod. 8001, 8137) *(venerdì)*.
- Il sacramento della Riconciliazione (cod. 8344, 8629) *(tutte le settimane o almeno una volta al mese; esame di coscienza pag. 692)*.
- Piccolo Ufficio dell'Immacolata *(sabato)*.

Litanie all'Immacolata

Signore, pietà **Signore, pietà**
Cristo, pietà **Cristo, pietà**
Signore, pietà **Signore, pietà**
Cristo, ascoltaci **Cristo, ascoltaci**
Cristo, esaudiscici **Cristo, esaudiscici**
Padre del cielo, che sei Dio **abbi pietà di noi**
Figlio, Redentore del mondo, che sei Dio ”
Spirito Santo, che sei Dio ”
Santa Trinità, unico Dio ”
Vergine immacolata tra tutte le vergini **prega per noi**
Vergine immacolata nella tua concezione ”
Figlia immacolata di Dio Padre ”
Sposa immacolata dello Spirito Santo ”
Tempio immacolato della Santa Trinità ”
Immagine immacolata della saggezza di Dio ”
Aurora immacolata del Sole di giustizia ”
Arca vivente e immacolata
dove riposa Gesù Cristo ”
Porta immacolata che conduci a Gesù ”
Vergine immacolata che trionfi sul peccato ”
Vergine immacolata
che schiacci la testa del serpente ”
Regina immacolata del cielo e della terra ”

Porta immacolata della Gerusalemme celeste **prega per noi**
Dispensatrice immacolata delle grazie di Dio ”
Stella immacolata del mare ”
Torre immacolata della Chiesa militante ”
Rosa immacolata tra le spine ”
Ulivo immacolato del campo mistico del Signore ”
Modello immacolato di ogni perfezione ”
Causa immacolata della nostra gioia ”
Colonna immacolata della nostra fede ”
Fontana immacolata del divino amore ”
Segno immacolato e certo di salvezza ”
Regola immacolata della più perfetta obbedienza ”
Casa immacolata del pudore e della castità ”
Àncora immacolata della nostra salvezza ”
Luce immacolata dei saggi ”
Corona immacolata dei patriarchi ”
Gloria immacolata dei profeti ”
Dottore immacolato degli apostoli ”
Forza immacolata dei martiri ”
Sostegno immacolato dei confessori ”
Purezza immacolata delle vergini ”
Gioia immacolata di coloro che sperano in te ”
Avvocata immacolata dei peccatori ”
Madre immacolata della nostra famiglia ”

Agnello di Dio, che togli i peccati del mondo,
perdonaci, o Signore.

Agnello di Dio, che togli i peccati del mondo,
ascoltaci, o Signore.

Agnello di Dio, che togli i peccati del mondo,
abbi pietà di noi.

Prega per noi, santa Madre di Dio.
E saremo degni delle promesse di Cristo.

Preghiamo
Dio onnipotente ed eterno che ordini alla tua Chiesa di celebrare la gloria dell'immacolata concezione della Madre del tuo divin Figlio, ti supplichiamo affinché coloro che la onorano devotamente, sulla terra, possano gioire un giorno, nel cielo, dell'eterna beatitudine. Per Cristo nostro Signore. **Amen.**

Preghiera a san Francesco Saverio

3 dicembre

O amatissimo san Francesco Saverio, con te adoro Dio nostro Signore, ringraziandolo per i grandi doni di grazia che ti ha concesso durante la tua vita, e per

la gloria di cui ti ha coronato in cielo.
Ti supplico con tutto il cuore di intercedere per me presso il Signore, perché mi dia anzitutto la grazia di vivere e morire santamente, e mi conceda la grazia particolare di cui ho bisogno in questo momento *(chiedere la grazia che si desidera)*, sempre che sia secondo la sua volontà e la sua maggior gloria. **Amen.**

Preghiera a santa Barbara

4 dicembre

O santa Barbara, vergine e martire, protettrice nostra, eccoci dinanzi a te, a chiederti protezione e aiuto.
Tu fosti pura, e per custodire la tua verginità rinunziasti serena agli agi, agli onori e alle seduzioni del mondo. Unicamente volesti che la tua anima fosse bella al cospetto di Dio; perciò non ti sembrarono gravi i sacrifici, i tormenti e la morte.
Dinanzi al tuo fulgido esempio, quanto ci sentiamo confusi, così come siamo, circondati dall'egoismo e dal peccato e bisognosi di perdono e di riparazione.
Abbi pietà di noi: parla per noi al tuo e nostro Signore Gesù.
Soltanto se sapremo imitare le tue virtù, egli sarà il

nostro Maestro e Signore, ci difenderà dagli assalti del nemico: ci darà fede, speranza e amore per vivere virtuosamente e santamente morire. **Amen.**

3 Gloria al Padre

Preghiera dei fidanzati a san Nicola

6 dicembre

O santo vescovo di Cristo, Nicola, che durante la tua vita terrena mostrasti la tua misericordia verso le fanciulle che avrebbero dovuto sposarsi, volgi benigno lo sguardo anche verso di noi.

Intercedi presso il Signore, il quale ha voluto che ci incontrassimo, affinché non venga mai meno la gratitudine per il dono dell'amore che ha fatto germogliare in noi. Che egli ci aiuti a coltivarlo affinché ci accostiamo al sacramento del matrimonio conoscendoci, comprendendoci e amandoci sempre più, e, superando ogni difficoltà che si ergerà sul nostro cammino, nello spirito dell'amore e della fede in Cristo Gesù, nostro Signore. **Amen.**

MATERIALE MULTIMEDIALE

Preghiera a sant'Ambrogio (7 dicembre).
Inquadra il QR code per averla a disposizione sul tuo smartphone o tablet.

Consacrazione alla Vergine immacolata

8 dicembre

Immacolata Madre di Dio, eccomi ai tuoi piedi per offrire al tuo cuore tutta la mia vita, i miei pensieri, le mie azioni, la mia famiglia.

Mi consacro a te, Vergine immacolata: ti consacro tutta la mia vita, tutto ciò che ho, tutto ciò che amo, tutto ciò che sono. A te il mio corpo, il mio cuore, la mia famiglia, la mia patria.

Affido a te, o Madre cara, il mio passato, il mio presente e il mio futuro, tutte le mie capacità e i miei doni. Voglio che tutto in me, che tutto attorno a me ti appartenga e partecipi ai benefici delle tue materne benedizioni. Accoglimi tra le tue braccia materne.

Voglio amare Gesù come l'hai amato tu; con te voglio imparare ad ascoltare la parola del Padre e compiere la sua volontà.

Oggi mi consacro a te perché la mia preghiera sia preghiera del cuore, nella quale possa trovare pace, amore e forza di riconciliazione. **Amen.**

MATERIALE MULTIMEDIALE

Preghiera per l'Italia (10 dicembre).

Inquadra il QR code per averla a disposizione sul tuo smartphone o tablet.

Supplica alla Madonna di Loreto

10 dicembre

Da recitare possibilmente a mezzogiorno.

O Maria loretana, Vergine gloriosa, noi ci accostiamo fiduciosi a te, accogli oggi la nostra umile preghiera. L'umanità è sconvolta da gravi mali dai quali vorrebbe liberarsi da sola. Essa ha bisogno di pace, di giustizia, di verità, di amore e si illude di poter trovare queste divine realtà lontano da tuo Figlio.
O Madre, tu portasti il Salvatore divino nel tuo seno purissimo e vivesti con lui nella santa Casa che noi veneriamo su questo colle loretano, ottienici la grazia di cercare lui e di imitare i suoi esempi che conducono alla salvezza.
Con fede e amore filiale, ci portiamo spiritualmente alla tua Casa benedetta. Per la presenza della tua Famiglia essa è la Casa santa per eccellenza, alla quale vogliamo si ispirino tutte le famiglie cristiane; da Gesù ogni figlio impari l'obbedienza e il lavoro; da te, o Maria, ogni donna apprenda l'umiltà e lo spirito di sacrificio; da Giuseppe, che visse con te e per Gesù, ogni uomo impari a credere in Dio e a vivere in famiglia e nella società con fedele rettitudine.
Molte famiglie, o Maria, non sono un santuario

dove si ama e si serve Dio, per questo ti preghiamo affinché tu ci ottenga che ognuna imiti la tua, riconoscendo ogni giorno e amando sopra ogni cosa il tuo Figlio divino. Come un giorno, dopo anni di preghiera e di lavoro, egli uscì da questa Casa santa per far sentire la sua parola, che è luce e vita, così ancora, dalle sante mura che ci parlano di fede e di carità, giunga agli uomini l'eco della sua parola onnipotente che illumina e converte.

Ti preghiamo, o Maria, per il Papa, per la Chiesa universale, per l'Italia e per tutti i popoli della terra, per le istituzioni ecclesiali e civili, per i sofferenti e i peccatori, affinché tutti divengano discepoli di Dio.

O Maria, in questo giorno di grazia, uniti spiritualmente ai devoti presenti a venerare la santa Casa, ove fosti adombrata dallo Spirito Santo, con viva fede ti ripetiamo le parole dell'arcangelo Gabriele: «Ave, o piena di grazia, il Signore è con te».

Noi ti invochiamo ancora: «Ave, o Maria, Madre di Gesù e Madre della Chiesa, rifugio dei peccatori, consolatrice degli afflitti, aiuto dei cristiani». Tra le difficoltà e nelle frequenti tentazioni noi siamo in pericolo di perderci, ma guardiamo a te e ti ripetiamo: «Ave, porta del cielo. Ave, stella del mare». Salga a te la nostra supplica, o Maria. Essa ti dica i nostri desideri, il nostro amore a Gesù e la nostra speranza in te, o Madre nostra. Ridiscenda la nostra preghiera sulla terra con abbondanza di grazie celesti. **Amen.**

Salve Regina *(pag. 678)*

Preghiera alla Madonna di Guadalupe

12 dicembre

Vergine immacolata di Guadalupe, Madre di Gesù e Madre nostra, vincitrice del peccato e nemica del demonio, tu ti manifestasti sul colle Tepeyac in Messico all'umile e generoso contadino Giovanni Diego. Sul suo mantello imprimesti la tua dolce immagine come segno della tua presenza in mezzo al popolo e come garanzia che avresti ascoltato le sue preghiere e addolcito le sue sofferenze. Maria, Madre amabilissima, noi oggi ci offriamo a te e consacriamo per sempre al tuo cuore immacolato tutto quanto ci resta di questa vita, il nostro corpo con le sue miserie, la nostra anima con le sue debolezze, il nostro cuore con i suoi affanni e desideri, le preghiere, le sofferenze, l'agonia.

O Madre dolcissima, ricordati sempre dei tuoi figli. Se noi, vinti dallo sconforto e dalla tristezza, dal turbamento e dall'angoscia, dovessimo qualche volta dimenticarci di te, allora, Madre pietosa, per l'amore che porti a Gesù, ti chiediamo di proteggerci come figli tuoi e di non abbandonarci fino a quando non saremo giunti al porto sicuro, per gioire con te, con tutti i santi, nella visione beatifica del Padre. **Amen.**

Salve Regina *(pag. 678)*

Madonna di Guadalupe, prega per noi.

Preghiera a santa Lucia

13 dicembre

O gloriosa santa Lucia, tu che hai vissuto la dura esperienza della persecuzione, ottieni dal Signore, di allontanare dal cuore degli uomini ogni proposito di violenza e di vendetta.
Dona consolazione ai nostri fratelli ammalati che con la loro malattia condividono l'esperienza della passione di Cristo.
Fa' che i giovani, vedano in te, che ti sei offerta interamente al Signore, il modello di una fede che dà orientamento a tutta la vita.
Oh vergine martire, il festeggiare la tua nascita al cielo, sia per noi e per la nostra storia di ogni giorno, un evento di grazia, di operosa carità fraterna, di speranza più viva e di una fede più autentica. **Amen.**

MATERIALE MULTIMEDIALE

Inquadra il QR code per averlo a disposizione sul tuo smartphone o tablet.

- 15 dicembre › **Preghiera a santa Virginia Centurione Bracelli**
- 22 dicembre › **Preghiera a santa Francesca Saverio Cabrini**
- 25 dicembre › **Preghiera davanti al presepe**

Preghiera a Gesù bambino

25 dicembre

O santo bambino Gesù, che diffondi le tue grazie su chi ti invoca, volgi i tuoi occhi a noi e ascolta la nostra preghiera.

Ti raccomandiamo tanti poveri bisognosi che confidano nel tuo divin cuore. Stendi su di essi la tua mano onnipotente e soccorri alle loro necessità. Stendila sui bambini, per proteggerli; sulle famiglie, per custodirne l'unità e l'amore; sugli infermi, per guarirli e santificarne le pene; sugli afflitti, per consolarli; sui peccatori, per trarli alla luce della tua grazia; su quanti, stretti dal dolore e dalla miseria,

invocano fiduciosi il tuo amoroso aiuto. Stendila ancora su di noi, per benedirci.
Concedi, o piccolo Re, i tesori della tua misericordia e della tua pace al mondo intero, e conservaci ora e sempre nella grazia del tuo amore. **Amen.**

Preghiera a san Gaspare del Bufalo

28 dicembre

O san Gaspare, che con tanto zelo promovesti la devozione del sangue preziosissimo di Gesù Cristo, fa' che per i meriti infiniti di esso otteniamo la grazia che tanto ci sta a cuore *(chiedere la grazia che si desidera)*. O san Gaspare, che dal sangue preziosissimo di Gesù traesti ispirazione e ardore nelle tue opere a vantaggio del prossimo, vieni in aiuto con la medesima carità alle nostre attuali strettezze.
O san Gaspare, la cui gloria su in cielo, presso il trono dell'Agnello divino, vanno attestando innumerevoli grazie e prodigi, volgi il tuo sguardo sull'estrema necessità che a te ci spinge ed esaudisci la nostra preghiera. **Amen.**

Consacrazione alla santa Famiglia

31 dicembre

O santa Famiglia di Nàzaret, Gesù, Maria e Giuseppe, consacriamo a te la nostra famiglia per tutta la vita e l'eternità, nel rispetto della vita, nella fede in Dio, nel lavoro e nella pace.

Fa' che sappiamo educare cristianamente i nostri figli. Che la nostra casa e il nostro cuore siano un cenacolo di preghiera, di grazia e di comunione. Proteggi la nostra famiglia da ogni pericolo e da ogni male.

O santa Famiglia di Nàzaret, veglia su di noi perché la nostra fede non crolli mai. Gesù, Maria e Giuseppe, custoditeci nella fedeltà alla nostra vocazione e nella nostra missione. Fateci santi. **Amen.**

MATERIALE MULTIMEDIALE

Preghiera alla santa famiglia (31 dicembre). ***Inquadra il QR code per averla a disposizione sul tuo smartphone o tablet.***

Te Deum di ringraziamento per l'anno trascorso

31 dicembre

Ti ringraziamo, Signore del tempo, degli anni e della storia. Il tuo amore fedele ci ha guidato fino a questo giorno che ci apre al 2024. Le nostre parole non saranno mai abbastanza per dirti il "grazie" che tu meriti. Per questo ci uniamo ai cori degli angeli per lodarti e magnificare la tua gloria infinita.

Noi ti lodiamo, Dio, *
ti proclamiamo Signore.
O eterno Padre, *
tutta la terra ti adora.

A te cantano gli angeli *
e tutte le potenze dei cieli:
Santo, Santo, Santo *
il Signore Dio dell'universo.

I cieli e la terra *
sono pieni della tua gloria.
Ti acclama il coro degli apostoli *
e la candida schiera dei martiri;

le voci dei profeti si uniscono nella tua lode; *
la santa Chiesa proclama la tua gloria,
adora il tuo unico Figlio, *
e lo Spirito Santo Paràclito.

O Cristo, re della gloria, *
eterno Figlio del Padre,
tu nascesti dalla Vergine Madre *
per la salvezza dell'uomo.

Vincitore della morte, *
hai aperto ai credenti il regno dei cieli.
Tu siedi alla destra di Dio, nella gloria del Padre. *
Verrai a giudicare il mondo alla fine dei tempi.

Soccorri i tuoi figli, Signore, *
che hai redento col tuo sangue prezioso.
Accoglici nella tua gloria *
nell'assemblea dei santi.

Quest'ultima parte dell'inno si può omettere.
Salva il tuo popolo, Signore, *
guida e proteggi i tuoi figli.
Ogni giorno ti benediciamo, *
lodiamo il tuo nome per sempre.

Degnati oggi, Signore, *
di custodirci senza peccato.
Sia sempre con noi la tua misericordia: *
in te abbiamo sperato.

Pietà di noi, Signore, *
pietà di noi.
Tu sei la nostra speranza, *
non saremo confusi in eterno.

EVITARE I DISCORSI SUPERFLUI

*dall'*Imitazione di Cristo *(Libro I, cap. X)*

Evita, per quanto puoi, i chiassosi ritrovi della gente: i discorsi di cose profane sono, infatti, di grave danno, anche se si fanno con retta intenzione.
Si fa presto a essere contaminati dalla vanità e a diventarne schiavi.
Io vorrei aver taciuto molte più volte e non essermi trovato in mezzo agli uomini.
Ma per quale motivo parliamo tanto volentieri e confabuliamo tra noi, mentre raramente possiamo ritornare al nostro ritiro senza danno della nostra coscienza?
Per questo chiacchieriamo con tanto piacere e conversiamo insieme, perché cerchiamo, nello scambio di parole, di consolarci gli uni gli altri, e desideriamo così di sollevare lo spirito affaticato da svariati pensieri.
E ci diletta molto discorrere e fantasticare su quelle cose che amiamo e desideriamo intensamente oppure su quelle che sono contrarie ai nostri desideri.
Ma spesso, ahimè, con esito vano e senza frutto.
Infatti, questa consolazione esteriore, che andiamo cercando, arreca non poco danno alla consolazione interiore e divina.

Perciò, bisogna vigilare e pregare, perché il tempo non ci trascorra oziosamente.
Se è lecito e conveniente parlare, parla di cose edificanti.
La cattiva abitudine e la poca cura del nostro progresso spirituale contribuiscono molto alle intemperanze della nostra lingua.
Invece, giova non poco al profitto dell'anima la devota conversazione su argomenti spirituali, specialmente là, dove si trovano riunite in Dio persone che hanno consonanza di sentimento e di devozione.

Codice libro n. 8123 e 8818

COMPENDIO
del Catechismo della Chiesa Cattolica

62. Che cosa insegna la Sacra Scrittura circa la creazione del mondo visibile?

Attraverso il racconto dei «sei giorni» della creazione, la Sacra Scrittura ci fa conoscere il valore del creato e la sua finalità di lode a Dio e di servizio all'uomo.
Ogni cosa deve la propria esistenza a Dio, dal quale riceve la propria bontà e perfezione, le proprie leggi e il proprio posto nell'universo.

63. Qual è il posto dell'uomo nella creazione?

L'uomo è il vertice della creazione visibile, in quanto è creato a immagine e somiglianza di Dio.

64. Che tipo di legame esiste tra le cose create?

Esiste tra le creature un'interdipendenza e una gerarchia, volute da Dio. Nello stesso tempo, esiste un'unità e solidarietà fra le creature, poiché tutte hanno il medesimo Creatore, sono da Lui amate e sono ordinate alla sua gloria. Rispettare le leggi iscritte nella creazione e i rapporti derivanti dalla natura delle cose, è quindi un principio di saggezza e un fondamento della morale.

65. Che relazione c'è fra l'opera della creazione e quella della redenzione?

L'opera della creazione culmina nell'opera ancora più grande della redenzione. Infatti questa dà inizio alla nuova creazione, nella quale tutto ritroverà il suo pieno senso e il suo compimento.

66. In che senso l'uomo è creato a «immagine di Dio»?

L'uomo è creato a immagine di Dio nel senso che è capace di conoscere e di amare, nella libertà, il proprio Creatore. È la sola creatura, su questa terra, che Dio ha voluto per se stessa e che ha chiamato a condividere, nella conoscenza e nell'amore, la sua vita divina. Egli, in quanto creato a immagine di Dio, ha la dignità di persona: non è qualcosa, ma qualcuno, capace di conoscersi, di donarsi liberamente e di entrare in comunione con Dio e con le altre persone.

67. Per quale fine Dio ha creato l'uomo?

Dio ha creato tutto per l'uomo, ma l'uomo è stato creato per conoscere, servire e amare Dio, per offrirgli, in questo mondo, tutta la creazione in rendimento di grazie ed essere elevato alla vita con Dio in cielo. Solamente nel mistero del Verbo incarnato trova vera luce il mistero dell'uomo predestinato a riprodurre l'immagine del Figlio di Dio fatto uomo, che è la perfetta «immagine del Dio invisibile» (Col 1,15).

Per approfondire...

Messale Festivo

Domeniche • Solennità del Signore • Proprio dei Santi

IN COEDIZIONE CON **LIBRERIA EDITRICE VATICANA**

Formato: cm 13x19,4
Pagine: 1600
Prezzo: **€ 25,00**
Codice d'Ordine: **8007**
ISBN 978-88-8404-691-8

TESTI UFFICIALI CEI

CARATTERI GRANDI

Un **volume unico**, sia per fedeli che per sacerdoti, da usare per tutto l'anno, per seguire la santa Messa o per celebrarla nelle domeniche e nelle feste. È come un **Messalino dedicato alle feste** che si può usare per tutta la vita, senza ricomprarlo ogni anno, perché contiene i testi liturgici dell'anno A, dell'anno B e dell'anno C. I testi sono aggiornati alla terza edizione del Messale Romano. Per ogni Vangelo commentatori d'eccezione: papa Francesco, Benedetto XVI, Giovanni Paolo II e Paolo VI. I Tempi liturgici (Avvento, Natale, Quaresima, Pasqua, Tempo Ordinario) sono introdotti da monsignor Guido Marini.

Prefazi e preghiere eucaristiche

NOVITÀ

Formato: cm 10x13,5
Pagine: 96
Prezzo: **€ 1,50**
Codice d'Ordine: **8149**
ISBN 978-88-8404-806-6

Un prezioso sussidio, a integrazione del messalino "Sulla tua parola", che contiene tutti i prefazi e le preghiere eucaristiche III e IV per vivere con sempre maggiore partecipazione la Santa Messa e dare la possibilità, anche a tutti i sacerdoti, di avere con sé uno strumento essenziale per celebrare l'Eucaristia in ogni occasione.

I santi del Messalino
Maria Goretti - *La vita - il perdono - i luoghi*

Testi di: Padre **Giovanni Alberti**

Un agile profilo biografico ripercorre la vicenda di purezza e perdono di Maria Goretti.
Si offre al lettore una riflessione sulla santità di Marietta e un profilo del suo assassino, per conoscere la sua conversione di vita. Attraverso un sintetico tour guidato, il lettore visita i luoghi della Santa.

Formato: cm 10x14 _ *Pagine:* 160 _ *Prezzo:* **€ 3,00**
Codice d'Ordine: **8124** _ ISBN 978-88-8404-805-9

I santi del Messalino
Santa Monica - *La vita - il messaggio*

Testi di: Padre **Remo Piccolomini** osa

Padre Remo Piccolomini offre il profilo biografico di santa Monica permettendo di conoscerla come sposa e come madre per poi trarre da questo ritratto il messaggio che con la sua vita ha dato e scoprirla innanzitutto e soprattutto come donna di preghiera.

Formato: cm 10x14 _ *Pagine:* 128 _ *Prezzo:* **€ 3,00**
Codice d'Ordine: **8467** _ ISBN 978-88-8404-805-9

PROSSIME USCITE

San Giovanni di Dio	PROSSIMA USCITA
Serva di Dio Luisa Piccarreta	PROSSIMA USCITA
Servo di Dio don Dolindo Ruotolo	PROSSIMA USCITA

“Pregate, pregate, pregate” *Edizione ampliata*

PREFAZIONE: Cardinale **Angelo Comastri**
REVISIONE TESTI: Padre **Serafino Tognetti**, cfd

Formato: cm 11,8x19
Pagine: 2160
(copertina cartonata)
Prezzo: **€ 19,00**
Codice d’Ordine: **8001**
ISBN 978-88-8404-294-1

IL LIBRO PIÙ VENDUTO DOPO LA BIBBIA

Le più belle e importanti preghiere della tradizione arricchite dalle devozioni più moderne, grazie alle quali tutti possono trovare le parole adatte per manifestare la propria fede. È impossibile non trovare la preghiera che fa per noi!
Questo libro ci viene in aiuto per chiedere le grazie necessarie in ogni ambito della nostra vita. In ogni sezione troverai gli inni, le preghiere con i maestri spirituali, le preghiere per le varie necessità, le novene, le litanie e tutte le forme di devozione più usate dalla Chiesa.
Con i caratteri grandi e la grafica a colori, questo libro è adatto ai giovani e agli anziani, alle famiglie, ai sacerdoti...

“Pregate, pregate, pregate”

Formato: cm 11,8x19
Pagine: 528
Prezzo: **€ 10,00**
Codice d’Ordine: **8100**
ISBN 978-88-86616-00-3

Il “Pregate, pregate, pregate” è molto di più che una semplice raccolta di preghiere! È uno strumento agile, efficace e utilizzabile da tutti!
Chi è alle prime armi e non conosce le verità della fede e le preghiere tradizionali, chi è un po’ “arrugginito” per gli anni lontano dal Signore, chi vuole pregare usando devozioni e formule care alla tradizione o chi vuole provare nuove forme e tipi di preghiera... Ciascuno troverà nel “Pregate, pregate, pregate” quello che cerca!

La Sacra Bibbia

Testi ufficiali della Conferenza Episcopale Italiana

COMMENTO-GUIDA: Padre **Tarcisio Stramare**, osj
PREFAZIONE: Cardinale **Angelo Comastri**

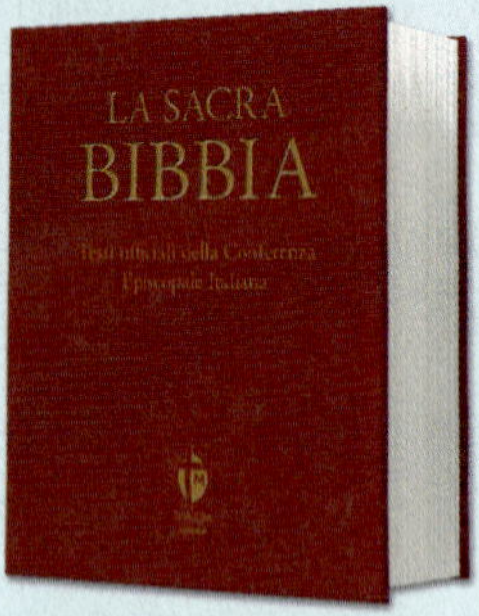

8055-8057-8058

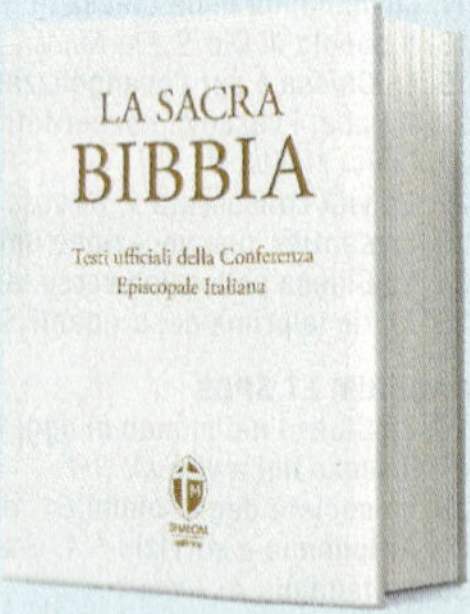

8056-8059

EDIZIONE GRANDE	(F.to 14x19,4 cm - Pagg. 3520)		
Ecopelle bianca ○	Cod. 8056	€ 25,00	CARATTERI GRANDI
Tela rossa ●	Cod. 8055		

EDIZIONE MEDIA	(F.to 12,4x17,5 cm - Pagg. 3520)	
Tela rossa ●	Cod. 8057	€ 25,00

EDIZIONE TASCABILE	(F.to 10x14,2 cm - Pagg. 3520)	
Ecopelle bianca ○	Cod. 8059	€ 25,00
Tela rossa ●	Cod. 8058	

Vangelo e Atti degli Apostoli

Testi ufficiali della Conferenza Episcopale Italiana

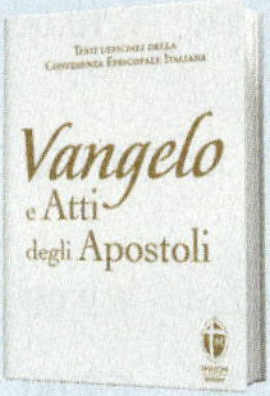

EDIZIONE PREGIATA ECOPELLE

Formato: cm 10x13,6

○ Bianca	Cod. **8592**	€ **4,00**

8032 - Confessione

8033 - Comunione

8034 - Cresima

EDIZIONE PER I SACRAMENTI (€ 3,00)

Formato: cm 10x13,6

Prima Confessione **8032**	Prima Comunione **8033**	Santa Cresima **8034**

EDIZIONE PER TUTTE LE OCCASIONI

Formato: 10x13,6 cm

Volto di Gesù	Cod. **8364**	€ **3,00**
Gesù con i bambini	Cod. **8698**	€ **3,00**

EDIZIONE ECONOMICA

Formato: 10x13,6 cm

Bianca / oro	Cod. **8060**	€ **2,00**
Arancione	Cod. **8050**	€ **2,00**

PREGHIAMO PER I NOSTRI CARI DEFUNTI

Codice	Titolo	Pagine	Prezzo
8147	Preghiere per le anime dei defunti in Purgatorio	480	**€ 10,00**
8181	Corona di Cento Requiem in suffragio dei defunti	32	**€ 1,50**
8069	Sofferenza malattia e morte	224	**€ 9,00**
8477	Orazioni in suffragio delle anime del Purgatorio	64	**€ 2,00**
8110	Il meraviglioso segreto delle anime del Purgatorio	320	**€ 8,00**
8400	I Novissimi	160	**€ 5,00**
8195	Coroncina per le anime dei sacerdoti che soffrono in Purgatorio	32	**€ 1,50**
10955	Confezione libro "Orazioni in suffragio delle Anime del Purgatorio" + Coroncina	64	**€ 6,30**
10982	Confezione libro "Coroncina per le anime dei sacerdoti che soffrono in Purgatorio" + Coroncina	32	**€ 12,10**

I santi del giorno
ci insegnano a vivere e a morire

AUTORE: Luigi Luzi; **PRESENTAZIONE:** Cardinale **José Saraiva Martins**

Formato: cm 16,5x24
Pagine: 1328 (cop. cartonata)
Prezzo: **€ 24,00**
Codice d'Ordine: **8741**
ISBN 978-88-8404-552-2

CONTENUTI

- 1300 vite di santi, beati e personaggi dell'Antico Testamento, ordinate secondo:
  - Avvenimenti.
  - Aneddoti.
  - Personalità e aspetto fisico.
  - Spiritualità.
  - Doni mistici.
  - Pensieri e insegnamenti.
  - Morte.
  - Iconografia.
- Solennità e feste liturgiche.

In questo volume sono raccolte circa 1300 vite di santi, di beati e di personaggi dell'Antico Testamento. Sono inoltre presenti memorie e feste liturgiche secondo il calendario della Chiesa cattolica romana. Con questo libro è possibile trascorrere ogni giorno, per un anno intero, in compagnia dei santi.

Più conosciamo la loro vita, più abbiamo la possibilità di diventare fedeli seguaci di Gesù. I santi, con i loro mirabili esempi, ci aiutano a tentare anche noi la stupenda avventura della santità, che non è privilegio di alcuni, ma vocazione per tutti. Questo libro ci aiuta a sentire i santi come nostri compagni di strada.

Ogni biografia è corredata da un'immagine.

I santi ci insegnano a vivere e a morire *Vol. 2*	**PROSSIMA USCITA**

LIBRI PER APPROFONDIRE FESTE E RICORRENZE DI QUESTO BIMESTRE

Codice	Titolo	Pagine	Prezzo
8332	La Medaglia Miracolosa	192	**€ 5,00**
8382	Un mese con la Medaglia Miracolosa	128	**€ 5,00**
8814	La Medaglia Miracolosa e Caterina Labouré	288	**€ 7,00**
8256	La Madonna del Miracolo e Alfonso ***LIBRO PER BAMBINI***	32	**€ 7,00**
8468	Rivelazione della Vergine alle Tre Fontane	160	**€ 5,00**
8590	La Vergine di Guadalupe	352	**€ 12,00**
8492	Giorgio La Pira. Uomo di Dio	272	**€ 7,00**

LIBRI PER APPROFONDIRE FESTE E RICORRENZE DI QUESTO BIMESTRE

Codice	Titolo	Pagine	Prezzo
8327	San Giuseppe Moscati	352	**€ 8,00**
8041	Novena ai beati Luigi e Maria Beltrame Quattrocchi	64	**€ 2,00**
8552	San Giacomo della Marca	224	**€ 4,00**
8546	Beato Giacomo Alberione	384	**€ 7,00**
8699	In preghiera con il beato Giacomo Alberione	64	**€ 1,50**
8520	Novena all'Immacolata Concezione	64	**€ 2,00**
8176	Novene all'Immacolata Concezione e al Santo Natale	224	**€ 7,00**

LIBRI PER APPROFONDIRE FESTE E RICORRENZE DI QUESTO BIMESTRE

Codice	Titolo	Pagine	Prezzo
8045	Novena al Natale	160	**€ 3,00**
8893	La meraviglia del Natale ***LIBRO PER BAMBINI***	30	**€ 7,00**
8318	Preghiere a Gesù Bambino	384	**€ 7,00**
8469	La Santa Famiglia di Gesù	128	**€ 3,00**
8187	Il Rosario alla Santa Famiglia di Nàzaret	64	**€ 2,00**
8232	Preghiere di benedizione e di liberazione per la famiglia	128	**€ 3,00**
8738	Preghiere per ogni giorno dell'anno	400	**€ 9,00**

ALCUNE IDEE REGALO PER BAMBINI

SAN GIUSEPPE STORIA DI UN GRANDE PAPÀ
Formato: cm 24x24
Pagine: 40
Prezzo: **€ 7,00**
Codice d'Ordine: **8472**

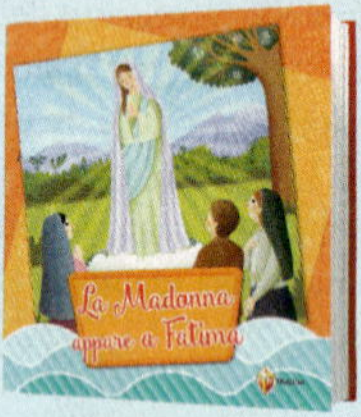

LA MADONNA APPARE A FATIMA
Formato: cm 24x24
Pagine: 32
Prezzo: **€ 5,00**
Codice d'Ordine: **8882**

BEATO CARLO ACUTIS
L'AMICO DI GESÙ
Formato: cm 24x24
Pagine: 32
Prezzo: **€ 7,00**
Codice d'Ordine: **8865**

LA MERAVIGLIA DEL NATALE
Formato: cm 22,5x22,5
Pagine: 30
copertina cartonata
Prezzo: **€ 7,00**
Codice d'Ordine: **8893**

PRESEPE COMPONIBILE IN CARTONE PER BAMBINI
Set composto da 33 pezzi
Prezzo: **€ 24,25**
Codice d'Ordine: **42932**

Io e te. Bibbia dei piccoli

Impariamo ad amare e a ridere

ILLUSTRATORE: Gustavo Mazali

Un libro dedicato ai bambini dagli 0 ai 3 anni, per raccontare loro gli episodi più significativi della Bibbia e fare con loro delle semplici attività di gioco. Con bellissime illustrazioni colorate e originali, pensate appositamente per i primi approcci dei bambini ai libri.

Formato: cm 15x17,5 _ *Pagine:* 45 (cop. cart.) _ *Prezzo:* **€ 10,00**
Codice d'Ordine: **8828** _ ISBN 978-88-8404-451-8

Un anno con la Bibbia

365 storie e preghiere

ILLUSTRATORE: Gustavo Mazali

365 episodi tratti dall'Antico e dal Nuovo Testamento, adattati per essere facilmente compresi dai più piccoli; 365 preghiere collegate al racconto biblico di riferimento.

Formato: cm 15,5x18 _ *Pag.:* 496 (cop. cart.) _ *Prezzo:* **€ 15,00**
Codice d'Ordine: **8829** _ ISBN 978-88-8404-459-4

365 giorni con la Bibbia

Una storia al giorno per ogni giorno dell'anno

ILLUSTRATORE: Gustavo Mazali

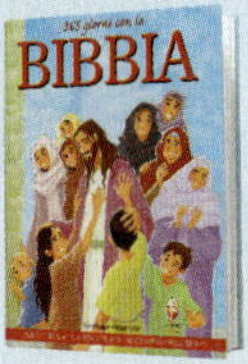

Un libro per far scoprire ai ragazzi tutte le vicende della Bibbia attraverso una narrazione semplice, ma profonda e dettagliata, e delle bellissime immagini a colori.
La scansione temporale attraverso 365 giorni permetterà ai ragazzi di dedicare un tempo quotidiano alla lettura e alla meditazione.

Formato: cm 16,6x24 _ *Pag.:* 450 (cop. cart.) _ *Prezzo:* **€ 20,00**
Codice d'Ordine: **8827** _ ISBN 978-88-8404-449-5

Calendario liturgico 2024

NOVITÀ

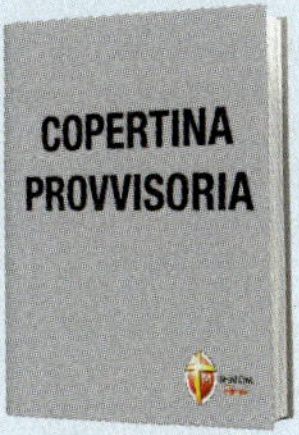

Il calendario liturgico per il Rito romano riporta:
- il grado liturgico;
- la corrispondente settimana del Salterio;
- il colore liturgico;
- il ritornello del Salmo responsoriale;
- i riferimenti biblici dei testi della santa Messa;
- i santi del Calendario Romano.

Nei giorni feriali, viene indicato uno dei santi del Martirologio o dei Calendari delle Chiese locali. Un libretto pratico per vivere al meglio l'anno liturgico.

Formato: cm 9x13,5
Pagine: 64
Prezzo: **€ 0,50**
Codice d'Ordine: **8478**

Agenda liturgico-pastorale 2024
(formato grande)

NOVITÀ

L'Agenda liturgico-pastorale 2024 inizia il 3 dicembre 2023 (prima domenica di Avvento) e termina il 31 dicembre 2024. Ogni giorno offre: calendario liturgico; indicazione delle letture della Messa e dei prefazi; grado della celebrazione, santo del giorno; settimana della Liturgia delle ore; colore liturgico; giornate mondiali e nazionali. Ogni mese propone approfondimenti, con suggerimenti pratici per preparare la liturgia. È indispensabile per lettori, maestri del coro, cantori, musicisti, gruppi dei ministranti e coordinatori, catechisti, sacristi, persone che preparano l'aula celebrativa. Il formato grande delle pagine consente di segnare i principali appuntamenti pastorali, gli orari, le comunicazioni... Alla fine di ogni mese ci sono le pagine per le note. La copertina è in ecopelle con stampa in bassorilievo.

Formato: cm 16,5x24
Pagine: 544
Codice d'Ordine: **40815**

Calendario da tavolo 2024

Gli Angeli

NOVITÀ

Il calendario da tavolo è comodo, utile, ideale per uffici, studi e camerette, arreda scrivanie e tavoli di ogni tipo. Bello da vedere e agile da consultare, occupa il minimo spazio e non “buca” le pareti. Il supporto in cartoncino con la spirale in metallo, inoltre, ne agevola la consultazione.

Formato: cm 16,5x15,5x7
Pagine: 13
Codice d'Ordine: **40814**

Calendario da muro 2024

Gli Angeli

NOVITÀ

Il calendario da muro Shalom unisce bellezza e praticità. Una meravigliosa galleria di immagini lo rende un elemento di arredo unico per qualsiasi stanza della casa; il formato grande valorizza le immagini e offre spazio per segnare gli impegni quotidiani.

Formato: cm 16x23
Pagine: 32
Codice d'Ordine: **40820**

Calendario a strappo 2024

Gesù confido in Te

NOVITÀ

copertina provvisoria

Formato: cm 11x13,6
Pagine: 768
Codice d'Ordine: **8551**

768 pagine incentrate sul mistero della divina misericordia.
Sul fronte: • Le frasi più belle e significative del Diario "La misericordia divina nella mia anima" di santa Maria Faustina Kowalska. • L'elenco di tre santi che la Chiesa ricorda in quella data.
Sul retro: • Un vero e proprio calendario liturgico che, oltre alle indicazioni delle letture della santa Messa quotidiana, riporta il brano del Vangelo del giorno (alcune volte adattato per motivi di spazio). • Le indicazioni per la liturgia delle ore. • Il santo liturgico che la Chiesa festeggia. • Il grado delle celebrazioni liturgiche: solennità, festa, memoria, memoria facoltativa.

Calendario a strappo 2024

Gli Angeli

NOVITÀ

Formato: cm 11x13,6
Pagine: 768
Codice d'Ordine: **8554**

Raffinato e moderno, propone ogni giorno una frase sugli angeli, compagni di viaggio che il Signore ci ha messo accanto per accompagnarci nel nostro cammino.
Sul retro di ogni pagina, Il Vangelo del giorno e tutte le indicazioni liturgiche per vivere in pienezza la vita cristiana.
Parole che aiutano a riflettere e immagini belle e d'impatto rendono questo calendario adatto a ogni cuore, a ogni casa e a ogni scrivania.

Agenda devozionale 2024

(formato grande)

NOVITÀ

POSSIBILITÀ DI PERSONALIZZAZIONE

L'Agenda devozionale Shalom ti offre la possibilità di pregare e seguire quotidianamente lo svolgimento dell'anno liturgico attraverso l'indicazione delle letture delle Messe feriali e festive, del santo del giorno, delle novene, dei tridui, dei sei primi giovedì, dei nove primi venerdì, dei cinque primi sabati del mese, insieme a tante altre proposte di preghiera che la rendono la perfetta compagna di viaggio durante tutto l'anno.

Ampio spazio nella pagina per annotare impressioni, dati, appunti di ogni genere e la lista delle cose da fare.

Formato: cm 14,8x21
Pagine: 576
Codice d'Ordine: **40816**

Agenda settimanale pocket 2024

(formato piccolo)

NOVITÀ

Un'agenda settimanale pratica, leggera, economica, di finissima fattura per organizzare le tue giornate, segnare eventi importanti e date da ricordare.

L'eccellente qualità della carta la rende robusta e comoda per scrivere agevolmente.

Alla fine dell'anno sarà ancora nuova!

Formato: cm 9x14
Pagine: 192

“Sulla Tua Parola” - cedola di abbonamento

Desidero sottoscrivere dal bimestre ....

nº .... abbonamento/i:

- ❑ Annuale in Italia spedito tramite posta **€ 27,00**
- ❑ Annuale in Italia spedito tramite corriere espresso **€ 37,00**
  *(sul retro verifica se il servizio è disponibile nella tua città)**
- ❑ Biennale in Italia spedito tramite posta **€ 54,00**
- ❑ Annuale in Italia spedito tramite posta, con contributo per donare il Messalino a parrocchie e istituti religiosi **€ 100,00**
- ❑ Annuale estero Europa **€ 60,00** – Altri continenti **€ 80,00**

I miei dati *(da compilare in ogni caso)*

Cognome e Nome ____________________________________

Cod. fiscale | | | | | | | | | | | | | | | | |

Via ____________________________ nº ________

CAP ______________ Città ______________________

Provincia ____________ Telefono ____________________

E-mail ____________________________________

Desidero regalare un abbonamento a:

Cognome e Nome ____________________________________

Via ____________________________ nº ________

CAP ______________ Città ______________________

Provincia ____________ Telefono ____________________

E-mail ____________________________________

compila il modulo sulla privacy nel retro della cedola

compila il modulo sulla privacy

Ho effettuato il pagamento tramite:

- ❑ bollettino su c/c Postale **86067428**
- ❑ bonifico bancario (Italia) **Banca Monte dei Paschi di Siena - Fil. Chiaravalle**
  IBAN **IT 32 E 01030 37320 000061158579**
  dall'estero aggiungere all'IBAN il codice SWIFT/BIC: **PASCITM1A02**

intestati a: **Editrice Shalom srl**

Invio copia della ricevuta di pagamento insieme a questa cedola tramite:

- *WhatsApp:* **3666061600** · *fax:* **071 74 50 140**
- *e-mail:* **abbonamenti@editriceshalom.it**
- *posta ordinaria:* **Editrice Shalom – Via Galvani, 1 - 60020 Camerata Picena (An)**

INFORMATIVA AI SENSI DELL'ART. 13 DEL REG. UE 679/2016 (GDPR)

La informiamo che la compilazione della presente pagina autorizza l'Editrice Shalom, in qualità di Titolare del Trattamento, a dare seguito alla sua richiesta (ai sensi dell'art. 6, p. 1, l. a). Il trattamento sarà effettuato tramite supporti cartacei ed informatici dal titolare, dal responsabile e dagli incaricati con l'osservanza di ogni misura cautelativa, che ne garantisca la sicurezza e riservatezza. Il conferimento dei dati è facoltativo, tuttavia, in caso di rifiuto, sarà impossibile eseguire le prestazioni di cui sotto. Previo suo consenso espresso, lei autorizza l'uso dei suoi dati per le seguenti finalità (ai sensi dell'art. 6, p. 1, l. a): 1. finalità di marketing, attività promozionali e commerciali, consentendoci di inviarle materiale pubblicitario o effettuare attività di vendita diretta o comunicazioni commerciali interattive su prodotti, servizi ed altre attività dell'Editrice Shalom e di società terze attraverso i canali di contatto che ci ha comunicato (i.e. telefono, e-mail, fax, SMS, mms); 2. comunicare ad altre aziende operanti nel settore editoriale, largo consumo e distribuzione, vendita a distanza, arredamento, telecomunicazioni, farmaceutico, finanziario, assicurativo, automobilistico, della politica e delle organizzazioni umanitarie e benefiche per le medesime finalità di cui al punto 1; 3. utilizzare le Sue preferenze di acquisto per poter migliorare la nostra offerta ed offrirle un servizio personalizzato e di Suo gradimento. I suoi dati non verranno trasferiti verso paesi terzi o organizzazioni internazionali, ne verranno trattati tramite sistemi decisionali automatizzati. I suoi dati verranno conservati sino a sua revoca del consenso per finalità commerciali. Ulteriori informazioni sulle modalità del trattamento, sui nominativi dei co-Titolari e dei Responsabili del trattamento nonché sulle modalità di esercizio dei suoi diritti ai sensi degli artt. dal 15 al 22 del GDPR, sono disponibili collegandosi al sito www. editriceshalom.it o scrivendo a questo indirizzo: Editrice Shalom - Via Galvani,1 - 60020 Camerata Picena (An), e-mail: info@editriceshalom.it.

Acquisite le informazioni fornite ai sensi dell'art. 13, acconsento che i dati personali da me volontariamente forniti siano utilizzati dall'Editore della testata prescelta (e eventuali società controllate) per le finalità promozionali specificate al punto 1 dell'informativa. ❑ Sì ❑ No

Acquisite le informazioni fornite ai sensi dell'art. 13, acconsento alla comunicazione dei miei dati personali per le finalità di cui al punto 2 dell'informativa ai soggetti terzi indicati. ❑ Sì ❑ No

Acquisite le informazioni fornite ai sensi dell'art. 13, acconsento al trattamento dei miei dati personali per finalità di profilazione per migliorare la qualità dei servizi erogati, come specificato al punto 3 dell'informativa. ❑ Sì ❑ No

***ATTENZIONE! Non possono essere servite dal corriere espresso le zone identificate dai seguenti CAP:**

04020	23030	30123	30135	57033	58012	80074	91017
04027	23041	30124	30141	57034	58019	80075	91023
07024	25050	30125	30142	57036	71040	80076	92010
07046	30100	30126	57030	57037	80070	80077	98050
09014	30121	30132	57031	57038	80071	80079	98055
22060	30122	30133	57032	57039	80073	91010	